大明风云

那些人和那些事

丁守卫◎著

中国铁道出版社有限公司
CHINA RAILWAY PUBLISHING HOUSE CO., LTD.

图书在版编目(CIP)数据

大明风云 ：那些人和那些事 / 丁守卫著. -- 北京 ：中国铁道出版社有限公司，2025. 7. -- ISBN 978-7-113-32445-2

Ⅰ. K248. 07

中国国家版本馆 CIP 数据核字第 20251HK745 号

书　　名：大明风云：那些人和那些事
DAMING FENGYUN：NAXIE REN HE NAXIE SHI

作　　者：丁守卫

责任编辑：荆然子　　　　**电　　话：**（010）51873005
封面设计：赵　兆
责任校对：安海燕
责任印制：高春晓

出版发行：中国铁道出版社有限公司（100054，北京市西城区右安门西街 8 号）
网　　址：https://www. tdpress. com
印　　刷：河北宝昌佳彩印刷有限公司
版　　次：2025 年 7 月第 1 版　2025 年 7 月第 1 次印刷
开　　本：710 mm×1 000 mm 1/16　**印张：**22　**字数：**328 千
书　　号：ISBN 978-7-113-32445-2
定　　价：98. 00 元

序

开宗明义，我之所以要写这本书，是因为，我一直固执己见地以为，由于“历史的误读”，在今天，一般人甚至许多历史学者对明朝都自觉或不自觉地形成了一种似是而非的“历史的错觉”。的确，在一些不明历史真相的人看来：大明这个朝代似乎充满太多的戾气。无论是开国初期的明太祖朱元璋、明成祖朱棣，还是晚期的明熹宗朱由校、明思宗朱由检，他们的手上无不沾满了血腥。而其他一些皇帝，譬如正德皇帝朱厚照、嘉靖皇帝朱厚熜、万历皇帝朱翊钧等，又都是昏君或庸君。

也正因如此，每当说到明朝，许多人总是禁不住摇头，而鲜少有人能够平心静气，对这个朝代持不批判态度。

的确，不说别的，就说现在的一些历史类的小说与电影、电视剧，大多数描写和反映的都是唐和清这两个朝代。特别是清朝的康熙、雍正、乾隆三位皇帝几乎成了历史类的小说与电影、电视剧中的“主角”，古代“皇帝明星”，被时下的一些文化人涂抹上了一层又一层虚假的“脂粉”。可是，反观明朝，特别是明朝的皇帝，却很少这样幸运，能够享受到这样一种“文学待遇与殊荣”，即便是像朱元璋等为数不多的几位皇帝偶尔能够步入文学的苑囿，进入读者的视野，其所扮演的也多半是被控诉、被批判的角色，而很少能博得后人的共情，更遑论称赞与尊敬。……仔细想想，这实在是一种历史的误读，是一件很不公平或很不实事求是的事情。

有道是：人不可貌相。其实，历史也不可“貌相”，不能只看其表面，而不细究其本质。事实上，透过现象看本质，被史家称为“治隆唐宋”“远迈汉唐”的明朝其实真的不像它表面的那样，而明朝的皇帝也并不完全都很糟糕。像明太祖朱元璋、建文帝朱允炆，甚至像亡国之君朱由检，其实他们都是很有理想、很有抱负、很有追求而且非常勤勉而非荒淫无道的皇帝。只是他们在性格、能力乃至运气等方面的原因，致使他们经常事与愿违。打一个也许并不恰当的比喻，这正像一个非常勤劳、非常节俭的寒门学子，一心想金榜题名，鱼跃龙门，但就因为学习的方式不当，天分不高，再加上运气不佳，他不但一次次名落孙山，而且到最后还弄得穷困潦倒。

读明朝的历史，总感觉到明朝就像是一个真正的男子，一个武侠小说中虽然充满杀戮却鲜有奸诈和罪恶的侠客，只可惜，这样的男子、这样的侠客却偏偏英雄气短，最后穷途末路，让人禁不住为之百感交集。

许多人认为清朝取代明朝是历史的进步，但事实上却并非如此。在艰难跋涉了二百七十六年之后，这个封建王朝虽然无可挽回地失败了、灭亡了。但是，揆诸历史，应该说，曾经的大明王朝不仅是当时世界上最先进、最伟大的国家，也是当时世界上最充满血性的国家。而后来的所谓的大清王朝，两百多年的统治让中国不仅远远落后于世界，而且，大清的专制也一度达于极盛，至于后来，就更是一个充满屈辱的封建王朝。

所以，与清朝，与宋朝相比，明朝绝对是一个勇敢的王朝，可是，就是这样一个勇敢的王朝，到最后却被它的敌人一剑封喉，猝然毙命。这，究竟是为什么？仔细想想，其中必有许多非常值得深入探究的原因和宝贵的教训，值得今天的人们重新审视与反思。

作　者

目录

第一章
朱元璋与他的“理想国”

在我国古代，由草根而成为皇帝的人不多。仔细想想，也就是刘邦、朱元璋等为数不多的几个人。而由出家人成功“变身”，成为“九五之尊”的就更是屈指可数，算来算去，也仅当过尼姑的“一代女皇”武则天，再有就是做过和尚的朱元璋而已。

所以，一点也不夸张地说，朱元璋绝对称得上是中国历史上一位最具传奇色彩与奇特经历的皇帝。倘若要在华人世界开展一次“中国古代十大明星皇帝”评选活动，且列出一个排行榜的话，论知名度，相信朱元璋一定能够成功当选，而且，在排行榜上的位次无疑也一定会很靠前。

可是，就是这样一位当过和尚、做过乞丐的“草根皇帝”，不仅是一位极端的现实主义者，也是一位狂热的理想主义者，自从登上“大宝”后，一直梦想着为自己、也为自己的后代子孙建立一个“理想国”，一个“乌托邦”。

显然，正是为了达到此目的，公元1368年后的朱元璋真正可谓是用心良苦，费尽心机。在其长达三十一年的帝王生涯中，他也真的可以说是几十年如一日，仿佛朝圣一般，近乎疯狂地朝着这个目标和方向奋进和努力，乃至不择手段，由此上演了一出不仅属于他个人，无疑也属于整个大明王朝的政治悲剧。

绝非偶然的胜出

公元1368年，按照我国传统干支纪年法，这一年应该为戊申年，而按照生肖纪年，则为猴年。

熟悉历史的人都知道，在这一年内，中国历史上发生了两件值得记住的重大政治事件:其一就是这年的正月初四(公历1月23日),朱元璋在应天(今江苏南京)称帝,建立了大明王朝;其二则是几个月后,也就是在这年的八月,他的军队攻陷了大都(今北京),元顺帝仓皇"北巡",实际上也就是北逃。自此,自忽必烈定国号起,历十一帝共九十八年的元朝在中原的统治宣告彻底结束。

按说,一个王朝黯然离去,另一个王朝闪亮登场,所谓江山易主的事原也不值得大惊小怪。事实上,中国的历史一直就像过山车一样大起大落,但是,想不到曾经不可一世的成吉思汗打下的江山最后竟然被一个当过和尚、做过乞丐的"淮右布衣"猎获,则不能不让人惊叹!

说来,朱元璋也真是一个书写传奇的人。想当年,如果要是有人说出身于濠州(今安徽凤阳县)钟离乡,从小放过牛后来出家当过游方僧到处行乞"化缘"的朱重八(后改名朱元璋)乃是"真龙天子",听到的人一定都会笑掉大牙。而朱重八本人也一定会觉得这是不可能的事儿,并觉得说这话的人明显是在奚落他、羞辱他。

几乎出乎当年所有人预料的是,"淮右布衣"朱重八有一天竟然真的服衮冕,坐龙椅,在金銮殿上接受百官的朝贺,正经八百地当上了大明的开国皇帝。

仔细想想,就像历史上许多杰出人物一样,朱元璋之所以能够成为"朱元璋",演绎出一段令人炫目的"政治传奇",绝对有他的许多过人之处。这正如佛家所认为的那样,一切事物均从因缘而生,有因必有果。而反过来说,其逆定理也显然成立,那就是:有果必有因。

不妨去探寻那些让朱重八之所以能够成为后来的朱元璋的"因"。

很显然,朱元璋的成功首先应该归因于他的特殊而又丰富的经历。

诚如我们所知道的,朱元璋出生于濠州(今安徽凤阳县)钟离太平乡孤庄村,用现在的话说,他是一个典型的农民的儿子。不独他的父亲是一个农民,而且,倒推上去,他父亲的父亲,乃至祖宗十八代都是地地道道"面朝黄土背朝天"的农民。

身为农民的儿子,而且是出生于农民世家,这就意味着朱元璋不仅不能依靠祖辈,而且其一出生就掉进了"穷窝",家里穷得几乎连老鼠都不愿光顾。如果仅仅只是穷也就罢了,可偏偏并不只是一个"穷"字了得,在他十六岁的时候，天灾人祸仿佛冰雹一般突然接二连三地砸到他的头上，直至把他砸成一个彻头彻尾的孤儿。

那是公元1344年，也即元顺帝至正四年，淮河流域遭受了一场百年不遇的旱灾，很快，由旱灾引发了可怕的蝗灾与瘟疫。朱元璋家本就穷得叮当响，即使是寻常年间，每到春季，他家也经常上顿不接下顿，所以，在这场可怕的灾难中，更是许多天揭不开锅。于是乎，不到半个月时光，由于饥饿和瘟疫，他的父亲、母亲以及大哥及其大哥的儿子都相继死去，好端端的一家人从此只剩下他和二哥。

由于身无蔽体之衣，足无立锥之地，为了混口饭吃，第二年，也即在他十七岁那年，孤苦无依的朱元璋万般无奈，不得不走上了一条出家的道路，到离村不远的皇觉寺落发为僧，借此在庙里混口饭吃。

可是，灾荒年月，当和尚也不是“金钵永固”之业，皇觉寺粮食很快也发生了危机，故而，入寺才只有五十多天，当时还是“小行童”一个的朱元璋就和一帮师叔师伯们被迫外出化缘。所谓“云游”“化缘”不过是佛家用语，实际上，用我们老百姓的大实话说就是做叫花子外出讨饭。

所以，如果说朱元璋的第一个职业是放牛，第二个职业是当和尚，那么，他的第三个职业则是做乞丐，从十七岁到二十岁，他的正式职业一直是一个四处要饭的和尚。

毫无疑问，古往今来，乞丐显然是这世上最低贱的“职业”，即所谓的“下三烂”行当，无论是谁，除非在生理与心理上不是正常人，否则，做这样的事情，一定是迫不得已，万般无奈，且在心理上一定会感到莫大的痛苦与耻辱。

朱元璋当然是一个心智健全的正常人。所以，对这一段痛苦之至无疑也充满莫大耻辱的经历，一直都铭心刻骨，终生难忘。以致三十多年后，在他成为皇帝后，“痛定思痛，痛苦何如哉”，在想到这些伤心的往事时，还依然情不自已，痛苦万分，用他亲自创作近乎回忆录的《御制皇陵碑》中的话来形容就是：“魂悠悠而觅父母无有，志落魄而徜徉。西见鹤唳，俄淅沥以飞霜。身如蓬逐风而不止，心滚滚乎沸汤。”

这应该说是他当年做游方僧时最痛苦、最屈辱的经历与情感的真实写照。

但天下事往往有一利必有一弊，反之亦然。虽说在做游方僧、当乞丐讨饭的岁月里吃尽了苦头，受尽了屈辱，然而，用吴晗《朱元璋传·游方僧》中的话说就是：在那期间，朱元璋“穿城越村，对着大户人家敲木鱼。软化硬讨，山栖野宿，受尽了风霜之苦，走遍了淮西一带的名都大邑，熟识了每一条河流，每一道山脉的地理，尤其是人情、物产、风俗，充实了丰富的经验，锻炼了坚强的体力”。

由于饱经沧桑，经受了这段艰难而又痛苦的乞讨流浪生活的磨砺，使朱元璋无论在见识还是意志上，都远远比一般人要开阔、深刻、坚强、有力得多，至于智谋与胆略更是超常出众，无与伦比。

所以，从某种意义上说，朱元璋之所以能取得后来的成功，与他年少时这一段吃苦受辱的独特生活与情感经历有着很大的关系。的确，所谓“艰难困苦，玉汝于成”，古往今来，艰苦与磨难从来都是许多成大器者在人生路上走向成功、步入辉煌的酵母。

汉武帝刘彻曾在一篇《求贤诏》中说过：“盖建非常之功，必待非常之人。”由于经受了当和尚做乞丐这样一种奇特生活的磨砺，应该说还在参加“红巾军”前，年轻的朱元璋就已经百炼成钢，事实上，已经成了这样一个“非常之人”，或者说，已经基本具备了成为一个“非常之人”的潜质。

也正因此，在他二十五岁那年终于脱下袈裟，走出庙门，结束了游方和尚的生涯。他加入家乡一个头领名为郭子兴的起义军队伍中后，因为少年老成，见多识广，他很快便脱颖而出。参军两个月便从一名普通士兵被提升为九夫长，被郭子兴钦点到元帅府当差，并很快成了郭子兴身边的红人。

能成为郭子兴身边的红人，说明朱元璋为人机智，很会来事，再加上他作战勇敢，很有见识，而且为人仗义，所以，郭子兴便将自己收养的孤女马氏嫁给了他，且在公元1356年，将他提升为自己的副帅。而这时，朱元璋从军只有四个年头。

当然，在群雄逐鹿中朱元璋之所以能够最后胜出，其实并不完全靠的只是这种庸俗的裙带关系。事实上，如果只是一味在郭子兴这棵并不高大粗壮的树荫底下，他这个“干女婿”也绝对不会茁壮成长为一棵遮天蔽日的参天大树。但是，不可否认的是，在朱元璋刚刚出道时，是郭子兴这位岳父最先为他搭建了一个良好的平台。换句话说，就像一个星探，是郭子兴最先发现并培养了朱元璋这位元末明初“最佳政治男演员”，因而使他在元末这一特定历史时代最终成了一位天字第一号的“天王巨星”。

从史书上看，在打江山时，在朱元璋身上自觉或不自觉地闪射出了许多可贵品质与魅力，而其中，最为突出的，其一是“重义”，其二是“尚贤”，这，绝对可以称之为朱元璋的成功秘籍。

关于朱元璋的忠义，在许多史料中多有记载，而一些传记作品对此更是津津乐道。

其中，有这样几个例子经常被人提及。

一是说朱元璋从小就敢作敢当，颇有江湖义气。

史载，朱元璋小时候替田主看牛放羊。有一天，想必是实在饿得要死，他便领头与汤和等几个放牛娃一起把田主家的一头小牛犊给宰杀了，然后在山上找来干柴用火烤着吃了。等吃完后，几个撑得不断打着饱嗝的放牛娃这时才意识到闯了大祸，晚上回去没法向田主交代，于是都有些惊慌失措。

这时，只有朱元璋表现得非常镇定，他拍着胸脯对小伙伴们承诺说：“主意是我出的，好汉做事好汉当，责任就由我一人承担好了。”然后，用现代著名明史专家吴晗先生《朱元璋传》里的话说就是：“他让伙伴们把牛皮、牛骨都埋了，拿土把地上的血迹掩盖了，把小牛尾巴插在山上石头缝里”。晚上回去，他骗田主刘德，说是小牛钻进山洞里去了，怎样拉也拉不出来了。

田主刘德当然不会那么弱智，绝对不会相信一个小孩子的谎话，结果，“当晚元璋挨了田主刘德一顿毒打，被赶回家”。

对于这事，吴晗先生评价说：朱元璋“虽然吃了苦，丢了饭碗，却由此深深得到伙伴们的信任，认为他敢作敢为，有事一人担当，大家心甘情愿地把他当成自己的头目”。

仔细想想也是，从心理学和遗传学的角度来看，人的性格多半都是天生的，有的人从小就天不怕地不怕的，似乎天生就有领袖的气质与能力。如刘邦、朱元璋无疑就是这样的人，在他们的骨子里，都有着一种敢作敢当的江湖气质。

还有一件事也常为人们津津乐道，说是当初在起义军队伍中，原本地主出身的郭子兴与农民出身的孙德崖等其他几个元帅因为性格不合，经常意见相左，久而久之便产生了深刻的矛盾，乃至双方发生内讧。一天，郭子兴正在濠州城里闲逛，忽然遭到一群身份不明的歹徒绑架，这伙人似乎对财物之类不感兴趣，只是不分青红皂白，上来就把郭子兴毒打一顿，然后将他五花大绑关了禁闭。

当时朱元璋正领兵在外，得到消息后大吃一惊，立即十万火急地准备赶回濠州救主。朱元璋是郭子兴的心腹，孙德崖等既然敢对郭子兴下手，自然对朱元璋也不会客气。所以，有好心人便劝他不要赶过去自投罗网，白白送死。但朱元璋深知“皮之不存，毛将焉附”的道理，如果郭子兴没了，那么唇亡齿寒，自己自然迟早也会被孙德崖一伙给灭了。

由于意识到问题的严重性，故此，他不仅执意要去，而且在当时即席所说的一番话也大义凛然，感人肺腑。他说：“郭公有大恩于我，现今有难，我若只顾自己不去搭救，还能算个人吗？”于是他昼夜兼程赶回濠州，在争取到元帅彭大的支持后，立即出其不意地带兵包围了孙德崖的住所，自己纵身攀上屋顶掀开屋瓦，用麻绳系住屋梁，然后拽住麻绳顺势下到屋内，从而将五花大绑的郭子兴从孙家的地窖中解救出来。

朱元璋的忠义救主以及江湖义气由此可见一斑。

再说他的“尚贤”。

朱元璋这人显然很有心眼，也很有见识，虽说他和当时的许多起义军首领一样，也出身草根，但他绝对不是那种有勇无谋、头脑简单的“草头王”。一个最突出的现象就是，一般的义军将领，比如像与他同时代的陈友谅和张士诚多半只会贪财好色，对钱财和女人感兴趣，而朱元璋却求贤重才，用墨子的话说就是“尚贤”，这或者可以说是朱元璋最终能够力拔头筹、夺取江山的最主要的原因。

的确，在这世上，从来都没有随随便便的成功，更何况，朱元璋孤儿一个，无依无靠，既非高官子弟，也非豪门出身。中原逐鹿，最后胜出，一点儿也不夸张地说，“尚贤”绝对是他成功秘籍中一个最重要的元素。

用我们现在的话说，在打江山时，朱元璋真正是尊重知识，尊重人才，在这方面，他远比当年汉高祖刘邦要觉悟得早，有见识得多。

我们知道，在“斩白蛇”起义后，地痞气很重的刘邦曾有很长一段时间重武轻文，对儒生表现得很不尊重，甚至还曾存心拿“儒冠”，也即儒生们戴的帽子做自己的尿壶，对“知识分子”竭尽侮辱之能事。只是后来在郦食其的说服感化下才幡然悔悟，并由此对儒生改变了看法和态度。

然而，在对待“知识分子”的态度上，朱元璋先知先觉，几乎从一开始他就表现得求贤若渴，总是不择手段、不失时机地四处延揽英雄，求取人才。每逢打了胜仗，在打扫战场时，其他人都忙着去缴获金银财宝，奸淫抢夺，即所谓看重“子女玉帛”，而他却忙着缴获人才，把人才看作是最贵重的战利品。

还是让我们看一看他的“尚贤流水账”，从史书上看，朱元璋最先延揽的“儒生贤才”是定远人冯国用和冯国胜兄弟俩。

史载冯氏二兄弟都喜欢读书，通兵法，国用深沉有计谋，国胜骠勇多智略。当兄弟俩带着自己的队伍来投奔朱元璋时，通过与冯氏兄弟俩几次深入交谈，朱元璋发觉自己无意中得到了不啻姜子牙、张良、诸葛亮一样的人才。

而冯氏兄弟俩也确实是将相之才。实践证明，冯国用是一个了不起的战略家。朱元璋以后征战所采用的方略，大多出自他的帷幄，只可惜冯国用英年早逝，朱元璋非常悲痛。而其弟冯国胜在冯国用死后袭兄职，为亲军都指挥，随朱元璋决战鄱阳湖，攻克武昌降服陈理，决战平江俘虏了张士诚，以功迁右都督。

有了第一次的“引才尚贤”经历后，很快，朱元璋又延揽一位儒生英才，他便是《明史》中一个赫赫有名的人物李善长，其所扮演的角色很有些像当年刘邦手下的萧何。

那是元至正十三年（公元 1353 年），朱元璋在南下攻滁州（今安徽滁州）的路上，一个书生打扮的中年人到军门求见。

这个人便是李善长。

李善长是地方上的有名人物，读书有学问、有智谋，善于审时度势。作为见面礼，李善长一见到朱元璋便向他献计，要当时还只是郭子兴手下小军官一个朱元璋学他的老乡汉高祖刘邦，说刘邦也是平民出身，为人气量大，看得远，善于用人，也不乱杀人，因而只用了五年时间便成就帝王之业。所以他劝朱元璋要不嗜杀生，懂得收买人心。

和刘邦一样，朱元璋的最大优点就是知人善任，集思广益，借脑生智。听了李善长的话，他的眼睛一亮，觉得面前这个读书人绝非腐儒庸才，于是便重用李善长为幕府的掌书记。

事实证明，朱元璋也真的没看错人，后来李善长辅佐帝业，立缔构功，功勋赫赫，当之无愧成了明朝开国第一功臣。

由于李善长的加盟，使朱元璋进一步认识到读书人的重要作用。这以后，他便开始更加有意识地网罗读书人，向他们垂询治道，请他们出谋划策。

龙凤元年(公元1355年)六月，当朱元璋发起渡江战役，大将常遇春一马当先，取得了采石(今安徽马鞍山境内)大捷后，又一鼓作气，打下了太平路(今安徽当涂县)。在这里，朱元璋又网罗到了太平路宿儒李习以及举人陶安这两位儒生智囊。

朱元璋求贤、尚贤的名声渐渐传出去了，很快，许多贤能之士都慕名前来，其中如夏煜、孙炎、杨宪、秦从龙、陈遇等天下名士都纷纷投奔到他的麾下，组成了一个阵容非常豪华的“智囊团”。诚如我们大家所知道的，其中，最著名的当数徽州老儒朱升，以及号称“浙东四贤”之一的刘基(刘伯温)。

关于朱升与刘基的故事，长期以来一直为人们所津津乐道，在坊间流传很广，几乎家喻户晓，妇孺皆知。

有道是，“一个好汉三个帮，一个篱笆三个桩”。显然正是由于有这么多元末智囊之士、精英人物的鼎力相助，竭力辅佐，所以朱元璋才能够得以后来者居上，在逐鹿中原的博弈中得以最后胜出，并由此“虎踞龙盘”，一举奠定了大明王朝二百七十六年之基业。

相比之下，像陈友谅、张士诚乃至刘福通等其他义军首领，其实不过是些志大才疏、目光短浅的“草头王”。

所以，群雄逐鹿，朱元璋的胜出绝非偶然，从乞丐到皇帝，他之所以能够成为一个书写传奇的人，绝对与他的许多过人之处有关。

当然，话说回来，无论是“重义”也好，“尚贤”也罢，其实都不过是朱元璋在打江山时的一种手段或伎俩罢了，而绝对不是他的真实本性的自然流露与表现。从后来的史实看，在本性上，朱元璋是一个极端自私与狠毒的人，在这方面，与古代许多封建帝王相比，他都有过之而无不及，吴晗先生《明朝大历史》一书中说，他完全就是一个“十足自私惨烈的怪杰”。

的确，历史上，许多开国皇帝，在当初打江山时，为了能争取更多人的帮助，往往会显得非常义气，可是，一旦大功告成，坐上龙椅，则原形毕露，表现得很不厚道，很不仗义！

倘若了解这一点，那么，我们就不难理解朱元璋，当然也包括其他许多封建王朝的开国皇帝在“马上得天下”与“龙椅治天下”时何以会大相径庭，前后竟然完全判若两人。

“身份决定脑袋”

在坊间，有这样一句话，叫作：“身份决定脑袋”，其意思是说，一个人的身份和地位常常在很大程度上决定着他的思想、判断、好恶以及价值取向。

这，或许可以称之为“人性自私之定律”。

而这样一个“人性自私之定律”在中国古代的许多开国皇帝身上无疑能得到最充分的体现和证明。

拿朱元璋来说，在当年做乞丐时，“活着能够有一碗饭吃，不至于饿死”乃是他最现实的人生愿望与奋斗目标的话，那么，在坐上龙椅后，他的人生目标已经不再那么低级，而是胸怀远大，所思所想的是如何建立自己的“理想国”。

“到什么山上唱什么歌”，既然他已经堂而皇之地坐到了大明的龙椅上，那么，他就理所当然要为大明的江山社稷着想。

朱元璋是个很有理想、很有抱负的人，几乎从他坐上龙椅的第一天起，他就梦想为自己，也为自己的后代子孙建立一个“理想国”。

对于自己所要建立的“理想国”的宏伟蓝图，尽管朱元璋从来没有做过明确具体的描述，但在他的心中毫无疑问是有着这样的发展愿景与奋斗目标的。而且，在他长达三十一年的皇帝生涯中，几乎一直都在为实现这一宏伟蓝图，坚持不懈地奋斗。

那么，朱元璋梦寐以求想要建立的究竟是怎样的“理想国”呢？

揆诸历史，我们发现朱元璋一心想要建立的“理想国”，其实并不是一个“人人生而平等，个个生活幸福”的“桃花源”，而是一个打上极端封建、极端专制印记的“朱氏天下”。在这样一个“理想国”中，天下的所有权力、所有财富都悉归于他朱元璋一家所有，就像一个权力绝对化的私营企业，除了企业的老板，其他任何人都不过是些打工仔，都不能与企业老板分权、分利，更不能有丝毫不廉洁的贪腐行为。至于这些打工仔的生活是不是幸福、愿望能不能得到满足则完全不在他的考虑范围之内。

所以，一点也不夸张地说，朱元璋想要建立的“理想国”其实只是属于他个人以及他的后代子孙的“理想国”，是他一家一户的“理想国”，而不是天下百姓，包括满朝文武的“理想国”。显然，这样的“理想国”对于他及他的后代子孙也许可以说是人间天堂，而对于其他人来说则完全就是一个阿鼻地狱。

由此可见，朱元璋这位“农民皇帝”在内心深处是多么自私，多么狭隘！

的确，从本性上看，朱元璋是一个极端自私的人，虽然当了三十一年的皇帝，但是，即使是到死，他也始终未能摆脱掉他那几乎与生俱来根深蒂固的狭隘意识，一个最大特点就是心胸狭隘，极端自私。

也正因为有着这样顽固不化的狭隘意识，所以，在御宇天下的三十一年中，为了实现自己的“理想国”，朱元璋可谓欲达目的，不择手段，先后采取了一系列极端的乃至非人道的措施，戾气十足地执导并上演了一幕又一幕令人不寒而栗的大明恐怖片，且由此充分展示一个暴君的形象。

当然，在这部“大明恐怖片”的一开头，朱元璋为我们展示的却不是一个暴君的形象，而是竭力要为人们塑造一个不同于凡人的神君形象。

想当年，在朱元璋刚参加红巾军逐鹿中原时，假若有人跟他说“君权神授”，皇帝自有天注定，不是什么人都能当的，劝他趁早死了这条心，他一定会不以为然，很不服气，很有可能也会像秦末陈胜在大泽乡起义前那样义愤填膺、怒目圆睁地大声反驳道：“王侯将相宁有种乎？”

也就是说，在当时，他不会承认皇帝都是天生的，冥冥之中都是由神决定的。

可是，自打推翻了元朝，原本身为草根的他几乎在一夜间成了天底下最牛气的“暴发户”，一屁股坐到了大明王朝高高在上的第一把龙椅上，朱元璋自然就不是以前的朱元璋了。或者，换句话说，公元 1368 年后的朱元璋已不再是公元 1368 年前的朱元璋了。他的思想自然出现了一百八十度的大转弯，不仅开始心甘情愿地信奉君权神授思想，而且，还煞费苦心地竭力包装自己，神化自己，并别有用心地掀起了一场造神运动。

据明朝嘉靖年间王文禄写的《龙兴慈记》一书记载，为了证明自己问鼎神器、君临天下乃是“命中注定”，所谓具有不以人的意志为转移的神圣性与必然性，明朝初年，在朱元璋的授意下，全国上下掀起了一场神化皇帝的文化运动。在这场神话皇帝的运动中，朱元璋便自然彻底由人变成了“神”。

这里，不妨举几个例子佐证。

例子之一就是在朱元璋登上大宝后，有一种传说在宫内外不胫而走，说朱元璋的出生迥异于凡人，他的出生完全就是一则神话故事。据一本叫《天潢玉牒》的书描写说，有一天，朱元璋的母亲陈氏在麦场闲坐时，看见一个道士从西北方向朝她走来。那道士长着长胡子，头戴簪冠，身穿红服，手拿象简，走到陈氏身边，他忽然停下来，表情夸张地用象简拨弄手中的红丸。

陈氏禁不住心中的好奇，便走过去伸长了脖子想看个究竟，边看边问道：“这是什么东西？”

听了陈氏的话，那道士微笑着，神秘地说：“这是大丹。你若要，给你一粒。”说着，当真给了陈氏一粒。

陈氏接过大丹，便张口将它吞进肚里。吞下大丹后，她待要对道士说声谢谢，却发现那道士忽然不见了。不久，陈氏怀孕了，而且很快便生下了一个男孩，不用说，这男孩就是朱元璋。

传说朱元璋诞生时，他家“屋上红光烛天”，以致皇觉寺的和尚还以为是他家失火了，可仔细一打听才知道原来是朱元璋出世，降生到了人间。

例子之二则是说，朱元璋到皇觉寺当小行童时，有一天在庙里打扫卫生，因为嫌伽蓝像碍事，他便没好气地用扫帚敲敲伽蓝像说：“缩脚！让我扫地。”没想到伽蓝像还真就乖乖地把脚缩了起来。

例子之三则说是有一天老鼠啃了佛像前的蜡烛，朱元璋很生气，于是就责怪负责保驾护航的护法神伽蓝光受香火不管事，并在伽蓝的背上写了“发去三千里”几个字。

那天夜里，庙里的长老梦见伽蓝来辞行，说是“当今新皇上发配我三千里”。第二天早上，老长老一早去看伽蓝神像，发现神像的背上有字，而这庙里能够识得几个字的也就朱元璋了。于是，老长老便把朱元璋找来询问，并把昨夜梦见的事说了。

朱元璋听了哈哈一笑，说：“我是开玩笑的。既然这样，我现在就把伽蓝放了。”

这天晚上，老长老又梦见伽蓝来向他道谢，说："新皇帝善心大发，不发配小神了。"

连伽蓝神都要听他的，可见朱元璋在仙界想必还不是一般的角色。

如果只是一般人溜须拍马，别有用心地编造一些神话故事也就罢了。可是，没想到朱元璋坐上龙廷后，自己也亲自加入到了这一"造神运动"中来，正儿八经地亲自编写神话。撰写了一篇"龙文"，名为《周颠仙人传》，说是有一个疯和尚周颠，简直比传说中的济公还要神。有一次朱元璋生病，派人到匡庐天池山顶上找到周颠仙，要他遍查天上二十八星宿的居室，发现只有一个星宿的屋子里空无一人，有条蛟龙，耷拉着头，无精打采，还流着血。周颠仙说："此世主也"，也就是说，这天上的蛟龙就是他朱元璋。

这就无异于说他朱元璋乃是天上的蛟龙下凡的。

朱元璋是个人精，在政治上，他所做的每件事几乎都有他不可告人的动机和目的。

他之所以要这么煞费苦心地神化自己，不遗余力地掀起一场"造神运动"，其目的当然是为了向天下人证明自己确实是真龙天子，自己当皇帝乃是君权神授，不是一般凡夫俗子想当就能当的。

仅此可见，刚一坐上龙椅，原本做过和尚当过乞丐的朱元璋便装神弄鬼，竭力要树立自己金光闪闪的"神君"形象，以此证明自己称帝的合法性，以便让天下万民都心甘情愿地匍匐在他的脚下诚惶诚恐，顶礼膜拜。

如果仅仅只是单纯神化自己，搞这样一场"造神运动"也就罢了，但朱元璋何等精明，他知道，光靠舆论开道是不行的。舆论这东西虽然能忽悠一些愚民，却绝对不能蒙蔽那些聪明人，特别是那些从小饱读诗书的知识分子。

显然，正是基于这样的认识，在开展"造神运动"的同时，刚刚登上龙庭"屁股指挥脑袋"的朱元璋又在全国开展了一场声势浩大的"思想专制运动"，或者，更直接地说就是"倒孟运动"。

说来，真的是很令人沮丧和悲哀，中国的封建社会，统治者竟一代比一代自私，一代比一代专制。与西方大相径庭的是，整个社会的民主不是随着时间的推移与时俱进，而是出现严重的退化，也正是在这样一种历史大背景下，封建君主专制日益呈现出不可遏止的势头。

我们知道，封建君主专制的一个最大特点首先就是思想文化上的专制。这种思想文化上的专制自秦朝开始，在汉武帝时出现了一次高峰，到了明清时期则达到极盛。

而朱元璋毫无疑问便是明清这封建文化专制主义的第一个显然也是最大的推手。

据史书记载，为了实现思想文化上的专制，早在建国第二年，他便迫不及待地在国家上下迅速掀起了一场声势浩大的“倒孟运动”，对孟子的“反封建思想”予以彻底地阉割与清洗。

而之所以会首先拿孟子开刀，乃是因为当年这孟老夫子说过“民为贵，社稷次之，君为轻”，在老百姓、国家与君主（皇帝）三者的排位中，竟然把君主（皇帝）放在了最低的位置。这让当上皇帝的朱元璋感觉特别不爽。

显然，对孟子的这样一种“民贵君轻”的观点，以前的许多封建统治者尽管并不认同，却还能作秀似的在口头上予以承认，可是，让人非常不能理解的是，原本就是泥腿子出身的朱元璋，对此却反而不能接受，他旗帜鲜明地对孟子的“民贵君轻”观点表示强烈反对。

那是洪武二年（公元 1369 年），他诏告天下，说孟子的不少言论“非臣子所宜言”，下令把孟子的牌位从文庙里撤出来，取消孟老夫子的配享资格，并发狠说，诸大臣“有谏者以不敬论，且命金吾射之”。可是，由于遭到大臣们的强烈反对，再加上钦天监的星象专家忽悠他说，荧行于惑，是天要发怒的先兆。迷信鬼神的朱元璋无奈，才极不情愿地诏令天下重又恢复孟子在文庙中的地位和待遇。

但是，“平反摘帽”后的孟子的政治地位并没有因此得到巩固。就因为讨厌老孟这张“臭嘴”（古往今来，大凡真正的“铁肩担道义”的知识分子多半都有一张让统治者讨厌的“臭嘴”），对这位老夫子说的那些藐视君主的话一直耿耿于怀，恨之入骨。洪武二十二年（公元 1389 年），也即在他六十一岁的时候，朱元璋又发起了第二次轰轰烈烈的“倒孟运动”。在这次的运动中，他不仅诏令臣下“删孟”，而且亲自操刀，大刀阔斧地对“四书”（《大学》《中庸》《论语》《孟子》）中的《孟子》强制实行外科手术，将此书中的那些“非臣子所宜言”的言论诸如“民为贵，社稷次之，君为轻”“君之视臣如草芥，则臣视君如寇仇”“残贼之人谓之一夫，闻诛一夫纣矣，未闻弑君也”等统统删节掉了，而且删节后居然连“□□”都不标注。

据说，朱元璋当时原本也很想拿孔子说事，掀起一场“倒孔运动”，而之所以想拿孔老夫子说事，乃是因为孔子这个人虽然很讲究“君君臣臣，父父子子”这一套封建等级和封建秩序，但是，在《礼记·礼运》中，他也曾说过“大道之行也，天下为公”这样的话，显然，这样的话与封建专制统治是背道而驰，朱元璋看了当然很是不爽。可因为千百来孔子在人们特别是饱读诗书的知识分子的心目中威望太高了，“倒孔运动”刚一发动便引来朝野内外一片嘘声，一看这阵势，估计自己掌握不了局面，朱元璋便不得不赶忙叫停，于是便退而求其次，专门拿孟子开刀。

此次“删孟”，朱元璋共砍掉《孟子》原文八十五条，只剩下一百七十多条，从而编就了一本经过消毒的“政治洁本”《孟子节文》颁行全国，且专门规定，以后科举考试不得以被删的条文命题。

对此，当代学者李洁非在其《朱元璋删〈孟子〉》一文中大为感慨地说："朱元璋虽是大老粗，但此人对于怎样挖掘极权的潜力，实有过人的天赋，在收拾文化人方面，有很多创造发明，先前的帝王没一个比得过他。……因为命题只限于‘四书五经’（当然都经过《孟子节文》式的处理），舍此之外读书再多都没用，所以知识分子的思想就被死死地限制在这个令人放心的黑屋子里面。”

可千万不要小看朱元璋的这一“倒孟运动”，它可以绝对称得上是“软刀子杀人”，是思想文化上的一种集权专制。这里，不妨称之为朱元璋皇权专制独裁统治中的思想专制工程。

显而，在今天看来，无论是“造神运动”也好，还是“思想专制工程”也罢，其实都只是一种政治手段，而绝非政治目的。这正像时下一些明星不断制造一些绯闻来炒作自己一样，炒作绝对不是目的，目的是炒作背后潜在的巨大的商机与经济利益。很显然，朱元璋“造神运动”与“倒孟运动”的目的乃是为了更好地加强自己的政权统治，为实现自己的“理想国”营造良好的乃至神圣不可侵犯的舆论环境与思想政治环境。

所以，朱元璋想要建立的“理想国”，绝对是一个君主至上思想专制的国家。在这样的国度内，除了皇帝高高在上，其他人无疑都是对他顶礼膜拜的臣民。

当然，话说回来，无论“造神运动”也好，“思想专制工程”也罢，其实都并非朱元璋独创。在我国古代，许多封建统治者都曾经煞有介事地玩弄过这些自欺欺人的政治把戏，所以，朱元璋如法炮制，处心积虑地也上演那么一回，开展这么一场“造神运动”以及“倒孟运动”，客观公允点说，也还不能算是特别过分。

但接下来，朱元璋的戏紧锣密鼓，演得就越来越离谱，越来越过分了。

丞相成高危职业

如果说在群雄逐鹿时的大开杀戒乃是情有可原的话，那么，在取得政权后，这位“僧人皇帝”却仍然妄开杀戒，草菅人命，过分迷恋于自己的杀人游戏，则不仅没有了出家人所谓的慈悲为怀，甚至可以说已经丧失了最起码的人性。

毫无疑问，开国后，朱元璋的杀人游戏最早是从斩杀丞相开始的。

熟悉明史的人都知道，朱元璋如同当年的曹操“挟天子以令诸侯”一样，当初在小明王韩林儿手下，他这个“宋丞相”做什么事儿都是自己做主，从来都不曾向小明王请示和汇报，诚如吴晗先生在其《朱元璋传》中所说：在当时，“一个行中书省实际上就是一个独立王国。当他做平章、做丞相的时候，权力愈大愈好，龙凤皇帝的牵制愈少愈好，甚至到了羽毛丰满的时候，除了用龙凤的年号以外，根本不把小明王的朝廷看在眼里”。可是，在建立了大明后，“现在情况倒转过来了，自己做了皇帝，处在元顺帝、小明王的位置了，矛盾发生了。是地方分权呢？还是中央集权呢？是让各行中书省都像他自己当年那样独立呢？还是把一切权力都抓在自己手上，紧紧控制地方？这是一个极为严重的问题，必须妥善解决”。

而解决的办法之一，就是废除丞相。

的确，如果说在死人中朱元璋最感觉不爽的就是孟子的话，那么，在活人中，他最先看不顺眼的就是丞相。

当然，说句公道话，对宰相看不顺眼的并非只有朱元璋。屈指算来，在他的前面，至少还有宋太祖赵匡胤。

一个人所共知的事实是，当年，靠谋权篡位坐上龙廷的赵匡胤为了削弱宰相的权力，曾经挖空心思对“相权”进行了剥茧抽丝、釜底抽薪般的改革。其中最著名的例子就是，有一天，宰相范质和王溥到赵匡胤那儿汇报工作。范质和王溥原是后周宰相，是周世宗柴荣托孤的重臣。因为是前朝的旧臣，如今改朝换代又成了新朝的宰相，所以两位老臣说话做事都很低调谨慎，生怕自己万一出了什么差错被皇上抓住了小辫子，一生气拉出去给砍了脑袋。这天，他俩捧着一大堆奏折先是毕恭毕敬地坐在那儿，郑重其事地给赵匡胤汇报。

可看看赵匡胤，似乎全然心不在焉。

等他俩总算汇报完了，这时，赵匡胤打了个哈欠，仿佛不经意地说："朕还有几处没听明白，你俩把折子拿过来我看看。"两位老臣不知是计，便都站起来走到皇帝跟前把一堆奏折递了上去，而等他俩退回来想要再坐时，却发现刚刚坐过的那两只凳子已让太监给撤了！

两位老臣先是有些发愣，但很快，便不约而同地对视了一下，心里就都全明白了。

也就是从这时候开始，宰相"坐而论道"的椅子在封建专制的国度就再也找不回来了。此后，宋朝的宰相便只能弓着背，仿佛奴才似的，诚惶诚恐地站着向皇帝汇报。

然而，话说回来，赵匡胤虽然小气，剥夺了宰相们与皇帝"坐而论道"的待遇与权力，用钱穆先生的话说："宋代军事，财政，用人三权都有掣肘，都分割了，这显见是相权之低落。"但是，如果说，还算憨厚的赵匡胤并没有把事情做绝，顶多也就是剥夺了宰相们的尊严，好歹给宰相们还保留了几个可怜的席位，让宰相们好歹还享受个政治待遇，而并没让宰相们全都下岗的话，那么，朱元璋就不同了，他老兄不仅把宰相的席位全部给撤了，而且也把明朝最后一个宰相胡惟庸的头给砍了。

由于年代久远，今天，在一般人的印象里，似乎朱元璋的斩杀丞相行动最先是拿胡惟庸开刀的。但其实，在朱元璋的斩杀丞相行动中，惨死于他的刀下的丞相绝非只有胡惟庸一人，而且，胡惟庸也绝不是第一人。

从史书上看，明朝的宰相制度犹如兔子的尾巴，非常之短，只在明初存活了不过短短的十三年时间，而在这短短的十三年时间中，明朝仅有的五位宰相李善长、徐达、杨宪、汪广洋、胡惟庸，事实上都未能善终！

据历史记载，在朱元璋的"斩杀丞相"行动中，第一个惨死于他刀下的丞相乃是杨宪。

杨宪这个人非常精明，非常能干，在明初至正十六年(公元 1356 年)，朱元璋攻克建康(今南京市)时投奔到其麾下，先是做一名检校，也就是一名政治特工，而且是一位“大特务头子”，后来升迁到御史台中丞，因为办事非常干练，曾一度深得朱元璋的赏识和器重，甚至在一些公开场合朱元璋还说他可居相位。

洪武三年(公元 1370 年)秋，朱元璋提拔杨宪担任中书左丞。杨宪由此成了中书省的实际负责人。

说来，中国的封建官场从来都充满了派系斗争。明朝初年，朱元璋手下也一样派系林立，其中尤以朱元璋的家乡凤阳、定远为主的“淮人派”或曰“帝乡派”势力最为强大。在当时，除了朱元璋，这一派的龙头老大乃是明朝的开国宰相、政治大佬李善长(李善长在后面章节中单独介绍)。而其他派系则相对弱小，除了以刘基为代表的“浙东派”还算稍微有一点势力，其他派系几乎都不成气候。

杨宪是太原阳曲(今山西太原市)人，也许是在朝廷中同乡太少形不成派系，而“淮人派”又对他拒不接纳，他便自觉或不自觉地加盟到了“浙东派”中，与刘基成了好朋友。

虽然在表面上刘基与杨宪关系很好，但实际上，刘基对杨宪的评价并不高。如在任用杨宪为相前，朱元璋曾征求刘基的看法，当时刘基就说杨宪这人虽“有宰相的才能，但无宰相的气度”。但尽管这样，不知道为什么，朱元璋还是很快把杨宪给提拔到了丞相位上。

也许是自恃有朱元璋在背后撑腰，杨宪任相后，锋芒毕露，咄咄逼人，言行举止表现得很不低调。许是干“特工”出身长期形成的职业习惯吧，杨宪为相喜欢“咬人”，而且竟然不自量力地把矛头对准了自己的仇家——“淮人派”的老大李善长，以致在中书省整日与“皇帝的亲信”李善长、胡惟庸明争暗斗，这就未免有些不知天高地厚了。

由于杨宪错误地估计了形势，找错了斗争的对象，结果，无异于自取灭亡。令杨宪至死也没有想到的是，就因为得罪了“淮人派”，以至于在他成为中书左丞的当月，就稀里糊涂地被朱元璋给杀了！

史书上对杨宪之死含糊其词，只说是犯事被诛，但究竟犯的是什么事却语焉不详，无人知晓，以致到今天还仍然是一个谜。

在今天看来，杨宪的死，很可能并不是犯了什么大错，也并不完全只是因为他不知深浅得罪了朝中最大的势力集团“淮人派”所致，而是由于他不知收敛，用权太过，以致“相权”冒犯了“皇权”，甚至威胁到朱元璋皇权的缘故吧。否则，如果只是单纯得罪了“淮人派”，而没有触犯朱元璋，以他的宰相身份，绝对不会才当上宰相还不到一月就被朱元璋杀死。

继杨宪之后，明初第二个被杀的宰相名叫汪广洋。

汪广洋是江苏高邮人，也是一个非“淮人派”。明史中评断他为：“少师余阙，淹通经史，善篆隶，工为歌诗。”与性格张扬、喜欢玩弄权术的杨宪不同，汪广洋为人宽和自守，遇事小心谨慎，一向以“廉明持重，善理繁剧”而著称。甚至在当丞相时，因为胆小怕事，不敢与左丞相胡惟庸争权，竟然经常躲在家里喝闷酒消愁，但就是这样一位官场老好人，最终还是于洪武十二年（公元 1379 年）在贬往海南的途中被朱元璋下诏就地处死了。

所以，屈指算来，胡惟庸乃是被朱元璋杀死的第三个宰相。

那是洪武十三年（公元 1380 年）正月，宰相胡惟庸突然被以谋逆罪处死，屠灭三族，受其牵连而遭屠戮的，前后竟然多达三万多人（也有说是四万多人）。

有历史学家把“胡惟庸案件”称之为“明初第一大案”。今天，当我们仔细检视这一大案时就会发现，所谓的“胡惟庸案件”完全是朱元璋实施其政治改革的必然结果。说白了，胡惟庸不过是其专制独裁统治首当其冲的一个可怜的政治牺牲品。或者，换句话说，在朱元璋的“理想国”里，是绝对没有宰相存身之地的。

据史料记载，胡惟庸是安徽定远人。定远与凤阳毗邻，所以，胡惟庸与朱元璋完全可以说是“淮右老乡”。元至正十五年（公元 1355 年），朱元璋攻占和州（今安徽和县），胡惟庸前往投其麾下。由于见胡惟庸口齿伶俐、通晓文史，且又是自己的老乡，朱元璋便让他担任元帅府奏差，协助李善长处理日常事务。在李善长的提携下，胡惟庸相继充任宣使、宁国主簿、宁国知县、吉安通判等职，一步一步朝着权力的金字塔顶迈进。

洪武三年（公元 1370 年），头脑灵光的胡惟庸进入明朝的权力中心——中书省任参知政事，也就相当于副宰相，这是胡惟庸政治生涯中迈出的重要一步。不久，鉴于李善长有病，朱元璋又提升胡惟庸为左丞。洪武六年正月，右丞相汪广洋因碌碌无为被朱元璋降级为广东行省参政，朱元璋觉得暂时无人顶替此职，久不置相，使得胡惟庸得以“独专省事”。洪武六年，胡惟庸被提拔为右丞相，到了洪武十年，又官拜左丞相，成了仅次于朱元璋的第二号人物。

说来，权力真的是一把双刃剑，既可以很轻易地刺伤（死）那些想要刺伤（死）的人，但有时弄不好一不小心也很容易刺伤（死）自己。

毫无疑问，胡惟庸就是被自己手中的那把权力“双刃剑”刺死的。热衷于权力追逐的他，想不到最终追逐到的竟是死亡。

胡惟庸无疑是一个精明人，可想而知，如果不是一等一的精明人，他也绝对混不到“一人之下，万人之上”的当朝宰相。可是，古往今来，很多官场中人鬼精鬼怪的，可谓要心计有心计，要手腕有手腕，但就是在两个方面往往会变得很弱智，很糊涂。一是美女，二是权力。我们看历史上许多原本并不昏庸的男人，一旦贪恋追逐上了女人与权力，到最后都要么变成了疯子，要么变成了傻瓜。

而胡惟庸便是这样一个看似聪明实糊涂的“政治傻瓜”。

仔细想来，朱元璋之所以重用胡惟庸为相，其实并不是看中他的才干，也并非看中他的资历与人气，实际上，倘若要是以才能任相，那么在当时最应该被提拔为相的无疑是刘基，即民间传说的刘伯温，而如若重用资历老有声望的臣僚为相，掐指算来，显然也轮不上胡惟庸。在他前面，起码能数出两打以上的人比他德高望重。然朱元璋之所以要任他为相，用当年明月在《明朝那些事儿》中的话说就是：“并不是因为他很强。相反，正是因为胡惟庸对朱元璋的威胁小。”可是，有小聪明而无大智慧的胡惟庸恰恰在这一点上判断失误，极其错误地估计了形势。

从史书上看，刚步入仕途时，胡惟庸还能夹着尾巴做人，有很长时间都讨好卖乖地跟在自己的领导加老乡李善长的屁股后面，屁颠屁颠地竭力巴结逢迎李善长。显然，也正是由于有李善长这个后台，再加上他自己很会玩权弄术，投机钻营，胡惟庸才得以官运亨通，平步青云。

但是，随着自己日益官高位显，特别是“宠遇日盛，独相数岁”，胡惟庸一直夹着的尾巴便自觉或不自觉地渐渐暴露出来了。据《明史·奸臣》记载，由于胡惟庸“宠遇日盛”，权倾朝野，因而巴结行贿他的人日益增多，“四方躁进之徒及功臣武夫失职者，争走其门，馈遗金帛、名马、玩好，不可胜数。”

而更有甚者，胡惟庸对权力的追逐与攫取可谓贪得无厌。据说，在独相位上，他常常把朱元璋撇在一边，自己操纵对文武百官的生杀黜陟之权。从中央到地方的各种奏章，胡惟庸必先取阅，发现于己不利者就先扣留下来，不让朱元璋知道。

玩权弄术到这种程度，胡惟庸显然太不明智了！

要知道，朱元璋不是小明王韩林儿，傀儡似的可以任人架空，任人摆布，而且，在性格上，朱元璋也不像宋太祖赵匡胤那么宽容，出于某种需要，有时可以故意放任乃至纵容臣子贪图富贵，滋生腐败。朱元璋是个专横刻薄的人，对于臣下的任何一点不廉、不敬与不轨之处他都不能容忍，所以，原本就伴君如伴虎的胡惟庸这样做，无异于是在老虎头上搔痒，太岁头上动土，自然也就无异于自取灭亡。

可是，话说回来，在历史上，胡惟庸的形象固然并不好，如《明史》等书就把他归于奸臣的行列，说他是一个“枭滑阴险专权树党的人”。然而，平心而论，即便他在为人处世方面再不怎么样，可再怎么说，他也不至于罪该万死，以至于最后被弄到诛灭九族的地步。

胡惟庸最后是被以“谋反罪”处死的。但对于胡惟庸是否真的谋反？明代史学家郑晓、王世贞等皆持否定态度。

事实上，问题的实质并不在于胡惟庸是否真的“谋反”。“谋反”其实不过是一个足以置其于死地的政治幌子罢了。显而，在今天看来，胡惟庸的死在某种意义上应该说是死在他不懂政治，或者说至少不完全懂得政治。因为，诚如高尔基所说：“一切文学即人学”，其实，政治更是人学，是彻头彻尾的关于人与人之间关系的学问。在封建时代，人治社会，所谓官场中的学问说白了就是领导与下属之间的学问。在官场中，谁能把领导与下属之间的关系弄明白了，处理好了，谁就有可能会左右逢源，官运亨通，安享富贵。可谁要是在这方面不知深浅，那么，谁就会仕途坎坷，霉运连连。

按理说，以胡惟庸的精明，他应该能觉悟到这些，可是，也许是太“权”迷心窍，以至到死，他似乎都未能幡然醒悟，正确认识到宰相与皇帝之间所应具有的关系，没有摆正好自己的位置。的确，权力的蛋糕是有限的，在总量上就那么大，如果“相权”膨胀，不知节制，那么，结果就很容易动了皇帝的“奶酪”，让皇帝的那一份“权力的蛋糕”变小，而这，无疑是犯了政治之大忌。

也正是从这个意义上说，胡惟庸的死是注定了的，是相权冲撞、冒犯皇权的必然结果。而既然结果已定，在政治上被判了死刑，那么，至于他以什么理由被杀，以什么形式被杀乃至有关所谓“谋反”“通虏”等故事已经无关紧要，一切的一切其实已经不过是借口以及程序问题罢了。

“宰相”李善长的死在后面我们将做专门叙述，这里，再来简要介绍一下徐达。

徐达是朱元璋的老乡。据《明史》记载，他为人宽厚，深通兵法，历数十役，战必胜，攻必取，智勇兼备、屡建功勋，是明朝开国首屈一指的最大功臣。朱元璋曾这样评价他：“破虏平蛮，功贯古今人第一；出将入相，才兼文武世无双。”由此可以想见徐达是个怎样的杰出人物。

据说，朱元璋对徐达可以说是极其信任、亲近备至，经常“赐休沐，宴见欢饮，有布衣兄弟称”。朱元璋曾说，“徐兄功大，未有宁居，可赐以旧邸。”曾决定要将他住过的旧邸赐给徐达。但是，徐达坚决不要，“达固辞”。还有一次，朱元璋与徐达一块饮酒，虽然酒量很大，但还是被朱元璋给灌醉了。酩酊大醉后，他居然盖着皇上的被子倒头睡着了。待到醒来，徐达大惊失色，“惊趋下阶，俯伏呼死罪”。显然，朱元璋是在有意试探徐达的忠诚。看到徐达的表现，朱元璋当然龙颜大悦，“表其坊曰‘大功’”。

尽管这样，徐达晚年却越来越小心谨慎，“而达愈恭慎”，由于害怕自己被“兔死狗烹”。史载，在朱元璋面前，徐达最后竟然到了“恭谨如不能言”的地步，似乎连话都不会说了。

野史中有这样一则故事常常被后人津津乐道，说是徐达的围棋下得很好，经常陪朱元璋下棋。陪领导下棋是有讲究的，既不能拿出真功夫把领导下输，又不能让领导赢得太轻松，觉得不过瘾。从史书上看，徐达似乎就有这方面的本事。

传说有一次，朱元璋召见徐达下棋，而且要求徐达拿出真本领来对弈，徐达只得硬着头皮与朱元璋下棋。这盘棋从早晨一直下到中午都未分出胜负，正当朱元璋连吃徐达两子自鸣得意时，徐达却不再落子。

于是，朱元璋得意地问道："将军为何迟疑不前？"

这时，徐达忽然"扑通"一声跪倒在地，答道："请皇上细看全局。"

朱元璋仔细一看，才发现棋盘上的棋子已经被徐达摆成了"万岁"二字。朱元璋一高兴便把下棋的楼连同莫愁湖花园一起赐给了徐达，那座楼便是后来的胜棋楼。

当然，传说只能说是传说，在今天已无法辨清真假。但不管怎么说，由此可以想见，当年"伴君如伴虎"的宰相徐达在朱元璋面前是怎样的"战战兢兢，如履薄冰"，为了免遭杀身之祸，又是怎样的处心积虑，投君所好，讨其欢心。

即使这样，由于朱元璋晚年为了能给自己百年之后嫡长孙朱允炆即位铺平道路，以保大明朱氏江山千秋万代永不变色，于是将屠刀还是对准了包括徐达在内的几乎所有开国功臣，痛下杀手。相传徐达晚年背生毒苍，忌吃鹅。可是，朱元璋却硬是故意让人给徐达送去了一只"蒸鹅"。结果，徐达"流涕食之而卒。"

显然，这也是一则民间传说，不能完全当真。然而，有明一代，仅有的五个宰相几乎都无一善终，结局悲哀，却是事实。

在今天看来，之所以包括胡惟庸在内的明朝仅有的这五位宰相最后都结局悲哀，归根结底，应该说还是因为在朱元璋觉得，这些人在位时所行使的"相权"，有意无意地都冲撞和冒犯了他的"皇权"。或者，换句话说，在朱元璋看来，"相权"实在是"皇权"的最大障碍与隐患！

显而，也正是基于这样的认识，"明朝最后一个宰相"胡惟庸被处死后的第五天，朱元璋便迫不及待地进行"机构改革"，宣布永久废除宰相制，撤销中书省，分相权于吏、户、礼、兵、刑、工六部。后来，他又三令五申，强调以后嗣君不得再置宰相，如有朝臣奏请设立者，处以极刑。

如此一来，中国的宰相制度到了朱元璋的手上便这样彻底寿终正寝了。用吴晗先生的话说就是："丞相没有了，朱元璋以皇帝兼行丞相的职权，中央集权发展到最高峰，朱元璋成为历史上权力最大的君主。"

仅此可见，朱元璋取消宰相制度完全是其建立自己的"理想国"实行皇权独裁专制统治的一个必然措施。

或者，换句话说，朱元璋想要建立的“理想国”里，显然只有皇帝，没有宰相，国家的一切军政大权都统属于皇帝一人，是一个高度集权极端专制的国家，或曰“家国”，也就是说，所谓的“国家”其实不过是他一家一姓之国。

说来真是人算不如天算，尽管绝顶聪明的朱元璋肚子里的小算盘打得贼精，以为如此一来就可以一劳永逸地把宰相永远逐出自己煞费苦心建立起来的“理想国”，从此再也不会有“相权”与“皇权”之争，而自己以及自己的子孙手中的“皇权”当然也就再也不会受到“相权”的威胁与挑战。可是，尽管胡惟庸死后中国再无宰相，在消灭宰相制度方面他和他的子孙们也确实都做到了，而且做得非常彻底。然而，令他生前怎么也没有想到的是，在他死后不久，“宰相”便通过那些名叫内阁大学士的人“借尸还魂”，这些内阁大学士虽无宰相之名，却有宰相之实，甚至在有些时候他们的权力比以往宰相的权力还要大。

据有学者考证，仁宗之后内阁大学士官职日渐显耀。其后杨士奇、杨荣皆迁尚书职，虽居内阁，官必以尚书为尊。特别是仁、宣朝后，大学士多为太子东宫时的老师，即位后多加少师、少傅、少保从一品的衔。景泰年间，大学士王文始以左都御史进吏部尚书，进入内阁。此后，诰敕房、制敕房俱设中书舍人，六部承奉意旨，而内阁大学士的权力更大。嘉靖年间，改华盖殿为中极殿，谨身殿为建极殿，朝位班次，内阁大学士俱列六部之上。

有关这方面的例子可以举出很多，最典型的像世宗时的夏言、严嵩、徐阶；万历时的高拱、张居正以及申时行等，这些明朝著名的内阁大学士，在实质上其实就是“总揆百官”的当朝宰相。用当年明月在其《明朝那些事儿》里的话说就是：“他们甚至开创了属于自己的名臣时代，一个几乎没有皇权制约的时代！”

坐在龙椅上的“农民”

从某种意义上说，朱元璋一辈子生活的都像是个农民，而且是个吃苦受累了一辈子的农民！

说来，也许是从小生在农村长在农村的缘故吧，在朱元璋的身上，有着许多农民的习性，而其中最明显的特征之一就是勤劳。就勤劳而言，他绝对称得上是中国历史上最为勤勉、最为辛苦的皇帝，完全可以说是“皇帝中的劳模”，在这方面，恐怕只有秦始皇勉强可以与之相提并论。

众所周知，秦始皇是个工作狂，早在年轻时便非常刻苦。统一天下后，为了治国理政，安定天下，他更是夜以继日，日理万机。《史记·秦始皇本纪》上说：“天下之事，无大小皆决于上，上至以衡石量书，日夜有呈，不中呈不得休息。”意思是说，天下初定，百废待兴，每天都有那么多的事需要秦始皇一个人去决断。白天审理案子，召见群臣；晚上，他则一个人在豆油灯下批阅公文。

当时，纸尚未发明出来，国家的行政公文大多刻于竹简上。为了不耽误国家大事，秦始皇给自己定了个规矩，就是每天至少要批阅一石也就相当于现在的一百二十斤以上的竹简文书，不批完不休息。据说，一百二十斤竹简文书堆起来几乎有一人多高，每天夜晚要批阅那么多公文，可想而知，秦始皇的工作该有多么辛苦！

说来，其实皇帝也不是好当的。我们看秦始皇工作那么辛苦，那么拼命，而比较起来，朱元璋更是一个工作狂。

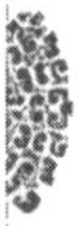

诚如我们所知道的，取消了中书省彻底废除了丞相后，朱元璋将“相权”紧紧攥在了自己的手里，由于没有了宰相，皇帝由此变成了他自己的宰相。这就像是一个农民在一夜间暴富成为地主之后，因为害怕管家对自己不忠，从此他便彻彻底底地变成了自己的管家。

如此一来，事无巨细，“事皆朝廷总之”，许多的国家大事便只好全都由他自己一人斟酌定夺，杀伐决断，这就使他肩上的工作量大大增加。所以，每天的工作对于他来说，真正可谓是日理万机。

可是，因为是给自己管家，朱元璋似乎并不感到劳累，不仅不感到劳累，也许反而会觉得是一种幸福，一种荣耀。的确，古往今来，只有极少数人才会有他这样一种体验，一种感觉，一种享受，所以，这样的日子，对于他来说，真正是“累并快乐着”。

据《明太祖实录》以及一些明人笔记记载，开国后，朱元璋经常沉浸在没完没了的政务当中。在位期间，据说他真正是三十一年如一日，除非生病，每天都坚持两次上朝办公。早朝的时间虽然冬夏不同，但一年四季他几乎都在鸡鸣头遍约莫四更时分便早早起床，然后便早早开始了一天的工作。

朱元璋做事有一个原则，也即今天当办的事绝不拖到明天，纵然是在吃饭的时候，倘若想起某件事，也会放下筷子，把要处理的事立即笔录下来，常常是一顿饭作几次这样的停顿。吃饭时所写的字条，就别在衣服上。

就因此，他的衣服上经常会别着许多小纸条，为此，他曾戏称自己的衣裳为“鹑衣”，也就是像有许多鹌鹑在那破衣烂衫上扑翅欲飞似的。的确，这些小纸条，在他走路时一颤一颤的，被风一吹，也总是飒飒有声，飘飘欲飞，似乎总在提醒着他：不可懈怠，不能误事。而在殿堂或后宫，他便将这类字条贴在墙壁上，办理过后，立即换掉，有时一天要更换好几次。

那个时代的公文真是相当烦琐，大臣们写给皇帝的奏章更是喜欢穿靴戴帽，里面总是充斥着许多的空话与套话。若是单纯一篇奏章洋洋洒洒下笔万言倒也无关紧要，可皇帝每天都要收到那么多的奏章，更要一份份地亲自阅览，可想而知，这是一件多么折磨人的事情。可在做这些事的时候，朱元璋却多半总是显得乐此不疲，无尤无怨。

据统计，洪武十七年，从九月十四日到二十一日，八天之中，内外各衙门共上奏章一千六百六十份，涉及三千三百九十一件事。每个奏章以一千字计算，少说也要有一百六十六万字，这样一来，朱元璋平均每天都要批阅二十多万字，处理四百二十三件事。要处理这么多繁重的公务，只能没日没夜地干了。

显然，这样高强度的脑力劳动，若是一般人肯定受不了，身体早被拖垮了，譬如秦始皇就是最典型的例子。正是因为他几十年如一日地不辞辛劳，积劳成疾，在批阅没完没了的公文时焚膏继晷，劳形伤神，将自己的健康透支得太多，所以，还只人到中年，这位“千古一帝”的健康似乎便已频频响起了警报，亮起了红灯，以致刚过五十岁，便龙驭上宾，英年早逝。而由他缔造的大秦也紧随其后分崩离析，堕入到了万劫不复的深渊。

可是，朱元璋却不然，也许是早年做游方僧时四处漂泊、到处流浪的生活不仅磨砺了他的意志，也锻炼了他的体质，虽然长年累月、夜以继日地不辞辛劳，忘我工作，但他的身体却显然并没有被拖垮，而且，精力似乎总是那么充沛，那么旺盛，最后，这位早年靠乞讨活命的皇帝竟然一口气活到了七十岁，这在“人生七十古来稀”的我国古代真的是很少见。故而，在长寿方面，与朱元璋相比，无论秦始皇还是李世民都绝对会自愧不如，即便是还算长寿的康熙也稍逊一筹，自叹弗如，恐怕也只有乾隆等极少的几个中国古代封建皇帝能出其右吧。

对于自己的夙兴夜寐，宵衣旰食，朱元璋显然一直无怨无悔，以致到了晚年，在回忆自己的“勤政”经历时，仍然情不自禁，感慨良多：“朕自即位以来，常以勤励自勉。未旦即临朝，脯时（申时，下午五点）而后还宫，夜卧不能安席，披衣而起。或仰观天象，见一星失次，即为忧惕，或量度民事有当速行者，即次第笔记，待旦发遣。”又说：“吾自有天下以来未尝暇逸，于诸事务唯恐毫发失当，戴星而朝，夜分而寝。一事未善，寝亦不安。”

这些话，说的无疑都是实情。绝对不属作秀。

可是，当皇帝何必要那么吃苦受累？对此，朱元璋作出解释说：“我难道是好劳而恶安吗？当然不是。战争年代，饥不暇食、倦不暇寝自不必说。四方平定之后，也不敢高枕无忧，自享安乐。因为自古以来未有不以勤而兴以怠而衰者。”“人君日理万机，怠心一生则庶务壅滞，民无所懒，贻患不可胜言。”总之，“天命去留，人心向背，皆决于此，甚可畏也，安敢暇逸。”

原来，朱元璋“勤政”的目的完全是为了治理好国家，建立他的“理想国”。

的确，从某种意义上说，皇帝其实就是一个国家最大的农民，一个“坐在龙椅上的农民”，只不过，他所耕种的不是田地，而是整个国家。所以，要想耕种好整个国家，对于皇帝来说，勤勉当然是最起码也是必然的要求。

除了勤勉，“农民朱元璋”还有一个堪称优秀的品质就是节俭，这显然也与他的农民出身有关。

传说，在当年要饭时，朱元璋经常饿得头昏眼花，有一天在他饥肠辘辘时，一个好心的老婆婆施舍给了他一碗瓦罐汤。饥不择食的朱元璋一口气将汤喝完后觉得这汤实在是太好喝、太鲜美了，于是便舔着嘴唇问老婆婆这是什么汤？

老婆婆笑了笑，随口胡诌道：“珍珠翡翠白玉汤。”

从此，朱元璋便对这“珍珠翡翠白玉汤”留下了很深的印象。当了皇帝后，他便要御厨给自己做这道汤，但御厨做的这汤朱元璋喝了感觉味道怎么都不对。后来经过访寻，在当年他要饭的地方找到了那位老婆子，才知道所谓的“珍珠翡翠白玉汤”仅是一道用烂白菜、玉米粒、剩饭混在一起的“杂烩汤”。

据说这“珍珠翡翠白玉汤”从此便成为明朝御膳里的一道保留菜肴。

也许是从小喝苦水长大的，当上皇帝的朱元璋依然生活朴素，躬行节俭。一个人所共知的例子是，在消灭了当时与他争夺天下的最强的对手陈友谅后，有人把陈友谅用过的一张镶嵌着许多珍珠宝玉的镂金床作为战利品献给朱元璋。朱元璋拒不笑纳，他指着镂金床对侍臣说：“这和当年孟昶（五代时后蜀皇帝）用的七宝尿壶有什么区别呢？一张床就如此精巧，其余可想而知。穷奢极侈，怎能不亡！”于是当即命令侍臣把床打碎。

洪武元年（公元 1368 年），他命侍臣在造皇车、制御床时，不要用黄金装饰，而把黄金换成铜。当时主管这事的官员劝他不要吝惜这点黄金，他严肃地指出：“朕富有四海，岂吝于此？然所谓俭约者，非身先之，何以率天下？”

洪武九年（公元 1376 年），负责营建皇宫的官员将其图样送给朱元璋过目审定，朱元璋把其奢华部分去掉，并对侍臣说：“唐虞之时，宫室内朴素，后也穷极奢丽，习尚华夷，去古远矣。朕今所作，但求安固，不事华丽。凡雕饰奇巧，一切不用。惟朴素坚壮可传永久，使吾后子孙守以为法。至于台榭花囿之作，劳民费财，以事游欢之乐，朕决不为之。”

因为出身农村，对稼穑之事朱元璋显然并不陌生，所以，金陵称帝后，他要求宫廷大院的空地上不建楼台亭阁，不造假山鱼池，尽量辟出空地作为菜园，栽种些应时蔬菜。据说，在政事的空暇，朱元璋时常来到这里看小太监汲水灌园，捉虫除草，怡然自得地领略宫内的“田野”风光。而他的饭桌上，也经常都是些蔬菜。如韭菜、荠菜、芹菜、茄子、苔菜、竹笋、蒜苗、茼蒿等普通农家吃的时鲜蔬菜。

史载，公元 1368 年，经过十七年征战，朱元璋终于登上皇帝宝座后，设宴款待开国元勋。即使是国家最高规格的国宴，每人席上也只有一碟红烧肉、一碗炖山羊肉，再有就是几样蔬菜、一壶水酒而已。

对于朱元璋的节俭，据说明初的大臣都很称赏。相传有一次，刘伯温陪着朱元璋视察刚刚修建完工的几个大殿，对宫中不尚奢华、只讲气势与实用的做法，十分称赞，由衷地对朱元璋说道：“主公衣食住行均崇尚俭朴，真是万民之福，足可示法后代，昭示天下。”

被刘基的这番话挠到了痒处，朱元璋禁不住微笑道：

"人主的嗜好关系甚重，躬行节俭，一来可以移风易俗，二来可以修身养性。崇尚奢侈，必会导致道德沦丧，丢失民心，这一点吾是牢记不忘的。"

就因此，明朝无名氏在其所著《天潢玉牒》中称赞朱元璋，说他："节于自奉，食不用乐，罢四方异味之贡。非宴群臣，不特设盛馔。功业益崇，益尚俭朴。"

不仅自己简朴，而且，朱元璋还严格要求皇室成员和群臣以勤俭朴素为本，以骄奢淫逸为戒。

有这样几个例子可以为证：

说是有一天，朱元璋回到后宫，发现地上散乱着丢弃了一些零碎丝绸，便把嫔妃们全部召来，给她们大谈百姓养蚕织布的辛苦与不易。而后下令，以后再有这样奢侈浪费的，严加惩处。在朱元璋的训示下，嫔妃们都将做衣服剩下的绸缎片缝成百衲被面，而不敢有丝毫的浪费。

还有一次，他在奉天门外见着一个散骑舍人穿一身华美服装，当即就把那散骑舍人找来问他置这件衣裳用了多少钱。那散骑舍人回答说："花了五百贯。"

朱元璋沉下脸训斥道："农夫寒耕暑耘，早作夜息，农妇缫丝缉麻，缕积寸成，及登场下机，公赋私债索取交至，竟不能为己有。食唯粗粝，衣惟垢弊。尔不闻农桑勤苦，置一衣乃至五百贯，此农民数口之家一年的过活。骄奢如此，岂不是暴殄天物！"

能把节俭提到国计民生的政治高度来看待，说明朱元璋的简朴并非因为吝啬，而是有着很高的政治觉悟，很有政治家的头脑。就因此，他经常告诫大臣们说："节俭二字，不但为治天下者所当守，治家者亦宜守之。尔等岁禄有限，若日用无穷，费用过度，何从办集？侵牟公帑，剥削百姓，皆源于此"。

在治国理政中，如果说官员的作用非常重要，不可小觑的话，那么，在"家天下"的封建社会，皇子的作用就更为关键，更为核心。很有政治头脑的朱元璋当然不会认识不到这一点。

就因此，他对太子以及其他几个儿子的教育真正是用心良苦，煞费苦心。

史载，吴元年(公元 1367 年)十月，还在紧锣密鼓地筹备登基大典之际，朱元璋便派时年还只有十三岁的大儿子朱标和十二岁的二儿子朱樉到老家濠州扫墓，一来让两个儿子代他告慰于祖先之灵，二来也是要他们了解沿途风土民情，家乡农民生活的艰难情况。

临行前，他对两个儿子说："你们兄弟自幼生长于富贵，不知人生艰难，百姓疾苦，很容易产生骄惰。今后，你们要承担很重的责任，不可不谨慎。"要求他们沿途多听听，多看看。到老家之后，对父老乡亲多做些访问。并要他们此去，一路不要光骑马，要有一段时间步行，体会一下跋涉的艰苦。

一个月之后，朱元璋又带着大儿子朱标到南郊去，让人带领着这位自己未来的接班人深入到农家茅草小屋，看农人们住得怎样，吃得如何，用的什么。参观完毕，他语重心长地教导儿子道："你现在应该了解农家的劳苦了吧！农民起早贪黑，不得休息，所住的不过是茅草屋，穿的不过是布衣粗裙，所吃的不过是菜粥粗米饭。而国家的经费都要靠他们供给。所以我想让你明白，一居一处，吃穿用度，一定要想到农民的辛苦。取之要有章法，用之要注意节省，使他们不至于饥寒，才算尽到做君主的责任。如果横征暴敛，则民不胜其苦，你又于心何忍呢？"

为了告诫自己的后代子孙不忘自己创业之艰难，使子孙后代牢记祖训，不忘过去，洪武十一年（公元 1378 年）四月，在皇陵立碑时，因有感于"儒臣粉饰之文，恐不足为后世子孙戒"，靠自学成才、粗通文墨的朱元璋竟亲自动笔撰写《皇陵碑文》，命吴良督工刻于皇陵碑上。

朱元璋在皇陵碑正文中一开头就这样写道：

昔我父皇，寓居是方，农业艰辛，朝夕彷徨。俄而天灾流行，眷属罹殃，皇考终于六十有四，皇妣五十有九而亡，孟兄先死，合家守丧。田主德不我顾，呼叱昂昂，既不与地，邻里惆怅。忽伊兄之慷慨，惠此黄壤。殡无棺椁，被体恶裳。浮掩三尺，奠何肴浆。既葬之后，家道惶惶。仲兄少弱，生计不张。孟嫂携幼，东归故乡。值天无雨，遗蝗腾翔。里人缺食，草木为粮。予亦何有，心惊若狂。乃与兄计，如何是常。兄云去此，各度凶荒。兄为我哭，我为兄伤。皇天白日，泣断心肠。兄弟并路，哀动遥苍。……

这些文字虽朴实无华，却明白晓畅，真切感人。从某种意义上说，它完全就是朱元璋“字字血，声声泪”地为子孙后代所作的一场“忆苦思甜”报告，读之令人无不悲从中来，凄然泪下。

显然，这样的御制皇陵碑简直就是“忆苦思甜碑”。朱元璋树立它的目的当然并不只是为了炫耀自己，而更多的应该说是为了垂之后世，“训诫子孙”，以此教育自己的子子孙孙永远不要忘记过去，永远都要像他这样治国唯勤，俭以养德，永远守护好这片得来不易的“朱明江山”。

可是，让他于九泉感到极度失望的是，他的后代子孙几乎很少有人能够继承他的遗志，牢记他祖训，更鲜有人能够体察他生前的这番良苦用心，除了永乐帝，当然还有明思宗朱由检，也即那位历史上有名的亡国之君，其他十几位大明天子昏君，或是庸君居多！

“农民皇帝”的“农民情结”

也许是因为出生于贫苦农家，从小就对农民生活的艰辛感同身受，当了皇帝的朱元璋虽然生性刻薄，但平心而论，对于穷苦农民却表现得非常友爱，在某种意义上，完全称得上是一个“农民皇帝”。

所以，假若朱元璋真能够建成一个属于他自己的“理想国”的话，那么，在其“理想国”中，他一定会皇恩浩荡，让农民成为这一“理想国”的“上等人”。

的确，在朱元璋潜意识乃至显意识中，确乎有着很深的“农民情结”，对自己的“父老乡亲”有着很深的感情，而且，这种感情几乎完全是发自肺腑，看不出有任何作秀的成分。

据史书介绍，当年，在朱元璋孤苦无依走投无路时，有一位汪氏老母向皇觉寺方丈求情，将朱元璋送入皇觉寺为僧，救了朱元璋一命。

朱元璋在南京坐了龙庭之后，汪氏老母去南京看他。临行前，汪氏老母捉了自家养的两只老鹅作为礼物准备送给朱元璋。没想到，过长江时，由于风急浪涌，渡船被风浪打得东摇西晃，在江中心，突然一个浪头打来，几乎要将小船掀翻。汪氏老母坐立不稳，失手将竹篮中的两只鹅全部掉入江中。情急之中，她赶忙去抓老鹅，结果鹅没抓到，只抓到了几根鹅毛。

到了南京，见到了朱元璋，汪氏老母讲述了这段经历。朱元璋听了，大为感动，满含着眼泪说：“您老这么远来看我，还带两只鹅，多不容易啊！虽然鹅跑了，只剩下鹅毛，但这份情谊实在太重了，真是谢谢您老人家，这份情我领了！”

谚语“千里送鹅毛，礼轻情义重”大抵来源于此。

于此可以看出朱元璋对于家乡的父老乡亲满怀着深情厚谊。

不仅对曾经有恩的汪氏老母情深谊长，即便是对那些素不相识的农民，这位农民出身的皇帝也非常关切，无限关爱。据《明太祖实录》记载，洪武二年（公元 1369 年），朱元璋从南京郊外回城，见到几个老者挥汗耕田，不禁想起他的父亲，于是下马步行，且边走边对身边大臣说：“朕好久没有在地里干活。适才所见农夫冒暑耕耘，心里很觉得可怜，不觉下马步行。农为国本，国家的需求都由他们供给。不知地方父母官晓不晓得怜悯他们。身处富贵而不知贫贱的艰难，古人常引以为戒。衣帛当思织女之勤，食粟当思耕夫之苦。朕每见到百姓之苦，一种恻隐之心常油然而生。”

洪武五年（公元 1372 年）十二月的一天，寒风料峭，冰冻刺骨。朱元璋在京城三山门附近看见一个服役的农夫在护城壕的冰水中边蹚边摸，就问，此人在捞什么？有人告诉他，说是督工之吏把他的锄头扔到水里去了。

朱元璋听了对这位农夫很是怜惜，于是急命壮士代他去捞，并另外赏一把锄头给他。随后，他又让人把督工吏抓来打了一顿板子，训斥道：“农夫服役一个多月，手足皴裂，你还嫌他不够辛苦吗？你怎么能忍心再害他？如果他是你的父兄，你也会这样对待他吗？”说着，回头又对丞相汪广洋说：“像这样数九寒天，我们身着裘皮还觉得冷。看这些役夫贫困无衣，其苦更不待言。”于是传令所有在南京服役的农民一律放假，停役回家。

此事一时间在京城内外传为美谈。

不仅仅只是在感情上对于天底下最穷最苦的农民寄予深深的同情，在生活上尽可能地关心农民，帮助农民，而且，在制定具体的农业政策方面朱元璋也尽量对农民予以倾斜，惠农助农。

据《明太祖实录》记载，为了鼓励农业生产，早在洪武初年朱元璋便下诏田器不得征税。有感于中原地区因长期战乱，“积骸成丘，居民鲜少”，他果断实行移民以及奖励生产、计丁授田、减免几年的租税和徭役等政策调动农民生产的积极性，同时于洪武四年和洪武二十五年，又先后两次派官员到广东、湖广、江西买耕牛分送给中原屯种之民。

朱元璋常说："朕起布衣，深知民间疾苦。""四民之中，农民最苦。春天鸡一叫就起床，赶牛下田耕种，插下秧子，得除草，得施肥，大太阳里晒得汗直流，劳碌得不成人样。好容易盼到收割了，完租纳税之外，剩不了一丁点儿。万一碰上水旱虫蝗灾荒，全家着急，毫无办法。可是国家的赋税全是农民出的，当差做工也是农民的事，要使国家富强，必得农民安居乐业才办得到。"

也正是基于这样的认识，这位"农民皇帝"为解决当时的农民问题倾注了大量的心血，在其帝王生涯中发布的有关免征各地农民赋税的文稿与诏令完全可以说是连篇累牍。

据明实录的记载，在朝廷财力许可的范围内，朱元璋设法给农民予以适当的恩蠲、灾蠲。自吴元年正月至洪武三十五年八月，明政府共实施了二十一次税粮、田租的蠲免、减征。而他所制定的徭役制度也可以说是相当先进，完全称得上是我国几千年封建社会难得一见的公平法则，其核心，大体上是根据家财田产的多寡来合理确定承担劳役的多少——富者多出，贫者少出甚至不出。

如果说，以上这些兴农、劝农的政策与措施在其他朝代也曾经不同程度地实行过的话，那么，朱元璋赋予明朝农民所具有的一些"民主"方面的权利，则是中国历史上空前绝后的。

朱元璋这人，在中国历史上可以说是独裁专制的皇帝之一，但就是这位对权力非常吝啬的皇帝，却显得颇为大方，破天荒地给了农民一定的"民主"自主权。

诚如我们所知道的，由于对农村情况太过于熟悉，对元末乡村"胥吏猛于虎"，也即那些官吏们平时吃拿卡要、横行乡里、鱼肉百姓的行径太过于了解，并从心理上极端厌恶和反感，当上皇帝后的朱元璋决心要狠狠打击这种歪风邪气，替千百年来一直受人欺负的农民出一口恶气。于是，早在洪武初年，他便亲自颁布《大诰》，通过法律的形式规定农村中的长老在地方官贪污腐化和不胜任职务时可直接向皇帝申诉。为了对付那些横行不法的胥吏，他别出心裁创新了一种方式，也就是所谓的"旁入公门"。这种"旁入公门"即使在今天看来也是匪夷所思的做法：即允许老百姓从官府衙门的小门冲进去绑架为非作歹的胥吏，直接扭送到京城法办，也可以越级诉讼,直接赴京告状。

为使这一措施真正能够得以实施,朱元璋还规定,沿途各级官府及关卡对上述民众如“敢有阻拦者,其家族诛”,也即杀其全家。

显然,也正是有了皇帝赐予的《大诰》这把“尚方宝剑”,明初的农民大多有恃无恐,经常挺直了腰杆同压迫自己的贪官污吏作斗争,动辄像“秋菊打官司”一般进京上访,跑到“农民皇帝”朱元璋那儿去告状。

由于有朱元璋在背后撑腰,所以,在明初,农民进京上访甚至于将地方官员捆绑起来押解进京的群体性事件可以说是经常发生,在京城南京绝对称得上是一道最为引人注目的政治风景线。

其中,至少有两件事至今还依然为人们所津津乐道。

《大诰三编》可谓是朱元璋亲自编写的普法教材。在这本皇帝亲自主编的《大诰三编》中,有一则名为《县官求免于民》的案例介绍了这样一件事情,说是滦州乐亭县(今河北省乐亭县)有个德高望重的农民赵罕辰有一天带着三四十个农民冲进当地县政府衙门,将县主簿汪铎等一帮县里的贪官污吏擒拿起来,五花大绑地直接押送到了都城找皇帝告状。

事情的起因乃是由于这位主簿汪铎与县机关部门负责人一起设计了一个“敛派徭役”。用今天的话来说就是,当地县政府的一帮贪官污吏们为了捞好处得实惠,便巧立名目,策划了一个重大项目,然后冠冕堂皇地把该项目与全县的经济发展以及百姓福祉联系起来,强迫老百姓有钱出钱、有力出力。结果民怨沸腾,舆论大哗,于是便导致了赵罕辰等农民将乐亭县主簿汪铎等几个县机关负责人一起捆绑起来押送京师的事件。

据说,在走到离开县城四十里的地方,这位县主簿汪铎感到害怕了,于是便低下头来,痛哭流涕地央求赵罕辰说:“我从十四岁开始苦读,好不容易才有了今天的地位,恳请大家行行好,饶了我这一次,千万千万不要毁了我的前程!”

想必,这些衙门里的官老爷们平时作恶太多,结果赵罕辰等一帮怒不可遏的农民并没有就此放过他们,而是仍然执意将这一帮贪官污吏送到了京师,让朱元璋为民做主,将砍掉了这些官吏的脑袋。

如果说北方农民赵罕辰像《秋菊打官司》中的秋菊只是讨回了一个“说法”的话,那么,同样是在明朝初年,南方农民陈寿六在“民告官”时不仅打赢了官司，讨回了公道，而且还因此被朱元璋称赞为“伟大的陈寿六”，由此“一夜成名”，很是在全国上下“火”了一把，成了一个举国闻名的英雄人物。

有关陈寿六的“英雄事迹”同样见诸朱元璋亲自撰写的《大诰续编》中，在该书的《民拿下乡官吏第十八》一文中，朱元璋向全国通报表彰了“如诰擒恶受赏”的常熟县农民陈寿六。

陈寿六原本只是江苏常熟县一个普普通通的农民，人老实巴交，且一直安分守己，如果不是发生了下述事件，像他这样一个不显山不露水的“小人物”想必绝对不会在历史上留下任何痕迹。

那是洪武十八年(公元 1385 年)，农民陈寿六因为得罪了一个名叫顾英的县吏，于是遭到了顾英的打击迫害。据说这个顾英平时飞扬跋扈，“害民甚众”，许多老百姓都对他非常痛恨，但由于千百年来中国老百姓一直都有着怕官心理，所以对顾英的胡作非为许多人都敢怒不敢言。但这一次，顾英却怎么也没想到自己会遇到“克星”，而且这个“克星”竟然还是一个看起来可怜巴巴的农民。

原来，陈寿六虽然老实，但老实人多半都爱较真，认死理，陈寿六显然也是这样。他觉得自己没错，完全是顾英仗势欺人，于是有一天他带着自己的弟弟和一个外甥一怒之下“旁入公门”，从侧门冲进县衙，趁顾英喝得酩酊大醉，将其五花大绑捆了起来，然后连夜押送他直奔京城而去。由于事发突然，以致常熟县的官吏们没来得及做出任何反应。

结果，陈寿六将顾英押到京城一告状，朱元璋立马就将顾英打进大牢，同时，对陈寿六“赏钞二十锭，三人衣各两件，免差役三年”，以示嘉奖。

更有甚者，在陈寿六等人离京后，朱元璋又专门发布谕令将陈寿六的事迹通报全国，并予以嘉奖，且发自肺腑地高度称赞道：“其陈寿六岂不伟哉?”意思是说，难道这个陈寿六不是很伟大吗?

经皇帝朱元璋这么一评价，这么一表彰，农民陈寿六顿时“伟大”了起来，而“伟大的陈寿六”也立马在全国“一夜成名”，迅速蹿红，很快成了一位“政治明星”或“超级农民”。

为了保护“伟大的陈寿六”不被打击报复，同时也是为了保护更多像陈寿六一样的农民参与造反的积极性，在这篇堪称亘古未闻的“嘉奖令”中，朱元璋严正警告说：如果有人敢罗织罪名，搬弄是非，扰害陈寿六者，我就将他族诛！当然，如果陈寿六仗恃着我的名头而横行不法，为害乡里，也同样罪不容赦；但是，陈寿六若有过失，地方官员无权作出决断，必须将他召到京城，由我亲自审理。

就这样，“伟大的陈寿六”被朱元璋树立成了“全国农民的先进典型”，而且还被“特殊保护”了起来。

有道是：榜样的力量是无穷的，被朱元璋这么一激励，一时间，全国许多农民都觉得陈寿六真是自己的榜样。于是乎便都开始有意识地把陈寿六作为自己学习的榜样。据历史记载，洪武十八、十九年间，在前往南京城的各条驿道上，几乎时时处处都能看见这样一种特殊的景象：几乎是来自四面八方操着各种方言的农民们三五成群，或者百十为伍，带着干粮，押着几个手脚绑得结结实实的富豪或者胥吏，或步行或驾着破驴车匆匆赶赴京城。遇到关口有官员盘查，他们就会理直气壮地从怀里掏出几本金黄色封皮的小册子《大诰》或《大诰续编》。而平日里不可一世的官员们见到这些小册子，立刻就会诚惶诚恐地恭请这些由皇帝撑腰的进京农民们赶快过关。

这，不妨称之为由朱元璋亲自发动的“明朝农民大起义”。

之所以要发动这样一场“农民大起义”，对于朱元璋来说，也许并不仅仅只是他内心深处的“农民情结”使然，是出于对农民兄弟的本能的同情与爱护，而是借此想“让农民监督官僚”，帮助他来一起建设和治理这个国家。

但不管怎么说，利用民众来监督官吏可以说是朱元璋的一大创举，在今天看来，他的这一“百姓治官”的理论与实践也非常具有超前意识和创新精神，让人忍不住为之拍案称奇且感慨良多。

说来，明初真的是一个特殊的时代，是一个中国的农民在历史上最受尊崇、政治地位最高的时代。而之所以会获得那么高的政治地位，显然完全是由于朱元璋在情感上对于农民有着一种特别的爱，也正是基于这样一种特别的爱，在理智上，他非常希望依靠农民来监督那些极易贪腐的官僚，治理自己的国家，维护自己的朱明统治。

诚如我们所知道的，朱元璋有一个著名的“四民说”，即在士、农、工、商中，他认为“农民最穷最苦”，这话可谓一针见血，入木三分。由于受早年生活的影响，在朱元璋的心目中一直固执己见地认为，官员最贪婪，商人最奸诈，读书人都很狡猾，唯有农民最善良最诚实，因而，在政治上也最能靠得住。

也正是基于这样的认识，所以，无论是在感情上还是理智上，也无论是在口头上还是行动上，朱元璋都绝对称得上是一个彻头彻尾的“农民皇帝”，在中国历史上还从来没有哪一个最高统治者像他那样对农民爱得如此执着，爱得如此深情，以致在弥留之际，依然念念不忘对自己的接班人——他的孙子朱允炆也即后来的建文帝说：“如果有人劝你给老百姓用重典者，就先治他的罪！”

这是朱元璋的临终遗言，也是他所做的最后的“政治遗嘱”！

可以想见，倘若朱元璋真能建成一个属于他自己的“理想国”的话，那么，除了他和他的子孙，很显然，只有也只有农民才是这个“理想国”里唯一受欢迎受保护的“上等人”，其他——无论是官员还是商人，在这个“理想国”里无一例外都会受到歧视、打击与迫害。特别是那些官员，在朱元璋看来，仿佛天生就有一种“原罪”，因而在他的“理想国”里似乎永远都是被监督、被专政的对象。

然而，不难看出，在逻辑上，朱元璋显然犯了一个以偏概全的错误，由于囿于成见，他显然没有也不愿看到这样一个事实，那就是：从哲学的角度来说，任何事物都不是绝对的，而从社会学的角度来说，显然任何阶层也都无所谓绝对的好，或者绝对的坏。一个人所共知的事实是：历朝历代，虽然都少不了贪官，少不了奸商，少不了滑吏，但也不乏“刁民”，说白了，就是农民中也并不全都是诚实善良之辈，也还有奸顽不法之徒。

也正因此，在“四民”中，朱元璋一厢情愿地企图单纯依靠农民来建立自己的“理想国”的愿望从一开始就是不现实的，也注定是不可能实现的。

事实也正是这样，就像这世上许多美好的愿望到头来并不能结出甘甜的果子一样，尽管朱元璋一心想依靠在这世上他自认为他最了解也最值得信任的农民对官吏进行监督，并由此开创了我国封建社会“农民监督”的先河，但是，用我们现在的话说就是由此犯了“经验主义”和“教条主义”错误，致使他的这一原本非常好的制度如同一座“千里之堤”，想不到竟然会“溃于蚁穴”，硬是被那些“刁民”给破坏了。

在《大诰三编》里，身为皇帝的朱元璋亲口对他的所有臣民讲述了这样几个让他啼笑皆非的典型案例。

案例之一：安吉县（今浙江省湖州市安吉县）佃户金方租种了本县地主潘俊二的一亩二分地，连续两年没有交田租。潘俊二到金方家里去索讨，结果却被金方当作祸害百姓的豪强绑了起来，还被勒索了黄牛一头、肥猪一口。在逼着潘俊二写完已经收取田租、不曾被勒索等三张文书之后，金方继续诬陷潘俊二是祸害百姓的豪强，不依不饶地将其绑到京城。

案例之二：乌程县百姓余仁三是本县富户游茂玉家的佃户。水灾期间，游茂玉同情余仁三生活困顿，借给他许多米粮。事后，余仁三非但不想着报恩，不想着还粮，反而起了歹心，勾结刁民一百余人，跑到游茂玉家里打砸抢。在搜出所有的借米凭据之后，余仁三等人将游茂玉当作豪民捆绑起来押送到了京城。

也同样是在《大诰三编》里，这位“农民皇帝”心情沉痛地还向我们讲述了这样一个“典型案例”：

嘉定县百姓沈显二，和自己的邻居周官二一起，把祸害本地百姓的里长顾匡捆绑起来，准备送往京城。一干人走到苏州阊门，当地德高望重的老人曹贵五出来给他们讲和，沈显二收下十五贯银钞，一匹绸缎和一些银钗银镯后，当场就把顾匡给放了。

顾匡回家之后，思前想后，胆战心惊，由于害怕事情终究会败露，所以决定化被动为主动，主动去京城自首，这样也许可以逃过一劫。曹贵五得到消息，自然也害怕起来，心想“我是劝和人，必然会有连累”，于是决定与顾匡一同去自首。

既然顾匡、曹贵五都要去自首，周官二得到消息，便也表示愿意同行。

四个人当中，沈显二最后得知消息。听说三人已经出发，他便风雨兼程，星夜追赶，终于在半路上赶上三人。沈显二提出一同去自首，可是，顾、周、曹三人一合计，却决定把他绑起来当作害民豪强押往京城。

然而，事情到此还没有完。这四个人进了京城，押解害民豪强的“诉状”刚刚递送上去，沈显二却在这个节骨眼上逃跑了。主管上访事务的通政司让他们把害民豪强押到衙门里去受审，无奈之余，周、曹二人私下计议，只得又将真正的害民豪强顾匡给绑了起来，送去受审。

在通政司接到的上访诉状里，顾匡明明是良民，可现在却跪在堂下，一下子成了“害民豪强”，所以官员们就审问周、曹二人：“顾匡是和你们一起抓沈显二的人，你们怎么又把他抓起来了？”

周官二回答说：“顾匡本来是我们最早捉拿的人，沈显二受贿把他放了。我等害怕事情败露，一同赴京自首。没想到沈显二随后也追了上来，我等遂将他当作骗人财物的奸民捆绑了来，而把之前的事情隐瞒掉了。如今沈显二跑掉了，我们只好又把顾匡绑了来。”

事情就这样露馅了。

很快，朱元璋听说了这事后，觉得这几个嘉定乡民实在是太奸诈了，谁也捉摸不透他们心里的诡计，于是干脆一股脑儿将他们全部枭首示众。

可以想见，当年朱元璋在讲述这几桩案例时，一定会很痛心也很无奈，是啊，事情怎么会是这个样子呢？自己一直很厚爱也很眷顾的这些农民怎么会是这个样子呢？当时，这位“农民皇帝”的心里一定会非常纠结。

可是，令他纠结痛苦的事情还没有完，这以后，又陆陆续续发生了许多令他伤心无疑也令他极度失望的事情。

揆诸历史，我们会深深地感到，朱元璋是中国历史上对普通百姓的个人日常生活干涉得最深入的皇帝。他就像是个喜欢包办代替的“民之父母”，普通农民的生活他几乎什么都想关心，什么都要像电脑一样事先进行“程序设定”。

譬如，在《大诰续编·互知丁业第三》里，朱元璋诏令天下百姓们必须“互相知丁”。他要求，自这一规定颁布之日起，市井村镇中的老百姓对自己的邻居，一定要做到“互知业务”，也就是知道他们平日里从事何种职业；还要做到知道邻居家里几口人，几个人从事农业，几个人读书，几个人从事手工业或者商业；对于读书的邻居，一定要知道他的老师是谁，在哪里上学；给别人做老师的，也必须知道他所教的学生都是谁。

而对于不同职业的百姓，朱元璋则具体规定：

如果你是农民，没有特别申请的“路引”，也就相当于我们现在的“通行证”或“介绍信”，每日里不得离开自家方圆一里。早上何时出门耕作，晚上何时回来，都必须让邻居知晓。

如果你是工匠，出远门做工，则必须在“路引”上标明目的地；在本地做工，则要让邻居知道你的具体所在。归来或早或迟，也要说与邻居知道。

如果你是商人，本钱有多有少，货物或轻或重，所行或远或近，走水路还是走陆路，这些都要详细注明在“路引”当中。归来的大致期限，务必让邻里知晓。若一年没有消息，两年未曾归来，邻里必须去其家中调查原因。如此，一旦对方借经商之名，在外胡作非为，邻里就不必承担连带责任。

这显然是一种褫夺百姓自由的制度！

可是，朱元璋却并不觉得这有什么烦琐，相反，他却很为自己的这一“制度设计”感到自豪和骄傲，他觉得，倘若按照他的这一“制度设计”去做，那么，他就一定会带领他的百姓很快进入他心目中的“理想国”。为此，他充满自信地向天下的百姓们描绘这一“理想国”的蓝图说：

“若百姓们都遵守朕所申明的先王之教，大步迈入仁寿之乡，乐天之乐，岂不快哉！”而进入了这样一种“理想国”的社会，“即岁天下太平矣”！意思是说，一个幸福美满，天下太平的新时代就降临于世了。

可是，他的子民们对他所描画的“理想国”的美好蓝图似乎并不憧憬，而且，一些并不安分守己的农民也似乎有意与他捣蛋，丝毫不让他省心。

洪武十九年，福建沙田县的几个不愿务农的百姓，以一个叫罗辅的人为首，一共十三个人，可能是想合作干点别的什么营生，聚在一起商量说：“如今朝廷的法律好生厉害，我等不务农恐怕会获罪，不如大家一起切掉几根手指，如此变成残废，不务农也就没罪了。”大家齐声说好。结果被人告发到京城，朱元璋下令将这些“奸民”押回原籍枭首示众，族诛各家的成年男丁，妇女小孩则一律流放。

还有一例，嘉兴府的“逸民”徐戬等七人伪造印匣，裹在包袱里。他们瞅准朝廷的粮船即将起锚，就背着这个假印匣沿河而行，装成催粮的官吏，一路假模假样地督责运粮船只。行至江苏杨子桥（今江苏邗江南），几个案犯在路边的民舍前停下来，煞有介事地开始点视盘诘各路粮船，故意刁难找碴儿，索取钱钞。由于不久露了马脚，几个案犯很快被抓了起来。

这些事情绝对不是后人杜撰的，而是朱元璋自己在他的《大诰续编》里亲自记载的。在记载这些案例时，朱元璋的内心非常纠结，非常苦闷：

“怎么会老是发生这样的事情？怎么这些农民老是做出这样欺君枉法，一次次地辜负了朕对他们的期望？”

的确，朱元璋曾如此描述自己心目中的“理想国”，“（我极力想恢复古圣王的制度)，使民复古，日出而作，日入而息，鼓腹而歌曰：无官通之忧，无盗厄之苦，是以作息自然，朕尝慕此”。就因此，终其一生，他都在不懈地奋斗与追求，可是，这些农民中的“刁民”，却一直成为阻碍这一理想国实现的“绊脚石”。

所以，一向意志坚定的朱元璋到后来也忍不住感叹：“民有奸顽难治者如此！”“呜呼！是其难治也。”那意思是说，想不到农民中竟有如此奸顽难治者，哎，治理天下真的是太难了！

没有贪污的“理想国”

在中国的封建皇帝中，可以说，朱元璋是一个爱憎最为分明的人。一方面，他对于普通百姓，特别是穷苦农民表现出了一种几乎是出乎本能的“特别的爱”，然而，在另一方面，对那些富人特别是为官者却又几乎天生有一种“特别的恨”。

作为一个君临天下的皇帝，在对待官、民的感情与态度上竟然如此的爱憎分明，这在中国的皇帝中委实是绝无仅有。

从史书上看，对待农民，朱元璋虽然并没有做到“像春天般的温暖”，但对待那些贪腐的官吏，他却真正做到了“像秋风扫落叶一般残酷无情”。

诚如我们所知道的，身为开国皇帝，为了巩固自己得来不易的社稷江山，几乎从一开始朱元璋便强力实施“重典治国”，先后颁行《大明律》和《明大诰》等法律，特别是采取了多种措施，在明初的法律中专门设立了严惩官吏贪污贿赂的篇章条款，严厉打击贪赃官吏，应该说，这在中国历史上都是前所未有的。

在今天看来，尽管“重典治国”并非朱元璋的发明，但是，朱元璋的“重典治国”与以前历朝历代“严刑峻法”的对象却有着很大的不同。如果说，以前的统治者所实行的“重典治国”其侧重点在于重典治“民”的话，朱元璋的“重典治国”则侧重于重典治“官”，重典治“吏”。揆诸历史，我们看这位喜欢自称“予本淮右布衣”的洪武皇帝老是把可以随意“滥砍滥伐”的“达摩克利斯之剑”高悬在那些为官者的头上，动辄就会砍掉那些贪官污吏的脑袋。

从史书上看，朱元璋治天下有一个原则就是“治官严，治民宽”，这在我国古代封建统治者中可谓绝无仅有，无疑也是他受到后代许多人特别是普通百姓推崇称道的地方。

朱元璋对“贪赃官吏”制裁极其严厉，规定“重其重罪”，量刑和用刑毫不留情，严法酷刑。如《大明律》规定，受财枉法者，十贯以下杖七十，每五贯加一等。二十贯杖六十、徒一年；四十五贯杖一百、流两千里；满八十贯即处绞刑。监守自盗，一贯以下杖八十，七贯五百文杖六十、徒一年；二十贯杖一百、流两千里；满四十贯处斩。即便是受财不枉法者，也要一贯以下杖六十，每五贯加一等，至一百二十贯杖一百，流放三千里，后改为受四十贯就流放。

这里，需要说明的是，明朝承前朝之制，依然使用铜钱。铜钱的货币单位为“文”和“贯”。其中，一千文等于一贯。所以，我国古代章回小说中经常描写用绳子串在一起的一贯铜钱也即一千文铜钱为“青蛇似的一贯铜钱”可谓非常形象，非常确切。如传统昆曲名剧《十五贯》中，赌徒娄阿鼠因赌钱输得精光，不仅将肉铺老板尤葫芦借来的十五贯钱偷走，而且将尤葫芦杀死。那么，“十五贯”大约相当于现在的多少钱呢？据有人测算，一贯钱大约也就相当于现在的六七百元人民币，十五贯大约也就和我们现在的一万元差不多。

如果按此计算，那么，在明初，“受财枉法者”，满八十贯就要处以绞刑；至于那些“监守自盗者”，“满四十贯处斩”。仅此可见，朱元璋对官吏的贪腐行为真正是严惩不贷，“罪之不恕”，几乎可以说是零容忍。

说来，朱元璋真的是一个彻头彻尾的理想主义者，无论做什么事都追求完美，追求极致，在反腐败方面，他的眼里几乎揉不得一点儿“腐败的沙子”，在他一心想要建立的“理想国”里，他几乎要求不容许有半点腐败！

为对付官场腐败，建立一个没有腐败的“理想国”，朱元璋真的可谓用心良苦，费尽心机，想出了许多新招、狠招乃至损招治贪，其用刑手段之残忍实属历史罕见，令人发指。

古往今来，关于反腐，统治者多半都是雷声大，雨点小，唯独只有朱元璋是动真格的。要说他“反腐败”还真是“反腐败”，不仅说到做到，而且下手狠。《大明律》规定，官吏贪赃六十两以上的即枭首示众，并处以剥皮之刑，且将所剥之皮塞以稻草，挂在官员办公的衙门公座旁，以此作为警戒，好叫那些后任做官的触目惊心，不敢再做坏事。

显然，这样的法律条款，朱元璋并不只是把它写在纸上吓唬人，而是真正付诸实施，如浙江有一官员就因为贪污了两百担米，就被用麻袋活活闷死，然后做成“人皮灯笼”，予以示众。

在高官中，最早享受这一高级待遇的应该说是朱元璋的老部下朱亮祖。

朱亮祖曾在攻灭陈友谅、张士诚以及与元军的战斗中立下赫赫战功，是明初有名的开国功臣。明朝开国后，他因功封永嘉侯，并于洪武十二年(公元1379年)受命出镇广东，成了镇守一方的诸侯。

但由于这朱亮祖是武将出身，只知拼死作战，斗大的字识不了一箩筐，所以为人十分骄横。用史书上的话说就是“所为多不法”，用今天的话说就是恃功自傲，老是干一些违法乱纪的坏事。

作为当时镇守广州的最高军事长官，按理，他应该协助当地行政机构维护治安，保境安民才是。可是，他却横行不法，不仅放纵军士胡作非为，而且还与地方上的一些土豪恶霸沆瀣一气，暗中充当黑社会的“保护伞”。

说来也合该朱亮祖倒霉，虽然对于他的这种罪恶行径，尽管当地百姓无不切齿痛恨，但慑于他的淫威，前几任番禺县(今广州番禺)县令都敢怒而不敢言，一直对他“睁一只眼闭一只眼”，可是，到了道同任上，情况却完全不一样了。

原来这道同是蒙古族人，为人一身正气，非常正直。洪武初年他被举荐为太常寺赞礼郎，后出知因强梁横行而被视为难治之地的番禺县。道同执法严明，软硬不吃，很快便成了当地有名的“打黑英雄”。

可是，就因为他触犯了黑恶势力的既得利益，这些黑恶势力便联合起来找到朱亮祖，寻求他的保护。

因为平时没少收这些人的“保护费”，再加上又自恃自己乃是镇守一方的开国功臣，要对付一个小小县令实在是易如反掌，所以，头脑简单的朱亮祖便拍了胸脯要给“有眼不识泰山”的道同一个“下马威”。

这以后，朱亮祖便多次找碴儿，干涉道同正常执法，他甚至还派地痞恶霸暗中设伏，狠狠打了道同一顿。但道同这位“打黑英雄”并未因此被吓住，而是继续“打黑不止”。

有一天，道同通过“线人”，将一批正在敲诈勒索、寻凶闹事的地痞恶霸逮个正着，又从他们口中得知其为首者，一并抓来枷在大街上示众。百姓无不拍手称快。地痞中的一些漏网分子找到朱亮祖，求他出面搭救。朱亮祖毫不推辞，当即让人将道同召至府上，设酒食款待。席间请道同放人。道同不卑不亢，先是历数了这些人的罪恶，然后对朱亮祖说：“大人以侯爵之尊，出镇南疆，应当抚慰百姓，除霸安民，不要受小人蛊惑。”一席话将朱亮祖说得哑口无言。

朱亮祖见道同一个小小县令竟然不买他的账，感觉很没面子。软的不行，于是他便干脆来硬的。第二天清晨竟亲自带领军队到县衙门“劫狱”，光天化日之下竟公然将那些地痞恶霸释放。

朱亮祖这事做得实在太过分了，不仅如此，他还恶人先告状，竟然向皇帝上书，除了弹劾道同“目无官长”外，还诬陷道同以蒙古人相标榜，纵容刁民闹事。

如果说，在这之前，道同还尽量忍让的话，那么事到如今，他终于忍无可忍，在获悉朱亮祖恶人先告状后，他也愤然向朱元璋上书，历数朱亮祖的种种罪状。

由于朱亮祖的“告状信”先到，朱元璋一看道同与前朝遗匪为伍，信以为真，当即就批了“斩立决”，并派使者去广东执行。朱亮祖派人买通了使者，弃船登陆，乘六百里快马，昼夜兼程，迅速赶到广州，将道同斩首。

道同遇难，当地土豪恶霸欢欣鼓舞，洋洋得意。可就在他们一起围着朱亮祖举杯相庆的时候，没想到大理寺的官员手持朱元璋的“圣旨”仿佛从天而降，突然将朱亮祖及他的长子广东卫指挥使朱暹抓走了。

洪武十三年(公元 1380 年)九月初三，朱亮祖与长子朱暹被押到了朱元璋的面前，一见朱元璋满脸怒气，朱亮祖立刻跪了下去。膝行向前，不停地以头撞地，请求宽恕。

朱元璋也不说话，站起身就用鞭子先狠狠抽打了朱亮祖几下，然后便命武士对其继续鞭打。一看这阵势，武士们知道皇帝这是要将朱亮祖往死里打，于是在鞭打时一个个都下手很重，很快便将朱亮祖父子打得血肉横飞，气绝身亡。

杀死朱亮祖父子后，朱元璋又下令将番禺的那些地痞恶霸全部杀死。因为念及朱亮祖乃有功之臣，朱元璋便给他留了个全尸，至于他的长子朱暹等人，朱元璋则没有那么客气了，他下令将这些人的皮全都剥了下来，悬挂到闹市示众，以起到警戒震慑作用。

除了朱亮祖因为“黑社会犯罪”被朱元璋处死外，当时一位名叫李彬的高官因为买官和暗中开办“红楼”也被朱元璋下令处死。

李彬是洪武年间进士，曾官至中书省都事，属于高级官员。就因为很得当时的丞相李善长的赏识，实际上是李善长的“贴身秘书”。李彬当时很有些忘乎所以，横行不法。

一方面，他暗中开办了一个“红楼”，在这里，一般的有钱人是绝对进不去娱乐的，只有那些不仅有钱而且有权的高官才有资格准入，在里面纵情娱乐，销金销魂。

另一方面，他为那些能够进到“红楼俱乐部”的“预定官帽”，按价卖官。据说，李彬的法道很大，居然能够帮那些急于买官的“消费者”运作到宰相助理以及六部尚书这样级别很高的官职，而作为交换，李彬自然要收取不菲的银两。所以，在当时的京城，广泛流传着大宰相府和小宰相府的传说。

事情败露后，朱元璋大为震怒，当时身在开封的他竟亲自写下“死刑判决书”，让人火速送到南京要把李彬正法。李彬案发后，尽管有李善长等一些朝廷高官竭力营救，但在刘基的坚持下，朱元璋还是毫不通融，坚决把他给杀了。

其实，不仅仅是“高官”，即便是自己的亲属，在贪污一事上，朱元璋也严惩不贷，真正称得上是铁腕反腐，六亲不认。

有这样一个例子经常被人津津乐道，那就是朱元璋杀驸马。

原来，进士出身的欧阳伦于洪武十四年（公元 1381 年）娶了朱元璋的女儿安庆公主。要说这安庆公主可不是一般的公主，而是马皇后的亲生女儿，是朱元璋的掌上明珠。古话说，疼女儿必然会疼女婿。但就是这样一位驸马爷，却硬是被朱元璋赐死了。

这便是洪武三十年（公元 1397 年）发生的历史上所谓的“欧阳伦驸马案”。

原来，在我国古代，为了控制西蕃地区，同时也为了用中原的茶叶交换西蕃地区的战略物资——马匹，明朝等封建王朝都严禁茶叶私自出关。可是，就在洪武三十年，官至都尉的驸马爷欧阳伦“奉使至川、陕”，因为自恃是皇帝的女婿，他竟“数遣私人贩茶出境”，从中牟取暴利。

因为是皇帝的女婿走私，当时的陕西布政使竟不敢查问。可是，要说这欧阳伦做人做事也太过分了，做这种违纪犯法的事理应小心谨慎、偷偷摸摸才是，可他偏偏还要耍横，竟然在地方上动用官府车辆，擅自闯关，不纳税，不服管，而且还纵容家奴任意打骂侮辱守关的官员。

结果，一位巡检的税吏实在不堪其辱，遂斗胆写信向朝廷举报。

因为此案牵涉驸马，一般官员谁也不敢过问，于是案件很快呈报到朱元璋那里。说实在的，朱元璋本不愿杀这位乘龙快婿，不忍让自己心爱的安庆公主年纪轻轻就成为寡妇，但因为此事震动朝野，影响极坏。一边是情，一边是法，论情当放，论法当诛。思来想去，朱元璋最后还是法不容情，大义灭亲，一狠心将欧阳伦赐死，将其手下一班家奴一律斩杀。

由此可见，朱元璋对于腐败的惩治是多么坚决，多么严厉！

一点也不夸张地说，腐败在明初简直就是一根“高压线”，任何人碰它都无异于自寻死路，必死无疑。

我们看“明初四大案”即“胡惟庸案、空印案、郭恒案以及蓝玉案”中的“空印案、郭恒案”就是在这种背景下发生的明初两大著名的“反腐败案件”。

先来说说“空印案”。

空印案是明朝初年朱元璋严惩地方官吏预持空白官印账册至户部结算钱谷的重大案件。案发时间有学者说是洪武九年（公元 1376 年），也有说是洪武十五年（公元 1382 年），但确乎以后一说法，即吴晗先生在其《明朝大历史》一书中的说法较为可信。

明朝初年，按照规定，每年各布政司和府州县都得派上计吏到户部，核算钱粮和军需等账目。在当时，规范的做法是，地方财税官员携带的文书要先填写好数据且加盖印信，逐级核对无误后方可上报中央，如各布政司发现地方账目数据与中央统计数据不符，户部则一律驳回，要求重新填写。遇到这种情况，地方官员就只好回到原地重新填写报表，盖好印信后再到京城与户部核对。

那时地方财税官员到京城出差很不方便，特别是一些边远地区，往返一趟动辄数月，费时费力。也正因此，当时的许多地方财税官员为了图省事，在来京时几乎都带有预先盖好印信的空白文书，大约也就相当于现在的“空白支票”或“空白介绍信”，如遇到户部驳回，就在京城重新填写，无须再回到本地盖印，以免往返车船劳顿之苦。

应该说，这种做法，严格说来虽不合法，但比较合情，所以在当时较为通行，且业已成了户部默认的公开的秘密。

可是到了洪武十五年，这一“公开的秘密”被朱元璋发现了，朱元璋气得要死，他觉得“其中有奸”，一定有猫腻，于是下令将各地所有掌印的官员处死，将副职一律杖责一百且发配到偏远的地方充军。

这是朱元璋当皇帝以后在“反腐败”方面查处的第一起大案和要案。这在中外历史上几乎都可以说是空前绝后，绝无仅有。

顺便说一句，当时全国最有名的“清官”、方孝孺的父亲方克务也因此案被杀。

平心而论，骇人听闻血腥味十足的“空印案”其实是一大冤案。因为，用吴晗先生在其《明朝大历史·明初的恐怖政治》一文中的话说：“其实计吏所预备的空印文书是骑缝印，不能作为别用，也不一定用得着，全国各衙门都明白这道理，连户部官员也是照例默认的，算是一条不成文的法律。”

可是案发后，就因为朱元璋震怒，以致朝廷所有的官员都不敢站出来解释原委，说明详情。倒是宁海（今浙江宁波市属县）有一个名叫郑士利的读书人因为自己的哥哥郑士元牵涉这起“空印案”中遂不顾生死上书。然而，无论郑士利怎么情词恳切，朱元璋都置若罔闻，照杀不误，郑士利本人也被罚充军。

“空印案”之后，仅仅过了三年，也即洪武十八年（公元 1385 年），又发生了一起震惊全国的特大腐败案件——郭恒盗粮案。

据明《大诰实录》记载，公元 1385 年发生了一桩惊天动地的“盗粮案”，即朱元璋查处郭恒贪污案。

郭恒是户部侍郎。洪武十八年，有人告发北平二司官吏和郭恒合谋舞弊，盗卖官粮。

对于这样的“腐败大案”，朱元璋当然紧抓不放，严查到底。经查证，郭恒应收浙西秋粮四百五十万石入仓，实入粮钞少收一百九十万石。郭恒及浙西地方官吏通同作弊，受贿五十万贯。这在当时简直是一个天文数字！

如此惊人的贪污数额让一向省吃俭用、近乎守财奴似的朱元璋心痛不已，大为震怒。他恨得咬牙切齿地说："古往今来，贪赃枉法大有人在，但是搞得这么过分的，实在是不多！"

一气之下，朱元璋干脆兴起大狱，在全国来了个"国家粮库大检查"，对六部及全国十二布政司拉网似的全部彻查一遍。说来真是"不查不知道，一查吓一跳"，经过查证，发现国家粮库共偷漏及盗卖仓粮七百万石，并隐漏税粮及鱼盐等项税课共合粮两千四百余万石。

对于如此腐败大案，朱元璋当然严惩不贷，大开杀戒。据《明史》记载，在这一大案中，"自六部左、右侍郎以下，赃七百万，词连直、省诸官吏，系死者数万人"。此案除郭恒及户部官员外，又涉及礼部尚书赵瑁、刑部尚书王慧迪、兵部侍郎王志、工部侍郎麦志德等一大批"部级高官"，最后，从中央到地方被牵连的大大小小官员数万人，皆论死罪。

说来，为对付官场腐败，惩治腐败，以便建立一个没有贪污的"理想国"，朱元璋真可谓挖空心思，煞费苦心。在他的严厉打击下，成千上万的贪官污吏或人头落地，或充军流放。当时，仅发配到朱元璋老家凤阳种田的贪官污吏就多达上万人。

这样声势浩大、席卷全国的"反腐败运动"可谓前无古人，后无来者，成为明初绝无仅有的历史景观。

可是，说来让人着实大惑不解的是，如此残酷无情的反腐败运动在当时却并未能有效地杜绝贪污现象的发生，真正能够建立一个没有贪污的"理想国"。尽管朱元璋对"贪赃官吏"制裁格外严厉，规定"重其重罪"，量刑和用刑毫不留情，严法酷刑，但大大小小的官吏却依然贪赃枉法，犹如蝗虫般的遍布全国各地，可谓漫天飞舞，扑杀不尽。

如在郭恒案中，龙江卫仓官康名远等人因为伙同户部侍郎郭恒等盗卖仓粮被处以墨面、文身之刑，且挑断脚筋、割去膝盖后，仍旧留在原仓库看管粮食。按说这样的人应该洗心革面，痛改前非了。可是，令人想不到的是，没过半年，他又"旧病复发"，偷出放粮筹码，转卖给同样受过刑的一位小仓官用来盗支仓粮。

案情暴露后，连朱元璋也大为感慨，叹息说："朕谓斯刑酷矣，闻见者将以为戒。"可是，哪里想到，康名远等人"肢体残坏，形非命存，恶犹不已，仍卖官粮"！

所以，对于这样的人，连杀人成癖的朱元璋也觉得拿他没办法了，不禁感叹道："此等凶顽之徒，果将何法以治之乎？"

当然，朱元璋这话说得未免有些夸张。事实上，他在特定时代特殊历史时期所实行的重典治贪所具有的必要性与合理性是显而易见的，也取得了一定的政治效益和社会效益。史无前例的"反腐败运动"有着强大的威慑力，无论在主观上还是客观上，对于澄清吏治、防止官员腐败，为巩固大明皇权，加强封建专制统治，无疑都起到了非常重要的作用。

功臣末路

古今中外，那些善于在波诡云谲的政治斗争中翻云覆雨、兴风作浪的领袖人物一个个都是"武林高手"。特别是在我们这个古老的封建国家，关于"人治"与"治人"，简直就是许多封建统治者的"独门暗器""祖传法宝"。

纵观朱元璋生前的所作所为，在很大程度上，竟与马基雅维里的观点不谋而合。如马基雅维里曾经深刻地指出："人们总是认为，君主严守信义、正直坦率、不用诡计，这是多么值得赞美啊！然而我们这个时代的经验表明，那些曾经建立丰功伟绩的君主们却并不遵守诺言，却是最懂得运用诡计使人们晕头转向，并最终征服了那些盲目守信的人。"

很显然，朱元璋正是这样的一个人，一个悖乎人道，甚至毫不介意残酷这个恶名的封建君主。

史载，朱元璋是中国历史上杀戮功臣最多的皇帝之一，有人甚至称他为"屠夫皇帝"。他先后兴起胡、李、蓝三大狱，文武臣僚被诛杀者近四万人，在官员中造成极大的恐怖。大案而外，开国功臣或被明令处置，或被暗中毒害，多不得善终。明朝开国功臣侥幸得以善终者，唯有汤和等寥寥数人而已。

所以，清朝著名历史学家赵翼在其《二十二史札记》中评朱元璋是："借助功臣以取天下，即天下既定，即尽举天下之人而尽杀之，其残忍实千古所未有。”

诚所谓“耳听为虚，眼见为实”，还是去看看朱元璋的“白色恐怖”吧。诚如我们所知道的，明朝初年，整个大明几乎到处都像是鬼气森森的“杀人工厂”，其中最大的“杀人工厂”当然是在都城南京。

据说，明初的杀人有很多的讲究，有很多的杀法，这些杀法有些当然是“历史的继承”，而有些则是当时的创新，完全可以获得发明专利，绝对称得上是刑法领域里的“科技进步”。

诚如我们所知道的，明初，朱元璋实行“重典治国”。所谓“重典治国”，其实就是“严刑治国”。

可别以为朱元璋的杀人酷刑只是写在他的那些“法律著作”之中吓唬人的，用现在的话说就是只是“写在纸上、贴在墙上”而不落到实处的。事实上，朱元璋是个说到做到的人。据吴晗先生在其《朱元璋传·空印案和郭恒案》一节中考证“四十年中，据朱元璋的著作《大诰》《大诰续编》《大诰三编》《大诰武臣》的统计，所列凌迟、枭示、种诛有几千案，弃市（杀头）以下有一万多案。”

这，怎么说都是一个令人触目惊心的数目。

不妨看一些具体的案例。

按照时间的顺序，还是先来说说李善长之死。

洪武十三年（公元 1380 年），胡惟庸被以“图谋不轨”罪被诛且被屠灭三族，由于李善长的侄儿娶了胡惟庸的姐姐，而胡惟庸又是李善长一手培养起来的，所以当时就有人告发李善长与胡惟庸是同党。可是，也许考虑到李善长在朝廷中的巨大影响力，朱元璋却一直没有动他。到了公元 1385 年，朝中又有人掀起对李善长的控告，但这次仍然和上次一样，不知什么原因，朱元璋仍然若无其事，没动李善长一根指头。

可是到了洪武二十三年（公元 1390 年），也即在胡惟庸被杀十年之后，朱元璋却忽然找李善长来个“秋后算账”。

说来，也合该李善长倒霉，论虚岁，这年他都七十七岁了，要是早死了，这时也就没他什么事了。可他这“老家伙”却还“心不死，人还在”，似乎存了心想和朱元璋比阳寿似的，这就让朱元璋很不耐烦了。于是乎，朱元璋便又拿胡惟庸案说事，决定要和李善长做一了断。他指使亲信收买李善长的家奴卢仲谦，令其告发李善长与胡惟庸往来勾结，串通谋反的事实。

这样的情节构思应该说很老套，一点儿没有新意，却很实用。一接到卢仲谦的“举报信”，朱元璋当即便做出重要批示，对李善长案要坚决果断一查到底。

封建官场，许多官员都非常善于见风使舵，一看皇帝要拿李善长说事，于是很多人便一起落井下石，特别是御史们一个个争先恐后地上书，纷纷弹劾李善长，又是揭露他倚老卖老，上朝时不注意礼节，又是揭露他贪污受贿，甚至还有人揭发他修建自家房屋时砍伐树木，破坏了自然风貌，更有甚者，连那些钦天监及负责天文历法的官员也跑出来凑热闹，向朱元璋报告说：最近天象有变，是不吉利的预兆，而消灾的办法便是“当移大臣”。

负责审理此案的官员名叫詹徽，此人原是李善长的宿敌。为了让他主审，朱元璋特地让他做了刑部尚书兼左都御史，用《剑桥中国明代史》中的话说：“这两项官职兼于一身使他在法庭上权力很大。”

如此一来，李善长也就必死无疑了。尽管，在早年，朱元璋曾赐给他“丹书铁券”，据说这“丹书铁券”可以免李善长两次死罪，免其子一次死罪，可事到如今，这“丹书铁券”竟不顶用！

就这样，七十七岁的李善长在洪武二十三年的夏天被迫自杀了。与胡惟庸一样，他死后，皇帝也是对他“夷灭三族”，他的妻子、亲属以及家中的七十多人都被处死，另有陆中亨与唐胜宗、费聚等多名侯爵也一起丢掉性命。

据事后统计，胡惟庸案加上十年后的李善长案，共有四万五千多人被株连而死。

接下来再说说历史上著名的“蓝玉案件”。

乍听起来，“蓝玉”好像是少数民族人的名字，但其实，他是正宗的汉族，朱元璋的老乡，安徽定远人。而且，他的姐夫便是历史上有名的明朝开国大将常遇春。

与他的姐夫常遇春一样，蓝玉也是明初的名将，而且是在常遇春、徐达等老一辈名将之后成长起来的第二代名将，曾在捕鱼儿海（今中国内蒙古与蒙古国交界贝尔湖)之战中大破北元,几乎将其一网打尽而名震天下。就因此,他曾被官拜大将军,封凉国公,并于洪武二十六年(公元1393年)元月与冯胜、傅友德一起被朱元璋任命担任新太子朱允炆的辅弼。朱元璋之所以要这样做,想必是在自己的长子即太子朱标不幸早逝后,让这几位当时正值年富力强且极富军事才能的武将辅佐新太子——自己的长孙朱允炆,以便确立东宫对于其余诸王子的军事优势。

从今天来看,皇帝将蓝玉等几个名将任命为新太子的辅弼大臣无疑是非常英明、非常睿智的决策,不啻是为新太子将来的承继大统铺垫下了最为坚实有力的几块奠基石。但遗憾的是,没过多长时间,他竟又无异于自毁长城地亲手彻底破坏了自己这一英明的决策,将这几块奠基石全部打碎了!

那是公元1392年初,四川西部建昌地区以及甘肃一带发生叛乱,朱元璋让蓝玉为领兵将前去平叛。这年底,蓝玉平叛胜利,将叛乱分子的首领月鲁帖木儿抓到,然后于十二月班师回朝,转年正月回到京师南京。

谁知,这边蓝玉还没有来得及向朱元璋请功,朝廷也还没有来得及隆重召开"庆祝平叛胜利表彰大会",那边,仿佛一切预谋好了似的,二月初八那天,在早朝即将结束时,锦衣卫指挥使蒋瓛突然告发蓝玉谋反。

据蒋瓛报告,蓝玉串通景川侯曹震、鹤庆侯张翼、舳舻侯朱寿、东伯何荣等人密谋在朱元璋出宫耕田时发动兵变。同时,这位锦衣卫指挥使还揭露说,蓝玉作为军官滥用了他的官员特权:他非法地用纪律制裁他的官兵;过多养奴仆和家臣;此外,由于自认为在东宫的职位不够高、蓝玉还曾大发雷霆。总之,蓝玉实在是罪恶累累。不容分说,大将军、凉国公、太子太傅蓝玉当庭便被锦衣卫逮捕下狱。

因为这种政治把戏见得多了,蓝玉知道,一旦被朱元璋给盯上了,抓进了监狱,那便只有死路一条,所以,在受审时蓝玉显得很配合,他不仅对自己的"叛逆罪"供认不讳,而且临死也不忘找几个垫背的。在招供过程中把许多侯爵以及吏部尚书詹徽也给拉扯了进来。

之所以要将詹徽拉扯进来,乃是因为在三年前詹徽曾主审过李善长一案,亲手把李善长送上了绝路,而现在,皇帝又让他来主审蓝玉,明摆着是要让这位"淮人派"的老对头再把蓝玉也送上死路。既然要死,那么,索性来个鱼死网破，大家都一起死吧，出于报复，蓝玉便也把詹徽这位“淮人派”的老对头给招供了出来。

结果，很有意思的是，审判官詹徽和犯人蓝玉几乎同时都丢了性命。公元1393年3月22日，大明的开国功臣、新生代名将蓝玉被公开肢解，其他许多人也牵连其中，被一起处决。

为了“以正视听”，惩恶扬善，布告天下，蓝玉等一大批人犯被处决后，朱元璋又发布了一个《逆臣录》，其中记述了蓝玉案中所涉及的十六名勋贵。他们包括一个公爵、十三个侯爵以及两个伯爵。同时承认在这次蓝玉案中共有约一万五千人丧失了生命。

为什么皇帝一次次地杀人，而且不杀便罢，一杀往往就是成千上万？如此疯狂地杀人究竟是为了什么？

虽然在每次杀人前后，朱元璋都会理直气壮地给出一个堂而皇之的理由，以便证明自己杀人有理。但他所说的理由有许多是很难自圆其说的，甭说瞒哄不了后代人，就是在当时也很难令人信服。

如洪武二十三年，李善长被杀，朱元璋给出的理由是“善长元勋国戚，知逆谋不发”，“狐疑观望怀两端，大逆不道”。如果罪名成立的话，那么李善长真的是罪该万死。

可是，李善长为什么要参与胡惟庸谋反呢？从犯罪心理学的角度来说，他的犯罪动机是什么？

对此，时任监察御史的解缙深表怀疑。解缙是个读书人，也是当时屈指可数的大明才子。在当时那个监视和恐怖加剧的年代，许多大臣都噤若寒蝉，可是别人不敢讲真话他敢讲。

公元1388年，时年还只有十九岁的解缙中了进士，对于这位才华横溢的年轻人，朱元璋也忍不住感到好奇，于是就主动约他上朝陛见。在接见时，这位年轻的才俊没有显得像如今的一些年轻人那样圆滑世故，故意讨好逢迎皇帝，而是毫不客气地批评了皇帝的专制作风。他直言不讳地说，之所以没有人敢批评皇帝的这种错误的统治方式，乃是因为大家都怕皇帝会龙颜大怒，引火烧身，“谁不愿父母妻子安荣哉”。

两年后，也即李善长被杀后，解缙又“初生牛犊不怕虎”，又一次大胆上书“批龙鳞”，仿佛故意哪壶不开提哪壶，特意为李善长鸣冤。他对皇帝质疑说:“既然李善长是元勋国戚,那他帮胡惟庸谋逆最好的结果无非也就是和现在一样做一个元勋国戚,总不能做皇帝吧?既然这样,他又何必要这么折腾呢?再说了,李善长都七十七岁了,早已是古稀之年,到了这个岁数,他哪还有精力折腾?而且即使折腾成功了,他又还能享受几年?”

解缙的质疑可谓入木三分,鞭辟入里。

年轻人实在是太狂了,竟然几次“批龙鳞”犯上。朱元璋是个嗜杀成性的人,容不得别人对他说三道四,要换成其他人对他这样,十条命也早被他杀掉了,但不知道为什么,对于解缙,朱元璋却既对他的陈情置之不理,同时却又近乎破天荒地高抬贵手,没有杀他。当然,解缙后来还是被明朝另一位暴君——明成祖朱棣给杀了,这是后话,姑且不说。

可以说,解缙的质疑不仅代表了当时人的疑问,同时也代表了后代人的疑问,是啊,朱元璋为什么总是那么疯狂地杀人?

对此的回答尽管众说纷纭,莫衷一是,但比较一致的看法主要有这么两种观点:

其一,朱元璋杀人杀得最理直气壮也最令当时以及后世许多人称道的就是他的大杀贪官,铲除贪官,其中以“空印案”“郭恒案”最为典型。

其二,朱元璋杀人杀得虽冠冕堂皇,却未免有些心虚气短的就是动辄杀戮那些功臣,这些功臣常常被以“谋逆罪”处死,但其真正的原因,如《剑桥中国明代史》第三章所说:“之所以要实行这种清洗,就是要消除可能威胁皇位继承人的那些有权有势的人。”

这两种观点虽然是非常正确的,揭露了朱元璋疯狂杀人的真实动机,但是,仔细想想,这仅是从政治学的角度与层面来说的,倘若从心理学以及现代医学的角度来说,那么,朱元璋疯狂杀人的背后,应该说,还有着其生理与心理等方面的原因。

帝王心性

现代心理学认为,有什么样的性格,就会有什么样的心态、言行。而一个人的性格的养成,又往往与童年生活的环境与经历有着非常大的关系。

从史书上看,朱元璋性格的最主要特点就是敏感、多疑、易怒、残暴,而且骨子里还有一种洗刷不尽的自卑，所有这一切，应该说，无不与他年少时成长的环境与经历有关。

诚如我们所知道的，朱元璋出身微贱，虽然表面上并不避讳，在《御制皇陵碑》中甚至还忆苦思甜，对自己苦大仇深的历史如实道来。平时"予本淮右布衣"也几乎成了他的口头禅，但是，在内心深处，他还是很忌讳，始终被一种很自卑，近乎变态的心理阴影笼罩着。

的确，所谓"听其言而观其行"，我们看朱元璋在心理上委实有一种很深的"自卑情结"，这种"自卑情结"经常会使他莫名其妙地发作。最突出的表现就是，朱元璋最忌讳别人说"僧"和"贼"，即使是和这两字读音相同的同音字也不行。

据清人赵翼的《二十二史札记》以及吴晗的《朱元璋传》等记载，朱元璋当上皇帝后，不时有些无良文人、地方官捧他的臭脚，上书唱"赞歌"，可有时不小心，"马屁"没拍上，反被"马蹄"给踹死了。

最典型的例子，如浙江府学教授林元亮替海门卫官作《谢增俸表》，也就是皇帝给"加了工资"，写封信给感谢一下，向皇帝说些感恩戴德的话，文中有"作则垂宪"这样一句话；又有北平府学训导赵伯宁为都司作《贺万寿表》，文中有"垂子孙而作则"，桂林府学训导蒋质为布按二使作《正旦贺表》，文中有"建中作则"，完全靠自学成才的朱元璋文化不高，但想象力却非常丰富，他疑心这些人故意一语双关，用"则"来代替"贼"，所谓"作则"就是"做贼"；还有常州府学训导蒋镇为本府作《正旦贺表》，内有"睿性生智"，朱元璋怀疑"生"乃为"僧"之谐音；祥府县学教上《正旦贺表》，中有"取法象魏"，朱元璋疑心"取法"即"去发"之意；德安府训导吴宪为本府作《贺立太孙表》，中有"天下有道，望拜青门"两句，朱元璋又疑心"有道"是为"有盗"，"青门"是指和尚庙，乃是暗中讥笑讽刺他当过和尚。不用说，这些原本都是拍马屁的话全都成了大逆不道的言论。对此，龙颜大怒的朱元璋当然不会善罢甘休。于是，他朱笔一勾，将所有这些上表的官员和代笔的"秘书"的小命全都一笔勾销。

想不到，"拍马屁"也会犯死罪，只可惜那些挖空心思一心想拍马屁的官员，还有那些虽然酸腐倒也多少还有几分才学的文人，就这样稀里糊涂地误踩了朱元璋心底一直埋藏很深的"地雷"。

据说，明朝初年的文字狱非常厉害，朱元璋对喜欢“掉书袋”的文人以及平时爱附庸风雅的官员残酷无情，严刑重罚，动辄杀人。不过，任何事情都不是绝对的，其中也有例外，偶尔也有官员犯了大忌，陷进“文字狱”的泥坑却能够死里逃生的。当然，这只能说是罕见的个案。

有这样两个不大出名的明史人物，说来真的很有意思，他们能够从嗜杀成性的朱元璋的“魔掌”下逃脱出来，不仅应该归因于他们有非常好的运气，同时，显然也应该归功于他们有着非常好的“脱口秀”口才，善于忽悠以及“脑筋急转弯”的本领绝对称得上是全国一流。

这两个人，一个是朱元璋的外戚郭德成，还有一位则是曾任过翰林院编修的张某。

郭德成是朱元璋的爱妃郭宁妃的哥哥，用我们老百姓的话说就是朱元璋的大舅子。那一天，他到宫里来“走亲戚”，正碰上朱元璋高兴，陪他喝酒。朱元璋酒量大，又是皇帝，和“舅老爷”你一杯我一杯，一连喝了十来杯，郭德成就有些喝多了。酒喝高了，郭德成特别话多。刚开始他在朱元璋这位“皇帝妹夫”面前还诚惶诚恐，不敢说话，可到后来，他的嘴就缺少把门的了。临走的时候，他摘了帽子叩头谢恩，露出了自己胶东半岛一样的秃顶。

朱元璋那天真的心情不错，故意拿郭德成取笑，走过去摸着他的秃顶说：“醉疯汉，头顶秃成这样，是不是因为酒喝得太多了？”

郭德成像他妹妹郭宁妃一样，人很聪明，头脑反应极快，因为酒这天确实喝高了，就禁不住有些放肆，这时也“幽他一默”，油嘴滑舌地说：“就这几根还嫌多哩，什么时候都掉了，成个光头反倒痛快。”

朱元璋听了，脸上顿时没了笑容。

郭德成后来回到家里酒醒了，越想越觉得自己的话不对，便后悔的什么似的，不住地抽打自己的这张臭嘴。因为他知道自己的这位“妹夫皇帝”曾经当过和尚，对与和尚有关的一切词汇都十分敏感，非常忌讳，而自己这话无异于“和尚面前骂秃驴”，实在是太放肆了。于是越想越怕，越怕越想，到最后竟真的剃了发，秃了头，穿上僧服，整天装疯卖傻，吃斋念佛。

郭德成这招居然骗过了朱元璋，一看他披上袈裟，朱元璋有天晚上搂着聪明貌美的郭宁妃说:“没想到你哥哥真是个疯汉!”

就因为郭德成是个“疯汉”,后来在朱元璋先后几次实行“政治大清洗”时,他居然都逃脱了死神的魔掌,“以功名终”。这在当时真的非常难得。

从洪武十七年到洪武二十九年,在前后长达十三年的时间里,朱元璋都大兴文字狱,许多文人动辄惹祸,一旦沾上文字狱,脑袋几乎都会搬家。但据明人李贤《古穰杂录摘抄》记载,这期间,唯一幸免的文人就是翰林院编修张某。据说此人在翰林院做编修时因“说错了话”被贬为山西蒲州学正。按惯例作庆贺表时,这位老学究在文中写了“天下有道”“万寿无疆”等词句,朱元璋看了非常生气,发怒说:“这老儿还骂我是强盗呐!”于是差人把张某逮来当面审讯。

在狠骂了张某一通后,朱元璋一拍桌子说:“把你送法司,更有何话可说?”

张某知道此时再不替自己辩护,就到死也没有机会了,于是便索性大了胆子说:“只有一句话,说了再死也不迟。陛下不是说过,表文不许杜撰,都要出自经典,有根有据的话吗?‘天下有道’乃是孔子说的,‘万寿无疆’出自《诗经》,说臣诽谤,不过如此。”张某虽然书生一个,但很聪明,他说“不过如此”而不说自己“冤枉”。否则,要说“冤枉”肯定脑袋没了。

如此一来,倒把朱元璋着实给难住了。要杀他吧,实在是毫无道理,于是,想了半天便消了气说:“这老儿还这般嘴强,朕且不和他计较,放掉罢。”左右侍臣私下议论说:“几年来才见容了这一个人!”

“避席畏闻文字狱,著书都为稻粱谋。”清人龚自珍的这两句诗,曾被郁达夫先生写成对联悬挂于自己寓居杭州时的书屋里。其实,文字狱闹腾得最厉害的朝代除了清朝,还有就是朱元璋统治的明朝。而之所以会是这样,乃是因为朱元璋也好,清朝统治者也好,其实在骨子里都有一个共同的特点,就是深入骨髓的自卑!

因为自私,故而心胸狭隘;因为自卑,所以忌讳多多。

不用说,朱元璋就是这样一个既极端自私又异常自卑的历史大人物。

其实,在朱元璋统治时期,最恐怖的还不是明初“文字狱”,而应该说是他对满朝文武的“政治大清洗”。

从某种意义上说,朱元璋实行“政治大清洗”的目的是开创新局面的需要，是为了给他的子孙建立一个“理想国”的需要。而这样一个“新局面”、一个“理想国”，说白了，其实对他行将继位的儿孙来说，就是将来坐在龙椅上，没有任何风险，没有任何隐患。在这样的“理想国”里，他的后代子孙——那些朱氏皇帝们完全可以高枕无忧，安享太平。

这，完全可以称之为朱元璋的“理想国”或曰“朱元璋式的梦想”。

如前所述，为了建立这样一个“理想国”，朱元璋采取了许多措施，做出了许多努力。一方面，当了皇帝的他始终不敢懈怠，不敢放纵，又是勤勉自励，又是躬行节俭，完全就像是一个守财奴似的“地主”；而在另一方面，他又像是一个“周扒皮”，一个“刘文彩”，对他的“长工”——那些文武官员严加管理，无情对待，一旦发现有贪腐官员则一律剥皮抽筋，格杀勿论。

但即便是这样，他仍然觉得还很不够，就像是一个暴发户，自打暴富以后，便在不知不觉中患了心病。从此待在家里，无论白天还是黑夜竟老是害怕、怀疑有盗贼要来偷他、抢他，而且更为担心的是，一旦自己百年之后，他怕有人会欺负他的儿孙，抢夺他儿孙屁股下面的那把龙椅……

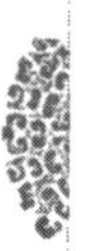

也许正是因为这样长年累月地提心吊胆，朱元璋竟然积“恐”成疾，患了疾病，而且，还是一种精神性疾病。

从现代医学的角度看，朱元璋在洪武年间很显然患了一种名为“迫害狂”的精神病，成了一个有着严重偏执型人格障碍的精神病患者。

这，绝对不是哗众取宠，故作惊人之论。

按照现代医学以及心理学的观点，极端的“迫害狂”乃是一种公认的精神病。通常，患了这种精神病的病人总是敏感多疑，经常将他人无意的，甚至是友好的行为误解为敌视和歧视自己。就像鲁迅先生笔下的“狂人”那样，“连赵家的狗”多看他几眼他也要怀疑。这样的精神病患者在平时的生活中会经常出现错觉与幻觉。总是想象别人要杀他（她）或他（她）的家人，或对他（她）抑或他（她）的家人施以某种严重的威胁和迫害。由于受这样的错觉与幻觉驱使，有时，他们会过分警惕甚至采取极端的暴力行为予以反击……

从某种意义上说，朱元璋当上皇帝特别是在执政后期的疯狂大屠杀，“政治大清洗”，从心理学或病理学的角度来看，实际上就是因为他患了这种迫害狂精神病使然，说得不好听，纯然是一种“疯子的举动”或曰精神病人的行为。

因为出身低贱，当过和尚，做过乞丐，而且又没有文化，所以当了皇帝后老怀疑天下臣民，特别是那些饱读诗书的知识分子瞧不起他，暗中取笑他，于是对那些文人说的话以及写的诗文特别留心，特别在意，屡屡大兴“文字狱”。

除了前面所说，类似的事例还有著名诗人高启作《题宫女图》一诗，其中有两句：“小犬隔花空吠影，夜深宫禁有谁来？”朱元璋看了不舒服，总以为是在讥讽他，但鉴于高启乃著名诗人，名气很大，当时不好拿他怎么样。但过了几年，朱元璋想想还是气不顺，于是随便找了个借口把高启给腰斩了。再有就是，翰林供奉唐肃起先因为上朝有误被免官，回到乡里。朱元璋看重他的才能，不久又将他召回任职。一次，朱元璋命他陪着一同吃饭。吃完饭，唐肃拱手，举着筷子向朱元璋表示恭敬。朱元璋问他：“这是什么礼节？”唐肃回答说：“这是臣小时候学的俗礼。”朱元璋一听发怒说：“俗礼可以对天子施行吗？”就因此，唐肃被以“不敬”治罪，贬到濠州当兵戍守。

不仅知识分子不能触犯了他的忌讳，就是那些他一向还算关心爱护的普通百姓如果犯了他的忌他也毫不留情，照杀不误。

据史料记载，有年上元玩灯之夜，朱元璋微服出行到聚宝门内，看到一户人家门楣上悬挂着花灯，花灯上彩绘有一妇人，不缠足，且怀抱西瓜。朱元璋很善于联想，他以为这是一个灯谜，怀抱西瓜即意为“淮西”，妇人不缠足即为女大脚，合起来的意思就是“淮西女大脚”，以为这是在暗讽自己的皇后马娘娘是个淮西乡下的大脚婆娘。

本来心情很好的朱元璋一下子生气了，“敢笑朕的老婆，实乃欺君大罪！”于是一跺脚，当即下令尽屠其里门。当时，这里的百姓正在欢天喜地闹花灯，没想到祸从天降，竟然犯了死罪，顿时喜事变丧事，一条长街，最后仅剩七户没遭灭门之灾！

还有一次，朱元璋微服私访，在街上听到一老妇人和人说话，提到他这当今皇上，不称“皇上”只称他“老头”，朱元璋觉得受了奇耻大辱，认为这是不满自己统治的表现，回宫后立即令五城兵马司把老妇人居住的街道居民都杀光了，就这样还觉得余怒未消，气咻咻地说："张士诚占据东南，当地人如今还叫他'张王'，我做了皇帝，百姓居然叫我'老头'，真叫人活活气杀！"

朱元璋的心胸与气量仅此可见一斑！

明清的"特务政策"在历史上是出了名的，说来那真是叫一个狠。可是，追根溯源，其最早的发明者却是朱元璋。朱元璋先是派一些心腹暗中去监视下属，这些人在当时被称为"检校"，实际上也就是"特务"，后来干脆成立了一个专门性的特务机构，也就是历史上臭名昭著的锦衣卫。

所以，明清的官员几乎没有隐私，没有自由，老是犹如芒刺在背，剑悬头上，感到在自己的背后始终有一双眼睛在监视着自己。这种滋味想想实在是很不好受。

明人叶盛《水东日记摘抄二》记载有这样一件事，说是老学究钱宰被征编《孟子节文》，罢朝回家吟了首诗："四鼓冬冬起着衣，午门朝见尚嫌迟。何时得遂田园乐，睡到人间饭熟时。"这只不过是文官的一点小爱好、小愿望乃至矫情而已。没想到，不仅钱宰写诗的事朱元璋知道，而且其所写的诗的内容他竟然也知道。第二天，朱元璋见到钱宰说："昨天做得好诗，不过朕并没有'嫌'啊，改作'忧'字如何？"遂遣钱宰回原籍，说："朕今放汝去，好放心熟睡。"钱宰吓得一头冷汗，顿时下跪磕头如捣蒜。

还有一向非常老实的宋濂，有一次请客喝酒。第二天朱元璋问他昨天喝酒了没有，请了哪些客？吃了什么菜？宋濂如实回答。朱元璋听后笑着说："全对，没有骗我。"对官员的监视真正是到了无孔不入的程度。

在那样一个极端专制的社会，不仅官员的隐私权被严重剥夺，而且，他们的生命权也严重被剥夺。据赵翼《二十二史札记》卷三十二所载："明主……特用重典驭下，稍有触犯，刀锯随之。时京官每旦入朝，必与妻子诀，及暮无事则相庆，以为又活一日。"在这样一种政治形态下，许多朝廷和地方官长期过着一种"杯酒相欢，矛刃夕加"的恐怖生活，委实没有一点安全感。

在《明朝十七帝・胡蓝党案之谜》一讲中，著名学者毛佩琪先生说过一句深刻的话："权力的争夺是残酷的，能够最终胜出的都不是等闲之辈，争夺者不仅能力超群，而且往往凶残无情。"

毫无疑问，朱元璋便是这样一个在权力的争斗中最终胜出的凶残无情的政治怪物。

不过话说回来，朱元璋虽然凶残无情、重典驭下、动辄杀人，在正常人看来，其所思所行整个就是一个典型的“迫害狂”。但是，在他本人看来，他的杀人特别是其所实施的疯狂的“政治大清洗”却非常理智，很有必要，可谓杀人有理！

这，当然是“朱元璋逻辑”，一个迫害狂患者的政治逻辑。

的确，在先后几次的“政治大清洗”中，朱元璋所杀之人，在他看来，都是对他的权力或对他的接班人的统治地位构成了“显在”与“潜在”威胁的人。如第一个被他除掉的是平章邵荣。那是元至正二十二年(公元1362年)，朱元璋还没有做皇帝。当时邵荣和徐达、常遇春是朱元璋手下三位最得力的将帅，可是就因为邵荣为人刚烈，不那么听话，朱元璋最后还是将邵荣给杀了。后来做了皇帝，又因为丞相胡惟庸有意无意地总是“擅权僭移”，与自己争权，朱元璋当然又把他给杀了。

如果说杀邵荣和胡惟庸完全是为了朱元璋自己争权固位的话，那么，杀李善长和蓝玉则显然是为了他的接班人。

朱元璋原定的政治接班人是他的大儿子朱标。

虽然《明史》记载朱标乃为马皇后所生，但《南京太常志》和朱彝尊《静志居诗话》卷十三都认为朱标不是马皇后所生。其中《南京太常志》明确指出，朱标和朱樉都为朱元璋的淑妃李氏所生。可是不管他是否马皇后所生，“立嫡以长”的朱元璋还是在朱标十三岁那年将他立为太子。

从史书上看，李善长完全就是朱元璋为了让太子朱标将来能够顺利即位且坐稳龙椅被杀的。因为李善长比朱元璋大了十四岁，且早已过了古稀之年的他对朱元璋已经完全没有了威胁，但是，慑于李善长在朝野内外的政治威望以及他在朝中的党羽众多，将来有可能对太子朱标的统治构成威胁，为防患于未然，朱元璋还是凶残无情地对这位自己的“老战友”“老同乡”举起了利剑，诛了他的三族。

说来真的很有意思，历史上的许多开国君主往往都很勇猛强悍。譬如秦始皇嬴政、汉高祖刘邦、唐太宗李世民，还有就是明太祖朱元璋，可他们的儿子即后代“接班人”，诸如公子扶苏、汉惠帝刘盈、唐高宗李治，以及明兴宗朱标则往往都性格仁弱，为人处世与他们的父辈竟然迥异。

史载，对于其父朱元璋恣意斩杀大臣的残暴行为，性格仁厚的太子朱标颇不以为然，经常善意地劝告父皇当行仁政，待臣以宽。

据说有一次，太子朱标进谏说："父皇您杀大臣杀得太多，恐怕会伤了君臣间的和气。"朱元璋听了以后不说话，沉默很久。第二天，朱元璋把太子叫来，将一根荆棘扔在地上，命令太子去捡起来。面对长满刺的棘杖，太子一时无从下手，觉得很为难。

朱元璋说："这根荆棘你拿不起来，我替你将刺削干净了，难道不好吗？现在我所杀的人，都是将来可能威胁到你做皇帝的人，我把他们除了，是在为你造莫大的福啊！"

太子虽然跪下来给朱元璋磕头，但心里显然并不同意朱元璋的观点，低头说："上有尧舜之君，下有尧舜之民。"他这是什么意思呢？他这是表明，父皇您似乎不是尧舜那样的明君，否则哪来那么多乱臣贼子？一听这话，朱元璋气得顿时搬起自己屁股下坐的椅子就朝朱标砸了过去。朱标吓得赶忙逃走。

从种种情形看，本来，在杀到李善长为止，朱元璋也就准备不再去滥砍滥杀了。因为，想必在他看来，李善长一党被彻底铲除后，对于太子的威胁已经完全消除，大可不必再杀了。可是，说来真是"人算不如天算"，洪武二十五年（公元 1392 年），想不到正值壮年的太子朱标还没来得及继位便一命呜呼，对于朱标的死因，《明史》说是"因风寒而毙"，但是根据明末清初傅维麟撰写的《明书》记载，朱标早逝是因为和朱元璋发生争吵，精神压力过大，郁闷而致。

然而不管太子是怎么死的，老来丧子的朱元璋便只好重选接班人，经过一番深思熟虑，他选定了朱标的次子朱允炆作为自己的皇太孙，作为大明的第二代接班人。

而如此一来，朱元璋便又要为自己的皇太孙铲除政治荆杖上的荆棘了。

就这样，当时年纪尚轻的明初大将蓝玉便不幸又成了朱元璋必须用刀削除的"荆棘"。

当然，除了蓝玉，另一位具有文韬武略的大将傅友德也不幸成了这样的"荆棘"。

据史书记载，傅友德英勇善战，深有谋略，且爱兵如子，在军中很有威望。因为功勋卓著，建国后他曾被朱元璋封为颍国公、太子太傅，是朱元璋所封的全部九个公爵之一。

可是就是这样一位明初大将，想不到竟然为了一点鸡毛蒜皮的小事被朱元璋给残忍地杀害了！

那是洪武二十七年(公元 1394 年)，朱元璋举行盛大宴会。傅友德自然也应邀出席。谁都没有想到的是，就在大家刚刚坐定，宴会还没有正式开始，朱元璋突然疾言厉色地说，傅友德的儿子简慢无礼。

原来，傅友德有四个儿子，且公认的个个都仪表堂堂，聪慧过人。当时他的小儿子已战死，二儿子过继给了自己的弟弟，他实际只有两个儿子，也即被朱元璋招为驸马的大儿子以及在宫中担任卫队军官的三儿子。

一听朱元璋骂自己的三儿子无礼，傅友德大惊失色，吓得赶忙站起来赔罪。没想到朱元璋更火了，喝问道："你站起来干什么？哪个允许你站起来？"

傅友德赶紧埋首坐下来，不敢吭声。可是，还才坐下，朱元璋又冲他下令说："去把你两个儿子叫来！"

傅友德抖抖索索地向门外走去，刚走到门口，就听朱元璋在背后传旨："带二人的首级来见！"

就这样，仅仅因为一点儿根本不值一提的小过错，朱元璋竟然擅杀大将，结果除傅友德的大儿子的儿子也即朱元璋的外孙幸免于难，傅友德和他的两个儿子全被杀死，其余家人则全被流放到僻远穷荒的云南。

这时，距离"蓝玉案"爆发，仅仅过了一年多时间。而在两个月后，明朝又一位赫赫有名的开国元勋、曾被朱元璋封为全部九个公爵之一的冯胜(即冯国胜)，也被朱元璋逼迫自杀。

所以，在朱元璋临终前，他所封的九个公爵除病死者外，只有一个信国公汤和得以善终。而之所以如此，倒不是因为此人当年曾经第一个把朱元璋引上了参加红巾军的道路，而是因为汤和这人很懂政治，不仅第一个主动交出了兵权，而且还曾向朱元璋揭发了自己"最最亲密的战友"李善长企图谋反，而在此后不久，他又很快中风，长年躺在病床上，除了不停地流口水，已连一句完整的话也说不出来了。至于曾被朱元璋所封的全部五十四个侯爵中，据有学者考证，除了两个非常平庸、半死不活的没被铲除，其余也都被朱元璋给提前送终了。

朱元璋在滥杀功臣方面真的是前无古人，开创了一个“吉尼斯纪录”。

的确，历史上有许多统治者因为种种原因，精神压力过大，最后都或轻或重患有类似“迫害狂”一样的精神病，而朱元璋，应该说乃是其中病情最重的“迫害狂”患者。

盖棺如何论定

宋人范成大有诗云：“纵有千年铁门限，终须一个土馒头。”

朱元璋当然也无法例外。

洪武三十一年(公元 1398 年)，朱元璋已经七十一岁了。就在这年的春天，一向身体还算硬朗的他忽然一下子病倒在床上，仅仅躺了一个多月，到了农历五月初十这一天，这位“淮右布衣”终于龙御宾天，安静地死去。死后，葬在他生前亲自选定的紫金山独龙阜下的玩珠峰，一块被众多星象专家、堪舆大师一致认定的风水宝地上，其坟茔名曰“孝陵”，谥号曰“高皇帝”，庙号“太祖”。

从此，一个属于朱元璋的时代彻底结束了，随之而来的将会是另外一个时代。

中国人特别喜欢盖棺论定。朱元璋死后，第一个给他盖棺论定的人应该说是他自己。

据《明史 · 太祖本纪》记载，朱元璋临终前的遗嘱里，大致有这样一段话：“朕膺天命三十一年，忧危积心，日勤不怠，务有益于民。奈起自寒微，无古人之博知，好善恶恶，不及远矣。”

对照朱元璋的一生，应该说，朱元璋临终前对自己“膺天命三十一年”的定论虽然相当中肯，而且也还相当谦虚。平心而论，他的一生也真的是“忧危积心，日勤不怠”。用吴晗《朱元璋传》中的话说，真正是“用全部精力、时间，管理他所首创的朱家皇朝”，然而，他对自己的这一论定显然并不全面，其中，既没有对自己一生特别是晚年所犯错误的深刻认识，更遑论对这些错误的深刻反省与忏悔。

站在朱元璋的角度来思考，这，当然是可以理解的，也是情有可原的。

然而，倘若站在历史的角度来看，这样的定论当然远远不够。

据说，清朝的第三任皇帝即顺治皇帝对朱元璋非常崇拜，据《清朝全史》第二编《顺治正史》记载，说是有一次，顺治皇帝在翻阅史籍时，问众臣说："上古时代的帝王像尧、舜那样的圣贤固然难以比伦，然而自汉高祖以下，明代以前，哪个皇帝更好些呢？"

范文程等回答说："汉高祖、汉文帝、汉光武帝、唐太宗、宋太祖、明太祖都可以称得上是贤君。"

"那么，这几个皇帝数谁最好？"顺治皇帝这时又进一步问道。

大臣陈明夏说："唐太宗似乎胜过其他人。"

顺治皇帝听了不以为然，他摇着头说："怎么能是唐太宗？不，我以为历代贤君谁也赶不上明朝洪武皇帝。为什么这么说呢？其他几个帝王的德政有好的也有不好的，而洪武帝在这方面却很高尚。至于洪武帝所定的条例章程，规划得十分周详。法律是治国的根本。所以我说历代的皇帝都赶不上洪武皇帝。"

史载，范文程等见皇上对朱元璋如此崇拜，都点头附和，纷纷说："的确像陛下说的那样！"

作为清朝入主中原的第一位皇帝，福临可以说是一个很有个性也很有思想的人，可以想见，他在说这样一番话时，绝对不是信口开河，而显然是早已深思熟虑，有感而发。

当然，顺治的评价仅仅只能说是一家之言。

那么，究竟应该怎样全面客观地评价朱元璋？应该说，这是一个历史性的难题。因为，诚如我们所知道的，在我国古代，有许多历史人物盖棺却很难论定。不说别的，就说那些封建帝王吧，譬如秦始皇、武则天，后代人就很难能够做出公正合理的评价。至于朱元璋，从某种意义上说就更是难以对其作出全面客观的论定。

确实，在我国历代封建帝王中，朱元璋可以说是一位性格最为复杂的人，但同时他又是一位性格最为单纯的人，特别是在其帝王生涯中，他的性格表现得是那样鲜明，无论是其爱还是憎都纤毫毕现，既让人看到了他的"人性之善"，但同时，也让人看到了他的"人性之恶"。

也正因此，后代的政治家、历史学家以及一些社会学者对他的论定向来是仁者见仁，智者见智。如在一些人的眼里，他简直就是一个睚眦杀人的魔鬼，而在另一些人看来，他却又是一个“治隆唐宋”的英主。

但不管怎么说，朱元璋都像是一个超人，在中国的历代皇帝中，论勤劳、论毅力、论执着、论操守、论担当，无与伦比。在长达几十年的帝王生涯中，只有，也只有他“几十年如一日”，真正称得上是朝乾夕惕，日理万机，简直就像是一根始终绷紧了的琴弦，始终心无旁骛执着一念地为了建立自己的“理想国”而奋斗与追求。

所以，从某种意义上说，终其一生，朱元璋都像是一个苦行僧，一个朝圣者，那么执着、那么持久、那么虔诚近乎疯狂地始终浸淫在自己的信仰中，自己的意念中，自己的追求中。这是中国的许多皇帝都很难望其项背，与之比肩的。

然而，正像当代一位学者说的那样，由于他的制度在顶层设计时从一开始就发生了严重的方向性错误，且又打上了极端皇权专制的烙印，所以，这样的制度都只会让朱元璋的良苦用心最终化为泡影，而其梦寐以求一心要为自己及自己的后代子孙建立的“理想国”都只能是一个遥不可及永难实现的“乌托邦”。

这就像是一个逐日的夸父，朱元璋虽然死在了“逐日”的途中，但他的逐日的梦想却始终且显然也永远不可能实现，甚至也没能化成一片泽被后世的“桃林”，因而他的“理想国”始终都只能说是一个让人看了虽然感慨唏嘘却不知作何感想的大明神话或大明传说。

第二章
“书生皇帝”与他的“书生内阁”

朱元璋的选择

说来，朱允炆能当上皇帝绝对是一个意外。

诚如我们所知道的，大明的第一任储君乃是朱元璋的长子懿文皇太子朱标，也就是朱允炆的父亲。

朱标是孝慈皇后，事实上也是朱元璋唯一的皇后马皇后亲生的长子。说到马皇后也即那个民间传说中的“大脚马皇后”，这里不妨多说两句。马皇后乃是朱元璋的原配，所谓的结发妻子，也就相当于汉高祖刘邦的原配妻子吕雉。然而与心肠狠毒的吕后完全不同的是，马皇后乃是历史上一位有名的贤后，与唐太宗李世民的皇后长孙氏相比，她虽然出身贫寒，不像长孙皇后那样出身名门望族，但是，在贤德方面却一点儿也不比长孙皇后逊色，甚至可以说是有过之而无不及。

不说别的，就说相夫教子吧，公平公正地说，马皇后所付出的心血远远要比长孙皇后多得多，其难度系数也显然要大得多。究其原因，乃是因为，长孙皇后所“相”之夫唐太宗李世民，本身就像是一匹从谏如流的骏马，诚所谓“不待扬鞭自奋蹄”，长孙皇后“驾驭”起来显然要省心省力得多。而“大脚马皇后”所“相”之夫明太祖朱元璋，则完全是一匹桀骜不驯的“烈马”，在这世上，特别是在他当了皇帝之后，自以为老子天下第一，几乎无人能够驾驭得了他，而马皇后却能够翊赞内治，补缺匡过，将这匹烈马还算勉强能够驾驭得住，于此可见她真的是功夫了得，很不一般，完全可以称得上是一个“相夫”高手。

有这样几件事可以窥斑全豹，从中可见马皇后的贤良仁德、深明大义以及相夫之道。

据《明史·孝慈高皇后传》及《明太祖实录》等记载，当年，在红巾军中，有一次郭子兴发怒，将朱元璋禁闭在一间空屋里，且不许任何人送茶饭进去。在这种时候，马氏硬是不管不顾，一次又一次地偷偷将刚出炉的炊饼揣在怀里，送给朱元璋吃，以致那滚烫的炊饼把她的胸口都烫红了。就因此，当了皇帝后，朱元璋经常对臣下说皇后的贤德，提起当年的炊饼，将它比之为芜蒌豆粥、滹沱麦饭，将皇后比喻成唐太宗的长孙皇后。

每当听到这话，马皇后总是淡然一笑，说："我怎能比长孙皇后？但是，常听说夫妇相保易，君臣相保难。陛下不忘和我贫贱时过的日子，也愿不忘和君臣过的艰难日子，时常这样想，有始有终，才是好事呢！"

有一次，朱元璋从太学巡幸视察回宫，马皇后问及太学生徒，听朱元璋说太学中有数千太学生，便不禁感叹说："诸生皆有廪食，可以无饥，但他的妻子，从何取给？"一听这话，朱元璋也一时为之动容，于是当即便拍板定夺，每年给太学生的家属也发放一定的粮食和津贴。对此，史载，"生徒颂德不置"。

还有一件事，姑且名之曰"沈万三事件"。沈万三是当时的江南巨商，全国第一富户。明朝定都南京，他被迫捐献家财助修南京城墙的三分之一，城墙修好了，那些检校们又打他的坏主意，拉他的赞助，让他出钱犒劳军队。没办法，任人宰割的巨商沈万三只好又一次忍痛"放血"。

大把大把的银子像流水一般泼出去了，没想到沈万三任何"先进个人"或"拥军模范"没有荣获不说，反而因此触犯了朱元璋的忌讳，以为平民要犒赏皇帝的军队，完全是收买人心，居心不良，并因此要杀沈万三。这时，多亏马皇后设法劝解，沈万三才免死充军云南，虽说家产籍没，但总算保住了性命。

这样说，倒好像朱元璋对马皇后事事顺遂，言听计从，其实不然。事实上，在马皇后面前，朱元璋有时候也会发怒。

说是有一次，朱元璋夜里伏案批阅奏章，马皇后亲自送来羹汤，朱元璋喝了一口，觉得凉了，脾气暴躁的他顿时勃然大怒，举起碗就向马皇后头上砸去。马皇后急忙躲闪，虽然头没砸到，但一只耳朵却被擦着，且破了一点皮，而且从头到脚被泼了一身汤。此时此刻，若是换成其他妃嫔，肯定会惊恐万状，大哭失声，但马皇后却神情自若。只见她默默地把桌上和地上的羹汤给擦拭干净了，然后重新去热了羹汤，顺便换了身干净衣裳，若无其事地重又来到朱元璋身边，侍候他喝下。如此一来，反倒使朱元璋感到有些内疚了，在内心中觉得对不起她。

所以，洪武十五年（公元 1382 年），时年五十一岁的马皇后病逝的时候，朱元璋极为悲痛，尽管在当时，他只有五十六岁，正是身体强健的年纪，但因为时时念及马皇后生前的种种恩爱等诸般好处，从此竟再没立后，而且还经常写些诗文缅怀悼念。

马皇后死的时候，太子朱标时年二十七岁，应该说，无论在生理上还是心理上都已经完全成熟。虽然生于乱世，可谓在马背上长大，但他的性格却全不像他的父亲，这，也许是与他从小所受的教育有关，当然，或许也和他体内的基因过多地受到母亲马皇后而非父亲朱元璋的影响有关。

从某种意义上说，长子朱标的出世对朱元璋绝对是一个“福音”，因为，元至正十五年（公元 1355 年），当他的军队从历阳（今安徽马鞍山和县）出其不意地突然渡过长江，并很快攻占了太平路（今安徽马鞍山当涂）时，他的长子也就是朱标突然降生了，这对朱元璋来说，不仅是一个巨大的喜讯，也是一个极好的兆头。所以，当他听到这一喜讯后，欣喜万分，禁不住在太平路东边的大青山上刻石纪念说：“到此山者，不患无嗣。”

的确，“太平路”“大青山”对于当时还在浴血奋战、逐鹿中原的朱元璋来说简直就是“胜利路”“吉祥山”，而刚刚降生的长子朱标无疑就是一个“幸运儿”。果然，随着长子的出世，朱元璋的征战事业便一帆风顺，并最终成功问鼎。

说来真的是“可怜天下父母心”，朱元璋儿时是个放牛娃，后来又是当和尚又是做乞丐，从小没上过学，只是后来通过自学才粗通文墨，也许正是由于自己从小没受过良好的教育，所以他对子女的教育非常重视，特别是对长子朱标的教育。

从史书上看，对于太子朱标，朱元璋真正是爱之深，教之严，责之切。

在立储问题上，历史上有许多皇帝都曾一度表现得犹豫不决，三心二意，可是，朱元璋在选定自己接班人问题上却从不犹疑，毫无悬念，几乎从一开始就把长子朱标作为自己接班人的不二人选。

公元 1367 年，他在自称吴王的同时，便将朱标立为世子。

公元 1368 年，大明王朝建立，荣登大宝服衮冕称帝的朱元璋也同时将朱标立为太子，让他同时作为储君，正位东宫。

为了能把朱标培养成自己理想的事业的接班人，将其雕琢打造成政治精品，朱元璋可谓处心积虑，煞费苦心，还在朱标刚启蒙时，朱元璋便让他拜宋濂等天下名儒为师，接受当时最好的教育。

开国后，对于已成为太子的朱标的教育，朱元璋就更是重视有加。在宫中，他特设大本堂，贮藏古今各种图书，并延请天下名儒轮班为太子和诸王讲课，并挑选天下青年才俊作为太子的伴读，以便让太子能够“近朱者赤”。

对于太子的教育，有着非常严格的规定。在教学中，太子的一言一行，都被要求按礼法行事。朱元璋自己有时也亲自授课，言传身教。他曾意味深长地对教育太子和诸王的儒臣说：“我的孩子们将来是要治国管事的……教育的方法，要紧的是正心，心一正万事就办得了，心不正，诸欲交攻，大大的要不得。你要用实学教导，光是记诵辞章，一无好处。”也就是要求他们既教书，又育人，而且更应把育人放在第一位。

也正因此，除了让太子诵习儒家经典，朱元璋又精心选了一批德行高雅的端人正士，做太子宾客和太子谕德，让他们把“帝王之道、礼乐之教和往古成败之迹、民间稼穑之事”，朝夕向太子讲授。同时，朱元璋还常常以自己的经历训导太子，要他明白创业的不易，守成的艰难。

由于从小受到了非常优良极为严格的教育，再加上天性善良，应该说，太子朱标被培养成了一个好学生，即使是按现在的“三好学生”标准来衡量他也绝对有过之而无不及。

虽然“生于安乐”，但太子朱标却没有一点纨绔习气。他生性聪颖、忠厚，为人处世非常低调，虽然身为储君，但平时对宋濂等人言必称师父。长大后，温文儒雅，仁慈殷勤，颇具儒者风范。史籍中多称赞他“为人友爱”“孝友仁慈，出于至性”。被称为“天下读书人种子”的一代名儒方孝孺则称颂他“三朝兼庶政，仁孝感婴孩”“盛德闻中夏，黎民望彼苍”。

方孝孺铁骨铮铮，顶天立地，为人为文从不奴颜媚骨，低三下四，但他对太子朱标却赞不绝口，仅此可见，这位大明第一太子真的是品学兼优，是一位深孚众望的大明储君。

可是，也许是因为期望值太高，朱元璋对自己的这位政治接班人却并不十分满意，再加上父子两人性格不合，故而在为人行事方面，经常会产生分歧，甚至会因此产生一些不大不小的冲突。

公元1380年(洪武十三年)，太子的老师宋濂因孙子宋慎被牵连到胡惟庸党案之中而被捕，在处斩之列。朱标为恩师跪地哭泣不起，请求父皇朱元璋法外开恩，免宋濂一死。朱元璋非常生气，狠狠地对朱标说："那得等你做了皇帝才行!"

朱标听后又惊又怕，竟然绝望地投河自尽，以死抗争，幸亏被太监发现救起。

还有一次，朱元璋大开杀戒，朱标抗争道："臣闻立国之道，仁厚为重，法是辅助，不应采用重刑。"太祖听了十分恼火，轻蔑一笑，然后怒目圆睁，大声斥责太子道："小子反来教我吗?"

最著名的例子当然要说是那次在李善长党案中，因为不满于父亲朱元璋老是嗜杀成性，滥杀功臣。朱标又一次跑去劝谏朱元璋说："陛下杀人过滥，恐伤和气。"由于意见不合，话不投机，朱元璋最后操起一把椅子竟然要砸他。朱标转身就跑，而朱元璋则紧紧追赶。情急之中，据说朱标故意将一幅画有马皇后当年背着他作战，终于战胜了陈友谅的《马皇后负子图》遗落地上，朱元璋捡起来一看，想起往日患难情景，一时怒气全消，这才放了朱标一马。

但即便是这样，朱标生活得也并不幸福。虽然贵为太子，表面上看起来养尊处优，风光无限，但其实从十三岁被立为太子，到三十七岁英年早逝，从种种迹象看，在长达二十五年的太子生涯中，他的内心一直非常郁闷，非常纠结。并最终因为抑郁成疾，巨大的精神压力不仅损害了他的身体健康，也最终剥夺了他的生命。

所以，我国台湾历史学者余新忠曾写有一篇名为《明懿文太子朱标尊贵而郁闷的一生》的文章，认为"作为常人，他自小就被剥夺了常人之性情和天伦之乐，作为政治人物，他一直生活在无奈和等待之中，至死也未获得自我做主、实现自己的抱负的机会"。故此，他的一生虽然尊贵，却非常郁闷，非常不幸，委实是"不幸生在帝王家"。

当然，平心而论，朱元璋虽然对太子朱标时有不满，却从未有过易储之意。所以，当朱标在三十七岁那年遽然死去，白发人送黑发人，时年已经六十五岁的朱元璋其内心的悲痛与凄哀是可想而知的。而且，更为棘手的事是，太子死了，接下来刻不容缓要做的事便是重新选立自己的政治接班人。

朱标之后，选什么人作为第二代接班人呢？可想而知，在当时，在立储问题上面临着第二次选择的朱元璋一定煞费了苦心。

诚如我们所知道的，朱元璋一生生有二十六个儿子，在太子朱标去世时仍健在的皇子有：二儿子朱樉，封秦王，时年三十六岁；三儿子朱㭎，封晋王，时年三十四岁；四儿子朱棣，封燕王，时年三十二岁；五儿子朱橚，封吴王，时年三十一岁；六儿子朱桢，封楚王，时年二十八岁；七儿子朱榑，封齐王，时年二十八岁；十一子朱椿，封蜀王，时年二十一岁；十二子朱柏，封湘王，时年二十一岁；十三子朱桂，封豫王，时年十八岁……在当时，这些儿子无论从年龄上还是能力上，应该说多半都具备正位东宫的条件。其中，尤以三儿子朱㭎条件最为突出。

晋王朱㭎乃马皇后亲生，因此史书上称他为嫡三子，成年后娶朱元璋麾下的大将永平侯谢成的女儿为妻。史载，朱㭎文学宋濂，书学杜环（明初书法家），善骑射，有谋略。人长得修目美髯，顾盼有威，多智数。待官属皆有礼，更以恭慎闻。当时，有感于边防不宁，朱元璋不断鼓励自己的儿子要学习军事，学会打仗，而其中，尤以晋王朱㭎和燕王朱棣最为突出，因而深受朱元璋的器重。朱㭎曾几次领兵出征，为明初巩固北方边防做出了不少贡献。大将如宋国公冯胜、颍国公傅友德皆受其节制。

除了朱㭎，十一子朱椿也很优秀。朱椿母亲惠妃郭氏乃朱元璋的宠妃。明洪武年间，朱椿被封为蜀献王。朱椿是一个喜好读书和做学问的人，“博综典籍，容止都雅”，在朝中有“蜀秀才”之称。到成都后，在如今成都的红照壁一带修建了规模宏大的王府，也即后来人们津津乐道的成都古皇城，成都的皇城文化多源于此。在藩国，他聘请了大学者方孝孺为师傅，兴办郡学，资助清贫学者，在吏治上也革除了一些弊端，同时利用经济手段平衡社会矛盾，可谓文武兼备，很有治政才干，所以在朝中一直口碑不错。

可是，不知道为什么，在第二次选立自己的接班人时，他的这些儿子却一个也没能入他的法眼，能够正位东宫，成为储君？

有学者说，这主要是因为封建王朝实行的是“嫡长制”，也即皇帝老子死了，一般规律是由其嫡长子、嫡长孙继承皇位。朱元璋很讲究礼教，所以当然不愿逾此规矩。既然嫡长子朱标死了，那就只好立嫡长孙了。

但问题是，朱标虽然是朱元璋的嫡长子，但朱允炆却并不是朱元璋的嫡长孙，因为朱标的大儿子朱雄英早死了，朱允炆不过是朱标的二儿子。既然这样，那又怎么解释“立长”？仔细想想，很有可能是朱元璋在立储问题上所坚持的原则是“立嫡不立庶”，在儿子中，也许只有朱标一人真正是马皇后所生，即所谓“嫡出”。那种传说朱标的生母乃为李淑妃的说法是很难能够站住脚的，其他那些儿子包括晋王朱棡其实都是“庶出”，而如此一来，在朱元璋的孙子辈中，属于嫡孙的且尚还健在的自然也就首推朱允炆了。

当然，朱元璋之所以做出这样的选择，不立皇子立皇孙，将朱允炆立为储君，很有可能并不只是单纯考虑“立嫡不立庶”，而是出于综合考虑，其中还有一个很重要的因素想必就是对皇太孙朱允炆极为看重，非常赏识。否则，以朱元璋的老谋深算以及骨子里具有的那种叛逆精神，他是绝对不会拘于礼法，让一个自己并不满意且少不更事的黄毛小子朱允炆在他千秋之后承继大统的。

的确，朱元璋不像李世民，在立储问题上需要看关陇贵族的脸色，在迫不得已时只好勉强立自己其实并不满意的晋王李治为太子。

朱允炆新政

一般来说，历史通常都是由胜者或者为胜者写的，因而，一部二十五史，多半都是胜者的历史，强者的历史。

由于人所共知的原因，作为一个“失败者”，关于建文帝朱允炆，正史记载得很少，而且，即使是那很少的记载，其中也有许多不真实的成分，对建文帝这位失败者竭力丑化与矮化之能事。

有这样一个传说几乎常被人们提起：说是太祖在世时，因为朱允炆脑袋长得有点偏，且性格非常柔弱，怕他将来不能担负重器，所以经常为此感到忧虑。有一天夜晚，皓月当空。朱元璋让朱允炆以月亮为题写一首诗，朱允炆遵命，当即口占一首七绝，其末尾两句为：“虽然隐落江湖里，也有清光照九州。”诗的境界不高，气魄不大，且似有亡国不祥之兆。朱元璋看了，很是不悦。于是，便又令他属对，也就是让朱允炆“对对子”。

朱元璋出上联曰：“风吹马尾千条线。”好一派壮观的战争景象。

朱允炆想了想，对出下联云：“雨打羊毛一片膻。”

据说太祖朱元璋听了，更加不悦，脸都气红了。

当时，正好燕王也在场，见此情景，便赶忙走上前对曰：“日照龙鳞万点金。”

史载，朱元璋听了，禁不住称赞说：“好对语！”并从此更加喜爱燕王，不欲立建文为储。

今天看来，这显然是朱棣篡位后，一班御用史学家迫不得已编造的一段山寨版历史，旨在美化朱棣，矮化朱允炆，以此证明朱棣如何境界高远，有帝王气度，如何受朱元璋的赏识与器重，而朱允炆则如何胸襟狭小，缺少气魄，既无帝王之才，更无帝王之气，朱元璋生前对他继位是多么担忧，多么不满意！

显然，这样的山寨版历史是经不住仔细推敲的，因为，朱允炆从小是以文才见称的，既然以文才见称，他怎么可能对出“雨打羊毛一片膻”这样仿佛打油诗一样毫无文采毫无文化的“烂对”？相反，毫无文采的朱棣又怎么能对出如此绝妙的“好对”？莫非朱允炆武略不如朱棣，文才也比不过朱棣吗？这很值得怀疑。

而且，朱元璋生前，如果真的对朱允炆嗣位不满意，有疑虑，而对朱棣甚为欣赏，像当年明月在《明朝那些事儿·朱元璋卷》里说的“在朱元璋的眼里，朱棣是一个好儿子”的话，那么，以朱元璋的性格，在立储一事上他绝对不会这么拖泥带水，优柔寡断，放着朱棣这么好的储君人选不立，却硬要违背自己意愿去立一个尚未弱冠的少年朱允炆？这，绝对不符合朱元璋敢想敢做的性格。

事实上，从正史看，无论是在当初太子朱标死后，立皇太孙朱允炆承继太子之位还是在朱允炆成为储君的五年多时间里，在立储问题上，朱元璋都没有过一丝一毫的犹疑。而且，在重新立储后，就像栽一棵小树，从此，他一直处心积虑全心全意地做着培土、固本、强基、剪枝等工作，正如一些历史学家所说，杀李善长等功臣是为了给太子朱标“削刺”，杀蓝玉等新生代名将则完全是为了给皇太孙朱允炆“削刺”。

据说，在杀了蓝玉等有可能威胁未来新帝政治地位的功臣，且将诸王也即自己的一帮如狼似虎的儿子们分封到边疆去防范外部势力的侵犯后，朱元璋曾不无得意地对皇太孙朱允炆说："怎么样？我安排你的几个叔叔为你守护边界，防范外敌，从此你就可以高枕无忧，安心在皇宫做你的太平皇帝了。"

说罢，朱元璋开怀大笑。

可是，朱允炆却没有笑，这个性格文静却有些忧郁的年轻储君望着业已苍老的祖父朱元璋，一时陷入了沉思。好半天，他才苦笑，显得心事重重地吐出一句话说：

"外敌入侵，可以由叔叔们来对付，可是，倘若叔叔们有异心，我怎么对付他们呢？"

这回，轮到朱元璋若有所思了。听了朱允炆的话，原本笑容满面的他也未免心情沉重起来。

不管这一传说是否是当年发生的真实事件，反正，从史书上看，在晚年，朱元璋确实已经意识到诸王子在自己的封地内可能变得过分强大和不服管教，便开始有意识地对他们的权力进行削弱。这在朱元璋亲自颁布的《祖训录》中明确作了规定。所以，到了公元 1395 年，藩王们被剥夺了随意征召王府人员的权力。反之，所有任命都必须经过皇帝的批准。实际上进一步加强了皇帝的权力，为日后的皇太孙朱允炆奠定了坚实有力的政治基础。

据《国榷》记载，到了公元 1396 年 9 月，为了更加突出未来皇储的地位，为皇太孙下一步嗣位打下良好的政治基础，朱元璋又作出了关于诸藩王在南京觐见东宫时的行为举止的严格规定。从制度上明确要求那些皇叔辈的藩王们在觐见皇侄朱允炆时不要倚老卖老，而要尊卑有序，行君臣之礼。

所以，用《剑桥中国明代史》第四章《建文统治时期》一节中的话说："虽然朱棣后来声称，他本人可能被入选为嗣君，只是因为那些儒士们的横加干预才未成功，但洪武帝事实上没有考虑把他的其他儿子立为太子。"

朱允炆为人恭谨孝顺，在他十四岁时，他的父亲太子朱标患有重病，身上有个大肉瘤，苦不堪言。朱允炆尽心伺候，恪尽孝道，日夜守在他的身边。朱标去世后，朱允炆将年幼的弟弟接到一起，对他们的饮食起居照顾得十分周到，并没有让他们觉得孤独。朱元璋原本就性格刚烈，病逝前，脾气更是异常暴躁，许多人担心因此遭到祸患，不敢侍候。在这种情形下，朱允炆便亲自服侍，常常整夜无法入睡，但他从来没有一句怨言，直到祖父朱元璋完全离开了这个世界。也正因此，朱元璋在遗嘱里称赞他"仁明孝友"。这也是史家所公认的。

公元 1398 年 6 月 30 日，也即在朱元璋去世后不到一个星期，时年二十一岁的朱允炆在南京正式即位。依照惯例，年轻的皇帝确定下一年为"建文元年"，并尊封他的母亲吕氏为皇太后。

到此为止，朱元璋统治的长达三十一年的洪武时代彻底结束了，历史从此开始了一个新的时代——建文时代。

虽然，关于朱允炆的个性和他在位时的各方面情况现已无可信文献史料。之所以存在这种现象，是因为在他死后，他那一朝的历史记录都被篡改或销毁殆尽。建文时期的档案文献和起居注全遭毁灭，而幸存的私家记述又一律查禁。但是，从种种迹象看，年轻的皇帝即位后踌躇满志，所谓"新官上任三把火"，在他的几位"内阁重臣"的参谋赞画下，很快便开始实施起了"建文新政"，对过去的"洪武政治"可谓进行了一次全面的改动。

概要说来，"建文新政"主要涵盖这几方面的内容。

一是"宽刑省狱"。太祖历来以刚猛治国，力主"重典治国"，晚期更是屡兴大狱，连续发生胡惟庸案和蓝玉案，动辄成千上万地杀人，连李善长这样的开国功臣也难逃厄运。而建文帝则坚持"仁德治国"，和他的父亲懿文太子朱标一样，他认为自己的祖父洪武帝的律令法典的某些部分过于严苛，特别是那些在诰和榜文中所定下的惩罚条款更是极为残酷。据说，他在他祖父生前即已敦促洪武帝从他的法典中取消七十三条这样的条款。即位以后，建文帝禁止以诰文为根据来随意进行审理和判案，同时停止张贴榜文，且屡次修改、减轻了《大明律》中的刑法，宽刑省狱，平反了洪武年间一大堆冤假错案。

据统计，建文年间的囚犯比洪武年间少了近三分之二。如据《明史·刑法二》的记载："(建文)元年刑部报囚，减太祖时十三矣。"意思是说，建文帝刚一登位，就将其治下的囚犯一举减少到太祖时期的三成左右，可千万别小看这一数字，他可是建文帝以宽大为怀，实行仁德治国的重要标志。所以，史称建文帝“继体守文，专欲以仁义化民”。

二是减免赋税。也即尽量减轻前朝某些过重的税收。其中最重要的是减少了江南的过度的土地税，尤其是减少了富庶的苏州和松江这两个府的土地重税。按照《剑桥中国明代史》的观点，这些减税措施是继续了洪武朝即已开始的减免政策，但是它们大大超过了以前的办法。原来，就因为富庶而人口稠密的江南地区曾是张士诚的“大本营”，曾经帮助张士诚对抗过朱元璋，所以，明朝开国后，为示惩罚，朱元璋曾对苏州和松江两府课以重税。虽然公元1380年4月洪武帝自己也觉得太重，曾下令减税百分之二十，但即便如此，这里的土地税赋仍然过于沉重。例如在公元1393年，仅苏州一地全年就得缴纳两百八十一万石粮米，占了国家两千九百四十万石全部土地赋税的一成左右。

这样显然是太不平等了：因为苏州仅占国家登记在册耕地的八十八分之一。由于如此过重的苛捐杂税，当地人民往往不能缴足规定的税额，特别在凶荒年代更是如此。就因此，他们抛荒了土地，变成了游民，从而更加加重了纳税居民的负担，同时也减少了每年的税收。

建文二年(公元1400年)正月，建文帝因有人申诉南直隶和浙江等地区赋税不公而采取了行动。他下令按每亩地收一石粮的统一标准在这些府里收土地税。当年，朱元璋曾经禁止苏州或松江人氏被任命为户部尚书，借此防范出生于这些富庶州府的人们把持财政，偏私家乡，从而牺牲了国库的利益。但是现在，建文帝却解除了这种禁令。

这，当然是一项深得民心的重要举措。

三是厚待文臣。建文帝一改朱元璋大权独揽极端专制的做法，提高了文臣的地位。洪武年间朱元璋废除丞相制度后，事必躬亲，大权独揽，直接统辖六部。但六部的品秩却不过正二品。建文帝对于这种现象颇不以为然，说：“六卿的品秩还能低于五府吗？”所谓“五府”，是指五军都督府的文官。于是，他力排众议，将六部尚书升为正一品，设左右侍中，位列侍郎之上。这是自朱元璋废除丞相制度后，建文帝第一次把六部尚书提高到了与都司同级的地位。这项改制，被反对派攻讦为“违背祖训”，说他“今虽不立丞相，反有六丞相也”。应该说，反对派攻讦的没错，在这件事上，建文帝绝对是偷梁换柱，在实际上确实是违反祖训恢复丞相。但建文帝丝毫不为所动，尝试着把权力重新交还给六部尚书，乃至不是宰相的宰相。

仅此可见，建文帝并不像永乐年间那些史官所说的那样“文弱”，而是很有自己的主见。

同时，建文帝还扩大国子监和翰林院的职责和人员编制，从教育和训练太子以及诸年幼皇子方面入手，普及儒家文化，希望以“修齐治平”的儒家思想来治国和治民。而且，从某种意义上说，建文帝是个很有“民主思想”的人，他规定：亲王对自己的老师要以礼相待，谈话时，老师不必称臣，可以只称姓名。

此外，建文帝还非常重视言论，且显得非常开明。他屡次下诏求言，有人因为进言激烈被执政者处罚，他深表反对，严厉批评说：“我们要求直言，一些人却反因直言遭到处罚，如此一来，以后还会有人再信任我们吗？”

凡此种种，都足以说明，年轻的建文帝是个很有思想很有胆识也很有正气的人。

当代著名明史学家毛佩琪先生在其《明朝十七帝·建文帝继统之谜》一文中说：“建文帝的做法，发生在洪武霜锋雪剑的严酷之后，如同阳春旭日温暖人间。”因此，建文帝四年的统治，被明人形容为“四载宽政解严霜”。这应该说是一种很高的评价。对此，《明史》在其本纪中也称赞说：“践祚之初，亲贤好学……又除军卫单丁，减苏、松重赋，皆惠民之大者。”直到弘治年间，仍有记载说，“父老尝言：建文四年之中……治化几等于三代。一时士大夫崇尚礼仪，百姓乐利而重犯法，家给人足，外户不阖，有得遗钞于地，置屋檐而去者。及燕师至日，哭声震天，而诸臣或死或遁，几空朝署。盖自古不幸失国之君，未有得臣之心若此者矣。”

这无疑是对“失国之君”建文帝短短四年统治的最高评价，也是对“永乐正史”加在建文帝头上的那些诬陷不实之词的有力反驳。

当然，“朱允炆新政”或曰“建文新政”显然并非建文帝一人所为，而是他的“内阁”集体所为，用现在的话说，乃是集体智慧的结晶。但无论怎么说，建文帝在其中处于最核心的地位，其功劳怎么说都是第一位的。

但这样说，并不意味着建文帝就是一个非常精明能干的皇帝，事实上，他乃是一个非常典型的“书生皇帝”，而且，所谓“物以类聚，人以群分”，围绕在他身边的，当时还有一群同样书生气十足的内阁僚臣，或曰“书生内阁”，其主要成员有三个人：方孝孺、齐泰，还有黄子澄。

关于这三位内阁成员，我们将在后面逐一进行介绍，在此，暂不赘述。

很显然，“朱允炆新政”就是朱允炆这位“书生皇帝”与他的“书生内阁”共同奋斗的结果。

平心而论，“朱允炆新政”的积极意义是不容否定的，年轻皇帝的每项改革措施从大处说，几乎都理所当然，即使是在今天看来，这些措施都深得民心，值得肯定。

但问题是，细节决定成败。今天，倘若我们仔细检视就会发现，这一新政，特别是在“削藩”方面从一开始就在改革的细节上出了非常严重的极为致命的问题，由此不仅使新政改革彻底失败，而且也直接导致了建文政权的彻底覆亡。

对“藩祸”的误判

从某种意义上说，皇帝真不是人当的。甭说在立储过程中要经过多少明枪暗箭的生死争斗，就是在继统之后，其龙椅下面也是波诡云谲，漩涡丛生，仿佛在波涛汹涌的茫茫大海上航行，稍一大意便会船翻人亡，葬身海底。

表面上看，朱允炆的皇帝之位得来很轻松，完全是靠“委任制”，是由他的皇祖父朱元璋一手指定且扶植起来的，几乎没需要他个人做任何打拼便荣登大宝，问鼎神器，成为九五之尊。但是，等他坐上龙椅，环视左右，他才发现，其实无论在他的身前还是身后都潜伏着巨大的危机。

不错，为了能让他得以顺利继位，能够有一片适于生长的政治环境，洪武帝朱元璋曾经不遗余力、不择手段为他一次又一次地做着“斩除荆棘”的“清障”工作：蓝玉、傅友德、冯胜这些“明初最后的名将”都因此被朱元璋找借口杀掉了。在朱元璋看来，到这种时候，荆杖上的“刺”好像已全部给“削掉”了。

但在实际上，朱元璋犯了一个非常严重的错误，那就是：他所“削掉”的只是生长在荆杖“外面的刺”，而生长在荆杖“里面的刺”他却一根也没有“削掉”。或者，换句话说，就像是一个外科医生，朱元璋用他那把杀人无数的“手术刀”割除的只是国家外部的“痤疮”，却始终没有割除生长在国家体内的“毒瘤”。

不用说，这里所说的荆杖“里面的刺”或“毒瘤”，便是指渐渐“尾大不掉”的藩王。

从某种意义上说，朱元璋简直就是一个“杀人魔王”，嗜杀成性，但是，他一生所杀的都是一些“外人”，对于自己的家人，他却表现得特别心慈手软，呵护有加。

据历史记载，在称帝前后，有很长一段时间，朱元璋都在苦苦考虑两个问题：一是怎样建立一个有效能的政治中心地区，即都城建在何处？二是用什么方法来维持朱家王朝世世代代、子子孙孙的长治久安？

对第一个问题，由于谋臣陶安、冯国用以及刘基等人的建议与力劝，原想建都在自己家乡凤阳的朱元璋终于打消此念，于洪武十一年下诏改南京为京师，踌躇了十年的建都问题到这时候总算尘埃落定。

而对第二个问题，朱元璋更是处心积虑，深思熟虑。以史为镜，他曾对历史上的封建统治做过深入的考察和研究。用吴晗《朱元璋传》中的话说就是，在他看来：“就历史上的经验教训说，秦、汉、唐、宋之亡，没有强大的亲藩支持屏卫，是原因之一。可是周代封建子弟，又闹得枝强干弱，天王威令不行。这两种制度的折中方案是西汉前期的郡国制，一面立郡县，设官分治，集大权于皇朝；一面又建藩国，封建子弟，付以精兵，使为皇家捍御。……这样，在政治上，在军事上，在皇家统治权的永久维持上，都可以圆满地解决了。”

的确，朱元璋一生好猜忌，性多疑，几乎不信任任何一个异姓公侯将相，但他却以为自己的亲生儿子是最为可靠、最可信赖的，因而希望靠强大的家族势力维护大明王朝的江山永固。在明朝建立后的第三年（公元1370年），朱元璋便开始分封亲王，把他的儿子们一一置于边防及全国的要害之地，为的是“屏藩帝室”，拱卫江山，作为保卫大明皇室的屏障。

按照规定，诸藩王在自己的封地建立王府，设置官署，冕服车骑宫室之制仅次于皇帝，可谓权力极大，地位极高。公侯大臣进见亲王都要俯首拜谒。每个王府都设有亲王禁卫军，数量从三千人到一万九千人不等，分封在长城一线要塞上的亲王更不在此限。当遇到急事时，地方守镇兵也要归亲王指挥。同时，亲王还是地方守军的监视人，是皇帝在地方的军权代表。一旦地方有变，护卫军可以单独作战，如遇京师危急，也可以起兵勤王，以达到屏藩皇室、翼卫朝廷的目的。在朱元璋看来，只要把军权托付给亲子，大明皇室就可以高枕无忧万无一失了。

但后来残酷的现实证明，朱元璋的这一愿望和想法实在是过于天真，其做法更是愚蠢至极！这就从客观上为后来的所谓“靖难之役”埋下了难以铲除的政治祸根。

诚所谓“当局者迷，旁观者清”，对于这一极为有害的政治祸根，当时的朝中大臣不知道是因为“身在庐山”看不清楚，还是看清楚了不敢说，反正，一个个都称赞朱元璋的“分封制度”实在是高明之极，伟大之极，有人甚至还引经据典，称赞他说：“自古创业之主，其虑事周详，立法垂训，必有典则，若后世子孙，不知而转改，鲜有不败。故《经》云，不愆不忘，率有（由）旧章。”把个朱元璋以及他的分封制度吹嘘得了不得。

对于朱元璋的这一分封制度，尽管满朝的文武大臣完全拥护，但是，当时有两个不知天高地厚的书生却大胆上书，敢于说“不”。

这两个书生：一个名叫解缙，一个名叫叶伯巨。

那是洪武九年（公元 1376 年），自年初以来，钦天监不断报告说星象异常，是灾祸之兆。古人迷信，朱元璋认为星象异常，乃是上天垂戒，于是便在时年闰九月初九日下诏请求臣下直言，以匡正过失。

看到洪武皇帝的求言诏书，同为书生的解缙与叶伯巨便很快向皇帝上书建言，坦陈己见。

从史书上看，解缙这人文才出众，但做官却很不老练。当时，解缙还不到二十岁，完全是白衣秀才一个。朱元璋要天下人“放胆”“放言”，其实不过是一场“政治秀”。但他却信以为真，竟真的立即上“万言书”，且“知无不言”，直陈利弊。史书说他“数上封事，所言分封势重，万一不幸，必有厉长、吴濞之虞”。

如果说解缙的话说得多少还有些含蓄的话，那么，叶伯巨的话则说得非常直白，非常尖锐。叶伯居当时在山西平遥县当县学训导，官小得已不能再小，但他老兄却书生气十足，仿佛《曹刿论战》中的曹刿一样，参与政治的热情很高，以为“肉食者鄙，未能远谋”。于是，便主动向朱元璋上书一封，毫不客气地对朱元璋的藩王政策提出了严厉的批评，其中第一条就是批评朱元璋“分封太侈”！

在信中，叶伯巨一针见血地指出：“先王之制，大都不过三国之一，上下等差，各有定分，所以强干弱枝，遏乱源而崇治本耳。今裂土分封，使诸王各有分地，盖惩宋、元孤立，宗室不竞之弊。而秦、晋、燕、齐、梁、楚、吴、蜀诸国，无不连邑数十，城郭宫室亚于天子之都，优之以甲兵卫士之盛。臣恐数世之后，尾大不掉，然后则其地而夺之权，则必生觖望，甚者缘间而起，防之无及矣。”为了让皇帝相信他的话，他举了汉“七国之乱”以及晋“八王之乱”的例子，以此证明“分封逾制，祸患立生”乃是古今之理，概莫能外。因此，他劝说朱元璋不要过分相信“天子骨肉”，而应该“长痛不如短痛”，“割一时之恩，制万世之利，消天变而安社稷，莫先於此”。实际上也就是要朱元璋“削藩”。

平心而论，这位叶伯巨其实真的很有眼光，很有水平，即使是当宰相也绰绰有余，才堪胜任。但是，官场向来都缺少“说真话”的语境，那些权高位重的统治者更是“老虎屁股摸不得”，容不得别人批评，所以，一看到叶伯巨的上书，看到他对自己最为得意的“分封制度”妄加议论，尖锐批评，朱元璋顿时气得血压升高，肝火中烧，拍着御案骂道：“这小子离间我的骨肉，用心何其毒焉！快把他抓起来，我要亲手把他射死！”

一介书生叶伯巨很快被从山西平遥给抓来了，朱元璋虽然没有亲手射杀他，但还是立即将他投入狱中，让刑部审讯治罪。可怜叶伯巨这位大明才子，一腔正气，满腹经纶，一生怀才不遇、“英俊沉下僚”不说，就因为响应“领袖”号召，上书言事，最后竟在监狱中受尽虐待，活活饿死。

就因为固执己见，拒纳忠言，这以后，朱元璋在分封藩王问题上一直我行我素，对“藩祸”的危害一直认识不足，乃至产生了严重的误判。如此一来，“藩王”这一“政治毒瘤”在国家的体内便越长越大，以致在建文帝登位亲政之前，就已完全成了一大政治公害与政治隐患。

当然，对于“藩祸”的危害，朱元璋也并非一无所察。特别是在晚年，对诸王的不法，他已有所警惕。一次，有人告发晋王谋异，朱元璋闻后大怒，迅即令太子朱标将其从北方王府带回京师，痛加训诫，直至晋王答应痛改前非，才许回藩。对北方诸王的动向，朱元璋也颇为注意。传说，他曾派刘基次子以谷王府长史的身份巡行提调北方六王府事，暗中侦探诸王的一言一行。

同时，通过《皇明祖训》，他还不断对诸王的权力进行规范和限制，甚至在遗诏中，还明确规定：在全国居丧时，诸王各于本国哭临，不必赴京；中外军官、戍守官员，不得擅离信地，只许遣人至京；王国所在文武衙门军士，今后一律听从朝廷节制，唯各自的护卫官军，诸王才有权各自处分；亲王没有接到命令不得来京师；亲王所在地的文武机构和军队，由朝廷控制，亲王无权指挥。

但是，诚所谓姑息养奸，养虎为患，由于朱元璋在世时亲手培养了亲王的势力，致使亲王的羽翼日渐丰满，到最后尾大不掉，其欲望日渐膨胀，行为日渐顽劣，就是朱元璋也很难能够控制了。

很显然，对于藩王的危害，朱允炆还在做皇太孙时就已经敏感地意识到了。据《明史》列传第二十九记载，一次，在与自己的侍读、太常寺卿黄子澄坐在皇宫东角门时，时年尚未弱冠的朱允炆问黄子澄说："诸王尊属，拥重兵，多不法，奈何?"

之所以问这样一个问题，说明时为皇太孙的朱允炆已对"藩镇之害"不仅早已引起了关注，而且显然也已思考了很久，同时也说明他业已提前进入到了皇帝的角色，已经提前为自己的将来进行思考了。

可是，没想到，这位黄子澄，也即朱允炆的老师与谋士，对于"藩祸"的危害同样认识不足，又一次产生了极为严重的政治误判！

当时，黄子澄回答说："诸王护卫兵，才足自守，倘有变，临以六师，其谁能支?"意思是说，那些藩王的护卫兵，用来防守自卫还差不多，倘若真有那么一天哪个藩王自不量力，发动兵变，天子只要派大军兵临城下，兴师问罪，绝对没有哪个藩王能够抵挡得住。

为了证明自己的观点是对的，黄子澄接着又举例说："汉七国非不强，卒底灭亡。大小强弱势不同，而顺逆之理异也。"

黄子澄说这话足以证明他是一个大而无当的书生，对"藩王之害"缺乏应有的认识。古人云："凡事预则立，不预则废。"甭说是如此重大的事情，即便是一般的政治事件也要未雨绸缪，防患于未然，提前做好各种充分的准备，并要做最坏的打算。

可是，就因为黄子澄的一番大话，使朱允炆顿时打消了疑虑，放松了警惕，长舒了口气说：“吾获是谋，无虑矣。”心中一直绷紧的那根“藩镇祸害”的弦放松了。

所以，从某种意义上说，后来建文帝之败，在很大程度上完全是败在了对“藩王之害”的一次又一次误判上，即先是他的皇祖父朱元璋因为对“藩王之害”产生了误判，因而不啻是亲手打开了这一“潘多拉魔盒”，将“藩祸”的魔鬼一个个培养并释放了出来。而紧随其后，他的所谓的“帝王师”黄子澄又对“藩王之害”估计不足，产生误判。

如此的一错再错，接连误判，终于使“藩祸”越演越烈，到最后，犹如火山爆发一般，酿成了“靖难之役”这一不可遏止的巨大灾难。

书生组成的“内阁”

如果说，在接班人问题上，朱元璋所犯的第一个错误乃是“分封太侈”，无意中为自己的接班人朱允炆“培养”并树立了“藩王”这样一个强大的对立面或政敌的话，那么，他所犯的第二个错误则是在无意中把那些具有王佐之才的文臣武将全给杀掉了，致使他的政治接班人皇太孙朱允炆在即位后缺少了应有的坚实的政治基础，既失去了像刘基这样多谋善断的“高人”以及“帝王师”的指点，同时又失去了像蓝玉、傅友德和冯胜这样能征善战的大将的强有力的军事支持。

所以，朱允炆即位后，经常围绕在他身边的所谓“顾命大臣”或“托孤大臣”几乎清一色都是一些文臣，而这些文臣显然也都无法与朱元璋当年的文臣谋士朱升与刘基相比。

这里，还是先对他的“书生内阁”中的几个主要成员简要做一些介绍吧。

我们知道，建文帝的“书生内阁”中，主要成员有这么三个人，即：方孝孺、齐泰和黄子澄。

先说方孝孺。方孝孺是明初大儒宋濂的学生。当年朱元璋见到他，第一印象就非常好，对他的才学人品都特别欣赏，却一直没有对他提拔任用。之所以会这样？原来是朱元璋在耍手段。相传有一次，朱元璋悄悄告诉已被他确立为政治接班人的皇太孙朱允炆，说自己已为他选择了一个可以治理天下的人才，这个人便是方孝孺。但这个人有个缺点，就是过于傲气，所以现在还不能用他，要压制他一下，将他雪藏，等朱允炆登基时再用不迟。

果然，建文帝即位后将朱元璋一直为他“雪藏”着的方孝孺倚为股肱，每遇大事，必先与他商量，等君臣密晤也即从方孝孺那里讨得见识后，方颁旨号令天下。

再说齐泰。据《明史》记载，齐泰原名德，后被朱元璋赐名泰。此人是明溧水（江苏溧水）人，洪武十七年举应天乡试第一，次年成进士。

要说齐泰的最大特点就是“没缺点”。其中有个典故，说是那年，京城里的谨身殿忽然被雷给劈了，这本是一种自然现象，可古人迷信，以为是上天发怒了，要惩罚人类。于是乎，朱元璋诚惶诚恐，以为是自己做了不少错事，得赶紧去寺庙祭祀。皇帝祭祀当然不可能一个人去，他决定挑选一批人与他一同参加祭祀仪式。而这些人入选的条件就是在九年之内没有犯过任何过失。

面对如此苛刻的条件，当时许多官员都不够格，可“没缺点”的齐泰（当时叫齐德）却入选了。祭祀完毕后，朱元璋亲自为齐德改名泰。所以，齐泰这个名字完全可以说是朱元璋作为礼物赏赐给他的。

但齐泰真正吸引朱元璋“眼球”、赢得这位性格残暴的洪武皇帝赏识的却是这么一件事：洪武二十八年（公元 1395 年），朱元璋提拔齐泰为兵部左侍郎。之所以用文人去任武将，想必一是当时的武将该杀的都已被朱元璋给杀光了，无人可用；二是朱元璋也许想学宋太祖赵匡胤，故意要用文人去任武将，以减少武将对于皇权的威胁。

在用齐泰为兵部左侍郎以后，也许是不大放心，有一天朱元璋故意来个突然袭击，想对齐泰进行一次“即兴考试”，看看他究竟合不合格。

那天，朱元璋突然问齐泰边将姓名。没想到齐泰不慌不忙，把所有边将姓名、年龄、籍贯以及任职、军功等一一说出，毫无遗漏，用史书上的话说就是“历数无遗”，简直就像是一本活档案，这让朱元璋非常惊讶。而更使朱元璋吃惊的是，当他又问一些军事要塞的山川地形时，没想到齐泰简直就像是事先准备好了似的，立即就从袖筒里拿出一本手册，大约也就相当于一本作战地形图呈递给朱元璋。朱元璋接过来一看，觉得这作战地形图真的是简要详密，由此对齐泰更加刮目相看。所以在洪武三十一年（公元

1398年)也即在他临终之前,将齐泰提拔为兵部尚书,让齐泰与方孝孺、黄子澄一起同辅皇太孙。

最后再说一下黄子澄。

黄子澄是分宜(今江西分宜)人,与齐泰一样,此人也是个"高考状元",洪武中会试第一。因为"太有才了",所以,一做官,朱元璋就让他伴读东宫,当皇太孙朱允炆的"学习辅导员",并很快将他升迁为太常寺卿,成了帝王师。

仅此可见,朱元璋为皇太孙朱允炆精挑细选出来的这三位顾命大臣全都是喝了许多墨水的秀才,在建文帝登位后,由他们所组成的内阁完全可以说是一个"书生内阁"。

说来真的是很让人纳闷,以朱元璋的政治智商与情商,在接班人一事上竟会做出如此超低级的安排实在是令人难以置信。要知道,在他的前面,有许多极为成功的经验可供借鉴。

最典型的例子首先要说是汉高祖刘邦在接班人一事上的巧妙布局。有感于自己的接班人也即汉惠帝刘盈比较文弱,刘邦在临终前曾接二连三下了几步"好棋",其中最关键的"一步棋"则是让陈平与周勃作为汉惠帝刘盈的辅弼大臣。

诚如我们所知道的,陈平这人虽然在历史上名声不太好,但他多谋善断,论谋略与张良堪称伯仲。而周勃就更是了不得,此人虽说最早只是个吹鼓手,但在加入刘邦起义的队伍中后却很快脱颖而出,作为大将,他跟随刘邦灭秦、征项羽、平定内乱、防御匈奴,几乎参加了秦末汉初的所有军事行动,非常具有军事才能。

而且,周勃这人可谓"动如脱兔,静若处子",别看他是武将一个,在战场上打打杀杀,勇猛异常,但在平时却很喜欢安静,很喜欢沉思,显得非常稳重,很有韬略。

也正是看中了陈平、周勃的这些特点,认为他们能够承担大事。在自己即将去世的时候,刘邦暗中把后事托付给他们,让陈平做了太子的老师,辅佐太子,又把樊哙手下的军队交给了周勃,从而于"后刘邦时代"在专权的吕后身边暗中埋下了两颗"定时炸弹"。吕后上台后,周勃与陈平隐忍以待,伺机而动,就像两个隐蔽潜伏的狙击手。

果然，吕后去世后，周勃与陈平联手，立即夺取了长安城南北两军的军权，尽诛诸吕，从而稳定了刘汉中央政权。

还有一个例子就是唐太宗李世民，为自己的接班人唐高宗李治也做了一个还算不错的政治布局。

众所周知，唐太宗对“荏弱”的李治接班一直存有担忧，可又无可奈何。为了确保李治继位后能坐稳龙椅，在临终前他狠狠要了几次手腕：一次是假装要自杀，逼长孙无忌和褚遂良等一帮朝廷实力派元老重臣表态，要他们明确表示在自己百年之后坚决拥护和紧紧捍卫新即位的皇帝李治，紧密团结在新皇帝李治的周围。

在他以假乱真、又哭又闹的“自杀表演”下，长孙无忌和褚遂良等一帮关陇集团的主力重臣当场都宣誓今后要效忠“晋王治”，并在唐太宗的安排下，成了新即位的高宗李治的顾命大臣。

还有一次，唐太宗李世民又要手腕，故意对大唐“一代名将”、当时身居宰相之位的李勣（也即徐懋功）吹毛求疵，找了他一个错，然后小题大做，将李勣贬为叠州刺史（一个很偏远的小州），然后悄悄对李治说：

“你对李勣并没有恩，现在我故意将他贬官，如果他不埋怨，那你上台之后，就把他召回来，以示有恩于他，对他委以重任，让他为你所用。”

经唐太宗这么一安排，一布局，后来李勣果然成了高宗朝的“定海神针”，与长孙无忌、褚遂良等成了高宗李治的坚强后盾。

事实上，在当时朱元璋的一帮大臣中，也不乏周勃、李勣这样的人物。

很显然，朱元璋晚年，比他年纪还要大的李善长因为年老已经不能托付后事了，但像蓝玉、傅友德这样年纪稍轻的大将却完全可以作为托孤大臣，让他们在自己百年之后辅佐皇太孙朱允炆治理天下。从史书上看，刚开始朱元璋的第一方案也真的就是这么做的。太子朱标死后，朱元璋立朱允炆为皇太孙，决定由他继统。这是公元 1392 年底发生的事情。到了公元 1393 年 1 月，朱元璋便任命蓝玉、冯胜、傅友德和其他重要人士担任辅弼皇太孙的重要职务，而黄子澄等几个著名文人也在这个时候被任命为未来皇帝的侍读官。

不用说，在这第一方案中，这样一个文武搭配的储君班子是非常合理的，特别是蓝玉、傅友德这样英勇善战的名将更是会起到定海神针的作用。可以肯定地说，如果蓝玉、傅友德不死，后来建文帝登基，燕王朱棣绝对不敢轻举妄动，即便他贼心不死，发动了军事叛变，由蓝玉和傅友德奉诏平叛，朱棣所谓的“靖难之役”一定不会成功。

这绝对不是一种主观臆测，而是有一定历史根据的。

因为蓝玉曾经在他的姐夫常遇春帐下冲锋陷阵，此人很有谋略，且能征惯战。因为军事指挥才能卓著，又屡立战功，因而多次受到明太祖的嘉奖和赏赐。而且，更为重要的是，太子朱标的太子妃乃是常遇春的女儿，蓝玉的亲外甥女，而皇太孙朱允炆按辈分则喊蓝玉舅祖父，就因为这层亲戚关系，蓝玉和朱标及朱允炆父子一直走得很近，用现在的话说就是在政治上是“一条线上的人”。

据《明通鉴》记载，蓝玉当年在征讨纳哈出回京后，曾对朱标密报说：“我观燕王在北平，阴有不臣之心，殿下应该有所防备。”应该说，蓝玉文韬武略，有勇有谋，看人很准，眼光很毒，真的是生姜还是老的辣。后来的事实证明，他对朱棣的观察与判断确实是对的。可是，由于缺少政治敏锐性，再加上“天性孝友”，太子朱标的头脑中始终缺少一根弦，在听了蓝玉的话后，他却压根不信。

但即便是这样，如果蓝玉不死，有他这个能征善战的舅祖父在，谅他燕王朱棣也不敢把建文帝朱允炆怎么样。

可是，不知道为什么，洪武帝朱元璋在为自己的接班人皇太孙朱允炆安排顾命大臣时，却很快将自己原先安排的第一方案给全盘推翻了，莫名其妙地竟然将第一方案中几个犹如定海神针似的名将——蓝玉、冯胜以及傅友德竟全部杀光了。如此一来，在他的第二方案中，其所安排的几个顾命大臣竟清一色的全部都是文臣，致使建文帝所组成的内阁完全是一个“书生内阁”。

这就很不明智，很不妥当了！

平心而论，这样的一个“书生内阁”，这样的一些顾命大臣，无论方孝孺也好，齐泰也好，还是黄子澄也好，他们的人品都绝对优秀，能力也都无可非议，堪称上乘，都绝对称得上是“人中极品”。

可是，话说回来，他们的能力其实都只是一种具体做事的能力，用现在的话说，他们其实都是一些业务型的官员，而非政治型和军事型的官员，你要他们坐而论道，或是整顿吏治，倡行文道乃至兴修水利、发展经济，改善民生，一言以蔽之，你要他们“做事”“搞业务”，那他们绝对是个顶个的厉害，个顶个的能干，但你若要他们玩政治、搞军事则无异于“赶鸭子上架”。

但是，在人治社会封建官场中，所谓的“做事”实际上只是漂亮的幌子，而官员之间的斗争才真正是官员们竞相追逐永恒不变的主题。我们看历史，看历朝历代那些大大小小的官员在一起总是钩心斗角、尔虞我诈乃至你死我活，他们所操练、所热衷、所擅长的无非都是一些把戏。

玩政治搞军事是他们的弱项，是他们的“短板”，可是因为种种原因，结果却偏要“赶着鸭子上架”，硬让他们去玩政治搞军事。于是乎，等待他们的最终结果就只能会是失败，而且是毫无悬念的失败。

严格说来，这当然不能怪他们，要怪，只能怪朱元璋。怪朱元璋不会用人所长，知人善任。打一个不一定恰当的比方，说句玩笑话，方孝孺、齐泰、黄子澄就像是当时的“世界三大男高音”帕瓦罗蒂、多明戈、卡雷拉斯，他们本身是很优秀，非常杰出，但他们的天才在音乐上，可是，朱元璋却把他们错误地当成了球王贝利、马拉多纳以及罗拉尔多，硬要他们去绿茵场上去踢足球，而且是和朱棣这样的政治老手去进行一场生死较量，这就显然不是在重用他们，而是完全要害死他们。

当然，朱元璋这样做，绝对不是存心要害死他们，因为害他们的同时，事实上也等于是完全害了他的政治接班人建文帝朱允炆，这显然是朱元璋不愿意的。

但问题是，令朱元璋生前怎么也没有预料到的是，他这样做的结果，恰恰是在客观上把“书生皇帝”朱允炆以及他的“书生内阁”完全推进了火坑。

建文帝“削藩”

在前面，我们曾经谈到了“朱允炆新政”，也称“建文新政”，其实，“建文新政”中还有一项最为重要、最为关键的内容还没有说，那就是建文帝“削藩”。

说到“削藩”，我们显然并不陌生。因为在历史上曾经发生过许多“削藩”的重大历史事件。其中最著名的就是前面提到的建文帝当年还在做皇太孙时，有次与太常寺卿黄子澄谈论削藩一事，黄子澄向他列举的西汉“七国之乱”一事。

熟悉历史的人都知道，西汉“七国之乱”其实就是由“削藩”引起的。

那是汉景帝初年，有感于刘氏藩国日渐拥兵自重，尾大不掉，对中央政权阳奉阴违，御史大夫晁错向刚刚即位的汉景帝献计，要求加强中央权力，实行削藩政策。削藩开始后，以汉高祖刘邦的侄子吴王刘濞为首的那些早就想反叛朝廷、对抗中央的藩王们立即联手发动反叛。当时先后参与叛乱的七国的国王是吴王濞、楚王戊、赵王遂、济南王辟光、淄川王贤、胶西王印、胶东王雄渠，他们以“诛晁错，清君侧”为借口，举兵西向，欲夺景帝之位。战事初起，景帝未免有些惊慌，在万般无奈的情况下，听从谋士袁盎的馊主意，将第一个劝他削藩的晁错给杀了，幻想以此平息事端，但以吴王刘濞为首的七国藩王们不依不饶，依然要“将反叛进行到底”。

到了此时，景帝才算彻底清醒了，于是他奋起反击，以牙还牙，迅即派太尉周亚夫率三十六将军往击吴楚，派郦寄击赵，栾布击齐地等诸叛国，并以大将军窦婴驻屯荥阳，监齐、赵兵。由于周亚夫乃是西汉开国名将周勃之子，其本人也是汉初名将，历史上非常有名的军事家，所以，由他统帅三军前去平叛，仅用了三个月便摧枯拉朽，将七国反叛军队给打败了，取得了削藩之战的胜利。汉景帝乘机将各诸侯国的封地削去，将诸侯任免官吏的权力收回。

自此，诸侯名义上还是封君，但已名存实亡，只剩下了一副徒有其名的空骨架而已。

可以想见，当时如果要是没有周亚夫这样的著名将领，“七国之乱”很难说最后会是什么结果。即使到最后景帝取胜了，估计胜得也很勉强，而且也绝对不会那么快。

所以，同样是“削藩”，黄子澄不切实际地把明初的“削藩”看得像西汉初年的这次“削藩”一样容易，这实在是一种“想当然”，首先在思想上就犯了“简单化”的错误。因为“削藩”并不只是一场政治上的改革，在实际上更是一场军事上的较量。倘若没有充分的军事准备，没有强大的军事做后盾，没有运筹帷幄决胜千里的军事将领在后面坐镇，“削藩”不仅很难取得成功，而且还很可能会自取其辱，自取灭亡。

很显然，建文帝"削藩"便是这样一种情形，这样一种结果。

想当年，汉景帝削藩时以他为首的"削藩领导班子"内既有像晁错、袁盎这样的谋臣，又有像周亚夫、郦寄、栾布、窦婴这样的武将，完全是一个文武双全的"领导班子"，就像人一样，既头脑聪明，又四肢发达。可是反观以建文帝为首的"削藩领导班子"内却只有谋臣，而没有武将，完全就像是一个只有头脑却四肢不全的残疾人。所以，以这样一个有明显残疾的"削藩领导班子"去实施"削藩"，完全就是异想天开，自不量力。

在今天看来，历史上的所谓"建文帝削藩"其实完全就是建文帝这位"书生皇帝"与他的"书生内阁"所实行的一次"书生削藩"。事实上，其胜负成败在一开始就是已经决定了的。

但在当时，建文帝与他的"书生内阁"却并不这么认为，对于"削藩"几乎在很长时间内都一直持必胜的信念和非常乐观的态度，在思想上和军事行动上都严重准备不足。

据史书记载，建文帝登基后，立即召回他祖父朱元璋为他"雪藏"了多年的方孝孺，任命他为翰林侍讲，并提升齐泰为兵部尚书，黄子澄为翰林学士，这三位书生就此成了他的高级智囊，组成"书生内阁"。

对于削藩一事，建文帝显然一直都念念不忘，刚坐上龙椅后，有一天他便把黄子澄找来，问了他一个问题："先生，还记得当年东角门所说过的话吗？"

如前所述，那是一次关于"削藩"的谈话，黄子澄岂能忘记？所以，他不假思索，当即点点头说："从不敢忘记！"

建文帝神情凝重地说："那么，现在可以开始了。"

于是，在建文帝的提议下，太常卿黄子澄与兵部尚书齐泰立即着手开始了削藩的谋划。在当时，"藩国问题"也真的已经很严重，以致许多大臣都看到了形势的严峻，于是都纷纷上书，所以，一时间"削藩"几乎成了满朝文武的共识。

"削藩"当然首先是要拿出一个方案，从理论的层面先制订一个"削藩行动计划"或曰"削藩行动实施方案"。

由于明成祖朱棣在推翻建文帝政权以后，对建文帝政权几乎实行了全方位的“政治大清洗”，不仅将建文帝政权机构全部摧毁，其组成人员几乎完全杀戮，而且，把有关建文帝的史料也几乎毫无保留地给销毁了，所以，后人对有关“建文帝削藩”的全部内容与完整记录已无法知晓，无法查证，仅仅只能找到一星半点相关的史料。

平心而论，建文帝与他的“书生内阁”虽然都是一些书生，却并不完全都是一些书呆子，应该说，他们还是有一定的政治智慧，他们的“削藩”还是有一定的政治策略的，而且也明显分成了好几个步骤。

首先，第一个步骤显然是要削弱诸藩王的地位。

如前所述，建文帝一登基，便立即提高文臣的地位，他一方面设文翰、文史两馆，增设正心殿学士，另一方面改都察院为御史府，都御使为御史大夫。同时罢十二道为左、右两院，改通政使司为寺，大理寺为司，这些改革明显地崇文抑武。要知道，在朱元璋时代，左右都督这些武将乃是正一品，而六部尚书这些文官则是正二品。建文帝这样一改，看似只是优渥文官，但其实乃是对以诸藩王为首的武官地位的相对降低与贬抑。

这，应该说是建文帝与他的“书生内阁”玩的一个“小手腕”。

其次，第二个步骤则应该说是要“削弱”诸藩王的权力。

在黄子澄与齐泰等“书生内阁”成员的建议下，建文帝对诸藩王国度里的行政进行了一些改革：设置了宾辅和伴读，并让翰林学士以儒家的为政传统教育和辅导诸幼年王子，同时还规定不准王子参与文、武政事。这一命令显然与《祖训录》中的规定大相径庭。

显而，这些加强皇帝对藩王控制的新条令是从加强中央集权着眼，旨在把分镇各地的王爷手里的兵权、财权、藩王府的人事任免权等，一点一点地收回，统归朝廷掌握，是意在取消半自治性质的藩国的总战略的一部分。

在如何削藩这一问题上，当时在朝臣中有过争议，一个是户部侍郎卓敬，他在公元 1398 年 6 月秘密上书建文帝，建议“调虎离山”，把燕王朱棣从北平改封到南昌，以切断他与北平旧部的联系，这样万一有变，也比较容易控制。还有一位则是吏部官员高巍。高巍比较推崇汉武帝时的大臣主父偃的推恩策。他向建文帝上疏说：“诸王多骄逸不法，违反朝制。不削，朝廷纲纪不立。削之，则伤害亲属间的感情。西汉的贾谊曾说过，‘众建诸侯而少其力’。这个做法值得效仿。现在不要忙于削藩，应该实行汉武帝时主父偃的推恩之策。在北诸王，子弟分封于南；在南诸王，子弟分封于北。如此则藩王之权，不削而自削矣。”

由此可见，当时在建文帝的朝中也还不乏有些政治高人，他们的见识不可谓不深刻，他们的建议不可谓不允当。但是，令人殊为遗憾的是，无论是卓敬还是高巍，他们的建议建文帝都一条也没有采纳。

在削藩问题上，建文帝与他的“书生内阁”曾经考虑了两条行动路线：一是彻底废除藩封诸王国，二是减少他们的政治和军事大权。在经过了反复的讨论与斟酌以后，建文帝主张实施前者，即走完全废藩的道路，干净彻底地将诸藩国消灭掉。

可是，削藩哪会是轻而易举的事？绝对不是建文帝发表几个“重要讲话”，再下发几个“削藩文件”就能够解决的。

要想削藩，就必须要啃“硬骨头”，动真格的。

当时，全国有二十多个藩国，分布全国各地。要“削藩”，显然不可能齐头并进，喊“一二三”一次性全部削光，而是要分步骤有次序地削。

可是，到底先从哪个藩国开始削呢？当时，齐泰与黄子澄的意见截然相反。齐泰认为，擒贼先擒王，要削就先从最强的藩王削起，以迅雷不及掩耳之势坚决果断地先把对国家威胁最大的燕王朱棣搞定。朱棣搞定了，其他弱小的藩王削起来简直就是小菜一碟，根本不用费什么劲。

可黄子澄却不这么认为，他觉得，还是柿子先拣软的捏，先把弱小的藩王给“削”了，最后剩下一个燕王朱棣，孤立无援，最后再拿他开刀也不迟。

说来，建文帝显然中他的老师黄子澄的“毒”实在是太深了，对黄子澄实在是太过于相信了。经过仔细权衡，建文帝同意了黄子澄的建议，决定“柿子先拣软的捏”，还是先拿力量弱的周、齐、湘、代等藩国开刀。

建文帝显然是个急性子，“削藩方案”一经制定，他便显得不再有耐心再对其进行修改与完善，而是很快便付诸实施，展开行动。

建文元年(公元1399年)，周王的次子朱有爋向朝廷告发周王有不轨行为。这正好给了朝廷一个兴师问罪的理由与机会。于是，建文帝派曹国公李景隆名义上率兵“北上备边”，当大军途经开封时，出其不意将周王府包围得水泄不通，而且当即宣读圣旨，下令将周王废为庶人，流放到云南蒙化，他的儿子们也被分别迁往远方。

这是建文帝与他的“书生内阁”发动的“削藩之战”的第一战，而且是在建文帝刚刚即位后的第三个月所发生的事，由此可见，对于“削藩”，他的心情是多么迫切。

建文元年(公元 1399 年)四月，有人告发湘王朱柏私印钞票、无故杀人，建文帝下诏让其赴京接受调查。

如前所述，湘王朱柏是朱元璋的第十二子，史书上说他“性嗜学，读书每至夜分，”是个文武全才。当听说使臣已经到达自己的藩国，即将押付自己前往京师时，这位“志在经国，喜谈兵”，时年还只有二十八岁的湘王便笑着说：“我亲眼看到很多在太祖手下获罪的大臣都不愿受辱，自杀而死，我是高皇帝的儿子，怎么能够为了求一条活路而被狱吏侮辱?”于是，他没有开门迎接使臣，而是把老婆和孩子一起召集起来，然后紧闭宫门，自焚而死。

紧接着，第三个“削藩”对象便是代王朱桂。

代王朱桂是朱元璋的第十三个儿子，其封国为大同府，如今山西大同市中心和阳街那座精美的九龙壁相传就是当年他的代王府门前的照壁。按照《明史·诸王列传》记载，“桂性暴，建文时，以罪废为庶人”。但朱桂究竟犯了什么罪? 史无所载，很可能乃是建文帝为了削藩，故意找了个借口，然后将他的这位叔父废为庶人，然后就地幽禁在大同。

不久，有人告发齐王朱榑有谋反意图，朱允炆接到举报，立即下诏将自己的这位七叔召至应天府，废为庶人，然后软禁起来。

也是在这年的六月，藩国在岷州(今甘肃岷县)的朱元璋第十八子岷王朱楩也被人告发，建文帝自然也将其废为庶人，迁往漳州。

就这样，在前后不到一年的时间里，建文帝与他的“书生内阁”就相继废了五个亲王。“削藩”的政绩不能说不突出，成果也不能说不丰硕。

但是，在今天看来，“建文帝削藩”明显犯了两大错误，一个是他削藩过于仓促，各方面准备严重不足；再有就是他的削藩先易后难、先弱后强完全犯了策略上的错误。

在自己即位只有三个月时间便开始进入削藩的实质性阶段，正式打响了“削藩战役”，这显然是很不明智很不沉稳的。因为当时，建文帝的根基不深，地位不牢，出于各方面考虑，许多大臣还对他处于观望阶段，因而在朝中他还没有真正形成自己的势力。在这样一种情势下，贸然发动“削藩之战”，实在是一种非常冒失的行为。

再有就是他的先易后难、先弱后强的削藩之策也是很不妥当的。因为先从弱的削，在客观上让强的藩王有了足够的反削藩的准备时间。如果先从强的藩国削起，比如先从当时最强的藩王燕王朱棣开始削起，乘其不备，打他个措手不及，估计也不会有后来的靖难之役，即使有，想必也会是另外一种结果。

这样说，是有事实依据的，因为，当初在建文帝派大军突然包围了周王的府邸，将周王废为庶人时，为了震慑燕王朱棣，建文帝曾下诏让燕王参与议定周王之罪。燕王朱棣尽管早有不臣之心，但因为事发突然，没想到建文帝这么快就开始动作，拿藩王开刀，所以当时朱棣很是被吓了一下子，表现得非常老实。

不妨设想一下，假若当时建文帝与他的“书生内阁”在削藩时，出其不意，最先拿燕王开刀，以迅雷不及掩耳之势将朱棣抓捕，那么，大明的历史从此就会改写。

但令人遗憾的是，建文帝与他的“书生内阁”却制定并采取“先易后难、先弱后强”这样一种极其致命的削藩政策。

所以，我们说，建文帝与他的“书生内阁”在削藩一事上完全犯了时间上的错误与策略上的错误。这就和当年宋太祖赵匡胤在统一中国时采取“先易后难、先弱后强”几乎是一样的。

的确，当年如果赵匡胤在平灭宋周边国家时，不是“先易后难、先弱后强”，而是在自己正年富力强、精力旺盛，军队又正好士气正旺、战斗力最强时先去攻打北汉和辽国，大宋的历史很可能就会改写。

但历史无法更改，也不可以假设，只能也只会是后人所看到的这样一种结果。

在接二连三削除了五个弱小的藩国后，接下来，建文帝与他的“书生内阁”把矛头渐渐指向了燕王，准备啃这块藩国中最硬的骨头。

现在看来，建文帝与他的“书生内阁”也还是很有些谋略的，在抓捕燕王朱棣这条“大鱼”时也着实费了番心思，做了番手脚。

洪武三十一年十二月，建文帝不动声色地采取了一个大动作，他先是派工部侍郎张昺接任了北平布政使的职务，然后又任命谢贵、张信为“北平都指挥使”，掌握了北平的军事控制权。之后，建文帝又下令把燕王府的护卫兵一批批调开，以削弱燕王的实力，同时派宋忠率兵三万，镇守屯平、山海关一带，企图做成一个瓮，形成一种“瓮中捉鳖”的态势，将燕王悄悄困在这个“瓮”中。

这是其一。

其二则是建文元年（公元 1399 年）初，朱棣派长史葛诚进京朝见皇帝。朱棣让葛诚来京城的目的就是要他扮演间谍，来打探京城的动静，搜集建文帝的情报。没想到，葛诚一到北京，建文帝便将计就计，成功将他“收买”了，让葛诚做了自己的间谍。所以，建文帝的礼贤下士，被感动得一塌糊涂的葛诚主动交代了燕王朱棣在北京的种种不法行为和自己的间谍身份。

从此，建文帝在燕王朱棣的内部便有了一个很不错的“线人”。

其三，就是在建文元年六月，燕王护卫百户倪谅报告朝廷说燕王官校于谅、周铎参与阴谋，朝廷立即下令将于谅、周铎处死，并下诏斥责燕王，派遣中官前往逮捕燕王府官署。

但也正是这次的抓捕行动导致了燕王朱棣的彻底反叛。

当那天，北平都指挥谢贵、张昺拿着皇帝的诏书来到燕王府逮捕燕王的官署时，没想到却被事先埋伏好的军士给抓捕且立即处死了。燕王府军迅速控制了北平九门，安抚了北平军民。然后，就像是事先已彩排好了似的，朱棣当即誓师训将，举起了“靖难”的旗帜。

就这样，“靖难之役”爆发了。

“一匹来自北方的狼”

说来，在这世上，真的没有人能随随便便成功。

就说朱棣吧，他之所以能够取得“靖难之役”的成功，以致最后问鼎神器，成为历史上著名的永乐大帝，绝对有他成功的理由。

在今天看来，导致朱棣成功的原因很多，但最重要的是，朱棣这人很有心机，很有城府，为人阴险，心肠狠毒，虽然在公元 1399 年也即打响“靖难之役"那一年，他也才只有三十九岁，但在政治上已经完全是条"老狐狸"，或者说，是一只"来自北方的狼"。

从史书上看，朱棣绝对是个有心人，他的"反心"可谓由来已久。

燕王是从什么时候开始暗蓄异志，起了"反心"，想篡夺大明皇位的？史无所载，不敢妄加猜测。但据有些史料说，大约是在洪武十五年（公元1382年），也即马皇后死后，朱元璋选高僧陪侍诸王，诵经荐福，也就在那时，一位名叫道衍（后改名姚广孝）的和尚走进了时年只有二十二岁的朱棣的生活。这位道衍和尚可不是一位普通的和尚，而是一位颇不安分的"异僧"。

据说，道衍和尚在陪侍燕王朱棣后，与朱棣经常谈论的不是那些"劝人为善""普济众生"的道理，而是整天与朱棣谈论一些为政用兵之道，天下兴亡之理。且在朱允炆被封为储君以后竟还曾向燕王进言，说他注定会有九五之分。

有这样一个故事经常为史家所津津乐道，说是有一天，道衍与朱棣相谈甚欢，很有一种相见恨晚、惺惺相惜的味道。道衍对朱棣说："大王要是让我在您左右侍奉的话，我能送您一顶白帽子戴。"

道衍这话说得虽然很是玄妙，但朱棣还是一听就明白了他话里的意思。原来，道衍说的乃是一句暗语，在"王"字头上戴一顶"白"帽子，岂不就是"皇"字？所以，朱棣听了一愣，随即哈哈一乐，假装什么也没听懂，但从此却把道衍当成一位世间不可多得的高人，以致在就藩北平时特意请求朱元璋让道衍与自己同行。

道衍到北平后，表面上在庆寿寺修行，但实际上却是经常出入燕王府邸，成了朱棣身边一位不可或缺的世外高人，谋士高参。

所谓"兔死狐悲，唇亡齿寒"，当建文帝开始了"削藩之战"，先后将周、齐、湘、代等藩王一个个削除后，燕王朱棣越来越感到了一种浸入骨髓的危机。那些天，尽管他表面上显得若无其事，但在内心中却感到了一种死亡的气息铺天盖地正在向他袭来，这使他私下里经常忧心忡忡，坐立不安。

明代蒋一葵在其《长安客话》中记载了这么一个故事，说是有一天天气特别冷，道衍陪燕王吃饭。酒席之间，朱棣几次欲言又止，想了想，便触景生情，打了个哑谜：

“天寒地冻，水无一点不成‘冰’！”

道衍和尚当即会意，笑了笑，随即答：

“国乱民愁，王不出头谁做主！”

原来，朱棣话的字面意思是：虽然天寒地冻，但是“水”字缺一“点”，就不成“冰”字——而“冰”与“兵”谐音，言外之意就是，现在形势危急，看来不用“兵”、不起兵反叛是不行了。

而道衍自然也话里有话，语带双关，他话里的意思是：国家混乱，万民担忧，此时“王”字的一竖若不出头（加一点），怎么能成为“主”字呢！这分明是鼓励燕王朱棣起兵“出头”，做天下之“主”。

史载，在与姚广孝也即道衍和尚的这次密谈中，姚广孝力劝朱棣起兵，朱棣犹豫不决地说：“民心向着小皇帝呢，该怎么办？”

姚广孝说：“臣知道天命所归，管他民心向着谁呢！”

“既然事已至此，如果不想坐以待毙，看来也只有反了。”朱棣咬咬牙说。在打定主意后，他便开始了紧张的谋反准备。由于距离京师南京较远，他开始偷偷地大量招兵买马，广收悍勇之卒；精心挑选并任命军队各级军官。

为了迅速提高部队的战斗力，他在后苑专门辟出一块“军事禁区”，命令姚广孝带领军队在那里秘密练兵。在练兵的同时，他又让人日夜不停地在燕王府打造兵器。

为了严格保密，他在王宫后苑修建了一座很大的地下室，并在四周圈以高大的围墙，围墙下埋着缸瓮，以防止声音传到外面。同时还养了许多鸭鹅，用鸭鹅“嘎嘎”的叫声来掩饰打造兵器和军队操练的声音。

从某种意义上说，朱棣真的是中国历代皇帝中一位演技最佳的“男演员”。在把扩军备战密谋造反的一切事宜都做了周密的部署安排之后，为了尽量延缓时间，迷惑“敌人”，朱棣决定开始“演戏”，好好地演一出独角戏给京师方面的建文帝与他的“书生内阁”看。

说来真的是很有意思，在这出“独角戏”中，朱棣不仅自编，自导，而且还自演，在戏中，他竟煞有介事地把自己扮演成了一个“北平疯汉”。

我们看这出“疯子戏”，朱棣给自己精心设计安排了这样几场“戏”：

【镜头一】在北平街头，闹市之处，一个疯子衣冠不整，披头散发，忽然在大街上发疯狂跑，大喊大叫，一时引得许多市民“看客”围观，待北平的地方官和驻军将领跑来一看，原来这“疯子”竟是燕王朱棣！

【镜头二】“疯子”朱棣几次在吃饭时间想必饿极了，竟然擅闯民宅，见人傻笑，并抢夺别人饭食，抢到以后，狼吞虎咽，且根本不用碗筷，直接就拿手抓。

【镜头三】“疯子”朱棣想必是病了，竟然一连好几天露宿街头，躺在街上污水横流、垃圾遍地的地方呼呼大睡。而且还哼哼唧唧，说着胡话。

“燕王是真的疯了吗?”此事被当成“绝密件”汇报到建文帝那里，建文帝将信将疑，于是便速令当时的北平布政使张昺、谢贵借问候之名前来探查。

一听说张昺、谢贵来看自己，朱棣比当年司马懿还会装，于是便又上演了这样的“戏剧”：

【镜头四】张昺、谢贵等“中央慰问团”一行一到燕王府，接待他们的不再是从前那位说话中气十足、器宇轩昂的燕王，而是一个疯疯癫癫的朱棣。当时，北平正是三伏，天气炎热，挥汗如雨，可是燕王身上却穿着一件破棉袄，围着火炉，蓬头散发，浑身颤抖。

这时，“中央政府慰问团”的人有意与他说话，他却翻着白眼，从不答话，嘴里只是一个劲地大喊：“好冷啊，好冷啊！”……

所谓“百闻不如一见”，见此情景，“中央政府慰问团”一行估计燕王真的是疯了，于是便赶紧回去向建文帝汇报。

当听说燕王朱棣真的疯了后，建文帝一时难免心中窃喜，心想：“真是天助我也！”的确，如果说没疯的燕王乃是一只老虎，非常可怕，但疯了的燕王却只能说连疯狗也不如了，还怕他做啥?

但建文帝高兴得太早了，很快从北平又传来了一封“密报”，密报是他亲手发展的“间谍”葛诚派人通过秘密渠道送来的。在密报中，葛诚把朱棣装疯卖傻的情况如实告诉了建文帝，并密报朱棣即将起兵反叛。

建文帝还似信非信，正在犹豫不决之际，正赶上燕王派护卫百户邓庸到南京奏事，齐泰就把他抓起来严刑审讯。邓庸受刑不过，只得招出燕王诈疯，暗中联络各处心腹将校待机谋反的详情。

“这个狡猾的老狐狸！”

朱棣发疯之谜终于真相大白，彻底揭开了。

到此时，建文帝与他的“书生内阁”才如梦方醒，忽然感到了事态的严重性。于是，经过紧急磋商，由兵部尚书齐泰具体负责处理这一重大突发事件。

齐泰不敢怠慢，立即作出三项决定：

一是命有司迅速前往北平，逮捕燕王府邸内相关人等；

二是密令张昺、谢贵等人立即监视燕王及其亲属，必要时可以相机行事；

三是密敕北平都指挥使张信，命他接到密敕后，立即前往燕王府邸，亲自逮捕朱棣。

在建文帝的“书生内阁”中，相对来说，齐泰还算是一个很有头脑也还能够办一点事的人。但就是这个齐泰，与建文帝及内阁中的其他几个成员一样，这些人的一个共同特点就是比较迂腐。

不妨看看他的这三项重大决定，仔细想想，用我们老百姓的话说完全多余，因为，既然朱棣谋反的事已经得到确认，那就立即下令让北平驻军去燕王府将朱棣立即逮捕，必要时将他就地斩杀“格杀勿论”就是了，干什么非要像生产流水线似的分成“三步”：即第一步命有司去逮捕燕王的官属；第二步，让北平驻军去监视朱棣及其亲属；等到第三步才去逮捕燕王？这样做岂不是故意打草惊蛇？

而且，让北平都指挥使张信去逮捕燕王也明显是用人不当，因为张信乃燕王旧部，是燕王的亲信，而且张信的北平都指挥使还是燕王一手提拔的。显然，让这样一个人去抓捕燕王简直是没长脑子的决定。

果然，张信得了密敕，不仅没有去抓捕燕王，反而将密敕决定火急火燎地报告给了朱棣，以致当朱棣听了这一密报后对张信千恩万谢，连声说道：“是您救了我的全家啊！”

后来，在篡位成功后，为了报恩，朱棣一直对张信恩宠有加，且不管在什么场合都称张信为“恩张”，且将张信封为郧国公。

齐泰的迂腐仅此可见一斑。

所以，后面我们还会说到，建文帝的“书生内阁”中都是一些成事不足、败事有余的人。

显然，也正是由于张信的叛变，将朝廷的消息泄露给了燕王，才使燕王朱棣终于下定反叛的决心，并立即举起了武装反叛的大旗。

如果说，在这之前，朱棣这只“来自北方的狼”一直把自己隐藏起来，把自己伪装得完全就像是一只“狗”的话，而现在，他终于原形毕露，彻底恢复了“狼”的本性。

由于蓄谋已久，起兵后，燕军很快便夺取了北平城。

然而，夺取北平城，还只能说燕王朱棣在篡权夺位的道路上才只迈出了一小步。要想夺取最后的胜利，很显然，他还有很多的关要闯，很多的坎要过。

对此，朱棣显然已经做好了充分的心理准备。为了向世人证明自己“出师有名”“起兵有理”，他给自己的这次叛乱起了个冠冕堂皇的名字叫“靖难”，说是现在小皇帝身边有奸臣，他这个“皇叔”应该“奉天靖难、清除君侧”，这样一说，倒好像他是一位替天行道的英雄了。

自然，所谓的“清君侧”并不是朱棣的首创，其发明专利不是他的，其最早见于《公羊传·定公十三年》：“此逐君侧之恶人”。故而后人便以“清君侧”表示清除君主身边之恶人。但历史上也有一些犯上作乱的诸侯或藩镇以此为幌子，起兵反叛朝廷，妄图篡夺政权。如前面所说汉初景帝时的“七国之乱”，吴王刘濞在发动叛乱时便以“清君侧”为借口。

而现在，朱棣的“清君侧”不过是“拿来主义”罢了。

但比较起来，燕王朱棣显然要比当年的吴王刘濞高明得多，而他的对手建文帝朱允炆则又比当年的汉景帝不知要差多少倍，所以，如此一反一复，也就彻底决定了燕王朱棣的“靖难之役”与当年吴王刘濞的“七国之乱”最后的结局完全相反。

当然，这样说，并不意味着朱棣的胜利来得很轻松，来得很容易。因为在当时，建文帝朱允炆能力再怎么差，他也还是一国之君；而燕王朱棣再怎么枭雄，他也只不过是一个小小的“藩王”。所以，在一开始，朱棣与建文帝之争，从表面上看，简直就像是一只狼与一头狮子的争斗。

的确，在开始的叛乱时期，燕王尚不占兵力上的优势。他的军队顶多只有十万人，而且，除了他的封地北平之外他没有任何能够控制的领土。而“南京的中央政权”却拥有一支三倍于他的常备军，武器装备和其他资源也明显优于他，至于所控制的领地更不知是他的几十倍还是上百倍。

可是，后来的事实证明，朱棣这只“来自北方的狼”可不是一只普普通通的“狼”，如前所述，他不仅有狐狸的狡猾，而且更有一种狼的凶狠与野性。

而相比之下，朱允炆这头“幼狮”则显得过于稚嫩，过于天真，在“物竞天择，适者生存”的“丛林法则”中还没有完全学会为达目的不择手段，还没有完全学会阴狠歹毒，老奸巨猾……

不管怎么说，朱允炆这头“幼狮”都绝对不是朱棣这只“来自北方的狼”的对手。

当然，仔细想想，其实朱棣也很不容易。为了从北平走到南京，光是在路上他就一共“走”了将近四年。如果要计算他在这之前为此准备的时间，显然还远远不止四年，而是四的平方，甚至还要多。

而且，即便是这四年，从北平到南京，他也一路走得很不平坦。

诚如我们所知道的，为了阻止他南下“靖难”夺位，建文帝与他的“书生内阁”先后采取了许多的措施，与他展开了一场血腥的、持续近四年的军事对抗。在此期间，双方发生的大小战役多达数百次。光是大的战役就不下十次，其中尤以真定之役、北平之役、白沟河之役、东昌之役以及夹河之役等最为惨烈和著名。

平心而论，如果不是建文帝与他的“书生内阁”在这近四年的所谓的“靖难之役”中一次又一次地犯错误，出昏着儿，那么，朱棣这只“来自北方的狼”早就死在从北平来南京的路上了，绝对不会渡过长江。

但历史就是这样，总是充满侥幸。这，既是一种历史的必然，但也包蕴涵盖着许多历史的偶然。

而历史显然就是由这必然的“经线”与这偶然的“纬线”错综交叉共同织成的。

致命的迂腐

在今天看来，建文帝朱允炆与他的“四叔”燕王朱棣的“生死大决战”中，他最终亡国灭身的除了一些客观的因素，更多的还是由于他和他的“书生内阁”先后犯下的许多人为的错误造成的。

而他和他的“书生内阁”之所以会犯下那么多的错误，从心理学的角度来说，完全是因为他们性格中有着太多的致命的迂腐。

所以，从某种意义上说，“靖难之役”其实并不是由燕王朱棣将他打败的，打败建文帝且置他于死地的完全是他和他的“书生内阁”身上那种致命的迂腐。

的确，在你死我活的政治与军事大对决中，敌对双方的斗争，其实比拼的并不是谁不犯错误，而是关键要看谁少犯错误，特别是少犯一些致命的错误。

我们看建文帝朱允炆与燕王朱棣的生死大对决中，其实胜利的天平并不是一开始就倾向于后者的。事实上，有好几次，胜利的天平都曾倾向于前者。只可惜，就因为书生的迂腐，一而再再而三地下臭棋，出昏着儿，才使得胜利与建文帝以及他的“书生内阁”一次次擦肩而过，失之交臂。

关于建文帝与他的“书生内阁”所下的“臭棋”，我们在前面已说过几例，这里，不妨再举几个例子。

我们看《建文帝档案·明史纪事·靖难卷》中，有这么几则记载：

一是建文帝登基后，按照规定，藩王应入朝觐见皇帝。但由于当时新帝的削藩主意已定，藩王们都惶恐不安，所以很多人都以为燕王朱棣绝对不敢入朝拜见新君。然而，出乎许多人意料的是，朱棣不仅来了，而且还趾高气扬，傲慢无礼，对此，史书是这么写的：

二月，燕王入觐，行皇道入，登陛不拜。监察御史曾凤韶核王不敬，帝曰：“至亲勿问。”户部侍郎卓敬密奏曰：“燕王智虑绝人，酷类先帝。夫北平者，强乾之地，金、元所由兴也，宜徒封南昌以绝祸本。”帝览奏，袖之。翼日曰：“燕王骨肉至亲，何得及此。”敬曰：“隋文、杨广非父子耶！”帝默然良久，曰：“卿休矣。”

众所周知，所谓“削藩”其实最根本的就是削除“藩王”，把这些如狼似虎的“藩王”一个个都关进笼子里，说白了就是皇室之争。你看，建文帝还在未登基时就老是想着削藩，而现在，燕王朱棣不请自来，而且还那么张狂，那么放肆，以致连群臣对他的无理举动都极为愤怒。而在此时，诚所谓

"天赐良机"，朱棣自己送上门来，他倒反不去"削藩"了，反而妇人之仁，念及骨肉亲情，这真的是很令人费解。

试想，倘若建文帝朱允炆稍微有点心机，懂点权谋，这时正好采取断然措施，借口燕王"不敬"，对他动手，要么将他囚禁起来，将这只"来自北方的狼"从此永远关在"笼子"里，再拴上一只铁链。或者，干脆一不做二不休，让他从此在人间彻底"蒸发"，然后再宣布他"暴病而亡"，并假仁假义地给他隆重追悼一番岂不一劳永逸?

如此一来，"擒贼先擒王"，几乎不费吹灰之力，就把燕国这个"藩镇"给"削"了，又哪还会有后来的"靖难之役"?

可是，关键时刻，建文帝发迂，当监察御史曾凤韶弹劾燕王"不敬"时，没想到他竟会表现得那样宽宏大量，说:"最亲的叔叔就不要计较他了。"而户部侍郎卓敬见燕王到京，认为这是一个趁机缚虎的好机会，建议建文帝把燕王调虎离山，以绝后患时，想不到建文帝仍然执"迂"不悟，硬是说什么"骨肉至亲"，对卓敬的妙计置若罔闻。

"书生内阁"中的齐泰、黄子澄，也觉得燕王敢于来到南京，就是表示他已经放弃了篡位的打算，所以他俩也没有坚持将燕王留在南京，而是听任燕王朱棣大摇大摆的来，又大摇大摆地走了。

仅此可见，建文帝与他的"书生内阁"是多么迂腐!

当然，历史上，这样低级的错误也不单单只是建文帝与他的"书生内阁"犯过。想当年楚霸王项羽在著名的"鸿门宴"上也犯过这样愚不可及的错误。否则，楚汉相争，恐怕就不会是后来那样的一种结局。

有道是，聪明人绝不会犯第二次同样的错误。以此标准，建文帝与他的"书生内阁"显然不属于那种很有政治智商与情商的聪明人。这以后不久，想不到他们竟然又犯了与上次几乎完全相同的错误。

那是在燕王朱棣安然无恙地回到北平才只有一个月后，这年的五月，因为是朱元璋周年的忌日，按照礼制朱棣应该亲自前来京师祭拜，但因为有过第一次的冒险，这次他是说什么也不敢再与建文帝玩"老鼠戏猫"的游戏了，于是乎，他便让自己的三个儿子即长子朱高炽、二儿子朱高煦以及三儿子朱高燧代他前往京师。

和一个月前自己亲自前去京师一样，让自己的三个儿子一同前往京师祭拜，可以说是燕王朱棣所犯的又一个错误，因为当时建文帝削藩已经全面展开，而朱棣也已成为建文帝此次削藩的重点对象。所以，在当时，当朱棣决定让三个儿子全部去京师祭拜时，当时他的手下就有人劝告他："不宜偕往。"但朱棣为了表示自己"没有异心"，便硬是让自己的三个儿子一齐南下。

朱棣的三个儿子到了京师后，齐泰一看朱棣无异于是主动将自己的儿子而且还是三个嫡子全部送来当"人质"，觉得是个非常好的要挟控制朱棣的绝好机会，于是便劝建文帝将他们全部扣留，作为人质。对此，建文帝先也表示同意，可是，黄子澄这"迂夫子"出来唱反调，认为这样做无疑会"打草惊蛇"，主张还是把这三人放回去，以此说明朝廷并无削藩之意，从而麻痹燕王。

话说回来，自从让自己的三个儿子一起南下到了京师后，朱棣也很快就后悔了，生怕建文帝和他的"书生内阁"会拿自己的这三个儿子做"人质"，于是便赶忙以自己病重为由上书朝廷，乞求建文帝恩准他的三个儿子赶快回藩服侍自己。

朱棣说他"病重"，显然是撒谎，因为他一个月前在京师时还好好的，怎么一下子就"病重"了呢？所以，只要稍微有些政治头脑的人都不会相信他的话，而且会因此引起警觉，觉得朱棣心里肯定有鬼，而既然这样，那就更不能轻易放他的三个儿子回藩地。

可是，也不知道建文帝的"帝王师"黄子澄长了个什么猪脑子，关键时刻又自作聪明地力主放朱棣的三个儿子回去。

要说，在当时，偌大的朝廷，那么多的文武大臣，应该说还是有一些有见识的大臣明白事理，至少不像建文帝和他的"书生内阁"那样迂腐。有个人站出来说话了，而且，很是出人意料的是，这个人竟还是燕王朱棣的"大舅子"魏国公徐辉祖。

徐辉祖是明朝开国功臣徐达的长子，他的妹妹乃是朱棣的妻子，后来成了明成祖朱棣的皇后。所以，论辈分，他乃是朱棣的这三个儿子的亲舅舅。

但关键时刻，在大是大非面前，徐辉祖还是很有些大义灭亲的意思，他对建文帝进言说："臣这三个外甥，一个也不能放他们回去，因为这三个人留下来作为人质，等于将朱棣的手脚给捆住了，朱棣他绝对不敢动。如若放他们回去，这三个人都很有才能，那么，朱棣他不仅将会如虎添翼，而且从此就会肆无忌惮。”

按说，徐辉祖都把话说到这种份上了，建文帝怎么着也会顽石点头，幡然醒悟了。可是，要说建文帝真的是一个听话的“好学生”，每每在大是大非面前，他总是毫不犹豫地听他的老师黄子澄的话。既然黄子澄要放，那就听“老师的话”，把这三个人放了吧。

就这样，又一个绝好的机会失去了。

据说，当自己的三个儿子完好无损地回到北平后，朱棣喜出望外，兴奋地说：“吾父子复得相聚，天赞我也。”

很显然，朱棣说错了，这哪是“天赞我”？分明是建文帝与他的“书生内阁”一次次放虎归山，“成全”了他们父子。

如果说，战场外的较量最后都以建文帝与他的“书生内阁”完败的话，那么，战场上的对决，他与他的“书生内阁”也一样不是燕王朱棣以及他的智囊们的对手。

究其原因，一个最主要的因素，应该说，还是由于建文帝以及他的“书生内阁”太过于迂腐。对手朱棣是那样精明，那样狡诈，而他们竟是如此的迂腐，所以，一“精”一“迂”，胜负完全就是可以预见得到的。

再来看看建文帝与朱棣“战场上的对决”吧。

一开始，可以说，建文帝占有压倒性的优势。

朱棣在北平起兵，“靖难之役”开始了。

就像一盘围棋，朱棣执黑子先行，建文帝执白子施以后手，但当时除了北平一个小角，整个大盘上几乎都是“白子”的天下。所以，在当时看，建文帝一方完全处于“胜势”。

可是，就因为建文帝的决策失误以及用人失误，他的优势竟然没有保持多久，便很快失去了。

说来，建文帝真的是当时天底下一个最迂的人，也不知道他是怎么想的，当时，燕王朱棣在北平已经闹起来了，真刀真枪地杀将起来，找自己玩命了，可他却还在下诏命令各地官军讨伐燕军的时候，傻里傻乎地强调：“不要让朕有杀叔之名”，竟然留了这么一条尾巴，就等于无条件宣布免除

“战犯”燕王朱棣的死刑，致使各地官军在与燕王朱棣交战时总是缩手缩脚，心存顾忌。

所以，“靖难之役”，朱棣虽然有好几次身逢绝境，但就因为建文帝宣布的这条特殊纪律，他竟每次都死里逃生，化险为夷，简直成了一个“打不死的朱棣”！

既然有了侄子建文帝的这道特赦令，朱棣当然也就在战场上更加拼命，反正，又没人敢拿自己怎么样，朱棣要不全身心地“靖难”才真是傻瓜，一个无疑比建文帝更傻的傻瓜。

下面，再说说他的“用人失误”。

不用说，建文帝最大的用人失误，显然就是不该用黄子澄与齐泰这两个“迂夫子”。

除此之外，他的用人失误还表现在对老将耿炳文的随意撤换上。

如史所载，在明初开国众多的名将中，长兴侯耿炳文虽然并不十分出色，而且此人作战的特点虽说是善守不善攻，但他毕竟久经沙场，熟悉军事，在当时几乎所有的名将都被朱元璋清洗掉后，诚所谓“蜀中无大将，廖化作先锋”，他应该说是最合适的平叛大将了。也正因此，在燕王造反后，建文帝将三十万大军的指挥权交给了他，希望他率军北伐，将叛军一举歼灭。

可是，由于燕军以逸待劳，再加上耿炳文的先锋军骄傲轻敌，“中央军”与燕军的对垒中一度出师不利，连遭败绩，还不到一个月，建文帝竟沉不住气了。当那天，败讯传到京师，他发火了：“耿炳文老将，竟一战而摧锋，以后怎么办！”

建文帝发火，说明他不仅不懂军事，而且也对这次平叛的艰巨性严重估计不足，要知道，燕王朱棣久经沙场，能征善战，要打败这样的对手，怎么可能会轻而易举，一蹴而就呢？

对此中的道理，看来连当时最迂的老夫子黄子澄都认识到了，所以，他当即安慰建文帝说：“胜败乃兵家常事。现在再调五十万军队，齐围北平，以众击寡，必能克敌。”

黄子澄这个人迂则迂矣，却始终是个“造反的乐观主义者”，在任何时候都信心满满，把什么事都看得很容易。

听“帝王师”黄子澄这么一说，建文帝心里好受些了，但仍皱着眉头。

黄子澄又开始出他的馊主意了，他建议以曹国公李景隆替换长兴侯耿炳文为大将军，率军五十万人进驻河间，再图北伐。

李景隆是朱元璋的外甥李文忠的长子，其父死后他袭爵成为曹国公。论亲戚关系，他是建文帝的表哥。

从史书上看，此人完全是个纸上谈兵赵括式的人物，虽说在“靖难之役”之前从未打过仗，经过战阵，却从小喜读兵书，爱论兵事，再加上嘴皮子会吹，所以深得表弟建文帝朱允炆的信任与重用。

对于公子哥李景隆的能耐，时任兵部尚书的齐泰想必了然于胸，因此，当黄子澄提议由时年还不到三十岁的李景隆替代耿炳文去经理平叛一事，就任平叛总指挥，齐泰当即表示坚决反对，以为万万不可。

但反对无效，在建文帝面前，齐泰的话总是不如黄子澄的话管用。

就这样，在老师黄子澄的建议下，建文帝又做出了一个极为迂腐的决定：让年轻官员李景隆走马上任。

史书上说，李景隆素不知兵，“寡谋而骄，色厉而馁”。这年九月，他率领五十万大军浩浩荡荡北上平叛。

当听说朝廷忽然将耿炳文撤换，改由李景隆担任平叛大将军，燕王朱棣喜出望外，笑逐颜开，他高兴地对手下一帮将领说：“哈哈，李景隆这个人，不过是个纨绔少年罢了，对付他实在是太容易了！”

不久，当得知李景隆的军事部署后，朱棣又是一阵哈哈大笑，认为只会纸上谈兵的李景隆有“五败”：“军纪不明，威令不行，一也；北平严寒，南卒柔脆，不能犯霜冒雪，二也；士无赢粮，马无宿藁，不量险易而深入，三也；寡谋而骄，色厉而馁，智勇俱无，四也；刚愎自用，不听忠直，专喜佞谀，部曲离心，五也。”

显而，在朱棣的心目中，李景隆完全就是个军事上的白痴。

后来，李景隆兵败还京，将建文帝的五十万大军几乎丧失殆尽，方孝孺骂他“坏陛下事者，此贼也”。众臣在早朝时见了他也都一个个怒拳相向，要求将他就地正法，但建文帝却不忍“加诛”。

不加诛就不加诛吧，这样也可以说是稳定军心，但问题是，对败将李景隆，建文帝竟然不罚反赏，反而给他升官，加封他为太子太师，并赏赐给他金币与貂裘等物。这就很不应该了。

可是，对于建文帝的不杀之恩，李景隆似乎并不感激，以致到了建文四年(公元 1402 年)，燕军突破长江防线，兵临南京城下，担任守将的他竟然主动开门迎降，毫不留情地将一直对他信任重用可谓恩重如山的表弟建文帝给彻底出卖了。

还有就是在建文四年，燕王朱棣已打过长江，京师南京岌岌可危。情急之下，建文帝在臣下面前失声痛哭，臣下有人建议他放弃南京去湖南，也有人建议他去浙江。

这时，方孝孺则主张坚守南京以待外援，万一不利，再去四川从长计议。

建文帝采纳了方孝孺的建议。于是，“南京保卫战”开始了。

既然守城，那就好好守呗，可是，令人不可思议的是，在这生死存亡的关头，建文帝却命令亲王们分别把守南京的各个城门。要知道，这些亲王可都是建文帝“削藩”的对象，对建文帝一直心怀不满，乃至心存不轨，按理说，建文帝与他的“书生内阁”应该心中有数，怎么着也该提防着点，轻易不该信任自己的“专政对象”。可是，也不知道建文帝是怎么想的，在生死攸关的紧要关头，竟然让这些并不可靠的亲王来替自己把守城门。

结果，正是把守金川门的谷王与曹国公李景隆密谋打开了城门，把燕王朱棣给放了进来，南京城遂不攻自破。

这，不能不说是建文帝在用人上的又一大失误!

而且，所有这些失误，对于建文帝以及他的“书生内阁”来说，无疑都是致命的。

显然，也正是因为建文帝与他的“书生内阁”太过于迂腐，并因为“迂腐”犯下了一次又一次致命的错误，最终导致了他在与燕王的黑白对弈中痛失好局，满盘皆输，把祖父朱元璋亲手交给他的象征皇权的传国玉玺给丢了。

士为建文帝死

从建文元年(公元 1399 年)七月起兵反抗明朝中央政府，到建文四年(公元 1402 年)六月，燕兵渡江，逼近京师之金川门，李景隆和谷王打开城门，迎接燕王进城。只用了三年多的时间，燕王朱棣便通过兵变完全篡夺了中央政权，如愿以偿地登上了皇帝的宝座。

或者，换句话说，从公元 1398 年在南京即位到公元 1402 年京城沦陷，建文帝不知所终，只有四年的时间，建文政权便如昙花一现，流星一般在历史的夜空彻底陨落了。

的确，建文政权仅仅存在了短短的四年，而且，这位年轻的“书生皇帝”在位时又表现得未免有些书生气的迂腐，所以，倘若按世俗的眼光来看，这样的政权丧失也就丧失了，这样的一个皇帝过去也就过去了。虽说在中国历史上，一个旧政权的失败，在它行将落幕前的那一刻总是会显得很悲惨，很凄哀，因而让人总是禁不住多少对它有些同情，有些惋惜，却并不值得对它留恋，更不值得为它陪葬，为它献身。

既然人家燕王朱棣已经打过来了，而且已经抢夺了皇位，那就干脆“识时务者为俊杰”，在脸上挤出几丝干笑，然后提着长袍，表现得很是诚惶诚恐的样子疾趋上前，在这位新主子面前弯一弯膝盖，俯首称臣。如此便可以重换一副顶戴，依旧堂而皇之地做自己的官，享自己的福好了。

在这方面，历史上实在有太多的例子。如安史乱起，“渔阳鼙鼓动地来，惊破霓裳羽衣曲”，国势垂危，正气崩解，不见尽忠报国之士，反多无耻降敌之徒。再比如，宋朝是一个对文臣非常优渥的朝代，而且，国家承平期间，两宋的文臣也一直标榜“为子死孝，为臣死忠”，可真到了山河破碎，国破家亡之际，除了像文天祥等极少数人，其他那么多的大臣都“士节全无，君臣义缺”，一时间，“侍臣已写归降表，臣妾佥名谢道清”，大家都只管逃命的逃命，投降的投降，几乎没有人要去为一向待自己不薄的赵宋王朝殉难与陪葬。

可是，说来真是令人不可思议，没想到明代建文一朝的这帮大臣却委实有些“另类”，当预感到京师南京已经朝不保夕，建文政权危若累卵时，许多的文臣为自己乃至家人选择的竟然不是如何逃跑，如何投降，而是清一色的，几乎全部从容自若地去“死”！

所以，从某种意义上说，在中国的历代封建帝王中，建文帝乃是一个最具有领导魅力的皇帝。这种领导魅力显然不是他自封的，无疑也不是他在位时所显现的，而是在他的政权已经完全垮台，他的龙椅在血雨腥风中已然被燕王朱棣强行夺去，而在一场宫廷大火之后他自己也不知是死是活那样一种特殊历史时刻所折射和反映出来的。因而，这样的领导魅力绝对货真价实，不会掺有任何的水分。

说来，虽然时光早已经过去了六百多年，但即使是在今天回想起当年那极为惨烈而又悲壮的一幕仍让人悲从中来，感慨唏嘘。

的确，当所谓的“靖难之役”在历时三年多后终于以朱棣的完胜而告终，当京师南京在建文帝亲自点燃了宫廷大火之后，事实上已经灰飞烟灭。想不到竟然还会有那么多的“建文大臣”争先恐后心甘情愿地为了建文帝殉难，义无反顾激昂慷慨地赴死，由此谱写出了一曲曲感天动地、义薄云天“建文壮歌”。

这里，暂且不去谈论在那场宫廷大火之后建文帝是死是活，还是先来看一看那一幕幕“建文大臣”慷慨赴死的惨剧，看一看这些“建文烈士”的英雄群像。

按“殉难”的先后顺序，最先向朱棣走去的是一个姓连的御史。因为建文帝时的历史遭到了彻底的毁坏，这位姓连的御史具体叫什么名字已经无从查考，这里，我们不妨叫他连御史吧。

据说，当京城沦陷后，南京城几乎家家关门闭户，朱棣得意扬扬地策马进城，忽然看见一个人不顾死活地冲到自己面前，一把抓住他的马嚼环。朱棣斜眼一看，只见这人一身红袍，乌纱方翅。还没等朱棣问话，那人便自称姓连，是朝廷一位官居三品的御史，说他之所以要拦住朱棣的马头，是要劝燕王赶快回头，回他的藩国，以免做出犯上作乱从而遗臭万年的事情。

仅此可见，这位连御史真的单纯天真得可爱，也迂腐得可爱，试想，连朝廷的百万大军都没能挡住朱棣“靖难”的脚步，他一介书生，仅凭自己那三寸不烂之舌，又怎么能够阻挡得住朱棣那急欲弑君篡位的马头？

所以，书生之见，侃侃陈言。只听得朱棣在一旁冷笑不止，“好一个腐儒”。可连御史仍然义正词严，滔滔雄辩。到后来，朱棣实在忍耐不住，于是便一声断喝，紧接着便手起刀落，索性向站在那里拦马苦谏的连御史头上砍去。

顿时，连御史的头被砍下来了，骨碌碌地滚落到地上。史载，当时的情景是“血涌沸而仆”。

一个书生倒下了，成了为建文帝殉难的第一位“建文烈士”。

接下来上场的便应该说是那位历史上大名鼎鼎的方孝孺了。

不用说，在那些慷慨赴死的“建文大臣”中，死得最惨烈、最悲壮显然也最出名的就是方孝孺。

诚如我们所知道的，朱元璋一生崇拜的人不多，甚或说没有。如果硬要说他也还多少看重那么一两个人的话，那么，这一两个人中，除了那个曾劝他要“广积粮，缓称王”的朱升外，再有便应该说是方孝孺了。从某种意义上说，方孝孺乃是朱元璋作为国宝特意遗赠给他的政治接班人建文帝朱允炆的。

其实，不仅仅是朱元璋，当时天下有许多人都对方孝孺顶礼膜拜。据说，当朱棣决定直接从北平攻打南京，推翻建文政权，临行前，他问他一直深为倚重的“国师”——大和尚姚广孝有何嘱咐时，姚广孝特地交代说：“殿下到了南京，一定会顺利取得皇位，但是，忠实于建文帝的大臣们肯定有许多人不肯与你合作。这些大臣中有一个叫方孝孺的人，他是建文帝的老师，这个人殿下万万不能杀！”

“为什么？”见姚广孝如此说话，朱棣未免有些疑惑。

“方孝孺是一颗读书种子，你若杀了他，天下就没有读书的种子了。”

“好”朱棣算是答应了姚广孝的请求。

但是，后来到了南京，朱棣还是违背了自己的诺言，亲手将方孝孺给杀了。

事情的缘起是这样的：朱棣攻克南京，一屁股坐上侄子朱允炆的龙椅后很是兴奋了一阵。但兴奋之后，他就觉得自己这样不声不响地坐上龙廷实在有些没名没分，于是便想叫人写一篇“布告”，以告示天下，说自己已经“承天受命，守牧万民”。可是，这样的文章让谁写呢？

朱棣这时忽然想到了方孝孺，他觉得，倘若有这样一位全国首屈一指的大学士来写这篇文章，就像时下一些厂商请一些演员做自己产品的形象代言人一样，那效果就实在是太好了。于是，他便当即下旨，请方孝孺前来皇宫商议此事。

当时，建文帝已不知所终。由于遭此剧变，方孝孺坐在家里一身缟素，形销骨立。对于朱棣的所谓“圣旨”，他当然不会理睬，所以，朱棣几次召他，他都“屡不奉诏”。最后朱棣急了，硬是让兵士强行把他绑架到了宫中。

在奉新殿，朱棣假模假样地坐在那里等着方孝孺“觐见”。可等了半天，没想到方孝孺来了，竟然“持斩衰而行见”，意思就是方孝孺穿上守孝的服装痛哭失声地来见朱棣。

到底是做大事的，朱棣一见方孝孺这种样子感到很晦气，心中虽然未免很是恼火，但他还是尽量强忍着，竭力显得和颜悦色的样子，说想借方孝孺的大手笔草拟一篇《告全国同胞书》。

从进殿开始，方孝孺就一直哭着。见到朱棣，既不行礼，也不说话。听了朱棣的话，他依旧痛哭失声，并不答话。

“你跑我这里来哭丧啊？”想到这里，朱棣实在忍不住了，于是便命令左右禁住方孝孺的哭声。同时，又耐着性子把草诏的事又说了一遍，然后就叫人将早已准备好了的笔墨纸砚递给方孝孺。

方孝孺将笔扔到地上，依旧哭着说道：“有死而已，诏不可写。”

朱棣豁然从龙椅上站起来，但想了想又坐下了。劝说道：“先生不要这样了，我不过是仿照周公辅政而已啊。”

朱棣所说的“周公辅政”乃是一历史典故。

原来，当年周武王率兵攻入朝歌灭了商朝建立周王朝之后，过了两年他就害病死了，将王位传给了他的时年还只有十三岁的儿子姬诵，也就是周成王。由于“国无长君”，而刚刚建立的周王朝政权又很不稳固，所以武王的弟弟周公旦便辅佐冲龄即位的成王掌管国家大事，实际上是代理天子的职权。历史上通常不称周公旦的名字，只叫他周公，典故“周公吐哺，天下归心”中的周公便是指他。

要说文人的笔杆子、嘴皮子就是厉害，一听朱棣把自己标榜成周公，方孝孺当即厉声问道：“成王在哪里？”

朱棣愣怔了一下，回答说：“自焚死了。”

“那么，成王的儿子呢？”

“国家要年长的君主。”

“那成王的弟弟呢？”

“那是我的家事，关你什么事！”朱棣火了，“噌”地又站了起来，叉着腰说:“你还是老实给我写吧!”

方孝孺站在那里,一动不动。

“你就不怕死吗?”朱棣威胁道。

“死有何惧? 又有何憾?”方孝孺仍旧站在那里,毫无惧色。

“让他给我写!”朱棣咆哮了,令手下强迫方孝孺去写。

被一帮如狼似虎的卫士强迫着,方孝孺来到书案旁,拿起一支狼毫,饱蘸了浓墨,然后“刷刷刷”在一张洁白的宣纸上写下了四个斗大的黑字“燕贼篡位”。

“方孝孺,我要灭你九族!”朱棣气急败坏,再也管不了自己当初对大和尚姚广孝的承诺了。

方孝孺却显得出奇的冷静。在这之前,他好像早已经把生死置之度外,听了朱棣的话,他没有害怕,而是很平静地说:“诛我十族又何妨!”

就这样,朱棣当即下令将方孝孺凌迟处死,也就是用刀子把方孝孺身上的肉一块一块割掉,也即所谓的“千刀万剐”,同时又下令将方孝孺诛十族。

在这之前,一般人只有九族,如《三字经》中对九族的说法是:“高曾祖,父而身。身而子,子而孙。自子孙,至玄曾。乃九族,人之伦。”即“高祖、曾祖、祖父、父亲、己身、子、孙、曾孙、玄孙”,总之都是和自己有血缘关系的人。

可是,如今朱棣却要诛方孝孺“十族”,到哪去找十族呢? 所谓君命难违,手下人一合计,决定在九族之外,再将方孝孺的门生弟子合为一族,加起来凑成“十族”诛戮。

就这样,可怜方孝孺家族以及他的门生弟子一万多人竟全部被杀。

如此一来,不仅“天下读书种子”没了,就连“读书种子的种子”也被扼杀殆尽了。

细究起来,方孝孺之所以会这样毅然决然地选择去死,除了为了儒家文化中的“纲常”和“节义”,恐怕也少不了为建文帝殉难的成分。

不用说,方孝孺死得悲壮,死得大义,名垂千古,虽死犹生。

除了方孝孺,在建文帝的“书生内阁”中,黄子澄和齐泰无疑也是两位心甘情愿为建文帝殉难的“建文烈士”。

建文四年的春天,燕军逐渐逼近南京。建文帝谋求与朱棣谈和,表面上便把黄子澄和齐泰贬谪到外地，但私下里却密令两人募兵。南京陷落前，建文帝召黄子澄回京，黄子澄还在返回的路上，京师便已陷落。无奈，黄子澄只好退走苏州，密谋继续反抗朱棣，但不久因为被人告发，遭到逮捕。

据明人朱国祯所著《皇明逊国臣传》记载，黄子澄被捕后，面对朱棣的亲自审问，一直威武不屈，且口口声声喊朱棣“殿下”而不称他为“陛下”或“皇上”。朱棣要他写认罪书，黄子澄写道：“我作为先帝文臣，没有尽到责任，上书削藩时间太晚，最后成了如此凶残的局面，后人要谨慎，不足以效法。”对自己的一生做了最后的检讨。

朱棣看后，勃然大怒，当即下令砍去他的双手。不久，又下令对黄子澄处以五马分尸的酷刑，他的家族被“诛九族”，共有四百四十五人被杀，遇害人之多仅次于方孝孺家族。

南京陷落后，齐泰跑到广德募兵。当时他骑了一匹白马，因为怕人发现，他竟自作聪明用墨汁将那马身上全部涂黑，将“白马”染成了“黑马”。但没想到因为天热，再加上马又走得急，身上出汗，那马毛很快便变“白”了，因而那马身上白一块黑一块的反倒引起了过往行人的注意。就这样，齐泰被人发现了，并被抓进监狱，且很快被移送到了京师。

对于齐泰的死，《明史》记载的很简略，只有三个字“不屈死”。无疑，他的九族也被诛杀殆尽。

诚所谓士为建文帝死。当时，为建文帝殉难的，并不仅仅只是方孝孺、黄子澄和齐泰，也即建文帝的“书生内阁”中的那几个成员，此外还有楼琏、卓敬、胡闰等许多建文大臣。

侍读楼琏是浙江金华人，和方孝孺一样，也是名儒宋濂的学生。在师兄方孝孺拒绝草诏被诛十族后，朱棣又让他起草即位诏书。在宫中，楼琏不敢当面顶撞朱棣，但回到家里，他含泪对妻子说：“我很想像师兄方孝孺那样死，只是怕那样死会连累你和孩子。”为了不给朱棣起草即位诏书，这天夜里，楼琏上吊身亡，和他的师兄方孝孺一起告别人寰，绝尘而去。

还有户部侍郎卓敬，明朝著名的才子，史书上说他“立朝慷慨，美丰姿，善谈论……诸家（学说）无不博究”，在建文帝的众多的文臣中，似乎只有他等不多的几个人不那么迂腐，以致连朱棣都非常欣赏他，曾感叹说：“国家养士三十年，惟得一卓敬。”事实上，卓敬与朱棣两人以前私交一直很不错，但是，朱棣篡位后，卓敬却坚决与他势不两立。被俘之后，朱棣诚心劝他归顺自己，为新朝效力，但卓敬死脑筋，他对朱棣说："一旦横行篡夺，恨不即死，见故君地下"，于是竟被"斩之，诛其三族"。

再有就是景清，建文初年他曾为北平参议，与朱棣一起共过事，两人私交也还不坏，后来调回南京任御史大夫。朱棣篡位后，景清没有立即赴死，在永乐朝中仍旧做他的御史大夫。由于做了"贰臣"，一时被人讥笑为"言不顾行，贪生怕死"，对此，景清一直不去辩解。谁知，一个文弱书生的他，竟然在暗地里等待机会，企图刺杀朱棣，由于行事不密，事发之后被"磔死，族之"。

此外还有大理寺少卿胡闰，当他目睹了方孝孺死难并被株连十族后，这位正直的法官再也不愿保持沉默了，诚所谓"宁鸣而死，不默而生"，激于义愤，他拍案而起，大骂朱棣，同时在上朝时公然为建文帝披麻戴孝，因而被朱棣下令诛杀，家族死难者达二百一十七人。

最后再说一说王良。

王良，曾任建文朝的刑部左侍郎，当初因为犯了点错误被建文帝贬为浙江按察使。因为王良很有才干，朱棣一直对他很有好感，即位后派人召他回京任职。王良很有气节，宁死不做"贰臣"，他杀了送信的使者，之后决定自杀。死前，他对妻子说："我肯定是要死的了，但不知死后你怎么办?"

他的妻子显然也是个烈女，这时不假思索便说："你是男子汉大丈夫，不用为我们女人家考虑。"然后，神态自若地侍候丈夫吃完饭，便抱着尚在襁褓中的儿子来到后院，将儿子放在井边，自己投井自尽了。

王良欲哭无泪，在处理完妻子的后事后，将儿子托付给别人后，回到家里，也点把火将自己烧死了。

除了以上"建文大臣"，当时，在朱棣篡位时誓死反抗死于"靖难"的还有御史大夫练子宁："语不逊，磔死"；户部侍郎郭任："不屈，死之"；户部侍郎卢迥："不屈，缚就刑，长讴而死"；礼部尚书陈迪："与子(陈)凤山、(陈)丹山等六人磔于市"；监察御史高翔："语不逊，族之"；兵部尚书铁铉："磔于市"；刑部尚书暴昭："不屈，磔死"……

这些建文大臣，也许生的并不伟大，生前也并不出名，但就因为士为建文帝死，为了一种崇高的气节与道义而死，因而完全可以说是死得其所，死得光荣，并因而彪炳千秋，名垂青史。

士为建文帝死。能有这么多的大臣为自己殉难，如果建文帝朱允炆真的已经在宫中自焚了的话，那么，他一定会百感交集，且含笑于九泉……

“书生皇帝”的悲剧

有道是：百无一用是书生。

这，绝不仅仅只是清朝著名诗人黄景仁（字仲则）一人的感叹，而是古今天下书生的一致共鸣。

从史书上看，在中国的皇帝中，真正能称得上是“书生皇帝”的不是很多，屈指算来，也就宋神宗、明惠帝（即建文帝），还有就是清朝的光绪皇帝而已。这三位皇帝的共同特点是：登位时都很年轻，而且因为从小受到中国儒家仁爱思想的影响，他们宅心仁厚，为人正义。也正因此，他们执政理国的思想及言行与历史上其他皇帝很不一样，显得很是另类。如果用世俗的眼光去看，他们无疑都是一些直冒傻气乃至呆头呆脑的皇帝。

不妨先看一下宋神宗赵顼。

作为一位守成之君，只要稍微精明一点，自私一点，一切都“按既定方针办”，那样当皇帝无疑最省力也最讨巧，可是，满身书生气的神宗皇帝在即位后却偏偏要没事找事，力主改革，并将王安石从地方一下子破格提拔到中央，强力推行改革，由此触犯了那么多显在与潜在的既得利益者，捅了国家那些强势集团的马蜂窝，结果不仅他与王安石都被叮得鼻青脸肿，而且，也使“熙宁变法”无疾而终。

当然，仔细想想，宋神宗的命运还算不错，由于宋朝是个相对文明的封建王朝，无论他也好，王安石也好，虽然他们的改革无可避免地失败了，但改革总算没有把他们自己的“命”给“革”掉。

可是，比较起来，清朝的光绪皇帝就没有这样的幸运。这位四岁就即位的“儿皇帝”几乎到死都没有脱离他的姨母慈禧太后的魔掌。由于从小受到了良好的帝王教育，这位“书生皇帝”内心中具有强烈的爱民之心，如他在十五岁时就曾写过一篇御制“作文”，其中有云：“必先有爱民之心，而后有忧民之意，爱之深，故忧之切，忧之切，故一民饥，曰我饥之，一民寒，曰我寒之。”

由于目睹中国积贫积弱之现状，且受康有为、梁启超等人的新思潮的影响，为了国家的振兴，年轻的光绪皇帝把个人的利益和荣辱置之度外，于公元

1898年颁布“明定国事诏”，在政治、经济、军事、文教等许多方面主张实行变法。但由于变法严重损害了包括慈禧在内的一大批当朝权贵们的利益，因而还只推行了不过短短的一百零三天便失败了。

这便是历史上著名的“戊戌变法”，也称“百日维新”。变法失败后，“书生皇帝”光绪帝本人也被慈禧太后终身囚禁于瀛台。

所以，有人说，光绪皇帝乃是中国历史上一位最为悲催的皇帝，而其一生之所以是个悲剧，一个最主要的原因就是因为他是书生皇帝，就是因为他的那种临危受命、济河焚舟的书生性格。倘若套用裴多菲的那首著名的诗来说就是：生命诚可贵，“皇位”价更高，若为“变法”故，两者皆可抛。

不用说，建文帝朱允炆也是一位不折不扣的书生皇帝，他和父亲朱标的性格竟然一点儿也不像朱元璋，性格中既没有阴险狡诈、专横残暴的因子，也没有那种圆滑世故、极端自私的元素。倘若用世俗的眼光看，其就是一个不懂得圆滑玲珑、不善于乘伪行诈、佛口蛇心的书呆子。

从某种意义上说，与宋神宗、光绪皇帝一样，建文帝即位后所实行的“朱允炆新政”，其实也是一次非同寻常的政治改革。而且，如前所述，这样的一种改革在实质上还具有一种朴素的民本意识与民主思想。这在当时，在中国的皇权专制思想达于极盛的那样一个时代，真的是难能可贵。

也正因此，有明一代，甚至到了清初，江南一带的百姓还依然怀念建文帝，究其原因，用当代明史学家王春瑜先生的话说就是：“建文帝以文建国，比起乃祖朱元璋的严刑峻法，恰成鲜明的对比。”

的确，对于建文帝的功绩，即便是清朝人修《明史》，也不得不在其纪赞中称道说：“践祚之初，亲贤好学……又除军卫单丁，减苏、松重赋，皆惠民之大者。”直到弘治年间，仍有记载说“父老尝言，建文四年之中……治化几等于三代。一时士大夫崇尚节义，百姓乐利而重犯法，家给人足，外户不阖，有得遗钞于地，置屋檐而去者。及燕师至日，哭声震天，而诸臣或死或遁，几空朝署。盖自古不幸失国之君，未有得臣之心若此者矣。”仅仅当了四年的皇帝，没想到建文帝竟然能在百姓以及后代人心目中留下如此深刻的印象！

关于京师南京陷落后建文帝的生死之谜，历来传说颇多，最主要的有“自焚说”和“逃亡说”两种。如文章开头所说，“自焚说”认为当初宫中那把火是建文帝要手下人放的，大火燃烧后，他和后妃都投进火中自焚了。

这是一种版本。也是“自焚说”唯一的版本。

而“逃亡说”则认为在南京陷落时皇帝并没有死于宫中大火，而是乔装成和尚设法逃离了京师，至于逃到哪里？却有很多的版本，其中又分“削发为僧说”和“三清山入道说”两种。

“削发为僧说”乃清代名人吕安世以及近代学者蔡东藩所持的观点。吕、蔡认为燕军破城后，建文帝无可奈何，遂想一死了之。此时少监王钺告诉他：你祖父临死时，给你留下一个铁箱子，让我在你大难临头时交给你。我一直把它秘密收藏在奉先殿内。群臣急忙把箱子抬来，打开一看，里边有三张度牒，就是做僧人的“介绍信”或者叫“资格准入证”，上面写好了建文帝等三个人的名字。还放着三件僧衣、一把剃头刀、白金十锭、遗书一封，书中写明：“建文帝从鬼门出，其他人从水关御沟走，傍晚在神乐观西房会集。”

至于建文帝在哪里出家？历来众说纷纭，莫衷一是。有说是由吴兴至钱塘遁栖东明山，从此在东明寺出家为僧；有说是先隐藏于江苏吴县普济寺，后经姚广孝帮助，隐藏于穹隆山皇驾庵，死后就葬在穹隆山上；有说是逃亡到四川平昌佛罗寺出家，也有说是从云南大理逃到四川宜宾越溪河，隐居于隆兴。凡此种种，实在是传说多多，不胜枚举。

至于“三清山入道说”则认为建文帝晚年化名詹碧云，隐踪在江西上饶玉山三清山任三清宫住持道士，并在这里留下了许多诗文古迹。……

其实，建文政权被推翻后，无论建文帝是自焚而死还是逃亡到外地为僧入道，都已经无关紧要，都改变不了他的悲剧性结局。而且，这一悲剧的价值也显然并不在于建文帝是生是死，而在于——诚如《剑桥中国明代史》第四章之《建文帝的遗产》一文中所说的那样：

“建文皇帝和他的顾问们在他们的真诚而勇敢地致力于提倡仁慈的文官统治和推进群众福利方面，留下了一笔重要的遗产。”

是的，历史总不能老是“以成败论英雄”，总不能老是以那些处于绝对专制权力顶层的统治者的是非为是非，老是浸淫在封建专制与强权的阴影里，否则，那就太令人悲哀太令人失望了，就很难能够真正从历史过往的教训中得到启发，得到长进。

第三章

明成祖的烦恼

大凡稍微对明史有些熟悉的人都知道，明成祖朱棣的皇位是从他的亲侄子建文帝朱允炆手中抢来的。虽说在中国的封建统治中，有关抢皇位的事可谓比比皆是，屡见不鲜，但叔叔抢亲侄子的皇位，再怎么说也很不道德，很不光彩！

当然，这样说显然是以君子之心度小人之腹的书生之见，可以想见，在朱棣心里，是绝对不会这样认为的。何况，在我国古代封建官场，历来崇尚“丛林法则”；或者，换句话说，就是崇尚“强盗逻辑”：成者为王，败者为寇。在争夺封建最高领导权的斗争中，向来是不择手段，不顾亲情、人伦、道德，包括祖训乃至丹书铁券，等等。在夺嫡的匕首与屠刀面前往往都会变得不堪一击，不值一文。

所以，或许也正是基于这样的认识，从建文元年(公元 1399 年)七月起兵“靖难”，到建文四年(公元 1402 年)燕王大军浩浩荡荡开进南京金川门，在经过了四年杀伐争夺的“靖难之役”，终于将自己颇有些书生气的亲侄子建文帝朱允炆逼得“阖宫自焚”后，朱棣毫不客气地一屁股坐到了亲侄子建文帝朱允炆才刚刚坐过的龙椅上，由此摇身一变，从一个叛乱的藩王成功地转型为令万人瞻仰的九五之尊。

平心而论，明成祖朱棣这人尽管流氓气十足，在阴狠、歹毒与嗜杀方面与他的老子朱元璋相比毫不逊色，甚至，在某些方面还有过之而无不及。但实事求是地说，和大唐太宗皇帝李世民一样，他这“抢来的皇帝”当得还算不赖，在长达二十三年的任期中，无论文治还是武功都很有建树，用《明史·成祖本纪》中多少有些溢美的话说就是，他“即位以后，躬行节俭，水旱朝告夕振，无有壅蔽，知人善任，表里洞达”，“六师屡出，漠北尘清”，“幅员之广，远迈汉唐”。

从史书上看，朱棣这人玩政治绝对是超一流的高手，他这人很有城府也很有手腕，似乎干什么事都很有主见，很有心计，就像韩非子说的，很讲究“术”“势”，而如果用马基雅维利在其著名的《君主论》中的话说就是，他有时狡猾的就像狐狸，有时又凶猛残暴的就像狮子，总之，是那种最“懂得善于运用野兽的方法”，“最懂得运用诡计使人们晕头转向，并最终征服了那些盲目守信的人”。最典型的例子当然是他的侄子建文帝朱允炆，这位“书生皇帝”，就是被他这“老狐狸”玩弄得晕头转向，并最终被他“运用野兽的方法”彻底从龙椅上拉下来的“盲目守信的人”。

可是，就是这样一个深谙帝王之术、做事雷厉风行的皇帝，在选立自己的接班人问题上却一反常态，显得那样疑虑重重，优柔寡断。

朱棣立储费思量。在处理自己身后接班人问题上，在很长一段时间，明成祖朱棣真的是举棋不定，不知所措，为立储之事伤透了脑筋。

“太极高手”朱高炽

据史书记载，朱棣一生共生有四个儿子，太子朱高炽、汉王朱高煦、赵王朱高燧为徐皇后所生，也就是所谓嫡出，另外，还有一个朱高爔乃为庶出，不知是谁所生。这些儿子全都是在朱棣做皇帝以前所生，其中，大儿子朱高炽在洪武二十八年(公元 1395 年)就被立为世子。

按说，靖难之役后，朱棣由燕王变成了帝王，大儿子朱高炽自然也应该水涨船高，由世子自然升格为太子。

可是，不知道是因为突然从北平一下子打到南京，以前对立太子的事从未考虑过，还是因为在三个嫡出的儿子中一时难以取舍，从建文四年(公元 1402 年)到永乐二年(公元 1404 年)，尽管文武大臣一再要求，然而，当了皇帝的朱棣竟然有两年多的时间对册立太子的事情久拖不决，不予表态。

朱棣这人做人做事向来都很有主见，很有城府，而且，他也是个火暴性子，干什么事都是急脾气，可是，对于立储这样一件被称作“国本”的大事，没想到他却竟然那样能沉得住气！

在当时，对立储之事，朱棣心里到底是怎么想的，究竟作何打算？史无所载，不得而知。然而，可以想见的是，朱棣越是不表态，立储之事越是有悬念，朝廷内外的猜测、议论乃至各种传闻就会越来越多，围绕东宫储位的明争暗斗就越是激烈。

的确，我们看永乐年间，宫廷最大的政治斗争，可以说就是太子之争，或曰储位之争，其斗争异常激烈，时间长达二十年之久。在这场太子之争的政治旋涡中，不少高官遭受牵连，许多大臣被囚、被杀，如永乐年间著名大学者解缙就是这场斗争的殉职者和牺牲品。此乃后话，姑且不说。

在这场异常激烈的夺嫡斗争中，虽然朱棣的三个嫡子也就是有资格承继大统的三位皇子都披挂上阵，明争暗斗，互不相让，但前后闹腾得最厉害的，应该说还是老二朱高煦和老三朱高燧。与这两个野心勃勃的弟弟比较起来，大哥朱高炽明显要仁爱厚道得多。

当然，说朱高炽“仁爱厚道”，并不是说他老实无能，恰恰相反，在这场夺嫡斗争中，其实真正内功最好、可圈可点的，无疑就是朱高炽。就像是一场武林高手的擂台较量，尽管老二朱高煦和老三朱高燧在擂台上出拳凶猛，招招狠毒，而面对两个弟弟咄咄逼人的凶猛出击，大哥朱高炽似乎常常只是拱手相让，左躲右闪，但他才真正像是一个“武林高人”，太极高手，自始至终，他都一直以柔克刚，以巧制胜，从未表现出金刚怒目、狰狞可怖，让人不得不对其刮目相看。

在夺嫡过程中，皇长子朱高炽能有如此上佳表现，绝非偶然，应该说，完全与他的性格及其成长经历有关。

朱高炽出生于洪武十一年（公元 1378 年）。当时，他的时年只有十九岁的父亲朱棣已经被封为亲王，但还没有就藩。两年后，也就是在他三岁时，父亲才很不情愿地带他离开老家凤阳（今安徽滁州市凤阳县）一起去了藩国北平。所以，倘若要填个人履历表的话，朱高炽的出生地应该填中都凤阳，而他的成长地则无疑应是北平。

像古代许多皇帝出生时都有“异征”，都会有人为他附会一段神奇的传说，以此证明其不同凡人、君权神授一样。据说，文皇后徐氏在怀长子朱高炽时曾做过一个梦，她梦见一个头戴冠冕、手执圭板（大块的碧玉）的人上前来拜见她，这以后，她很快就生下了朱高炽。

可想而知，这一传说显然是在朱高炽日后当了皇帝才会有的。因为，在他出生的时候，即便是他的才被封为燕王的父亲朱棣也绝对不会想到自己有一天能够成为皇帝，而“幼贞静，好读书，称女诸生”当时还只是一个亲王妻子的徐氏即使是吃了豹子胆也绝对不敢——事实上也不可能做这样一个大逆不道的梦，在梦中，她梦见一个“头戴冠冕、手执圭板”也就是当皇帝的人来拜见自己，其“潜台词”就是自己生了一个“龙种”，一个日后将会当皇帝的儿子。

《明史·仁宗本纪》说朱高炽幼年“端重沉静，言动有经”，意即性格端庄沉稳，说话做事中规中矩。等年龄稍大一点他便练习射箭，而且箭术高超，“发无不中”。他酷爱读书，平时一直喜欢与儒臣谈论学问。相传，朱高炽经常与自己的老师——被朱棣称誉为能“贯通经史，识达天人”的曾子棨一起谈古论今，吟诗作对。一次，朱高炽吟出一上联“红袖手提鹦鹉盏，来迎状元”，限曾子棨三步就要对出下联。曾子棨不紧不慢，在跨出第三步时，果真对出了下联“白衣身到凤凰池，进朝太子”。又有一次，说是正值元宵佳节，朱高炽与曾子棨一起观赏彩灯，看到华灯灿烂，朱高炽即兴出一上联“灯明，月明，大明一统”，而曾子棨随即便大声对道：“君乐，民乐，永乐万年。”朱高炽的才学以及文人雅趣由此可见一斑。

物以类聚，人以群分。就这样一个儿子，与好斗尚武的朱棣简直大异其趣，天壤之别。史载，一向以骁勇好战著称的朱棣经常召集皇室子弟们比武，由于长得太胖，连走路都费劲的朱高炽，论武功自然是他的“短板”，臃肿的身材使他在骑马击剑中不仅屡屡败北，而且常出洋相。所以，尽管史书没有明确记载，但从实际情形看，朱棣对自己的这个大儿子似乎一直不是特别喜欢和满意，否则，册立太子之事他也就不会那么一拖再拖，以致由此生出许多是是非非。

不过，对斯斯文文的朱高炽，父亲朱棣尽管不那么喜欢，但祖父朱元璋在世时却对他比较赏识。

史载，朱元璋有一次派朱高炽和秦、晋、周三个亲王的世子分别去检阅卫士。秦、晋、周三王的世子去检阅后很快就回来了，唯独朱高炽很晚才回来。朱元璋不解其故，就问他原因。朱高炽解释说：“旦寒甚，俟朝食而后阅，故后。”意思是说一大清早天气太寒冷，我怕卫士们冻着了，就一直等到他们吃完早餐，身体暖和了以后才开始检阅，所以晚了。朱元璋听了非常高兴。

又有一次，据说朱元璋有意要几个孙子分别阅读奏章，然后分别将奏章的内容报告给他。这样做显然是朱元璋有意要锻炼和测试几个孙子治国理政的能力。

据说，朱高炽看完奏章给祖父朱元璋报告时，简明扼要，只选取那些与军民利病相关切的问题上报，对奏章中的一些文字错误却忽略不提。

朱元璋把朱高炽看过的奏章拿过来，自己再认真看过，然后指着奏章中的一些词句错误故意考问朱高炽道："儿忽之耶?"意思是说你怎么不去注意奏章中的这些文字错误呢？莫非是你粗心，没有看到吗?

朱高炽回答曰："不敢忽，顾小过不足渎天听。"意思是说，他没有忽略，也不敢忽略，只是觉得这些小毛病小错误不该上报让您操心。

朱元璋觉得这孙子人小鬼大，说话做事很有头脑，很有见识，就又问他："如果在帝尧、商汤这样的圣人统治时发生水灾或旱灾，百姓靠什么过活?"

朱高炽略一思索，便做回答："靠的是圣人的恤民之政。"意思是尧、汤仁政，惠及民生，因此水旱无忧。

史载，朱元璋听了龙颜大悦，夸奖朱高炽说："孙有君人之识矣。"也就是对朱高炽非常赞赏，称赞他有仁君的气度和见识。

今天来看，《明史·仁宗本纪》所述及的这一段故事尽管有些添油加醋，但应该说基本符合事实。因为，朱元璋当年虽然也是一介武夫，大老粗一个，即使当了皇帝之后也嗜杀残暴，搞血腥政治，但夺取江山之后，他深知"马上得天下，岂可马上治天下"的道理，因而渐渐笃信儒家帝王之道。在朱元璋看来，朱高炽虽然小小年纪，但对儒家圣人之言竟有这样透彻的理解，有这样的仁者爱民之心，凭这样的胸襟与才能是完全能够治理好天下的——尽管，在当时的情境下，仅仅只是世子的朱高炽是怎么也不可能君临天下、统驭万民的。

英武"类己"的朱高煦

大凡父母，通常都喜欢自己的儿女"类己"。身为九五之尊，要嗣立储君，那些封建君主自然就更是希望自己身后的接班人“类己”。

想当年，汉高祖刘邦就因为嫌他与吕后生的嫡长子刘盈生性柔弱颇不类己曾一度想把皇位传承给戚夫人所生的“英武类己”的赵王如意。汉武帝因为觉得钩弋夫人为他生的小儿子弗陵“类己”，最终将其更立为太子。而《新唐书》也云“恪又有文武才，太宗常称其类己”，说唐太宗李世民因为不满于高宗李治的软弱，曾一度也想把自己得来不易的皇位传承给吴王李恪这个庶出的儿子。而朱棣，也因大儿子朱高炽性格比较憨厚，曾一度想把“储位”传给颇为“类己”的二儿子朱高煦。

说来，在很多方面，朱高煦都很像他的父亲朱棣。

首先在长相上，《明史·成祖本纪》说朱棣“王貌奇伟，美髭髯”，也就是相貌堂堂，英俊魁梧，还长了一副犹如当年关云长那样美丽的大胡子，而朱高煦简直就是明成祖朱棣的拷贝与翻版，人也长得颇为英武和帅气，全然不似其兄朱高炽年轻轻的就体态臃肿，走起路来气喘吁吁不说，还一瘸一跛的，用现在的话说就是一点儿也没有当领导的风度、派头和形象。

其次，在性格方面，朱高煦也有乃父之风，与朱棣颇有几分相像，两人都性格外向，为人霸气，都很精明干练，行事果断，且敢作敢当，而不像朱高炽性格内向，柔弱仁慈。

再就是朱高煦也像朱棣那样擅长带兵打仗，在战场上冲锋陷阵，英勇顽强，是个不怕死的顽主。

虽说都生在王室，锦衣玉食，家教甚严，哥哥朱高炽从小知书识礼，乖巧听话，但朱高煦与弟弟朱高燧却从小就不让人省心，以致性格文静、知书达理的母亲徐皇后在世时就说这兄弟俩“性不顺”，时常担心他们兄弟俩日后会惹是生非。尤其是老二朱高煦，“性凶悍”，好斗狠，做事向来不计后果。

史载，洪武年间，一心想把自己的后代子孙教育好的朱元璋曾招诸王子到京师集中培训，这对于这些平时待在藩国里的王子怎么说都是一个极好的学习机会。

谁知，朱高煦到京师以后，成天价不爱学习事小，还“言动轻佻”，到处惹事，简直就是小混混一个，朱元璋为此很讨厌他。

洪武三十一年(公元 1398 年)闰五月初十，七十一岁的朱元璋因病逝世，朱棣让他和哥哥朱高炽一起去京师奔丧。朱高煦在京期间经常在外面鬼混。他舅舅徐辉祖发现他游手好闲，品行不端，就严厉斥责他不要胡来。谁知，朱高煦不仅不听舅舅的劝告，还把他舅舅最心爱的一匹骏马偷了私自渡江骑回到北平。一路上，他动不动就杀人，到了涿州又把驿丞打死，以致朝臣都一起告状，谴责当时还是燕王的朱棣“教子无方”。

可是，就因为朱高煦在许多方面“类己”，虽说祖父朱元璋不喜欢他，然而，父亲朱棣却一直对他比较偏爱。

当然，朱棣偏爱老二朱高煦的最主要的原因恐怕还是由于朱高煦对他有过“救命之恩”，曾为朱棣抢夺皇位立下过赫赫战功，在“靖难之役”中多次在生死关头救过他的命。

据《明史》卷一百十八·列传第六记载：“成祖起兵，仁宗居守，高煦从，尝为军锋。”朱棣起兵叛乱后，他让长子朱高炽与妻子徐氏留守北平，保护自己的老巢，自己则和二儿子朱高煦一起带兵出征。而每次作战，朱高煦都一马当先，冲锋陷阵。

当时，朱棣父子之所以要做这样的分工与安排，一方面固然有朱棣知人善任、用“子”所长的因素：大儿子稳重心细，虑事周全，让他留守北平，保护一家老小；老二勇猛凶悍，则让他征战沙场；但另一方面，其实还是根据传统与惯例行事。我们看隋文帝杨坚也好，唐高祖李渊也罢，外出征战时都是让自己的二儿子及其他儿子去冲锋陷阵，大儿子作为自己的接班人乃是自己的最后一张“王牌”，轻易是不能也不敢随便让他四处征战的。海中行船，家人与财产不能全载在一条船上，这是许多人都懂得的道理。

朱高煦善于骑射，一向以雄武自负，让他去沙场厮杀，也真是再合适不过。他跟随朱棣南征北战，立下很多大功。如建文二年(公元 1400 年)四月的白沟河(今河北雄县、容城、定兴一带)之战，成祖差一点被建文帝手下大将瞿能杀掉，多亏朱高煦率领精骑数千及时赶到，奋勇杀敌并斩杀瞿能父子，才及时解救了朱棣。又如东昌(今山东聊城)之役，燕军遭遇建文帝一方盛庸率领的军队，盛庸排兵布阵，诱敌深入，将燕王重重包围，虽然燕王在大将张玉的拼死护卫下，终于杀出重围，但南军紧追不舍，燕王环看左右，已经死伤殆尽，就在他眼看要被活捉的时候，多亏朱高煦突然率援兵赶到，才使得他终于得以逃脱。

建文四年六月，眼看胜利在即的朱棣在回绝了侄子朱允炆的求和后，发动了最后的进攻，他陈兵于浦子口（今南京市浦口区境内），准备从这里渡江攻击京城。然而，就在他梦想跃马横江，然后直奔金陵。令他没有料到的是，在这最后的关头竟然遇到了南军也即中央军顽强的抵抗。

南军的抵抗异乎寻常地勇猛顽强。两军鏖战，尤为惨烈。由于长期征战，朱棣的军队这时已经是强弩之末，士兵们十分疲劳，都不愿意再打，希望回去休整。

战打到这个份上，就连朱棣也动摇了，快撑不住了。因为，他也看出自己的部队确实已经到了极限，如果再打下去可能会全军崩溃。

用当年明月先生在其《明朝那些事儿》里的话说："如果朱棣就此退走，可能历史就要改写了"，但就在这历史的关键时刻，又是朱高煦带领援军前来助战，朱棣顿时大喜过望。此时此刻，朱棣的狐狸本性又露出来了，他拍着自己儿子的后背忽悠道："努力，世子身体不好！"那意思是说，你哥哥朱高炽身体不好，活不了多久的，你还是很有希望的，到了那一天，将来我所有的一切都会传承给你！

所谓"响鼓不用重槌，明白人一点就通"。朱棣把话说到这种份儿上，朱高煦自然心领神会，大喜过望，无疑就更拼死效力了。于是，战局很快便发生了变化。在"拼命三郎"朱高煦的带领下，燕军一鼓作气大破南军，之后一举渡过长江，势如破竹般的占领了京城南京。

很有可能，这也正是朱高煦尽管后来一直"恃功骄恣，多不法"，而朱棣却长期对他睁一只眼闭一只眼，一味对他包庇迁就的缘故。

可是，朱高煦显然做得太过分了，而且，他对父皇朱棣可以说从一开始就估计错了，他原以为自己对父亲有"救命之恩"，而且，父皇当年也的确曾许诺过他，在夺嫡斗争中，他想父亲一定会言而有信，然而，朱高煦虽说也是个大家公认的精明人，但要论圆滑世故，老谋深算，他还远远不如他的父亲。他哪里知道，父亲朱棣其实并不是一个注重情义的人，他所看重的其实只有权势。用现在的话说就是，作为一国之君，在接班人问题上，他肯定要高瞻远瞩，审时度势，从大局和整体利益出发，绝对不可能儿女情长，感情用事。

立储的天平

朱棣抢坐上龙椅后，有一段时间，一些文武大臣纷纷上疏要求他将世子朱高炽册立为太子，但朱棣总是以长子朱高炽“智识未广，德业未进”为借口一再推托。并且，他甚至还曾一度把朱高炽长期留在北平，不让他到南京来。

根据种种情形推测，朱棣当上皇帝后一直将世子朱高炽留在北平，很有可能是想将他只封为亲王，且将北平原封不动作为他的藩国，而将长相像自己一样英武且帮自己打过天下的朱高煦立为太子。

朱棣的心思当然瞒不过一帮颇善于揣摩观察上意的大臣。

就像历朝历代大凡立储之事，朝臣们都绝对不会袖手旁观一样，对于永乐年间的册立之事，朱棣的臣子们自然也都表现出了高度的参与意识，且按照亲疏远近以及感情好恶截然相反的分成了两派。

首先说一下拥立朱高煦派。

这一派主要以淇国公丘福、驸马王宁为代表。

丘福乃行伍出身，是“靖难之役”的首要功臣。当年白沟河、夹河、沧州、灵璧诸场大战，他都为前锋。靖难胜利后，成祖大封功臣，丘福当仁不让，排在首位。

丘福为人朴实憨厚，作战十分勇猛，因为曾与朱高煦同在军营，并肩作战，结下了深厚的“战斗友谊”，因而两人关系十分要好。所以，作为“战友”，丘福多次劝皇上立高煦为太子。

当时，主张拥立朱高煦的多半都是一些武将，他们的理由是朱高煦战功卓著，理当立储。这些人与朱高煦“战斗友谊”都非常深。可想而知，大家都希望朱高煦能成为太子，进而能当上皇帝，这样大家以后也好有个依靠。

当然，拥立朱高煦派中也有像驸马王宁这样的人物。应当指出的是，王宁不是朱棣的驸马，而是朱元璋的驸马、朱棣的姐夫。“靖难之役”时，身为皇亲国戚的王宁在南京经常将一些绝密情报泄露给朱棣，以致被锦衣卫发现后抄没其家，将其逮捕入狱。也许是性格投缘，姑父王宁与朱高煦过从甚密，自然也是朱高煦的拥立派。

与“拥立朱高煦派”截然对立的是“拥立朱高炽派”。

拥立朱高炽派中文臣武将都有，但以文臣谋士居多。像燕王府的旧臣、兵部尚书金忠，太常寺卿袁珙，侍读学士解缙、黄淮、尹昌隆，大理寺丞汤宗，赞善王汝玉，谕德杨士奇、洗马杨溥，等等，都希望或要求立朱高炽为太子。

据说，朱棣之所以在犹豫了那么长时间后终于还是将朱高炽立为太子，有三个人功不可没，发挥了至关重要的作用。其中，第一个人就是金忠，第二个人是袁珙，而第三位应该说是解缙。

史载金忠“少读书，善易卜”。当年未发迹时曾在北平街头替人占卜算卦，因为都很灵验，“市人传以为神”。后来朱棣准备起兵靖难，吉凶未卜。在幕后高僧姚广孝的推介下，他便假装生病找到金忠为自己占卜。金忠占卜后对朱棣说：“此象贵不可言。”朱棣于是将他招到自己府中，让他替自己参谋赞画。靖难之役中，朱棣每有疑难，便要金忠占卜预测，奇怪的是，金忠的卜卦事后都应验了。

由此可见，和高僧姚广孝一样，一向精于权谋的金忠也是朱棣的“影子内阁”，是他不可或缺的一个高参。既然金忠对立储的事发表自己的意见，表明自己的态度，很有可能，一直喜欢隐在幕后运筹帷幄的姚广孝也持相同的意见和立场。金忠历数古代因为夺嫡而酿出的祸乱，然后，旗帜鲜明地希望皇上为大明江山社稷计，尽快册立世子。

对于这样一位高参的话，朱棣当然会在心中仔细掂量，认真考虑。

另一位力主拥立朱高炽的人是朱棣一向倚重的太常寺卿袁珙。

说到袁珙，也许一般人不太知晓，但要说到大和尚姚广孝则几乎无人不知，无人不晓。说来，朱棣之所以能够成功抢夺皇位，在很大程度上应该归功于姚广孝这位“幕后高参”。

可是，说来很有意思的是，就是这位有“明朝帝王师”之称的大和尚姚广孝，最早却是由袁珙相中的。

相传，大约是在洪武二十六年（公元 1393 年）的秋天，一个名叫道衍的和尚到河南嵩山少林寺拜佛参访。那天，当他在寺侧的塔林转悠，缅怀那些已经圆寂的高僧时，突然从斜侧的塔林后转出一位头戴儒巾的方士拦住了他的去路，且冷不丁地冲他说：“你这位和尚好生怪异！”

道衍一时有些莫名其妙，就反问他说：“我怎么怪异？”

那方士哈哈一乐，说道：“看你目如三角，形同病虎。虽穿着僧衣，但眉宇间杀气腾腾。你生性嗜杀，必刘秉忠之流。”

道衍知道，这位方士所说的刘秉忠乃是当年辅佐忽必烈夺取皇帝之位并夺得中原建立元大都后来被忽必烈拜为光禄大夫、太保、参领中书省也即宰执大臣的高人。

听方士夸自己是“刘秉忠”，道衍自然忍不住心中窃喜，犹如六月天喝了雪水一般痛快。于是便拱手一揖，禁不住问道：“刘太保遇到忽必烈，才成就一番事业。可当今洪武皇帝才刚刚开创万世基业，改朝换代已经完成，我怎么可能成为刘太保呢？”

方士听罢，又是哈哈一乐，有些诡秘地笑道：“此乃天机，不可泄密。不出十年，和尚当遇明主。”

据《明史》记载，这位方士便是袁珙，是元末明初江湖上一位著名的相士。而这位道衍和尚便是后来辅佐朱棣的大和尚姚广孝。

从史书上看，袁珙是由姚广孝引荐给朱棣的。因为袁珙能看相言人祸福，无不奇中。所以，朱棣一向对他言听计从。

据说，朱棣晚年曾有易储之意，很想换掉朱高炽这个“政治接班人”，但又一直拿不定主意，于是便想听听几个谋臣策士的意见。有一天他悄悄把袁珙找来，也不说为什么，就要他给自己的大儿子朱高炽“看相”。袁珙眯着眼睛，看了半天，然后面露喜色，只对朱棣不紧不慢地说了四个字“后代皇帝”，然后便不再说话。

朱棣一听，心中顿时就明白了袁珙话的意思，朱高炽这小子天生有做皇帝的命，看来接班人就是他了。

很显然，在立储问题上，袁珙投了朱高炽一票，而且是非常重要的一票。

与袁珙一样，解缙也旗帜鲜明，主张册立世子朱高炽。

相传，那天，朱棣将他的七人内阁班子成员中的三位召到一起，就册立一事召开专题会议。

这显然是一次最高级别的国家领导人会议，而且也无疑是一次非常绝密的会议。当主持人朱棣要三位内阁大臣各自发表自己的意见，“口头推荐”大明未来的接班人时，像我们现在开的许多重要会议一样，首先大家都不发言，但沉默片刻后，有一个人终于说话了。

这个人就是解缙。当时，他的职务是侍读学士，是朱棣也是明朝首届七名入职文渊阁内阁成员之一。

从当时的“会议记录”看，解缙的讲话很谨慎，也很有策略，前后只讲了两句话，共十一个字。

解缙是当时的天下名士，是永乐年间名闻天下的第一大学士。历史上著名的《永乐大典》此时正在由他负责主编。

要说解缙还真是有水平，在这次具有历史意义的会上，他说的第一句话是：“世子仁孝，天下归心。”虽说只有短短的八个字，却言简义丰，意思再清楚不过。

朱棣听了，半天不说话。自然会场内又是很长一段时间的沉默。

解缙想了想，觉得言犹未尽，过了一会儿，就又补充说：“好圣孙。”说罢这三个字，兀自点点头，便再不开口。

没想到，听了解缙的这句话，朱棣竟情不自禁地笑了笑。

原来，解缙说的“好圣孙”，其中有一段典故：相传，在朱棣的长孙、朱高炽长子朱瞻基出生的前夕，朱棣在梦中见到太祖赠给他一个大圭，上面刻有“传之子孙永世其昌”八个大字。圭，是古代封建帝王贵族在举行典礼时用的一种玉器。朱棣认为这个梦有特别的寓意，是个吉兆。朱瞻基满月的时候，朱棣看到他满面英气，与梦中所见十分相像，很是高兴。对他特别宠爱，很可能也特别寄予厚望。如今，经解缙这么一说，朱棣的爱孙之情便油然而生，对朱高炽的父爱自然也就有所回暖。所以，后来的《明史》记载说：“仁宗为太子，失爱于成祖，其危而复安，太孙盖有力焉。”

传说，为了劝谏成祖立嫡以长，解缙可谓煞费苦心。据说，朱棣一生虽然戎马倥偬，喜欢打打杀杀，但有时静下心来也喜欢泼墨作画。一次，他画了一幅《虎彪图》，命各廷臣应制陈诗。彪就是老虎的幼仔，图中画有一虎数彪，亲昵地在一起玩耍。解缙才思敏捷，当即口占一绝：

虎为百兽尊，谁敢触其怒？
唯有父子情，一步一回顾。

诗中以虎喻人，寓意深刻，诗人所要表达的意思可谓尽在其中。

“无情未必真豪杰，怜子如何不丈夫?”朱棣看了，一时很受感动，对世子朱高炽的态度自然有了很大的改变。

相传，最终促使朱棣回心转意、册立嫡长子朱高炽为太子的还有这么一件事：有一天，朱棣与皇后徐氏来到便殿，太子妃张氏亲自下厨房为他们备膳，对朱棣夫妇也即她的公公婆婆十分孝顺。看到大儿子一家子孝妻贤，其乐融融，朱棣夫妇大为高兴。朱棣当时还禁不住夸奖说：“新媳妇很贤惠，以后咱们家的事大多要靠她办啦。”

朱高炽有这样的贤内助襄助，也进一步打消了朱棣弃长立次的想法。

永乐二年(公元 1404 年)正月，在经过一段时间的长考后，明成祖朱棣权衡利弊，立储的天平终于向世子一方倾斜，他将被他晾在北平的朱高炽召到南京。四月，正式立嫡长子朱高炽为太子，封二儿子朱高煦为汉王，三儿子朱高燧为赵王。

立储的问题暂时解决了，但接班人的问题还远远没有画上句号。所谓“山雨欲来风满楼”，随着形势的发展，夺嫡斗争竟变得比以前更为激烈。

你死我活的夺嫡斗争

解缙的死是一个悲剧。

就像三国时期魏国的杨修一样，解缙也是死于夺嫡之争，死于自恃聪明。

事情的大致经过是这样的：永乐二年，在翰林侍读学士解缙、黄淮等人的请求下，朱棣终于勉强将朱高炽册立为太子。但东宫设立后，成祖与太子之间的关系并没有得到根本的改善，太子还是无端受到朱棣猜疑。一些东宫官员常常因小过而受罚，甚至无辜被投入监狱致死。

而与此相反，朱高煦虽然被封为汉王，封国在云南，按明朝祖制应该长期待在藩国，但他却一直留在京城，迟迟不去就藩。不去就藩也就罢了，偏偏他还恃宠骄横，很是张狂，所用的礼仪常常超越太子。

对此，尽管很多大臣在私下里都颇有微词，但在公开场合却都缄口不提。也难怪，这种事情可不是小事，弄不好是要掉脑袋的，谁会不识数，主动去沾染上这种事情？按说，解缙其实完全可以从众，他不说话也不会有人说他不仗义，不道德。可是，也许是知识分子的本性使然，关键时刻，他却主动去当“出头的椽子”，跑去向朱棣进谏说：“汉王做得太过分了！他这是在开启争端，恳请陛下对此千万不能放任。”

不知道解缙说这话究竟是出于急公好义还是政治投机，反正，他在这件事上陷得太深了。他这样说不仅把朱高煦彻底给得罪了，也把朱棣给惹火了。朱棣怪解缙多事，认为解缙这是存了心故意在离间他们父子之间的骨肉之情。

今天，客观公正地说，朱棣对解缙这样的大知识分子真的还算是非常尊重，非常重用，他不但任命解缙为翰林学士兼右春坊大学士，担任永乐大典和第二版太祖实录的总编，还在政治上对他委以重任，在明朝的首任内阁中给他留了一个重要的位置。除此之外，朱棣还经常单独找解缙谈话，并不止一次地在大臣们面前不无夸张地说：“天下不可一日无我，我则不可一日少解缙。”仅此可见他对解缙的赏识与器重。

可是，自从这件事后，朱棣对解缙渐渐冷淡了。

而更为严重的是，朱高煦从此对他更加恨之入骨，必欲除之而后快。不久，朱高煦找了个机会，跑到父亲面前进谗言说：“解缙泄露了您打算易储的秘密。”

朱棣听了大为生气，认为解缙实在是过于嚣张，不识好歹，太不知道深浅，不知道轻重了！于是便找了个借口，以解缙在永乐二年廷试时阅卷不公为名，于永乐五年（公元 1407 年）二月，将他贬谪到广西，从一个正四品的翰林学士降为从五品的布政司参议，职责也从内阁改变为祭酒。四年后，又因为仇家告他“怨望”，也就是说他在背后发牢骚，对朝廷有怨言，朱棣便又将他贬谪到交趾（今越南北部及广西南部），职责是去化州督饷。

如果事情到此为止，解缙的结局也还不算太坏，说不定对他反而还是一种保护，因为虽然被贬到这穷山恶水的地方，却远离了京城这一是非中心，远离了当时凶险万状的夺嫡漩涡，所谓“惹不起，躲得起”，从此少了许多是非乃至横祸。而且，虽然被贬到了天高皇帝远的交趾，但毕竟头上还有一顶官帽，可以衣食无忧，平时与友人谈文赋诗，把酒当歌，小日子过得也还自在逍遥，即使退一万步说，生活过得再不如意，起码项上的人头还在。诚所谓"留得青山在，不愁没柴烧"，只要等到朱高炽将来当了皇帝，届时，他解缙绝对会时来运转，东山再起。

可是，也不知道是一时心血来潮，还是天生耐不住寂寞，永乐八年，他竟没事找事，硬是千里迢迢从广西跑到京城南京，给自己闯了一个大纰漏。

据史书说，解缙当时出差去京师主要事由是进京汇报督饷情况，这当然不会有任何问题。问题是此时朱棣正在北征，与蒙古人打仗。受朱棣委托，太子朱高炽当时在南京"监国"，所谓监国，就是代理皇帝问政。而偏偏就在这种时候，解缙私自觐见了太子。

从史书上看，虽然学识渊博，但解缙绝对不是一个书呆子，事实上他是一个非常精明的读书人，可是，在政治的对弈中，没想到他却接连出现昏着儿。

只要稍加分析一下，就会觉得他私自觐见太子，实在是一步弄巧成拙且毫无意义的"臭棋"。

要知道，早在永乐三年，朱棣就颁布诏令，明确太子不能治臣下之罪，不得授官，自己不在京师的时候，任何官员不许私自觐见太子，违者严惩不贷。当时，解缙尚在内阁，不会不知。而对朱棣之所以要颁布这样的诏令，他自然也会心知肚明。既然清楚，那么，不管出于什么目的，他都不该明知故犯，硬要去触碰这根本就碰不得的"政治高压线"。

退一万步说，即使没有朱棣的诏令，他解缙也不该私自去觐见太子。这是因为此时朱高炽尽管正位东宫，但地位并不稳固，皇上对他仍多有猜疑。更何况当时天子北征，太子监国，因为历史上"宫廷政变"的事情太多了，儿子抢夺老子的龙椅之事时有发生，屡见不鲜，以朱棣的性格多疑和老谋深算必然更会对太子严加防范，暗中考验，在太子的四周更是会比平常多了许多双特工的眼睛。而且，像解缙这样人所皆知的政治人物、太子党羽，无疑也会更加受到锦衣卫的特别关照，平时避嫌犹恐不及，这种时候又何必没事找事？私自觐见太子，不仅毫无用处，而且极为有害。

可以肯定地说，解缙私自觐见太子，绝对不会有什么阴谋，以他和太子的性格以及当时的形势，他显然不会事实上也不敢和太子在一起暗中谋划"宫廷政变"，他去，十有八九只是礼节性地拜访一下朱高炽罢了。可是，这一去，却出了麻烦。

解缙这样做，说明他政治上还不成熟，起码没有充分认识到政治斗争的复杂性与残酷性。当这件事被早已和朱高煦暗中勾结的锦衣卫指挥使纪纲探知，这个当年因一桩小事与解缙结怨的“大特务头子”迅即密告当时正跟随朱棣北征的朱高煦。

朱高煦喜出望外，借机生事，立刻添油加醋地向朱棣报告了此事。“解缙趁您出去的时候，私自拜见太子，然后又悄悄地跑回去了。这是无人臣礼的举动！”他向父皇朱棣告状说。

朱棣大为震怒，生性多疑的他认定解缙有结交太子、图谋不轨的形迹，于是便下令逮捕解缙。在对解缙进行了一番严刑拷打之后，案子又牵连到大理寺丞汤宗、宗人府经历高得旸、中允李贯、赞善王汝玉、编修朱紘、检讨蒋骥、萧引高、李至刚等人，于是，这些人都被逮捕入狱。后来，王汝玉、朱紘、李贯、高得旸、萧引高都死在了狱中。

至于解缙，更是受到了特别优待。自从被逮捕后，他一直被关在大牢里，且时不时就有大刑侍候。有一天，朱棣要锦衣卫都指挥佥事纪纲把监狱的囚犯名单给他看看，当朱棣看到“解缙”二字，便显得很吃惊地说了句：“缙犹在耶？”

一听朱棣这样说，权奸纪纲立刻心领神会，知道自己接下来该怎么做了。于是，回到狱中，他便立即吩咐手下硬是将解缙用酒灌醉，扒光衣裳，然后将他缚住手脚，乘着黑夜将他扔到郊外冰冷刺骨的雪地里。结果，还没等到第二天天亮，解缙就被完全冻成了一根梆硬梆硬的“冰棍”。

就这样，继“天下读书人种子”方孝孺之后，“大明第一才子”解缙又被活活冻死了！

想当年，朱元璋用刑太过，杀人太多，整个大明简直就像是一座“国家大监狱”，或者说是一座阎罗殿，对此，当时还只有二十岁的青年才子解缙愤而上“万言书”，批评朱元璋的血腥政策与滥刑主义，想不到一向“老虎屁股摸不得”的朱元璋杀了很多给他提意见的人，却唯独没有杀解缙。可是，侥幸能在朱元璋的血腥镇压下存活下来的大才子解缙在朱棣的手下却再也没有这样的侥幸。死亡宛如一只巨大的蝙蝠终于还是在一个大雪纷飞的夜晚朝他直逼过来……

解缙死了，死得非常凄惨，也非常窝囊。

解缙死了，随之一大批亲近东宫的大臣也惨遭迫害，或死或囚。然而，朱高煦深知，朝中文臣支持太子的很多，要想把亲近太子的文官集团一网打尽绝无可能。于是，他另出奇招，花重金收买了朱棣身边的很多近臣侍卫，并让这些人不断地说太子的坏话，在人前背后散布一些关于太子急于登基，抢班夺权的传闻。同时，只要一有机会，他便在朱棣面前煽风点火，诬陷诽谤太子。搞得朱棣一度神经衰弱，紧张兮兮，几乎连做梦都睁着一只眼睛时刻提防着太子。

永乐十年（公元 1412 年）九月，朱棣北巡后悄然回到南京，对太子搞了一次突然袭击，审查了其监国期间的各项工作，将太子狠狠训斥了一通，并抓了一大批太子身边的官员，更改了太子颁布的多项政令。

永乐十二年（公元 1414 年），朱棣北征瓦剌还都，朱高炽派使迎驾迟缓，再加上呈给朱棣的奏疏又措辞不当，朱高煦乘机挑拨，朱棣顿时火冒三丈。回到宫中，朱棣对朱高炽大加训斥，又下令把所有东宫官属——包括吏部尚书蹇义、学士黄淮、洗马杨溥等人抓入诏狱。其中黄淮、杨溥等人遭遇最惨，直到朱棣死了，朱高炽登上皇位后，他们才被释放出来。

经过一次又一次的打击，太子党的势力遭到了很大的削弱，近乎到了崩盘的边缘。而与此相反，朱高煦的势力却像是绩优股，不断行情看涨。

不知是自以为父亲一向宠着自己，还是觉得父亲亏欠自己。在家里，似乎只有朱高煦才敢于与父亲朱棣顶嘴。当初，朱棣把他分封到云南，朱高煦气呼呼地跑去找朱棣理论说：“我何罪，斥万里？”这话要是别人说的，朱棣没准会撕烂他的嘴。可是，对自己的这个儿子，朱棣却格外迁就，凡事都让他几分，不与他计较。

也许正是朱棣的迁就放纵，姑息养奸，醉心于皇帝梦的朱高煦才越来越得寸进尺，恣纵妄为。

那年，朱高煦跟随朱棣北征回来后，按理，应该直接就藩，可是，他却执意要同父皇一起回京师南京，同时，他还向朱棣请求，要天策卫作为自己的护卫。

我们知道，隋末唐初，当年秦王李世民在虎牢之战中连破夏王窦建德、郑王王世充两大割据势力，李渊认为李世民已经位列秦王、太尉（三公之首，主管全国军事）兼尚书令（尚书省长官，宰相之首），封无可封，且已有的官职无法彰显其荣耀，因而特设了“天策上将”这一职位用来专门封给李世民。天策上将职位在亲王、三公之上，仅次于名义上的文官之首三师（即太师、太傅、太保）；天策府则是武官官府之首，在十四卫府之上；天策上将可以自己招募人才作为天策府中官员，即所谓的“许自置官属”。而李世民也正是依靠“天策府”暗结党羽，收买人心，不断壮大自己的实力，以致最后发动玄武门之变，篡夺了大唐的最高领导权的。

按理说，以朱棣的城府与世故，无疑应该一眼就会看穿朱高煦要得到天策卫作为自己的护卫的狼子野心，可是，不知道是何原因，朱棣还是尽量满足他。

据说，朱高煦“两腋若龙鳞者数片”，今天来看，其实这只是一种皮肤病，或者也就是所谓的“胎记”。但朱高煦却把它附会为自己将来可以贵为九五之尊的异征，为此一直自命不凡。如今又得到了天策位的护卫，就更是洋洋得意，自我炫耀说：“唐太宗天策上将，吾得之岂偶然哉？”“我英武，岂不类秦王李世民乎？”

企图效仿唐太宗李世民取代太子李建成，朱高煦的夺嫡之心在当时已经昭然若揭，人所皆知。

但是，朱高煦做人做事也太张狂了。应该说，他在许多方面都很像他的父亲朱棣，但唯独在这方面与朱棣相差甚远。想当年，朱棣为了麻痹建文帝，在自己的封地里竟装疯卖傻，把自己伪装成一个精神病人，以致把当时许多人都骗了。可朱高煦却不知收敛，处处争强好胜，惹是生非。他曾私自募兵三千人，不归兵部管，还在京城内外纵兵劫掠杀人。兵马指挥使徐野驴捕治乱兵，朱高煦竟将徐野驴用铁瓜杀死。

一个欲成大事者怎么能如此嚣张，如此霸道？仅仅从这方面说，在政治上，朱高煦就还远远未修炼到家，非常欠缺火候，所以，他的夺嫡失败也就是可想而知理所当然的事了。

以柔弱克刚强

与朱高煦比起来，太子朱高炽做人做事显然要低调得多，大度得多，自然，也有修养、老到得多。

从史书上看，朱高炽这人天生好脾气，给人的印象是为人非常憨厚。

在夺嫡斗争中，他从始到终都在打太极拳，什么时候都显得不急不躁的样子，即使是在危急关头，也看不出他有丝毫急躁慌张，更没看到他玩弄过什么伎俩。

朱高炽也曾身历过险境。据《明史·仁宗本纪》记载："成祖举兵，世子守北平"，建文帝派李景隆带领五十万大军攻打北平。当时燕军精锐都已跟随朱棣出征，城中所余老弱兵士还不及李景隆军的十分之一，形势十分危急。但关键时刻，看似性格柔弱且身有残疾的朱高炽不仅表现出了泰山崩于前而面不改色的从容与镇定，也表现出了非凡的军事指挥才能。面对强敌，他果断下出一步险棋：命令城中守军分成小队出其不意地偷袭南军大营，以达到转移南军视线为北平城坚守争取时间的目的。没想到这一招果然奏效，南军没有料到城内的孤军竟然还敢主动出击，一时间方寸大乱。

在战斗最激烈时，朱高炽广泛发动群众，不仅动员城中老弱残兵乃至将校士民的妻女坚守北平城，而且还让人在夜晚不断往城墙上浇水。十一月的北平天寒地冻，可谓滴水成冰，水一浇到城墙上顿时便结成了厚厚的冰墙，等到第二日来看时，北平城已完全变成了一座光滑无比固若金汤的冰城。

应该说，北平保卫战是一个经典的战例，它不仅创造了一个以弱胜强的奇迹，而且，也使朱高炽的个人才能得到了充分的展现。后来，就连朱棣也承认："据守功高于扈从"，意思是说，当年世子成功保住北平的功劳，比跟着自己"扈从"打仗的功劳要高，是其他人都比不了的。

虽然得到父皇朱棣这么高的评价，但"端重沉静"的朱高炽却从未以此居功自傲。于此可见他的修养绝非其弟朱高煦可比。

在夺嫡斗争中，东宫的势力不断遭到沉重的打击乃至清洗，许多谋臣策士身陷囹圄，甚至被迫害致死。用我们老百姓的话说，在他最倒板的时候，朝中许多习惯于见风使舵的大臣都不约而同地倒向汉王朱高煦一方。可是，面对父皇的猜疑和兄弟的陷害，朱高炽却始终没有采取任何应对之策，如果硬要说他采取了什么反制措施的话，那就是以不变应万变，一如既往老老实实地夹紧尾巴做人，用他自己的话说就是："吾知尽子职而已，不知其他也。"或者，就是用了后人曾国藩所说的"挺经"——遇到艰难险阻，"他只挺了一挺，一场争竞就此消解"。

不知道是天生如此，还是从小误吃了什么补品，就像现在的孩子吃了什么激素类药物一样，朱高炽从小就是个大胖子，以致长大后胖得连走路都需要人搀扶。但胖子朱高炽像个弥勒佛似的，肚皮大肚量也大，他的大肚皮似乎能包容任何仇怨。

相传，有一次，他和朱高煦同谒孝陵，也就是去拜谒朱元璋的陵墓。由于身体太胖，腿又有残疾，尽管有两个太监搀扶，朱高炽走起路来还是趔趔趄趄，气喘吁吁。朱高煦在后面故意说话气他："前人蹉跌，后人知警。"朱高炽听了不气不恼，似没听见一般，倒是他的儿子，也就是后来的明宣宗朱瞻基气不过，反唇相讥，回敬了一句说："更有后人知警也。"为自己的父亲着实打了一回抱不平。

说来，朱高炽真是大肚能容天下难容之事，夺嫡斗争，虽说两个弟弟要了那么多手腕，施了那么多毒计，对自己下了那么多毒手，可是，他却总是显得以德报怨，慈悲为怀。

永乐十四年(公元1416年)十月，朱棣北征后回到南京，发现朱高煦私自乘用皇帝用的乘舆器物，私造兵器，阴养死士，招纳亡命，操练水战，司马昭之心已是路人皆知。成祖大怒，将他召入朝堂诘问，并当堂剥去他的王子冠服，将他囚之于西华门内，准备将他废为庶人。

虽然朱高煦多次害他，而且当时的夺嫡斗争早已是"公开的秘密"，但朱高炽闻讯后，并没有幸灾乐祸，更没有落井下石，而是急急赶去为朱高煦说情。经过太子苦劝，朱高煦这才得以保留亲王的身份。朱棣下令削减朱高煦的两部护卫军，将他改封到乐安州，并勒令他尽快前往封地。

永乐二十一年(公元1423年)五月，成祖不痊，也就是时年已经六十四岁的朱棣健康方面出了问题。赵王府护卫指挥孟贤等人勾结钦天监官王射成及内侍杨庆养子，阴谋毒死朱棣，然后伪造诏书，废太子而立赵王朱高燧为帝。阴谋泄漏后，孟贤等一批同谋都被处死。朱棣气愤之极，将朱高燧抓来呵斥道："这是你干的吗?"史载："高燧大惧，不能言。"

而这时，又是朱高炽不计旧仇，竭力为这位大逆不道的弟弟开脱罪责，朱高燧才由此得以免罪。

从后来的事实来看，朱高炽为朱高煦、朱高燧说情显然不是假仁假义，故意作秀。朱棣死后，登上皇位的他不计前嫌，一直对他的这两个曾经要谋害他的兄弟关爱有加，赏赐不断。由此可见，他实在是一个仁爱君子。

有道是：仁者无敌。很有可能，朱高炽正是凭着这种包容大度、仁爱诚挚的为人才最终赢得了朱棣的信任。所以，《明史·仁宗本纪》说他："中遘媒孽，濒于危疑者屡矣，而终以诚敬获全。"而朱高炽死后，"上尊谥，庙号仁宗"。这些评价应该说都是非常中肯的。

所以，从某种意义上说，在夺嫡斗争中，朱高炽之所以能够一路化险为夷，过关斩将，他的制胜秘籍就一个字，不用说，那就是"仁"。

吉人自有天相

不过，话说回来，如果说朱高炽全然只是以仁嗣位，"诚敬获全"，或仅仅只是以"挺经"就取得了夺嫡斗争的胜利，那也绝对不是事实。

其实，在整个夺嫡斗争中，他的"不争"完全是建立在一帮拥戴他的谋臣策士的"力争"之上，他的"无为"也绝对是建立在围绕在他身边的所谓"太子派"的"有为"基础之上。

的确，一点也不夸张地说，如果没有这一帮谋臣策士的斗智斗勇，奋力打拼，直至为他杀头坐牢，流血牺牲，光靠他一己之力，朱高炽绝对修不成正果。

说来，在接班人的博弈中，朱高炽能从最初的"山穷水复"最终走向"柳暗花明"，他需要衷心地感谢的有很多人，而最需要刻骨铭心永志不忘的至少有这么几个人：金忠、解缙、张信、胡濙，还有历史上著名的"三杨"中的二杨，即杨士奇与杨荣。当然，很有可能，还有一个始终隐在幕后的奇士高人——姚广孝。

关于金忠、解缙的拥立之功，我们在前面已说了很多，这里，只简要说一说胡濙、杨士奇与杨荣。

说到胡濙，想必知道的人不多，但要说到郑和，则几乎无人不知，无人不晓。其实，胡濙和郑和应该说是同一类人，其真实身份都是明成祖朱棣派出的秘密侦探，永乐年间的大特务。

我们知道，朱棣抢夺皇位以后，尽管对外发布官方消息说"惠帝之崩于火"。但他却一直疑心建文帝未死，因而派亲信胡濙与认识建文帝的内侍朱祥，以寻访道士张三丰为名，从陆路遍访各州、郡、乡、邑，到处查访建文帝下落。后来听说建文帝从海上逃亡到国外，就又派郑和下西洋，秘密查找建文帝的踪迹。就这样，分陆、海两路，胡濙与郑和一直为朱棣“隐察建文帝安在”，前后竟达十六年之久。

虽然是永乐年间最大的特工，但胡濙的人品却很不错，绝对不是那种趋炎附势、信口雌黄的小人。据说，有一次朱棣要他在寻找建文帝的同时，捎带着暗中了解一下太子朱高炽的情况。朱棣特地交代他说：“人们都说太子常做失德之事，你到京师去替我看看，可多留数日，看到底如何，然后密奏我。”

显然，当时太子的处境已经非常艰难，只要胡濙稍微说两句他的不是，就很有可能成为压死骆驼的最后一根稻草。想当年，隋文帝让宰相杨素去调查太子杨勇，奸相杨素就落井下石，无中生有，回来说了杨勇的一大堆坏话，结果将太子杨勇给废了。可是，胡濙为官却非常正直，他经过考察，上密疏给朱棣，实事求是地列举了七件事，证明太子“诚敬孝谨”，让朱棣在很大程度上消除了对太子的猜疑。

与胡濙一样，杨士奇也是一个正人君子。能遇到这么多的正人君子辅佐，说来，真的是朱高炽前世修来的福气。

杨士奇从小丧父，这位成长经历颇有些像北宋名相吕蒙正的传奇文臣为官非常清正。史称他居家时从不谈论公事，即使是至亲好友也不让他们知道。从史书上看，他虽然精于权谋诡计，但事实证明，他却不是一个两面三刀、见利忘义的两面派。在你死我活的夺嫡斗争中，即使是在太子处境最险恶的时候，他也毫不动摇，决不变节，始终实话实说，为太子仗义执言。

史载，永乐九年(公元 1411 年)，朱棣出征回南京，召见杨士奇询问太子监国的情况。杨士奇说太子很孝敬，并且说：“殿下天资很高，即使有了过失也一定要弄清楚，然后加以改正。他存心爱人，从未辜负陛下的重托。”让朱棣听了很高兴。

永乐十四年(公元 1416 年)，朱棣刚回京师，便听到有关汉王朱高煦阴谋夺嫡以及其他不轨行为的一些传闻。为了弄清虚实，他把吏部尚书蹇义与时为内阁学士杨士奇找来调查核实。在这种大是大非面前，蹇义心存顾忌，不敢说话。可杨士奇却直言不讳，如实向朱棣说出他的看法：“臣与蹇义都在东宫侍奉太子，外人都不敢对我们两人说及汉王的事。但汉王两次被遣到他的藩国去，他都不肯去。现在他知道陛下将要迁都，总是请求留守南京。望陛下好好考虑他的用意。”杨士奇这话说得很有分量，据说朱棣听了默然不语，长时间地陷入了沉思。

在夺嫡斗争中，杨荣更是表现不凡，功不可没。

显然，如果说杨士奇是东宫太子身边的人，那么，杨荣则是皇帝身边的人，而且，一直是朱棣宠信的近臣。

在中国历史上，有许多皇帝身边的宠臣多半都是一些“谀臣”或佞臣，这些人最大的特点就是善于阿谀奉承，见风使舵。当然，其中忠直之臣不是没有，却往往如凤毛麟角。

从史书上看，杨荣应该就是这样一位如凤毛麟角的忠直之臣。

杨荣这人多谋善断，很有头脑，有很强的洞察力和预见力，也就是人们常说的料事如神，在这方面，就连同样很有头脑和主见的朱棣都不得不佩服他，而这也正是他信任杨荣把他一直放在身边的原因。

朱棣一生经常喜欢外出巡视或“御驾亲征”，而永乐帝五次北征，杨荣五次扈从，朱棣对他的宠信由此可见一斑。在此过程中，朱棣常将军队中最为重要的东西——印信交给杨荣保管，而且军中但凡宣诏等事务，必须得到杨荣的奏报才会发出。

表面看来，杨荣处事不偏不倚，为官做人从不拉帮结派，即使是朱高炽与朱高煦的夺位之争，他也从不表明自己的观点，更不明显偏向任何一方，在这一点上，他显然要比解缙、杨士奇要深沉圆熟得多。

但是，不表明观点不代表自己没有观点，恰恰相反，杨荣一向是个非常有思想有远见的人，如在太子即位这件事上，就充分地体现了他在历史的关键时刻在处理重大问题时的思虑周全，英明果断。

那是永乐二十二年(公元 1424 年)的七月，朱棣在回师途中病逝于榆木川，这情形很有些类似于当年秦始皇病逝于沙丘。由于事发突然，随从宦官马云等人不知所措，与杨荣、金幼孜密商如何处置。为了避免朱高煦、朱高燧趁机作乱，抢先发难，杨荣指挥若定，决定秘不发丧，将军中的漆器融成一口大棺材，将成祖的遗体秘密装入棺材中，然后每日还是照例进餐、请安，就像什么事都没发生一样。同时，自己带领太监海寿昼夜兼程进京密报太子，为太子登基抢夺先机，争取了极为宝贵的时间。

可以想见，假若当时杨荣心术不正，心怀不轨，关键时刻与朱高煦勾结串通，就像当年秦始皇沙丘暴毙，赵高与李斯偷改遗诏一样，太子的即位将会是一个很大的问题，很有可能，朱高炽就不是所谓的明仁宗了。明朝的历史至此将会改写，随后的“仁宣之治”自然也就绝对不可能发生。

然而，令朱高炽万分欣慰的是，在夺嫡斗争中，他遇到了那么多优秀的大臣，精明能干且正直善良，明里暗里都向着他，帮着他。所谓吉人自有天相，能得到这么多优秀大臣的襄助，朱高炽继位虽然一直存在悬念，但最终问鼎天下也在情理之中。

永乐二十二年（公元 1424 年）的八月，也即在明成祖朱棣死后一个月，朱高炽在北京即位，是谓仁宗。仁宗大赦天下，依照惯例，改次年（公元 1425 年）为洪熙元年。

新帝登基，老皇帝的残暴终于成为历史，新皇帝圣明仁孝，真是天下之幸，苍生之福。

但说来令人感到遗憾的是，仁宗即位还不到一年，在事先几乎没有任何征兆的情况下却突然驾崩。一年之内，明朝竟然有两个皇帝驾鹤西去，龙驭上宾，这在历史上可谓极为罕见。而且，更令人感到惊骇的是，仁宗的棺椁中竟然会是一具无头尸！

关于仁宗的死因，传说颇多，众说纷纭，几无定论，因而至今仍还是历史的一大“千古谜案”。

第四章

“土木之变”的前因后果

公元 1449 年，也即明英宗正统十四年，明朝的历史上发生了一起震惊中外的特大政治事件：在与漠北的蒙古瓦剌部落交战中，御驾亲征的大明皇帝——明英宗朱祁镇竟然被瓦剌军队生擒被俘！而且，更令人惊讶且颇为吊诡的是，在这次的“御驾亲征”中，明英宗朱祁镇号称亲率大军五十万，却莫名其妙地败在了瓦剌这个仅有几万机动作战部队的蒙古族部落手里，“亲征”的结果竟然是“亲自”当了瓦剌的俘虏。

由于这次事件正好发生在怀来城外的土木堡（今河北省怀来县以东二十里外），所以历史上将这次事件称之为“土木之变”。

今天，当我们仔细检视这次事变发生的前因后果，会发现其中有许多东西值得深思与玩味。

“冲主”即位

明朝的皇帝，与唐朝的皇帝一样，一般寿命都不长，除了洪武帝朱元璋活了七十一岁，明成祖朱棣活了六十四岁，其他皇帝几乎都没活过六十岁，许多人年纪轻轻甚至还只二三十岁就死了，究其原因，除了纵欲过度、好色丧身，最主要的恐怕还是与其家族的基因有关，或者，换句话说，朱元璋这个家族的子孙后代多半都不长寿。

不说别人，就说明宣宗朱瞻基吧，那么精明强干的一个皇帝，在其父亲明仁宗朱高炽继位还只有十个月便突然暴卒后临危继统，上台后理平藩乱，整顿吏治，使得大明王朝逐渐富庶，百姓安居乐业，因而史家将仁宗与宣宗父子为帝的时间，称为“仁宣之治”。可是，还只在位十年，宣德十年

（公元1435年）正月初三，时年只有三十七岁的他便一命呜呼，离开了人世。

由于事发突然，毫无征兆，而且太子朱祁镇虚岁只有九岁，年龄实在太小，所以宣宗死后一些大臣担心还处在童年阶段的朱祁镇根本没有能力承继大统，担当重任。一时间甚至有传言说新皇帝很可能将由宣宗之弟襄王朱瞻墡继任。

但关键时刻，张太后站出来说话了。那天，她把朝中的一帮大臣召到乾清宫，指着尚未成年的太子朱祁镇，泪流满面地说："此新天子也。"

张太后是明仁宗朱高炽的皇后，宣宗朱瞻基的母亲，朱祁镇的祖母。从史书上看，她绝对是个非常贤惠能干的女人。相传当年明成祖朱棣在立嫡时曾一度犹豫不决，后来正是因为看中了大儿媳妇张氏聪明能干才坚定了"立嫡以长"的决心。

而后来的事实证明，朱棣也确实没看错他这个"大儿媳妇"，张氏在相夫教子方面也真的堪称后宫的典范。无论是在仁宗时期还是在宣宗时期，无论是在后宫还是在前廷，她都有着很高的威望。

所以，她的这句话不说便罢，一说无疑就是懿旨，不只是在接班人一事上拍板定调，而且在事实上也就等于亲自指定了大明的新任天子。

既然张太后已经把话说到这，在场的大臣当然立即反应过来，于是便立即向坐在那里的小太子朱祁镇三呼万岁，无形中就等于把新天子的登基仪式给提前举办了。

这年的正月初十辰时，也即在宣宗去世整整六天后，朱祁镇终于登基为帝，改次年年号为正统元年（公元1436年），他便是历史上所说的明英宗。而张太后也被尊为太皇太后。

由于新皇帝毕竟只是"冲主"，尚未成人，还不懂事，压根没能力执掌皇帝的大权，所以当时有许多大臣都纷纷上书，请求太皇太后张氏能够"垂帘听政"。

可是，由于在明朝的历史上还没有太后垂帘的先例，再加上开国皇帝朱元璋在《皇明祖训》中已有明文规定，为防止明朝出现"武则天"，对母后临朝特地做出了严格的限制。所以，性格贤惠的张氏自然不愿坏了"祖宗的规矩"，像当年武则天那样"垂帘听政"，"牝鸡司晨"。一句话，张氏的权力欲并不特别旺盛。

当然，不想“垂帘听政”，对朝政干预太多，并不等于说张太皇太后对于国家大事就完全放任不管。事实上，对一些大的原则性问题，她还是紧抓不放认真过问的，而且从中也可看出她在治国理政以及知人善任方面也真的很有领导能力和领导艺术。

如鉴于当时新帝年幼，无法亲政，从实际出发，张氏及时做出了三项“施政方针”，即：一是，“悉罢一切不急务”，也就是非国家急需必须要办的事能不办就不办，能缓办就缓办，提倡一切从简；二是，“时时勖帝向学”，也就是要不断地引导和激励年轻的皇帝好好读书，用功学习，增广知识；三是，“委任股肱”，也就是要任用得力大臣，让那些德高望重曾历事永乐、洪熙、宣德三朝的元老大臣保翊冲主，佐理政务。

有道是：治国如行医，须望闻问切，对症下药。于此可见，虽为女流之辈，但张太皇太后在治国理政方面也可谓是一个高明的“中医”，为当时的大明开列了一系列对症下药的“治国处方”。

不仅如此，张太皇太后还为年轻的小皇帝指定了一个“五人智囊团”，作为英宗的辅弼大臣。

那是正统初年的一天，张太皇太后御便殿，传谕英国公张辅、大学士杨士奇、杨荣、杨溥以及礼部尚书胡濙朝见，小皇帝朱祁镇在祖母太皇太后张氏一旁站立。张氏对朱祁镇告诫说：“此五人先朝简贻皇帝者，有行必与之计，非五人赞成，不可行也。”

朱祁镇当即奶声奶气地答应了。由此确定了五大臣辅政的政治格局。

说是“五大臣辅政”，但由于张辅不过是一介武夫，只是当年在“靖难之役”以及在三次远征蒙古和后来的几次平叛中立有战功，但对治理朝政却是外行，而胡濙虽说自成祖以来就一直很受重用，但他早年其实不过是一个“便衣警察”，一个“特务头子”，在成祖一朝几乎一直都是在秘密寻找建文帝的下落，显然在参谋赞画、辅弼朝政方面也不内行，所以真正能够杖策定谋辅弼冲主处理国政的还是内阁中的“三杨”，也即杨士奇、杨荣和杨溥。因为此三人在洪熙、宣德以至正统年间一直为内阁成员，所以被时人称之为“三杨内阁”。如明人焦竑《玉堂丛语》卷七中有言：“正统间，文贞（杨士奇）为西杨，文敏（杨荣）为东杨，因居第别之。文定（杨溥）郡望，每书南郡，世遂称南杨。西杨有相才，东杨有相业，南杨有相度。故论我朝贤相，必曰三杨。”

“三杨”在当时人们心目中的地位由此可见一斑。

既然在实际上是“三杨主事”，那为什么要让“五大臣辅政”？那张辅、胡濙岂不是摆设？仔细想想，便会发现张太皇太后这样安排很有政治头脑，甚至，从某种意义上说，她在为“冲主”安排辅弼大臣方面远比朱元璋高明。因为，朱元璋在临终前为自己的皇太孙建文帝朱允炆安排的“辅弼大臣”中都是清一色的文臣，而没有“武能安邦”的武将，这样的“辅弼班子”显然严重失衡，很不合理，致使在燕王朱棣发动的“靖难之役”中没有一个武将能够杖谒军门，平定叛乱，从而最终导致了建文“文人政权”的彻底失败。

也许是汲取了朱元璋在这方面的教训，为了防止类似当年明成祖朱棣篡位这样的事情再次发生，张太皇太后为自己的皇太孙朱祁镇挑选的辅弼班子却是文武搭配，结构合理，用张辅当然是希望这位骁勇的武将能为“冲主”坐稳龙椅保驾护航，提供军方支持。用胡濙这个“特务头子”则无疑是希望他在“看不见的战线”能为“冲主”充当耳目，起到维稳的作用。而在确保“武能安邦”的基础上，这位很有政治头脑的太皇太后显然更注重“文能治国”，在五个辅政大臣中竟然安排了三个文臣。用现在的话说，其目的也许还是想“以经济建设为中心”。

从《英宗实录》来看，在英宗即位初期，由于他还年幼，基本不管事，再加上太皇太后张氏明白事理，且用人不疑，将国家的许多大事都交由“三杨”去处理，而“三杨”的王佐之才以及忠诚早已为几代皇帝所检验，因而在“三杨”的悉心治理下，历史上所谓的“仁宣之治”的盛世依然延续下来，而且，对于宣德末年的弊政，也在一定程度上进行了清理革除。

譬如，宣德后期，皇帝耽于女色，生活奢靡，以致后宫“严重超编”。宣宗去世后，在“三杨”的主使下，对后宫实行精简，大加裁员。光是裁撤教坊乐工就达三千八百人，遣回朝鲜国妇女五十三人，辞退遣返添财库夫杂役两千六百四十人，裁减厨役六千四百多人，此外还将各寺法王、国师、喇嘛等也进行了减员。同时，对一些“不急务”诸如临时征派、徭役以及一些采办、土木工程等也大幅度进行了蠲免。这就在实际上实行了清静无为“休养生息”的政策。

而在这期间，“冲主”朱祁镇除了参加一些必要的庆典与祭祀活动，其最重要的任务就是接受教育，用功读书，在他的老师们的指导下，学习怎样做一个称职的帝王。

如果事情就这样一直发展下去就好了，虽然历史会因此多了些平淡，少了些波澜，但对国家本身却实在是件天大的好事。

可是，说来历史总是会无事生非，节外生枝，就在小皇帝朱祁镇即位还不到两年，原本风平浪静的正统朝廷却因为一个人的“高调”出现渐渐变得潜流涌动，浊浪翻滚起来。

不用说，这个人便是司礼太监王振。

熟悉明史的人都知道，明朝开国皇帝朱元璋深知历朝宦官干政的弊端，可内廷深宫之中又少不了这些受阉过的奴才去“搞物业”，做“家政”，为了既差使他们又制约他们，朱元璋曾明令宦官不许读书识字，目的是不让这些宦官祸乱朝政。可是，就因为明成祖朱棣当年在“靖难之役”时为了搜集朝廷绝密情报，曾用重金收买建文帝左右的宦官做自己的间谍，所以，在他篡位登上皇帝宝座后便对这些宦官感恩图报，不惜违反《皇明祖训》，对这些“刑余之人”予以重用，派他们出使、专征、监军，并设立由宦官掌控的特务机构——东厂。就这样，经由朱棣的特别培植，宦官的势力开始逐步在内朝外廷形成了。

到了宣宗时代，有“蟋蟀天子”绰号的朱瞻基对宦官更加优渥，竟然在后宫设立内书堂，通俗点说也就是“宦官子弟学校”，挑选年幼的小宦官，由大学士、翰林教他们读书识字，从此成为定制。所以，以后的宦官中便很少有文盲，这就在无意间为宦官后来的祸乱朝政奠定了良好的基础。正如《明史·宦官传》所说：“多通文墨，晓古今，逞其智巧，逢君作奸。”

当然，王振并不是一名在宫内长大且读书识字的宦官，而是一位半路出家的“阉竖”。此人本来是山西大同府的一位教官，正儿八经的知识分子。永乐末年，为了培训宫内的女官，从全国各地选拔一些自愿净身(也即阉割)的学官到宫内任女官的教师。当时一共只选拔了十几个人，王振便是其一。

一个知识分子，又不是走投无路，却放着正常人不做，硬要到宫里来做一名太监，仅此可见王振这人不仅心理不正常，而且也绝对不是一般的官迷，恐怕在这之前连做梦都想着做官。

作为一名知识分子，王振虽然算不上有多少学问。但进到宫内，作为一个宦官知识分子，他却显得肚子里墨水多多，再加上他很有心计，很有社会经验，因而在宫内很快便鹤立鸡群，脱颖而出。由于他不仅给女官们讲课，而且也给时为太子后来又当了皇帝的英宗朱祁镇教书，且书教得又特别风趣，特别搞笑，不像其他一些先生那样学究气，所以不仅有许多女官喜欢他，连英宗也很喜欢他，一直尊称他为“先生”。

在当时，司礼监乃是宦官中最高级别的官员，其职责很有些像皇帝的“私人秘书”或“秘书长”，整天在皇帝身边形影不离。在王振之前，曾经有王瑾、金英、范弘等宦官先后担任过此职。但到了英宗嗣位后，九岁的小皇帝竟然越级将自己喜欢的“先生”王振，提拔他为司礼监掌印太监，让王振这位半路出家的太监一下子登上了权力的顶峰。

从史书上看，王振这人很会伪装自己，在一开始，他曾表现得很是正直，对自己的“学生”小皇帝朱祁镇敢于犯颜直谏。说是有一次，小皇帝在跟一些小太监踢球玩耍，看见“先生”王振来了，吓得赶紧停下来，不吭气儿。王振见此情景，跑过去跪下进谏说：“先帝(指宣宗)因为爱好这些玩乐之物而劳民伤财，几乎误了整个天下百姓。如今陛下您又有这样的爱好，那大明社稷江山怎么办?”史载，小皇帝听了王振的这一番劝谏，“愧无所容”。就连“三杨”听说此事后也不禁感叹说：“宦官中竟然还有这样的人!”对他大为称赏。

但王振虽说是个“严师”，却显然不是一个“贤臣”，就因为内心中官欲特别强，所以自觉或不自觉地，手总是伸得特别长，以致差一点曾为此掉了脑袋。

事情的起因说起来其实也很简单，那就是有一天王振竟然避开内阁的票拟，擅作主张代小皇帝作出决策。要知道，在当时太监干预政事是很犯忌的，因为开国皇帝朱元璋曾严令禁止太监干预政事，为此，还特意在宫门外挂了一块三尺高的铁牌，上面赫然刻有“内臣不得干预政事，预者斩”这样几个大字。

对这样的“先帝律令”，知书识礼的太监王振当然不会不知，可是，他却故意违抗祖训，这就显然不是一件小事了。所以，当发生这件事后，作为实际上的“内阁首辅大臣”，杨士奇为抗议太监王振对阁权的不尊重以及对《皇明祖训》的公然违抗，便三日居家不出，以“罢工”表示自己无声的抗议。

这事很快便给太皇太后张氏知道了，很有政治头脑且深明大义的她立即感到了问题的严重性，预感到王振这个胆大妄为的“狗太监”日后肯定是个祸害，于是便想趁早把他给灭了。正统二年(公元1437年)正月末，张氏将小皇帝朱祁镇以及“三杨”等五位辅弼大臣召到便殿，然后吩咐手下女官将宦官王振给带上来，要将王振赐死。老太后板着面孔呵斥道:“你侍候皇帝起居，多不守规矩，今天要赐你死!”当时，几位女官奉命已将刀架在王振的脖子上，准备当场结束掉这位“阉竖”的性命。

但是，关键时刻，十岁的“冲主”朱祁镇却一把鼻涕一把眼泪地跪下为自己喜欢的“先生”王振求情，更要命的是，当时在场的大臣连“三杨”都毫无原则性地一起跪下来为王振求情。

如此一来，在杀宦官王振一事上，老太后有些犹豫了，心软了。于是便高抬贵手，当即改变主意说:“皇帝年少，不知道你是在祸害国家。看在皇帝和众大臣的面子上，且不杀你，但今后可不许再干预朝政!”

就因为太皇太后张氏手下留情，没有将违反祖训干预朝政的宦官王振杀掉，致使这位权欲熏心的太监死里逃生，由此给国家埋下了祸根。

仅此可见，历史真的存在着很大的偶然性，如果在当时太皇太后张氏毅然决然杀了宦官王振，那么后来的“土木之变”很有可能就不会发生，而明朝的历史也一定会是另外一种流向，起码不会出现临时性的“改道”。但就因为老太后的于心不忍，结果硬是让一个祸国殃民的“害人虫”给存活了下来，以致在后来给大明造成了那么大的危害。

当然，还是那句话，历史是无法假设的。在历史上，即便是再偶然的一件小事，一旦成为事实，就会毫无疑问地成为历史的必然。

权宦是怎样炼成的

由于体制使然，在我国古代，几乎每个朝代都会出现“权宦”，也即权倾朝野、飞扬跋扈的太监，最著名的像秦朝的赵高、西汉的石显、东汉的张让、北魏时的刘腾、唐朝的李辅国、鱼朝恩，等等。宋朝的宦祸相对较轻，但也出现了像童贯这样导致亡国的“名阉权宦”。至于明清，由于为了适应极端的封建专制制度的需要，宦官更是甚嚣尘上，成为一大祸国殃民且难以革除的“政治毒瘤”长期存在于王朝的体内。

像历史上许多封建王朝开国时那样，明朝初期也即在洪武、建文时代，虽然有宦官，却无宦祸，因为对宦官过分压制，建文帝甚至因此得罪了整个宦官群体，因而使得这些生理与心理多半双重残疾的“刑余之人”都暗中投靠燕王朱棣，充当了朱棣潜伏在建文朝廷的特务。

所以，一点也不夸张地说，明朝的“宦祸”，其始作俑者，无疑就是明成祖朱棣。

但是，明朝的第一个“名阉权宦”王振却是由英宗朱祁镇一手培养起来或者说是由其一手捧红的。

当然，仔细想想，王振的发迹与蹿红，追根溯源，其实“功劳”也不能全算在英宗一个人的头上，应该说，在某种意义上，当时的内阁权臣“三杨”也“功不可没”。

的确，从某种意义上说，宦官王振之所以能够“做大做强”，一方面固然主要是由于英宗的昏庸，与他对王振的过分宠信骄纵有关，但在另一方面，与“三杨”在这件事上的明哲保身以及姑息养奸也有着很大的关系。

有道是：无规矩，不成方圆。大量事实证明，无论是治国还是齐家，都需要严守规矩。无论是一国之君还是一家之主，无论是对臣下还是子女，都需要娇宠有度，不渝规矩。可是，年轻的英宗显然不知道这些，他对宦官王振的依赖与骄纵简直到了不加节制的程度。

有这样一个例子便很能说明问题，那是正统六年（公元 1441 年），几十年悬而未决的定都问题终于在英宗手上“尘埃落定”，最终定在了北京，并且相继新建了奉天殿、华盖殿、谨身殿以及乾清宫和坤宁宫。为示庆祝，皇帝在奉天殿宴请文武百官。按照朱元璋当年定下的规矩，宦官不得参与外廷宴会。为了不使王振生气，英宗特意派使者去安慰他，劝他不要在意。但没想到英宗越在乎他，王振就越是谱摆得不得了，他冲使者发火道：“周公辅成王，我独不可一坐耶？”意思是说，我像当年周公辅佐成王一样辅佐小皇帝，劳苦功高，难道宴会时连一个座位都不配享有吗？

王振这样说显然是狂妄自大，竟然把自己比喻成西周时辅佐成王的

"周公",这口气也实在太放肆了。

可以想见,这事要是放在年轻的康熙身上,对"狗奴才"王振如此嚣张狂妄的做法,他绝对不会轻饶。甭说王振,即便是鳌拜他也照样惩罚。可是,说来人和人真的很不一样,同样是"冲主"即位,但年轻的明英宗朱祁镇却完全不能与清圣祖康熙相提并论,这位年轻的大明第六位天子不仅才智平平,治国无方,而且从一开始就表现的驭臣无术,昏庸不堪。

对于王振的狂妄无礼,他不仅不予以治罪,反而逾越规矩,竟然下令打开东华门,破天荒地让文武百官行"跪拜之举",也就是让众大臣一起跪在那里,夹道欢迎王振这个宦官赴宴。

当时,英宗已经十五岁,一个十五岁的小伙子说话做事竟然如此没有头脑,可见其绝对是个年轻的昏君,无论其智商还是情商都显然好不到哪里去,而用这样的一个人来御宇天下,真的是一种悲哀。

所以,英宗后来为宦官王振所害,从某种意义上说,其实完全是他咎由自取,罪有应得。所谓"养虎被虎害",究其原因,真的也怪不了别人。

当然,宦官王振的日益专权跋扈在一定程度上也与"三杨"等辅弼大臣的软弱与姑息养奸有关。所以明人焦竑在其《玉堂丛语》中说:"三杨辅政,仅阳敛阴施,掩人耳目,虽曰保身,其实误国,以致阉宦弄权。"至于当代明史专家毛佩琪教授说的就更直接,在《明朝十七帝·明英宗被俘之谜》一文中,他说:"对于王振的专权及跋扈,老臣们明哲保身,故作宽厚也负有责任。"在王振飞扬跋扈悖谬作恶的过程中,他们一直装聋作哑,甚至没有采取任何一次有效的反击。作为被太皇太后张氏亲自指定且寄予厚望的"辅弼大臣",他们的不作为理所当然应该受到历史的指责乃至缺席审判。

显然,也正是因为年少无知的英宗皇帝毫无节制的骄纵以及内阁权臣为了保权固位的一再妥协与退让,才使王振这阉竖得寸进尺,以致到最后为所欲为,变得完全肆无忌惮。

但"三杨"的妥协与退让并没能赢得王振的尊重与好感,相反,就连他们自己的权力空间乃至生存空间也不断受到王振的挤压与侵犯,甚至,他们的人格尊严也被王振这个"权阉"肆意侮辱与伤害。

有这样两个例子可资为证:

据《明史》记载,一次,在朝堂之上,王振对"三杨"说:"朝廷事久劳公等，公等皆高年，倦矣。”听口气，说这话的确乎不是一个司礼监秉笔太监，而俨然就是一个居高临下的皇上。

那天，王振的话表面上说得很客气，但其实背后的“潜台词”则是逼“三杨”这几个老家伙退位。

以“三杨”的政治历练与精明，他们当然不会听不懂王振背后的潜台词，然而，不知是出于何种考虑，他们都拒不退位，杨士奇当即表示：“老臣当尽瘁报国。”

既然不愿退位，硬要“敬酒不吃吃罚酒”，这以后，王振也就对他们不客气了。于是，他开始对“三杨”实施各个击破。

那年清明，杨荣外出扫墓，庄简王朱佐敬送礼到杨荣家，杨荣当时并不知情。但王振获悉此事后却大做文章，企图以此整倒杨荣。事发之后，杨士奇尽力解救，虽几次在皇帝面前求情却不见效果。杨荣又气又怕，很快便忧愤而死。

紧接着，王振又把矛头直接对准了“三杨”中的“龙头老大”杨士奇。这回，王振不是先拿杨士奇开刀，而是拿他的儿子“说事”。因为，杨士奇的儿子杨稷这个“官二代”犯了杀人之罪，王振当然抓住不放，他指使言官上奏皇帝，要求绳之以法，想以此扳倒杨士奇。面对王振的频频发难，杨士奇最后实在顶不住了，于是便主动引咎辞职，从此不理朝政。

正统七年，张太皇太后去世，杨士奇更失去了最坚强的后盾，面对王振势力的膨胀，他忧心如焚，积郁成疾。翌年，杨士奇撒手人寰。

至此，“三杨”中已只剩下杨溥一个人了，而杨溥原本就是一个胆小怕事的人，再加上年老体弱，从此对政事几乎全不过问，所以当后来的“土木之变”发生后，人们在追思这一段历史的时候，有人不无愤慨地认为他“依违中旨，酿成贼奄之祸”。这话虽然有苛求的成分，但仔细想想，却也有几分道理。

当然，“权宦”作恶，祸乱宫廷，最主要的责任还应该由英宗朱祁镇来负。

康熙八岁即位，十三岁亲政，除鳌拜，削“三藩”，把个皇帝当得风生水起，而整个大清一时间也被他治理得井井有条。可是，九岁即位的明英宗朱祁镇却似乎总是处在“长不大的童年”，以致皇帝当到二十多岁还总是像个被人牵着线任人随意驱使摆布的木偶。

历史上，大凡有昏君出现的时代总会有奸臣相伴。

不用说，与英宗相伴生的奸臣便是王振。当然，准确地说，王振不是奸臣，而是一个“奸宦”。

显然，每当一个王朝阴盛阳衰乃至走向没落时，在国家的政治舞台上，总由他们充当主角。

的确，随着“三杨”以及张太皇太后的逐渐淡出，正统年间大明的政治舞台上，宦官王振已越来越成为一个为众人瞩目如众星捧月般的“男主角”，在他的面前，就连英宗也显得暗淡无光，成为一个可以任他随意使唤的“小马仔”。

如果说，对于内阁权臣“三杨”在打击与迫害时王振还多少有些顾忌不敢太肆无忌惮的话，那么，对于其他碍他事或反对他的大臣，王振就不那么客气了。

第一个让王振看不顺眼的大臣名叫刘球。刘球是永乐十九年进士，曾主修《宣宗实录》。因为王振权倾朝野，炙手可热，当时许多没骨头的大臣明里暗里都厚着脸皮巴结他，可时任翰林院侍讲的刘球却知识分子气十足，不愿奴颜婢膝，捧人臭脚。

很显然，像刘球这样的人在古今官场都是不会发达、不会得志的。诚所谓“人各有志，不可强求”，但没想到刘球却那么热衷关心“国是”，而且又偏偏那么“不识时务”，也不知是有意还是无意，竟然老是和奸宦王振过不去。

正统六年（公元 1441 年），有感于位于西南边疆的麓川思任发“称兵扰边”，多次在云南西部“侵占地方，虐掳百姓，抢象马，害官吏，掠官船”，“势愈猖獗”，生性好战的宦官王振鼓动英宗去大举征伐麓川。

平心而论，王振当然也包括一些“主战派”大臣主张用武力来解决久拖不决的云南边疆问题的决策无疑是对的，其护国捍边的决心也是应该值得肯定的，但是，包括刘球在内的一些身居朝廷内院的文臣却竭力表示反对，这显然也是可以理解的。因为，在我国古代，特别是在宋朝，每当外敌入侵，朝野内外总会自然分成“主战”与“主和”两派，用现在的话说就是“鹰派”与“鸽派”，因而总会听到两种截然不同的声音。

再说刘球，因为反对对麓川用兵，所以，他上书英宗谏诤说："帝王之驭四裔，必宥其小而防其大。所以适缓急之宜，为天下久安计也。……况南方水旱相仍，军民交困，若复动众，纷扰为忧。臣窃谓宜缓天诛，如周、汉之于崇、越也。"虽然刘球旁征博引，说了一大通理由，其实意思只有四个字，那就是："反对南征"。

当然，因为"南征已有成命，不用球言"。

可尽管刘球"反对无效"，王振还是嫌其多嘴多舌，对他非常感冒。

但真正让王振对刘球恨之入骨的则是这样一件事，那是正统八年(公元1443年)五月二十五日，因为北京紫禁城刚新建不到五年的奉天殿忽然遭到雷击，英宗惊恐不已，以为是不祥之兆，于是赶忙辍朝三日，祭告天地以求上苍保佑，同时下诏征求谏言。

这时，刘球当然上书建言，在给皇帝的上书中他陈言十事，其"十事"之一就是："皇上临御九年，事体日熟。愿守二圣成规，复亲决故事，使权归于一。"言外之意就是要皇帝亲政，不要大权旁落，用坊间老百姓的话说就是，不要"捧着鼓给人打"，让一个连下面那东西都没有的太监专权。

这样的"陈言"，王振看了当然很生气，很纠结，对刘球自然会恨之入骨了。

当时，锦衣卫彭德清与刘球是同乡，但彭德清与刘球不是同一类人，在平时他就看不惯刘球的恃才傲物，自恃清高，而是处心积虑想方设法去巴结王振。就因此，当他知道刘球因上书得罪了王振，他觉得自己"立功受奖"的机会来了，于是，没过多久，他便诬陷刘球与自己的另一个"老乡"翰林院编修董璘合谋，把两人关进自己的锦衣卫监狱，并指使自己的手下亲信锦衣卫指挥马顺深更半夜将刘球的头颈割断。

对彭德清的这一"拍马屁行为"，王振当然暗中予以充分肯定。

除了刘球，先后受到王振迫害的还有祭酒李时勉、锦衣卫狱卒王永。

李时勉这个人很有学问，且性情刚直，曾主持改建国学。那年，英宗命王振去他那里检查，按说，这是一个巴结讨好王振的好机会，要是一般官员肯定会郑重其事，恭而迎之。可是，当那天王振前呼后拥地来了，李时勉却不卑不亢，不冷不热，并不对他唯唯诺诺，低三下四。这使王振当时就很不高兴。所以，回去后王振越想越气，便决定要好好治一治这个脖子发硬的知识分子。

可是，查来找去，却寻不到李时勉的任何错失，要说，王振这人也真的心胸狭窄，既然找不到碴也就算了呗，所谓得饶人处且饶人，可是，他却硬要拿李时勉治罪。当时正好李时勉曾折取过一根树枝，于是王振便诬告他私伐官树，派人前去逮捕李时勉。

那天，李时勉正在给学生批阅试卷，并当堂向学生公布成绩。没想到几个如狼似虎的官差突然闯进教室，不容分说便将李时勉戴上重枷拉到国子监门口示众。

时值盛夏，烈日当空，李时勉被示众三日，王振仍然对他不依不饶，这使国子监的许多学生愤怒了。于是，一千多学生诣阙请愿，声言愿以身代李时勉受罚。太学生们云集朝门，呐喊声在宫内久久回荡。

因为担心对己不利，王振这才不得不给李时勉开锁放枷。

而相比较起来，锦衣卫狱卒王永就没有李时勉这样的幸运，因为不满王振的虐人害物为非作歹，出于义愤向英宗上书历数王振罪恶的他，结果竟然被处斩。

今天来看，王永“实名举报”王振显然是太天真太幼稚了。要知道，王振之所以敢那样任性胡为，就是因为有英宗对其放任和骄纵，既然这样，你到英宗那里去告王振的状不是自触霉头吗？

果然，英宗一接到王永的“实名举报信”，立即把他交给刑部处理，而刑部慑于王振的淫威要将王永论斩时，英宗想都没想，立即恩准，下令立即将王永凌迟处死，且“不必覆奏”，也就是不许上诉。因言获罪而且被处以极刑，这在历史上也是不多见的。

在“逆我者亡”的同时，则是“顺我者昌”。

史载，对于那些趋炎附势拍马溜须者，王振则大力提携。如福建参政宋彰因罪被人告发，宋彰偷偷跑到京城给王振行贿万两白银，王振大喜，结果不仅没治宋彰的罪，而且还将他提拔为福建布政使。

还有就是工部郎中王祐天生不长胡须。有一次出于好奇，王振便问他：“你怎么不长胡须呢？”

要说这王祐头脑也真的好使，很会脑筋“急转弯”，一听王振问他，他想都没想便回答说：“您老无须，儿子岂敢有须？”

真是拍马屁不打稿子，张口就来，此人的人品可想而知。听了王祐摇尾乞怜的“马屁话”，王振乐得什么似的，老半天合不拢嘴。而且很快就将王祐这小子提拔为工部侍郎。

据说，此事具有很大的“广告效应”。既然“拍马屁”能够升官，这以后，中央各部门的长官，以及地方的封疆大吏，许多人都趋之若骛，争相攀附，每当王振开门“迎客”的日子，王振设在宫外的私邸，几乎总是车水马龙，前来行贿献媚的人络绎不绝。更有甚者，许多本来长有美须者都纷纷剃去，以讨好这位不长胡子的权宦。

那年月，太监王振简直就是不是皇帝的皇帝，在朝中，但凡公侯勋戚见了王振，都要点头哈腰地称呼他一声“翁父”，即使是尚书一级的官员见了他，也要行屈膝礼。而“真正的皇帝”英宗对此却不闻不问，视为正常。

显然，权宦王振就是这样练成的。

封建时代，人治社会，权力很容易被那些谄上欺下手眼通天的奸佞之人所窃取，所盗用，而随之而来的便是权力崇拜、人身依附，党同伐异，蠹国害民。光是明朝，就先后出现过王振、魏忠贤这样的权阉奸宦，这些居心不良半路出家且原本为人所不齿的“宦官”。因为种种原因，最后竟然奇迹般地被塑造成了“政治超人”或“政治狂人”，并由此上演了一幕幕十分龌龊的官场丑剧。

御驾亲征的闹剧

在今天看来，历史上的所谓“土木之变”，完全是由“权宦”王振一手策划并执导的一部战争闹剧。

一个宦官，原本就是一个“非正常人”，想不到竟然有那么大的能量，竟然能导演出这样一出如此惊天动地、骇人听闻的重大历史戏剧，这本身就说明这一段历史实在是荒诞不经，很不正常。

事情还得从头说起。

那是正统十一年(公元 1446 年)，英宗赏赐王振白银、宝钞、绸缎，并写了一篇《嘉奖令》，称赞王振“性资忠孝，度量弘深”，在皇帝身边，“保护赞辅，克尽乃心，正言忠告，裨益实至”。

明明是一个谄上欺下的权宦，一个蠹政害民的奸臣，怎么到了英宗那里却变成了一个竭诚尽职的贤良忠臣了呢？这一方面说明英宗是个昏君，迷头认影，不辨龙蛇，另一方面也说明知人不易，特别是那些大大小小的官员很容易被一些奸佞之徒蒙蔽和利用，以致会一叶障目。同时，也说明王振真的不是等闲之辈，竟然能许多年如一日，一直把皇帝当成傀儡玩弄于股掌之间！

明正统年间，北方的蒙古族瓦剌部落逐渐强大起来，其首领也先不断扩张势力，窥视明朝北部边疆，对明朝构成了严重的威胁。

按说，对于这样一个潜在的敌人，明朝政府应该对其始终保持警惕，并设法对其采取遏制政策才是，起码应对其实行严格的武器禁运。可是，想不到“权宦”王振狗胆包天，竟然向瓦剌部落走私军火，把明朝的弓箭偷偷卖给瓦剌人。正统七年的冬天，当巡抚大同、宣府右佥都御史罗亨信在查获了这一特大“军火走私案”后，由于案情重大，他当即向皇帝报告说，近来，有瓦剌贡使到京，存在着“以弓易马”的现象，动辄数以千计。这些贡使将弓“潜藏于内衣箧中，过境乃拿出”，对于这种“军火走私”现象的危害性，罗亨信说得很到位，认为如此下去必定会助长瓦剌的威力，所以必须严肃查处，绝不姑息。

英宗接到罗亨信的报告后立即派人查处此事，可是顺藤摸瓜查办的结果却发现，原来是镇守边关的太监大同镇守郭敬每年将造好的弓箭偷偷卖给瓦剌从而牟取暴利，而太监郭敬之所以敢这么胆大妄为，乃是因为他的头上有王振这顶巨大的保护伞，用史书上的话说就是：“恃王振庇护，从中获利。”

诚所谓：“是可忍，孰不可忍？”可以想见的是，英宗倘若稍微有点政治头脑，对这种“卖国罪”一定会严惩不贷，绝不姑息。甭说王振不过就是一个太监，即便是驸马也会定斩不饶。想当年，朱元璋最宠爱的驸马爷欧阳伦不就是因为走私了一点违禁品——茶叶出境，结果被朱元璋毅然决然地给杀了吗？

可以肯定地说，这事要是犯在朱元璋手里，甭说“阉竖”王振只有一个脑袋，即便是他有九个脑袋也早被朱元璋给砍光了。可是，英宗一听说幕后的总后台是王振，也不知道为什么，他竟然连个屁都没放就算过去了。

所以，就他这样一个昏君，也难怪“权阉”王振这么对他，想着法子唬他、蒙他，欺负他。而他也真的就是活该。

公元 1448 年(正统十三年)，明朝廷接纳了一个瓦剌贡使团。所谓“贡使团”其实也就是个“乞丐团、敲诈勒索团”。原来，在此之前，精明的也先每年都派多达上千人的“贡使团”象征性地带少量“贡品”出使明朝，以便得到明朝的丰厚赏赐。的确，古往今来，中原王朝历来都很爱面子，假装大方地给前来进贡的番国以丰厚的赏赐。

可以说，也先也正是看准了中原王朝统治者的这点，所以才拿明朝当“冤大头”，一次次地表面上说是来“进贡”，而实际上则是来明王朝 “敲竹杠”。

其实，这样的“竹杠”，之前明王朝也不知被也先“敲”过多少次了。可到了正统十三年，当也先派出两千人的瓦剌“贡使团”来到北京，却号称三千人以此要求明朝按三千人来“恩赏”贡使团成员时，也许是觉得瓦剌人这样做太过分了，王振这回却突然较起真来，他断然拒绝了瓦剌人的请求。

因为大失所望，那些近乎无赖似的瓦剌贡使团愤然离去。

正统十四年，也即在上述之事发生后的第二年的七月，因为自觉已经羽翼丰满，对明朝蓄谋已久的也先便以此为借口，率军大举入侵中原。当时，由于明军边备松弛，对瓦剌军队缺少应有的防范，致使也先所向披靡，很快便占领了塞外好几座城堡，且大军压境，直逼大同。边疆告急。

当告急塘报传到宫中，明英宗先是派驸马都尉井源等四将各率兵马万人出师征讨。可是，对军事一窍不通的权宦王振却想逞能，他东施效颦似的也想仿效北宋的寇准力促宋真宗御驾亲征也即历史上的“澶渊之盟”故事，竭力鼓动英宗统兵亲征。英宗这人本就没什么主见，脑袋基本长在王振的头上，一听王振说皇帝御驾亲征既威风八面，又能名垂青史。于是便以为瓦剌真的不堪一击，也就欣然同意，决定以永乐、宣德两帝亲征为楷模，也玩一把御驾亲征。

这时，虽然英宗和王振都头脑发热，但朝中的许多大臣头脑却清醒，非常理智。对于英宗的“御驾亲征”，掌管军权的兵部尚书邝埜和兵部侍郎于谦就首先表示反对。

邝埜上书说:“也先入犯，一边将足以制服，陛下为一国之主，怎么能亲自出征呢?”

如果说邝埜的话说得还有些不疼不痒的话，那么刑科给事中曹凯的话说得却很到位，可谓一针见血，入木三分。他向英宗谏阻说："今日之势，犹如澶渊。敌军士马强悍，而朝廷却宦官专权，他们拿陛下孤注一掷，其后果将不堪设想。"

见邝埜、曹凯的劝谏不起效果，吏部尚书王直便赶忙率领百官一起劝谏，合章上奏说："天子至尊，不可躬履险要。"

但英宗此时，无论别人说什么他都不听，唯独对王振他却言听计从。

对于自己的"御驾亲征"，英宗在诏书中说的不仅冠冕堂皇，而且还颇有些迫不得已的意味："虏贼逆天背恩，已犯边境，杀掠军民，边将累请兵救援。朕不得不亲率大军以剿之。"然后下令由他的弟弟郕王朱祁钰监国，兵部侍郎于谦留京代理部务，而自己则带领王振及英国公张辅、成国公朱勇、兵部尚书邝埜、户部尚书王佐等数百名文武百官"护驾从征"，于七月十六日踏上了亲征的路途。

俗话说"不打无准备之战"，可看看英宗的这次北征，可谓既无准备，又无把握，完全是一时的头脑发热！从史书上看，公元 1449 年的这次"御驾亲征"，英宗显然犯了这样几个"错误"。

一是时机不对。首先，当时明军的主力都在外地作战，一时难以调回，英宗所带的所谓五十万大军其实只是临时拼凑的"乌合之众"，许多士兵都是初次参战，明军的战斗力不强；其次，季节不对，正如吏部尚书王直在上书中所劝谏的那样："目前秋暑尚盛，旱气未回，青草不丰，水泉犹涩，人畜之用，实有未充。"的确，秋季北方本就少雨干旱，那么多的士兵和战马出征，甭说打仗，就是人畜饮水就很成问题。

有道是：细节决定成败。战场上有时往往一个小小的细节出了纰漏都会导致战争的失败。后来，土木堡之败，明军很大因素就败在那里四面环山，又没有水源，所以，等到被也先的军队一包围，哪还用打？连渴也把明军给渴死了。

这，应该说是战前考虑不周，准备不足。

二是用人错误。俗话说："到什么山上唱什么歌。"既然是出征打战，那就应该重用那些会打战的人，没一点真本事还真不行。当时的英宗已经二十四岁，按说，这个年龄应该已经完全懂事。可是，不知道为什么，在亲征时他仍然像平时在宫里那样什么事都听王振的，一切由王振说了算。在行军打战时竟然让外行领导内行，而让懂军事、善打战的英国公张辅、兵部尚书邝埜等却靠边站，这就显然是大错特错了。

于此可见，从小长在宫中的英宗既不识人，更不会用人。再加上王振这个草包，一个“白痴”，一个“草包”去指挥打仗，这仗还怎么打，又怎么可能取胜？

三是贻误时机，犯了兵家大忌。据史料记载，正统十四年八月，当英宗亲率的五十万大军陆续到达大同时，以逸待劳的也先佯败，来个“诱敌深入”，然后机动快速地重创明军先头部队。这时，王振仍想冒进，继续北上。等到大同镇守太监郭敬把前线惨败的内幕如实告诉他后，王振才心有所惧，觉得打仗原来并不像他所想象的那样好玩，于是在第二天便让英宗匆匆下令班师回朝。

结果，五十万大军折腾了那么多天，竟然屁事没干便无功而返，不战而退。

所以，无论是下令亲征还是下令班师，英宗与王振都很草率，完全就像是闹着玩儿似的，把军事当成了儿戏，根本就没有经过大脑慎重考虑。

班师就班师呗，大敌当前，形势危急。既然要班师，显然也应该有个班师计划。可是，就因为当时什么都是王振说了算，严重的“外行领导内行”，结果，“班师”又变成了儿戏，竟然毫无计划，毫无预防应对之策。

揆诸历史，据说当时大同总兵郭登建议，“班师”车驾宜从紫荆关入关最为安全。可是，就因为王振是大同人，为了显示自己衣锦还乡的荣耀，这时他竟然还有心思邀请皇帝到他的家乡蔚州去看看。既然王振诚意邀请，英宗皇帝当然欣然应允，如此一来，原本军事意义上的“撤退”就变成了外出参观考察，而且是五十万大军浩浩荡荡的参观考察，那场面、那气势真的堪称是盛况空前。

可是，要说这王振也真的是不够意思，虽为“大人”，却算“小账”，有记载说，他原本想让皇帝带着军队莅临自己的老家，好让自己在家乡人面前风光风光，但当大部队快行军到他家乡时，他一算小账觉得，倘若皇帝带着那么多人到了他的家乡，自己要尽地主之谊，招待那么多人，银子花的一定不老少，而且，那么多的人马从自己的庄园经过，就是地里的庄稼也会被踩坏不少，损失很大，“如此要了面子花了银子的事做它何用？又有多大意义？”这样一盘算，王振便中途变卦了，于是，在行军四五十里后，他又让大军原路返回，掉头向东，按原路撤军。

就这样，大军八月初三从宣府撤退，撤退到八月初十，又回到宣府，等于白折腾了一个多星期仍回到原地，结果把原本就很仓促的班师撤退时间完全给折腾耽误掉了。

八月十三日，英宗御驾行到土木堡。这时天刚过午，离怀来城只有二十里路程，只要再坚持走个两三个时辰即可进入怀来城。当时，也先的追兵就紧随其后，所以众将领都请求英宗赶快进入怀来城，以便据城而守，以防不测。可是因为明军的一千多辆辎重车还没到，王振便反对进驻怀来城，而让英宗在土木堡驻扎下来。

英宗刚在土木堡安营扎寨驻扎下来，第二天也先的追兵就把土木堡给围了起来。

北方的秋天原本就干旱少雨，水贵如油，再加上土木堡地势较高，没有水源，士兵掘地两丈也打不出“井水”，所以，也先的军队一“围”，明军立马就出了问题。因而，从某种意义上，与其说“土木之变”明军是被也先率领的瓦剌军队打败的，还不如说是给“水”打败的。

试想，那么多的人马没有水喝，坚持一天还行，坚持两天，任谁也忍受不了。因此，当瓦剌的铁骑从两面包抄杀将过来，那么多的明军竟然毫无还手之力。在试图保护英宗突围时，护驾的英国公张辅、尚书王佐、邝埜等几百名官员战死，而王振则被怒不可遏的护卫将军樊忠用铁锤锤死，算是得到了报应。

在走投无路时，英宗索性下马盘膝面南而坐，被瓦剌兵俘获。在被俘时这位昏君还算没有失态，好歹在关键时刻保持了大明皇帝一点可怜的尊严。

这，便是历史上著名的“土木之变”。

当然，要说“土木之变”也不是一无是处，说来，它的“唯一是处”可能就是由此结束了一个人的生命，让一个喜爱专权、喜爱折腾的人从此在这个地球上彻底消失了。

不用说，这个人就是“权宦”王振。

新帝的“尾巴”

说来，历史真的是有太多的意外，太多的偶然。

就因为大明的历史在公元1449年的秋天出现了一次震惊中外的意外，像当年的宋徽宗、宋钦宗父子一样，明英宗朱祁镇给人家瓦剌的军队给活活俘虏了，当然，官方的外交辞令绝对不会说是“俘虏”，而被说成是“北狩”，也就是到北方的蒙古大草原上去“狩猎”去了。

可是不管是“俘虏”还是“北狩”，既然英宗离开了京师，大明的龙椅一时便出现了缺位。如此一来，历史便给了一个名叫朱祁钰的人一个偶然，一个机会，使他意想不到地成为大明王朝的第七位皇帝。

朱祁钰是宣宗朱瞻基的次子，与英宗朱祁镇同父异母，但由于宣宗只有朱祁镇、朱祁钰这两个儿子，英宗也就只有他这么一个弟弟，所以，朱祁镇、朱祁钰这兄弟俩关系以前可以说非常好，并不像历史上的一些皇兄皇弟那样相互争斗，相互仇视。

可是，就因为历史在这里出现了意外，出现了拐点，他们兄弟俩的关系便也因此出现了变化。一切的一切都因这该死的“土木之变”悄然发生了改变。

从史书上看，朱祁钰这人的权力欲并不强，无论是在“土木之变”之前，还是之后，几乎看不出他有一点夺嫡的野心。所以，从某种意义上说，他能当上皇帝既是偶然，其实也是被迫，受命于危难之际，完全可以说是一种无法选择的选择。

原来，“土木之变”后，英宗被俘，瓦剌以英宗为人质，要挟明朝，而当时的京师“所余疲卒不及十万，人心震恐，上下无固志”，可以说形势岌岌可危。

由于瓦剌的军队随时都会兵临城下，而京师又毫无防守之力，所以一些官僚富豪都收拾细软纷纷准备南逃，而朝廷的一些重臣因为手足无措，此时只是相聚痛哭。

在当时的乱象中，英宗的生母孙太后以及与英宗一直相亲相爱的钱皇后立刻筹措了许多珍宝作为赎金送给也先，想赎回皇帝。而侍讲徐有贞则认为，根据星象的变化，应该迁都南京。

应该说，徐有贞的“迁都说”在当时得到了不少大臣明里暗里的支持，但以兵部侍郎代理部事的于谦却对“迁都”强烈表示反对。他说：“京师为天下根本，宗庙、陵寝、百官、万姓、仓储咸在，若一动则大势尽去。宋南渡之事可鉴也！”所以，他提出：“倡议南迁者当斩首！”

关键时刻，握有实权的孙太后站到了于谦的这一边。而孙太后之所以要支持于谦，反对迁都，显然是因为，都城一旦南迁，则不仅等于把京师北京拱手送给了也先，而且，也等于彻底置被俘的英宗——自己的儿子死活于不顾，这是她说什么也不会同意的。

固守京师的事就算这么定了，但接下来的问题是，国不可一日无君，如今天子“北狩”，国家群龙无首，王朝的继承问题就自然浮出了水面，且成为迫切需要解决的问题。所以，以于谦为首的朝中许多文武大臣都纷纷要求孙太后尽快确立一个新皇帝登基，以体现明王朝实现稳定局势和鼓舞军民的天命。

对于选立君主一事，孙太后显然在此期间煞费苦心，因为自己的亲生儿子英宗被俘，生还的希望渺茫，而英宗的长子还是婴儿，尚在襁褓之中，当然不适合立即即位。所以，思来想去，她想出了一个折中的办法，用现在的话说就是让英宗的同父异母弟弟郕王朱祁钰担任“代理皇帝”。

八月十八日，孙太后召集百官集于阙下，宣布了一项重大人事任命：“皇帝率六师亲征，已命郕王临百官。然庶务久旷，今特敕郕王总其事。群臣其悉启王听令。”

让郕王代“总其事”却不让其实任其职，可见孙太后在政治上也很有心计，很有权谋，也难怪历史上有传说英宗朱祁镇是她采取近乎那种“狸猫换太子”的办法从宫女那儿偷来的。

很显然，做出这样一种不伦不类的“人事任命”，对孙太后来说，完全是一种不得已而为之的权宜之计。

但即便是这样一种权宜之计，孙太后显然也并不满意，并不放心，在作出之后仍然在心里打自己的“小算盘”，所以，仅仅过了四天，她又宣布了一项更为重大的“人事决定”，即：“立见深为皇太子，正位东宫，命郕王为辅，代总国政，庶安万姓。”

如此一来，把原本就“名不正言不顺”的郕王朱祁钰更推到了一种不尴不尬的地步。

当时，皇长子朱见深只有两岁，孙太后立他为太子，显然并不是从国家大局考虑，而是完全由于自己的私心作祟。因为，对孙太后来说，自己的儿子英宗朱祁镇被蒙古人俘虏，凶多吉少，而郕王非己所生，一旦做了皇帝，母以子贵，将来的皇太后就不会是她自己，而无疑是郕王的生母吴氏。这当然是她所不愿意的。所以，为了不让“皇权旁落”，她才这么费尽心机，只让郕王“代总国政”，任“代皇帝”，而让自己的长孙任太子，想就这么勉强过渡两年，等太子稍微长大一点，便让他立即嗣位亲政。这样，她还可以名正言顺地当她的太皇太后。

可是，随着形势的更趋紧张，为了抵御瓦剌的进攻，在京的文武百官便联名上疏，说圣驾北狩，皇太子“幼冲”，国势危殆，人心汹涌。国不可无长君，为安社稷，请郕王即皇帝位，以收拾残破混乱的时局。

迫于群臣的舆论压力，孙太后万般无奈，只好违心地作出让步，下懿旨同意郕王即皇帝位。

但是，接到懿旨后，朱祁钰却惶恐不已，再三谦让，甚至还退避到自己的府邸，不愿继位。对此，有学者说，朱祁钰这是故意在“作秀”，很有些假惺惺的味道。

但究竟是真心谦让还是故作姿态？史无明文，不敢妄下结论，然从他的性格与其以前的表现看，很可能是出自真心，可能一半是不愿，一半也是不敢。但后来因为经不住众大臣的一再劝进，特别是于谦的强烈要求，于谦说：“臣等诚忧国家，非为私计。”再加上当时正好都指挥使岳谦出使瓦剌回京，带回英宗口信：郕王年长而且贤能，令他继承皇位。在这种情况下，朱祁钰这才接受懿旨，正式即皇帝位，遥尊英宗为太上皇，并改次年为景泰元年。

这里，需要特别指出的是，朱祁钰的这一“皇帝”从一开始就当得很不彻底，很不牢靠。因为，在他的上面，国家实际大权仍在孙太后手中，也即英宗的母亲，而在他的下面，皇太子又是英宗朱祁镇的长子朱见深，这就无异于在他这个“皇帝”的屁股后面硬是按了一个“尾巴”，以便孙太后可以随时揪住他的这条“政治尾巴”。

这实在是件很头疼的事情。同时，也为后来的“夺门之变”——也即英宗复辟留下了隐患，埋下了祸根。

由于受正史的影响，后代一些历史学家对景泰帝（庙号代宗）朱祁钰评价并不高，但其实，平心而论，无论是代宗本人还是他的“景泰政体”，都比英宗还有他的“英宗政体”不知要强多少倍。

其突出表现在：景泰帝朱祁钰善于任人唯贤，善于任用那些正直干练的大臣对国家实行卓有成效的治理，而不像昏庸的英宗不辨忠奸，重用那些奸恶无比、蠹政害民的宦官把持朝政，把国事搞得一团糟。

有这样一个例子足以说明景泰帝善于知人善任，用人以长，那就是对于大臣徐有贞的任用。

诚如我们所知道的，徐有贞这个人有才无德，他原名叫徐呈，后来因为在“土木之变”后竭力主张迁都南京，实行“逃跑主义”，因而遭到群臣的鄙视，甚至景泰帝一看到这个名字就感到讨厌。对此，徐呈当然心知肚明，就因此他将自己的名字改为徐有贞。但后来的事实证明，有才无德的徐有贞根本就名不副实，压根就没“有贞”，相反，“有奸”倒是很多，所以，真要名副其实，应该叫“徐有奸”才最为确切。

但即使是对徐有贞，景泰帝还是尽量任其所长。

原来，当时的黄河水患严重，几乎年年发生水灾。公元 1452 年，工部尚书石璞重建了黄河决口的堤坝，但到了第二年汛期，竟又被冲垮了。所以，当公元 1449 年因主张迁都而被降级使用的徐有贞在公元 1453 年提出了一份治理黄河的详细计划之后，景泰帝立即“知人善任”，将他提拔为佥都御使（有“迁都御使”之谐音），派他去主持黄河治理工作。

事实证明，景泰帝用徐有贞去“治水”果然没错。徐有贞上任以后，乘小船四处考察，最后制定了一份治理方案，他将黄河之水引入大清河，进而通过济南府入海，从而有效地解决了黄河下游的水患问题。徐有贞本人也因此在公元 1457 年被提拔为副都御史。

至于在军事上，他更是重用于谦为兵部尚书，负责京师的防卫。公元 1451 年，于谦对明朝的军队进行彻底改组。用《剑桥中国明代史》中的话说就是：原来，戍军的控制权由贵族和宫廷宦官分别掌管；戍军中的每个营完全自主，分别受训，并各有它自己的战地将领统帅。当来自各营的士兵必须共同作战时，这种情况在战场上便会造成很大的混乱。针对这一弊端，于谦将每个团营改由一个战地将领统率，整个戍军由一名从将领中选出的战地统帅控制。总之，于谦“建立了统一的指挥，并且加强了京师武将监督戍军的作用”。

所以，打一个比方说，“土木之变”，大明王朝就像防洪大堤忽然出现了一个被洪水冲破的“缺口”，但这个“缺口”却很快被受命于危难之际的明代宗朱祁钰给堵住了，因而这场危机被很快化解了。也正因此，有历史学家将他称之为“救时皇帝”。在他的领导下，明朝不仅化险为夷，转危为安，而且保持了有效的行政，它的良好的政治和经济制度使得“处于危机中的国家”能够从容应对各种各样的内部和外部的问题，使危若累卵的大明迅速恢复了稳定。

然而，不幸的是，如前所述，由于景泰帝朱祁钰从一开始“即位”就“即”得很不彻底，被孙太后硬是安上了一个可以随时被人揪住的“尾巴”，更由于也先将被俘的英宗“无条件释放”，从此，英宗在南宫的存在不仅给景泰新政体投下了一层阴影，而且也给景泰帝朱祁钰自己的皇位带来了一种时时潜在的威胁，所以，刚刚久雨天晴的大明又笼罩上了一层厚厚的阴霾。

由此说来，英宗朱祁镇真的是一颗灾星，这颗灾星曾经给大明带来了那么多的灾难，在“土木之变”中，或是在被瓦剌俘虏后，倘若这颗灾星彻底陨落就好了，但不幸的是，这颗灾星在“北狩”两年后竟然又毫发无损、不合时宜地回到了北京。

英宗回京后，虽然一直被幽禁在南宫内，平时只有几个老宦官陪伴他，但从此他却始终就像是一颗“定时炸弹”埋在了宫中，不仅给“景泰政体”产生了严重的威胁，而且对景泰帝朱祁钰本人更是产生了致命的威胁。

就因为英宗朱祁镇被重新迎回北京，一个“该死的昏君”在一场大难中没有死去，由此又给刚刚复苏的大明带来了灾难。

的确，自从英宗朱祁镇这个“政治废物”被也先送回到京师，景泰帝朱祁钰的心态完全发生了变化，如此一来，他再也没有心思去励精图治，皇权的内斗使他从此不得不为自己的后路着想。

可是，由于他在当初即位时就被人为地安上了一条“尾巴”，这条“尾巴”就是：他的即位是暂时性的，一旦英宗归位，或是皇太子朱见深年长，他这个“暂时性的皇帝”就要自动让贤，再加上他在实施“景泰新政”时不可避免地得罪了一些宦官与权臣，到最后，他竟不幸被这些政治小人给出卖了。

一个“有道的明君”竟然被一个早已为实践证明了的“无道的昏君”给打败，这，怎么说都是一个政治悲剧，一个令人喟然长叹百感交集的历史悲剧！

致命的短板

有道是：量小非君子，无毒不丈夫。

揆诸历史，我们看历史上的许多篡位者无不心狠手辣，铁石心肠，弑兄屠弟，为了争夺皇权，坐上那把充满血腥的龙椅，几乎无所不用其极。

可是，比较起来，景泰帝朱祁钰却显然要温柔得多，善良得多。所以，从某种意义上说，在你死我活的皇权争斗中，与其说他最终败给了他的同父异母的兄弟即明英宗朱祁镇，还不如说他是完全败在了自己的善良与温柔。

我们看景泰帝朱祁钰在那场历史上著名的因而经常被人提起的“皇权保卫战”中，真的是被自己的温柔给彻底打败的。

事情还得先从也先奉还英宗一事说起。

“土木之变”，瓦剌军队俘获了英宗朱祁镇，也先以为获得了一个“大元宝”，一棵“摇钱树”，从此可以“挟英宗以令明朝”，动辄可以向明朝“狮子大开口”，漫天要价，从明朝那里源源不断地捞到巨额好处。但没想到，明朝在以于谦等大臣的提议下，由郕王朱祁钰即皇帝位，从而将也先手中握着的这张王牌很快就贬值。

当然，一开始，瓦剌人以英宗为诱饵，多少也还得了些便宜。最典型的例子是，一次瓦剌军队“护送”英宗到大同城下，向明军索要赎回英宗的财物，并说“一手交钱，一手放人”。守将郭登命令手下紧闭城门，不理不睬。最后连英宗也不耐烦了，就派人“传旨”说：“朕与郭登有姻连，为什么将朕这样拒之门外呢？”即使是这样，郭登也坚守不出，只是派人带着财物出城去见英宗一行。可是，当明军真要赎回英宗的时候，瓦剌人又不干了，他们拿着到手的财物，带着英宗又跑了。

但这以后，就没那样的好事了，当后来也先带着明英宗这个“人质”率军南下，每到一个城池便如法炮制，说英宗皇帝来了，要守将开城门迎接，并索要巨额财物敲诈勒索时，守将们遵从于谦的号令，说我们已经有了皇帝了，你就不要到处敲诈了。

既然利用英宗要挟明朝的阴谋再也不能得逞了，也先感到把英宗这张已经不是“王牌”的“牌”继续抓在自己手上显然没有多大的意义和价值了，于是便想把英宗这个没用的“皮球”重新踢回给明朝，也算是在景泰帝的眼中揉进一粒“沙子”，好让软硬不吃的这位明朝新皇帝难受难受。

从史书上看，景泰帝朱祁钰这人虽说城府不深，不善权谋，而且心肠不坏，但凭直觉看，他其实还是不愿把英宗这位名义上的“太上皇”给接回来，以免生出事端，出现内讧。

但明朝的大臣“民主参政”的意识和积极性都很高，每有大事他们都争相上疏，直陈己见，对于英宗归还一事自然又主动介入，“建言献策”。

当时，吏部尚书王直率群臣上书：“也先求和于我，请还乘舆，此转祸为福之机。望陛下俯从其请。……奉太上皇以归，稍慰祖宗之心。”

景泰帝推脱说：“设彼假送驾为名，来犯京师，岂不为苍生患？”

不久也先又遣使请求，景泰帝依然加以拒绝。但王直等人又上书请求：“必遣使，无贻后悔。”

对此，景泰帝很不高兴，他在文华门召见廷臣说：

“朕非贪天位，当时见推，实出卿等。”意思是说，我原来并不想当这个皇帝，可当时你们这些人硬要把我推到这个位子上，可现在，你们又要把太上皇迎回来，太上皇回来了，那我怎么办？

应该说景泰帝真是老实人说老实话。是啊，有明一朝，大臣们多半都喜欢沽名卖直，义气相争，但对国家的利益等却往往考虑的很少，对皇帝个人的感情与处境就更是鲜少顾及。

这时，于谦站出来说话了，于谦说：“天位已定，宁复有他！顾理当速奉迎耳。万一彼果怀诈，我有辞矣。”

于谦虽然主张迎回英宗，但他认为新皇帝既已登基了，就没有再推倒重来的道理。

所以，一听手握重兵的兵部尚书于谦说这样的话，也即承认了自己御宇天下的合法性，景泰帝这才稍稍松了一口气，于是便也改变了态度，含糊其词地对于谦说：“从汝，从汝。”也就等于勉强同意迎回英宗了。

但尽管这样，当景泰元年的八月英宗朱祁镇“回归”时，景泰帝朱祁钰还是显得不情愿，因而迎接的规格非常之低，只用“轿一乘，马二匹”的规格来迎接这位“北狩”归来的“太上皇”，而且，当英宗朱祁镇一回到北京，立即就被安排到南宫给软禁起来。

在此后长达七年的软禁生活中，英宗朱祁镇一直就像个囚犯被关在南宫内。南宫的大门是上锁并灌铅的，且有锦衣卫专门负责看守。英宗每天的食物都是从一个小洞中送入，且为了防止英宗与外面的大臣联系，景泰帝还派人将南宫的树木全部砍光。

就因此，后世有人讥刺景泰帝，说他贪天位拒兄之失，刻薄寡恩，有失人伦。

表面看来，此话好像说得有理，然倘若设身处地地想想，则觉得有失公允，近乎迂腐。要知道，在封建社会，权力斗争特别是皇权争斗向来都是你死我活。“对敌慈悲”在某种意义上就等于引颈自杀。所以，从这个角度说，景泰帝对其兄英宗皇帝不是做得太过分、太绝情了，而是做得还太过于温情，过于善良。关键时刻，严重缺乏“一不做、二不休”的那种“无毒不丈夫”的决心和勇气。

这，无疑是景泰帝朱祁钰性格中的一块“短板”，而且是一块“致命的短板”。

试想，这种事情倘若是换成了唐太宗李世民，换成了武则天，换成了宋太宗赵光义，换成了朱元璋和朱棣，换成了康熙和雍正，哪怕是换成了唐肃宗李亨乃至宋高宗赵构，英宗复辟的事情就绝对不会发生，不仅不会发生，而且恐怕连英宗的小命都不会保住。一副“牵机药”早就把英宗给搞定了，哪还容他老像颗“定时炸弹”那样老在那里放着？

可是，就因为景泰帝的性格还不够狠毒，在政治斗争中严重缺乏心机与权谋。一句话，由于其性格中的那块“致命的短板”所致，到最后，竟然彻彻底底地败在英宗皇帝手下。

的确，在今天看来，假如明代宗朱祁钰稍微多一点政治手腕，性格稍微狠毒一些的话，作为当时大明的实际“掌门人”，在英宗回到京师前后，他其实完全可以变被动为主动，一手策划、一手执导一部政治好戏。

首先，举行一场隆重、热烈的“欢迎英宗回归仪式”，让迎接英宗回归的场面气氛尽量显得热烈些，感人些。如兄弟两个见面，景泰帝完全可以“秀”一下恩爱，完全可以主动上前握手拥抱，然后抱头痛哭，尽可能地煽情，以此感人肺腑，收买人心。

其次，英宗回归后，他完全可以把他当“太上皇”架空，并把他相对隔离开来，派一些自己的心腹，名曰保护，实际上在暗地对他监视。

第三，为防夜长梦多，尽可能早地找一个合适的机会，让英宗突然“因病医治无效”，然后对外发一个讣告，宣布他与世长辞的消息。

第四，在英宗与世长辞后，举行一个隆重的高规格的葬礼，并盖棺论定，对他作一个“高度评价”，然后按皇帝的礼仪和规格将他葬入皇陵。

到此为止，不用说，英宗无论是政治生命还是自然生命都彻底而又体面地结束了，而有关景泰帝的所有政治警报自然也就完全可以彻底地解除了。

可是，就因为景泰帝严重缺乏政治智慧和政治手腕，在皇权斗争方面只是一个劲地瞎折腾，结果不仅无济于事，反而弄巧成拙，用我们老百姓的话说就是，反而搬起石头砸了自己的脚。

想当初，身为郕王的朱祁钰其实对皇位并无觊觎之心。可是，一旦登上大宝，成为九五之尊，他便渐渐习惯帝王生活了，所以，倘若再让他退回到以前的王爷，他便说什么也不愿意了。

显然，也正是由于这样一种原因，所以，当上皇帝的朱祁钰便自觉或不自觉地渐渐开始为自己以及自己的子孙经营起“皇位”来。特别是当英宗回到京师以后，他的这种意识和愿望就变得更加明显和迫切。

平心而论，对于景泰帝来说，当时的“政治形势”也真的是很复杂而微妙。朝廷内部，真的可以说是波诡云谲，暗流涌动。一方面，一些朝廷官员甚至是重要官员在英宗返京之前和以后都一直公开地为他说话；另一方面，一些太监和大臣在暗中悄悄与英宗交往或密谋，也就是史书中所说的“通南内”，而且，随着时间的推移，这种现象不断在潜滋暗长。

所以，我们说，景泰帝朱祁钰“致命的短板”就在这里，如果他能英明果断，防患于未然，及时有效地采取一种非常措施，来一个斩草除根的办法，让英宗突然有一天“因病医治无效”，后面的问题自然会迎刃而解，一解百解。

可是，就因为景泰帝的仁善与不够狠毒，性格中存在着致命的短板，结果，在客观上给他的政敌们提供了一次绝好的翻盘机会，并最终将他置于死地。

说来，历史真的就像是一盘棋局。当时，景泰帝朱祁钰就像是一个棋手。且看他所下的几步“棋”：

一是“易储”。景泰三年(公元1452年)五月初二，景泰帝改封原太子朱见深为沂王，而将自己的儿子朱见济立为太子。立太子之日，大赦天下，赏赐百官。

二是“易后”。同一天，他又下诏废皇后汪氏，改立自己的儿子朱见济的生母杭氏为皇后。

从事后看，景泰帝的这样两步棋，特别是“易储”，简直就是“臭棋”。因为，从心理学的角度分析，一般人们都喜欢同情弱者。现在，归来的英宗被景泰帝软禁，他已被立为皇太子的儿子又被景泰帝废黜，而改立景泰帝自己的儿子，人家就会觉得景泰帝做人做事不地道，感情的天平就会自觉或不自觉地偏向于被软禁的英宗。

特别是明朝的大臣又特别喜欢和在位的皇帝争论、较劲，动辄就会拿道义与孝悌说事，对皇帝横加指责。“易储”一事等于是授人以柄，景泰帝这样做实在是颇欠斟酌。在条件未成熟时就急不可耐地“易储”，就好像在与英宗的竞选中无形中把原本应该属于自己的“选票”推给了自己的竞争对手——英宗。

“咸鱼翻身”的玄机

在明朝的皇帝中，最充满悲情的皇帝应该说是建文帝朱允炆。而紧随其后，第二位悲情皇帝则应该说就是明代宗朱祁钰。

从史书上看，这两位皇帝，用明史专家吴晗先生的话说，其实都是“难得的好皇帝”，但就像民间有一句谚语所说的那样：“人善被人欺，马善被人骑”，古往今来，一个人若是太好了、太善了，无论你是平头百姓还是贵为“九五之尊”，在现实中都很难逃脱被人欺负的命运。

倘若不狠、不坏，比如像明朝的建文帝、景泰帝，还有万历皇帝，那么，就很难能统得住、管得住人，因为，那些大臣们都不会怕，都不会服，如此一来，皇帝就绝对当不安，当不顺，甚至会当不长。

就说英宗与景泰帝吧，本来，谁好谁坏、谁优谁劣，完全一清二楚，乃是已被实践证明了的。按理说，大臣们应该毫不犹豫地选择好皇帝，拥护好皇帝，坚决站在好皇帝景泰帝的一边。可是，匪夷所思的是，朝中竟然有那么多的大臣对被俘时的英宗这个昏君表孝心，在英宗归来后明里暗里“通南内”，与英宗相勾结，到最后，竟然背叛“好皇帝”景泰帝，而把英宗这个昏君重新扶上了龙椅。

英宗复辟，完全就是“咸鱼翻身”，这桩原本看似完全不可能发生的事件到最后为什么竟然会成为可能，变成了现实？其中的“玄机”是什么？

说来，这段历史真的是很让人费解。

但仔细想想，想必有这样几层原因：

一是所谓的“忠君”思想作祟。受中国传统儒家思想的影响，中国人的骨子里几乎都不同程度地有着一种若隐若现的“忠君”思想，而且这种“忠君”多半还以“愚忠”的成分居多。想当年，英宗在位时，许多大臣都不满于他的昏庸与对宦官的骄纵，可是，在“土木之变”后，这位昏君咎由自取，被瓦剌俘虏，一些大臣却又开始假道学起来，对英宗这个昏君开始给予深深的怀念与同情，因而无原则地纷纷要求“迎复”。

如时任吏部尚书的王直就曾联合朝中许多大臣向景泰帝上书，要求奉迎太上皇“迎复”，他说：“太上皇蒙尘，理应迎复，必须派遣使节交涉，以免他日后悔。”

还有一位名叫袁敏的金齿卫知事上书代宗说：“英宗从前身居至尊之位，穿的是衮衣绣服，吃的是山珍海味，住的是琼宫瑶室。如今困陷在沙漠中，无衣无食，风餐露宿。古人说主辱臣死，英宗受辱如此，臣不惜碎首刳心。乞遣宫人，到塞外向英宗问安，以尽臣子之义。臣虽万死，心甘情愿。”竟然对原本昏君一个的英宗表现出了那样的关心与忠心。

二是英宗的势力一直想东山再起。其中，最有代表性的应该说是曹吉祥与胡濙。

诚如我们所知道的，曹吉祥是一位太监，在英宗前期，王振受宠，曹吉祥便依附于王振，与王振狼狈为奸。如前所述，正统六年，王振主张对云南丽川宣慰使思任发用兵，派大军南下征讨，曹吉祥为监军，参加了这场战争，并由此得到了王振的青睐。

在后面我们将要说到，历史上所谓的“夺门之变”(也称“南宫复辟”)也正是由他作为主谋之一政变成功的。

再说胡濙。有传说说，胡濙刚出生时，像个小老头，满头都是白发，可到满月时，头发却又全黑了，可见其不是凡人。胡濙早年曾奉明成祖朱棣旨意与郑和一起一个在海上一个在陆地多年搜寻建文帝的下落。虽然是个大特务，但胡濙这个人本质不坏。他历事建文、成祖、仁宗、宣宗、英宗以及代宗六朝，可谓“六朝元老”。

从史书上看，因为曾被张太后选定为英宗的“托孤五大臣”之一，胡濙一直对英宗忠心不二。如他曾一直反对定都北京，要求还都南京。可是，当英宗被俘后，有大臣提议迁都南京，他却坚决表示反对说:“文皇定陵寝于此，示子孙以不拔之计也。”仅此可见他对英宗的忠心。

虽然没有确凿的史料证明胡濙在“南宫复辟”过程中曾暗中从事过哪些活动，但毫无疑问的是，英宗复辟绝对有他的一份功劳。如在“迎复”英宗归来时，胡濙多次上书要求景泰帝“奉迎宜厚”,“ 陛下宜躬迎安定门外，分遣大臣迎龙虎台”。

英宗“归来”后，被囚于南宫。这年的十一月辛亥，身为礼部尚书的胡濙请求景泰帝带领文武百官贺太上皇万寿节；到了十二月丙午，他又请求代宗于次年正旦率群臣朝见太上皇于延安门，虽然这些请求无一例外都被景泰帝给拒绝了。但以胡濙在朝中的威望，他的话还是在大臣中产生了一定的影响，对后来的“南宫复辟”起码在舆论上起到了不可小觑的作用。

显然也正是在他的影响或带动下，此后许多大臣都纷纷要求“朝见英宗”，礼遇太上皇。这就为英宗后来的复辟做好了必要的舆论与政治铺垫。

三是一些奸佞投机分子想借此为赌注，妄图攫取巨大的“政治红利”。

不用说，“夺门之变”的几个主犯——徐有贞、曹吉祥、石亨这些人其实都是一些奸佞之徒，“政治小人”。这些“政治小人”，尽管景泰帝在位时待他们并不薄，甚至像石亨还被明景帝封为武清侯，掌控军事实权，在景帝圣体不豫时还代表皇帝去郊外祭祀，可见其在景泰帝心目中的位置。但即便这样，这个“政治小人”还是恩将仇报，在关键时刻彻底背叛了景泰帝。

那是景泰八年(公元 1457 年)正月十二日，因为患病在床，无法行祭天礼，景泰帝便将自己信赖的大将军石亨召来，让他代自己去郊外祭祀。石亨一看景泰帝病得很重，就觉得皇帝的大限已到，活不了多久了，于是便立即为自己的后路着想。

从宫中出来，他立即去找京师卫戍部队的都督张軏以及都察院左都御史杨善以及掌管京营的太监曹吉祥这几个“死党”密谋。一见面，他便偷偷地宣布了一个爆炸性新闻：皇上病危。然后便提议说：如果景泰帝死去，立太子不如让太上皇复辟。这是为什么呢？不等别人回答，他便从牙缝里吐出四个字：“可邀功赏。”这话说的是再赤裸裸不过了。

为了壮大自己的实力，随后，他们又去找太常寺卿许彬，请他加盟。有“学痴”之称的老臣许彬曾力主迎接英宗回归，并因为有“迎驾之功”被升为太常寺卿。当石亨悄悄跑来找他密谋时，老谋深算的许彬虽然深表赞同，认为这是“不世之功”，但品性忠良的他却因为不屑于与石亨、曹吉祥这样的小人为伍，于是便以自己年老为遁词，不愿直接参与其事，而是向石亨推荐了徐元玉，也就是徐有贞，认为“徐元玉善奇策，盍与图之”。

在许彬的推荐下，于是石亨又连夜去找副都御史徐有贞加盟。既然“可邀功赏”，见利忘义、寡廉鲜耻的徐有贞当然不会推辞，而是大为欣喜，欣然同意。

就这样，几个权欲熏心、沆瀣一气的“政治赌徒”便都一拍即合，一起下注，便很快在一天夜深人静时发动了一场宫廷政变。

那是这年的正月十六日夜，曹吉祥、石亨等人带领一千多名士兵冲向南宫。南宫门锁得很牢，石亨命人用圆木将门撞开。此时，已经事先得到“情报”的英宗正手持蜡烛站立在门口。见门被撞开，乱哄哄地涌进来许多人，英宗没有惊慌，而是很平静地问来人干什么？

石亨等人赶忙叩首说：“迎接陛下回宫中复位。”然后将英宗扶到乘辇上立即抬到奉天殿。第二天一早，群臣正在等待景泰帝临朝，忽然徐有贞从殿内跑出来说：“英宗复辟了！”

对于这一爆炸性新闻，群臣先还不信，正在惊愕之际，忽听得钟鼓齐鸣，帷幕大开，仔细一看，发现端坐在龙椅上的人“端的就是英宗”！

见此情景，“政治业务”很熟的文武百官便都一起争先恐后地入宫拜谒，三呼万岁。

这时，就听英宗对大臣们说："卿等因景帝有疾迎朕复位，望你们各司其职。"

史载，当时，听到外面的钟鼓声，躺在病榻上的景泰帝不知何故，便问左右侍从，侍从回答说："太上皇复位。"

据说，景泰帝听说后，愣了半天，然后说："好，好！"从此，便再没说话。

这便是历史上所说的"夺门之变"，或"南宫复辟"。

英宗复辟后，景泰帝又被重新贬为郕王，从此也和英宗待在南宫时那样，变成了一个政治犯，一个阶下囚，说来真是"好人不常在"，被明史专家吴晗先生称为"难得的好皇帝"的景泰帝朱祁钰就没有英宗朱祁镇那样的长寿，那样的好运，他只被软禁了两个月便死了。

按照某些历史记载，明代宗朱祁钰绝非"正常死亡"，尽管，他当时正缠绵病中，但他的病还并不至于置他于死地。

相传，他是被宫中的一名太监勒死的。

而这名太监之所以敢下这样的毒手，显然是接到了命令。

确实，事情到了这种地步，景泰帝也真的该死了，因为，皇权斗争从来都是你死我活，容不得半点心慈手软，既然他当初犯了一次错误，使英宗不仅侥幸存活了下来，而且还"咸鱼翻身"，竟然重又"夺门"复位，那么，有鉴于此，这回，英宗当然就绝对不会再犯他那样的错误了。

这，当然就是历史，没有温情，只有血腥。

英宗复辟后，改元"天顺"，所谓"天顺"，大约也就是说自己的二次"登基"复位乃是"顺应天命"。

诚所谓"一朝天子一朝臣"，随着英宗的重新复位，一场政治清算与血腥屠杀也很快拉开了帷幕。

而在这场政治清算与血腥屠杀中，首当其冲的便是于谦。

于谦的悲剧

说来，中国古代的官场有一个"怪现状"，那就是：几乎任何朝代那些才高行洁之士总是逃不脱悲惨命运。用程万军先生在其《逆淘汰——中国历史上的毁人游戏》一书中的话说就是：在中国的封建官场中，屡见不鲜的总是"奇才败在庸才手里；有文化的人败在没文化的人手里；讲人格的人败在不讲人格的人手里；说真话的人败在说假话的人手里……”

不用说，于谦就是这样一个最生动最典型的例子。

像于谦这样的历史人物已经越来越被人们所淡忘了，但是，无论时间怎样流逝，只要我们的历史还在，只要天地间的正义还在，像于谦这样的英雄就不会被湮灭，至于他还在十二岁时就写成的那首享誉后世的《石灰吟》就更是会流传千古。

的确，“千锤万凿出深山，烈火焚烧若等闲，粉身碎骨全不惜，要留清白在人间。”这是石灰的“性格”，石灰的写照，却也是于谦的“性格”，于谦的写照。

据史料记载，于谦少有才学，且多识见，因而很小在当地就有很高的知名度。传说在他七岁的时候，有个和尚惊奇于他的相貌，说：“所见人无若此儿者，异日救时宰相也。”而在他八岁的时候，有一天，他骑马在桥边玩耍，不小心惊扰了一位出行的巡按。巡按责备他影响了公务，于谦忙赔不是说：“千里马急欲上进，一时难以收缰。”

巡按见于谦小小年纪，竟能出口成章，且一语双关，便想考考他。于是，便触景生情，口占一联：“红孩儿骑马过桥”，没想到巡按话音刚落，于谦便脱口应对道：“赤帝子斩蛇当道。”这使巡按未免大为称奇，啧啧称赏：“小小孩童，竟能以汉高祖斩白蛇起义的典故做对子，很有识见，很有气魄，很不简单！”

于谦十五岁考中秀才，二十四岁考中进士。中进士后不久，他就被任命为山西道监察御史。在山西他纠察百官，体察民情，“廉干”的美名各地传扬。每次进京奏事，于谦都声音琅琅，思路清晰，深得其时在位的明宣宗喜欢。所以，当宣宗平定汉王朱高煦叛乱后，就派于谦控诉朱高煦的罪行。于谦义正词严，声色俱厉，朱高煦伏地大汗淋漓，战栗不已。宣宗欣赏于谦才干，任命于谦以兵部右侍郎衔巡抚河南、山西。

巡按外地正是御史的职责，也不算什么高升，但皇帝的这一举动明显是想历练此人，然后加以重用。

作为明代地方的最高行政长官，于谦在山西、河南等地任职达十九年之久。在这十九年中，他“威惠流行”，甚得民心。实践证明，他不仅是一个廉官，而且是一个能臣。巡按江西时，他平反冤狱，革除弊政，百姓称为神明。三十三岁巡抚河南、山西两省，“问民所疾苦，加意湔剔”。于谦这些勤政爱民的措施，得到人们的普遍赞扬，人们称他为“于龙图”，有的地方还给他立生祠。

有这样一个历史佳话不仅很能说明于谦为官之清廉，而且也很能说明他的“举世皆浊我独清”不与浊世同流合污确乎“另类”的“官场人格”。

这则历史佳话具体是这样的：正统年间，宦官王振专权，作威作福，肆无忌惮地招权纳贿。百官大臣争相献金求媚。每逢朝会期间，进见王振者，必须献纳白银百两；若能献白银千两，始得款待酒食，醉饱而归。而于谦每次进京奏事，从不带任何礼品。有好心人劝他说：“您不肯送金银财宝，难道不能带点土产去？”

对这一“官场潜规则”，于谦似乎全然不顾，听了好心人的劝告，他笑着举起两袖说：“吾唯有清风而已。”为此，他还特意写有一首名为《入京》的诗以明志：

绢帕蘑菇及线香，本资民用反为殃。
清风两袖朝天去，免得闾阎话短长！

成语“两袖清风”就是这样来的。此诗写成后很快便不胫而走，远近传诵，成为一时佳话。

写这样的诗，显然不是“作秀”，应该说，它真正是于谦一生为官的真实写照。一介书生，两袖清风，后来他被处死抄家，“清贫萧然”，只有书籍，以及皇帝赏赐的玺书、袍铠、冠带之类。

所以，即使是在明朝，在那些多半挑剔的文人写的史书中，谈到于谦，也无不对他交口称赞。如邓元锡的《皇明书》、朱国桢的《皇明大事记》、张岱的《石匮书》，清一色地都对他不吝溢美之词，大加称赞。

可是，就是这样一位清正廉明精忠报国的国之栋梁，想不到最后竟然会落得个杀头、抄家，家属发配边疆的悲惨结局。

在今天看来，于谦的死无疑是一幕悲剧，而悲剧之所以会成为悲剧，究其原因，显然与于谦的性格有很大关系，所谓“性格决定命运”，从某种意义上说，于谦的悲剧完全是由他的性格决定的。

的确，从史书上看，于谦俨然就是一“官场书生”。这样的人，通常只会做事，不善“谋人”，治国理政的才干他可以说是绰绰有余，可是做官的那种精明、狡猾与世故他却非常欠缺，严格说来，完全就是他的弱项。记得在他之后的明朝又一名臣海瑞认为与他同时代的“天下第一宰相”张居正是“工于谋国，拙于谋身”。如果用“工于谋国，拙于谋身”来盖棺论定，评价于谦的一生，则显然更为恰如其分。

在历史上，也许是性格使然，有许多封建士大夫的命运颇为相似。你譬如说于谦，就很有些像北宋末年、南宋初年的一代名臣李纲。

诚如我们所知道的，北宋之政，殆丧于徽宗赵佶。昏君徽宗与他的一帮奸臣蔡京、童贯、王黼、李邦彦骄奢淫逸，蠹国殃民，致使人才在野，奸臣当道，国事蜩螗，民不聊生。

宋徽宗宣和七年(公元 1125 年)十月，正是秋高气爽，弓劲马肥之际。对北宋一直有觊觎之心的金兵分两路侵宋。一时间，北宋举国上下为之慌乱失措。

金人入侵之初，宋朝尝遣给事中李邺为使，携三万金赴金营请和，胆小如鼠的李邺归来后竭力鼓吹金军“人如虎，马如龙，上山如猿，入水如獭，其势如泰山，中国如累卵”，时人讥其为“六如给事”。其实，不仅仅是给事中李邺视金人若虎狼，包括宋徽宗和不久后即位的宋钦宗以及朝中许多文武大臣都患了严重的“恐金症”。

但是，就因为一介书生李纲主动“站”了出来，却使北宋忽然“坚挺”了那么一回。虽然，“坚挺”的时间是那么短暂。

在当时，李纲的官职只是一个从四品的太常少卿，平时所执掌的也不过只是礼乐、郊庙事务。可是，面对强敌入侵，兵临城下的危局，他却力主“当死守疆土，不可尺寸与人”。并且毅然挺身救国，担当起了“东京保卫战”的艰巨任务。

一介书生，从不知兵，请缨抗金纯属业余，带兵打仗只是反串，但没想到他却出手不凡，大获成功，竟然取得了第一次“东京保卫战”的胜利。

照理说，在危难中挽救了国家，也挽救了大宋君臣的李刚功德无量，理所当然应当受到英雄般的敬重，国之栋梁般的重用。可是，匪夷所思的是，东京保卫战奇迹般地取得胜利后，几乎一夜成名的李纲虽然在士民中赢得了很高的威望，却招致朝中一帮蝇营狗苟且一直主张“和议”的“高官”们的嫉妒与刁难，加上刚刚即位的宋钦宗也一心求和，结果，英雄李纲非但没有获得“国家级表彰奖励”而加官晋爵，反而被懦弱无能的宋钦宗撤职查办，受到了最不公正的对待。

与李纲一样，于谦也是一位在国家危难中力挽狂澜的英雄，而且，有意思的是，与李纲在取得“东京保卫战”胜利时的职务乃是兵部侍郎一样，于谦在取得“北京保卫战”胜利时所任的职务也是兵部侍郎。

英宗被俘后，景泰帝在非常时期即位。因为预料到瓦剌得胜，一定会长驱直入，拿英宗这个“人质”要挟明朝，故此，当时负责军事的兵部侍郎于谦建议景泰帝：一要命令守边诸将协力防守；二要分道招募民兵；三要制造兵器盔甲；四要派遣诸将分守九门，结营城外；五要迁城关居民入城，免遭敌人杀掠；六要派军队自运通州存有的大量军粮作为军饷，以免落入敌人之手。对此，景泰帝一一依从，并命令于谦提督各营军马，统率全军。

显然，也正是景泰帝的知人善任，全力支持，才使于谦在“危难之处显身手”，充分展示了自己的军事才能，并成功取得了“北京保卫战”的胜利。

但是，实践证明，于谦是个只知道谋事而不善于谋人的“官场书生”。

当年，当英宗被俘后，有感于英宗的长子还是个襁褓中的孩子，在那样一种特殊的历史时期无力担负国之重任，从国家大局出发，于谦便与一帮大臣力主让英宗的弟弟郕王即位，这就在客观上得罪了英宗。

而且，后来当也先带着“人质”英宗到明朝来实施敲诈，因为怕中计，明朝的守将遵从于谦的指示，对于英宗的“大驾光临”概不迎接，就因此，英宗对于谦一直怀恨在心。

不仅莫名其妙地把英宗给得罪了，而且，在兵部尚书任上，不会做人的于谦也稀里糊涂地把一些大臣给得罪了。

原来，从景泰元年到景泰七年，时任兵部尚书的于谦可谓是明景帝朱祁钰的宠臣，平时对于于谦的意见和建议，景帝几乎言听计从。即使朝廷用人，景帝也要先和于谦这个兵部尚书商量。于谦的“不会做人”也就体现在这里。他是个直言不讳的人，说话不会拐弯抹角，每当景帝和他谈论“人事问题”，说到某某人的升迁任免，他都不避嫌怨，实话实说。

甭看搞官员工作看起来风光，但其实在“栽花”的同时也“栽刺”，而且，因为“僧多粥少”，在实际上栽的“刺”要远比栽的“花”多。虽然，于谦在官员任用上也栽了一些“花”，但那些提拔了的官员也许以为自己理当如此，心里不一定会感谢于谦，但是，那些没被提拔做不了大官的人却绝对会在心里记恨于谦。所以，在封建社会，官员工作搞长了很可能不是好事。在这方面，于谦就是一个最好的例子。虽然，搞官员工作并不是他的“主业”，对他来说，纯粹就是“友情客串”。

因为看到于谦在景帝面前很红，很能说得上话，当时有许多想往上爬的大臣都想走于谦这个“后门”，希望他能在皇帝面前推荐自己。特别是徐有贞，此人官瘾很大，官欲很强，一心想做大官。他拜托于谦的门客，想做国子监祭酒。要说这事还真不怪于谦没帮忙，而是他没帮上忙。因为，于谦确确实实对景帝说了，但因为徐有贞这人给景帝的印象太深了，景帝说：“就是那个倡议迁都的徐有贞吗？这个人人品不好，心术不正，怎么能当这官？误人子弟，败坏学生风气。”

景帝这样说，且说得有理，于谦不吭声了，从此也就不再提起这事。

其中的内幕，于谦当然不好跟徐有贞说，但不知内幕的徐有贞却以小人之心，度君子之腹，认为于谦不帮他，没在景泰帝面前推荐他，于是在心里便非常恨于谦。

还有一个人也非常恨于谦。那就是大将石亨。

按说，石亨应该终生感谢于谦才对。因为石亨曾经因为打了败仗被削职，是于谦替他说情并保荐他在“北京保卫战”中领军抗敌立了功，封侯世袭。记得在当时，“北京保卫战”中，于谦是主帅，功劳最大，结果身为副帅的石亨倒反而封了侯爵。石亨心里过意不去，就给景帝写信，保荐于谦的儿子做官。

于谦是个君子，对名利看得很轻，知道这事后就说：“如今国家多事，做臣子的照理讲不该顾私恩。石亨是大将，没有举荐一个好人，一个行伍有功的，却单单举荐我的儿子，这说得过去吗？而且我对军功，主张防止侥幸，绝不敢以儿子冒功。”

聪明人一看便知，于谦这话不说还好，一说，等于无形中标榜了自己，贬损了石亨，把个大将石亨完全给得罪了。石亨原本想讨好于谦，结果碰了一鼻子灰，从此对于谦恨之入骨。

还有像都督张軏，因为打仗失败，被不讲情面的于谦所劾，还有太监曹吉祥，原本是宦官王振的门下，因为平时为人正直的于谦不大看得上像他这种人，所以这些人都对于谦非常不满，且暗中串通一气，一直想找个机会把于谦“整倒”。

再说于谦平时做人做事似乎不懂得“低调”，对那些“官场潜规则”也总是满不在乎，所以在平时，有意或无意地他总是与那些平庸无能却又精明势利的大臣格格不入，这就在事实上犯了官场之大忌。

想当年，一身正气的于谦之所以被提拔，乃是因为当时的明朝廷有“贤人在朝”，杨荣、杨士奇、杨溥这三位元老重臣为人正直且非常爱才，因而对于谦这位“国之大器”的青年才俊、廊庙之才极为赏识有意栽培的结果。而在“三杨”死后，朝廷邪气上升，很快便形成了一股反对于谦的“政治逆流”。

正统年间，由于于谦的“两袖清风”，引起贵宠官僚的不满，把持朝政的太监王振更是气急败坏。正统十一年(公元 1446 年)，王振虚构了一个“久未升迁，心怀不满”的罪名，把于谦送交三法司，判处死刑。山西和河南的百姓听说后，数万人自动联合起来，到京请愿，就连封地在河南、山西的周王和晋王等朱姓藩王也上书替于谦申冤。权宦王振看到众怒难犯，迫于强大的“新闻舆论压力”，只好让于谦官复原职。

诚如我们所知道的，于谦后来的被重用，完全是时势造英雄的结果。如果不是那场该死的“土木之变”，把明王朝忽然推向了死亡的边缘，所谓“沧海横流”，像于谦这样的官场另类，是绝不会崭露英雄本色，成为万众瞩目的风云人物的。

但即便是这样，当那场关乎国家生死存亡的政治与军事危机过后，这位在危难之处拯救了整个国家的英雄还是很快便遭到了宫中邪恶势力的暗算与清洗。

景泰八年正月壬午，在“夺门之变”的第二天，石亨和曹吉祥、徐有贞等一帮奸佞之臣教唆英宗所做的第一件事便是把时任兵部尚书的于谦和大学士(宰相)王文打入死牢。为了把于谦和王文彻底整死，石亨、徐有贞等诬告于谦、王文谋立外藩(明朝皇帝的本家，封在外地的，是谓小宗)，然后让法司判处于谦、王文死罪。

在审案时，王文据理力争，想要上诉，于谦笑着对他说："这是石亨等人的主意，目的就是要置你我于死地，申辩又有何用？"据说，当"死刑判决书"送达到刚刚复位的英宗那里，连英宗也觉得判得太重了，在关键时刻还算说了一句有良心的老实话，说于谦是有功劳的。

但这时，一肚子坏水的徐有贞却进言说："不杀于谦，复辟这件事就成了师出无名。"

既然上升到这样的政治高度，尽管明知道于谦是冤枉的，但在大是大非面前，英宗当然也就只有昧良心了，于是他大笔一挥，于谦也就这么死定了。

正月二十三日，于谦和王文被押往崇文门外，就在这座他曾拼死保卫的城池前，得到了他最后的结局——斩立决。

史载，在于谦被判死刑后，一些卑鄙而又可怜的"政治小人"为了能够希旨承颜讨好皇帝，不惜落井下石，妄图用于谦的鲜血染红自己的顶戴。如遂溪的教谕吾豫说于谦的罪应该灭族，于谦所推荐的文武大臣都应该处死。而千户白琦则上书请求将于谦的罪行刻版印刷，然后在全国张榜公布。这个于谦的"罪状榜"一直到成化三年（公元 1467 年）才因有人提议被毁掉。

可是，公道存乎天地，自在人心。虽然在那时，一些想讨好皇帝以此邀功的势利小人，全都拿于谦说事，对于谦口诛笔伐，但是，也有一些大臣或良心未泯或良心发现而对于谦的冤死给予了深深的同情。

据史书上说："（于谦）死之日，天日如骤变，阴霾四塞，天下并冤之。"反映了当时的民心所向。

这里，值得一提的是，有一个叫朵儿的指挥，乃是宦官曹吉祥的部下，在于谦被杀的那天，他把酒泼在于谦死的地方，恸哭。曹吉祥发怒，鞭打他。第二天，他还是照样泼酒在地表示祭奠。还有都督同知陈逢被于谦的忠义感动，竟然顶着巨大的政治压力收敛了于谦的尸体。过了一年，又将于谦的灵柩送回到于谦的出生地杭州下葬。

从此，于谦便与南宋的名将岳飞择邻而居，两位屈死的英雄从此共同长眠于西子湖畔。

当那天这样两位我们的历史上的悲剧英雄在九泉之下不期而遇后，不知道他们各自是怎样的一种心情？又会在内心中生发出怎样的一种感慨？

第五章
明朝有个张居正

被后人称为“天下第一宰相”的张居正生前恐怕怎么也不会想到，在他死后两年，他的家竟然突然被抄，他的大儿子张敬修被那些执行追赃的官员严刑拷打后羞辱交加，竟于当晚自缢身亡，而他自己竟也差一点被闹到开棺戮尸的境地！

但事实就是这样的残酷而又无情，一切的一切竟是那样的完全出乎他生前的预料。

其实，以张居正的绝顶聪明，他生前原本应该想到：自古以来，改革者从来就没有好下场。“商鞅变法”功在国家，晁错削藩有利中央，而王安石推行新政也绝对不是为了自己，而且，他们中有谁当初不是被皇帝赏识，有皇帝撑腰？可是，皇帝从来靠不住，不得已时总是丢卒保车，卸磨杀驴。因而，无一例外，这些人有谁最后不是以悲剧谢幕？……

然而，也许是因为性格使然，“慨然以天下为己任”的张居正最终还是重蹈了历史的覆辙，义无反顾地走上了改革也即历史上所说的“万历新政”这条风雨不归路，以致在死后不幸殃及全家，在政治上遭到了彻底的清算。

“学而优则仕”

想来，16 世纪中叶，张居正无疑是这世上最聪明的读书人。

据《明史》记载，嘉靖四年（公元 1525 年），张居正出生在荆州江陵（今属湖北）一个家境贫寒的秀才家中。说来真的很有意思，尽管张居正本人完全称得上是个神童，但他的父亲张文明却时运不济、屡试不第。诚所谓“三十老明经，五十少进士”，直到张居正后来成了翰林，七次乡试不第的老爹竟然还依然是个白衣秀才。

像许多历史上的大人物出生时都有“异征”一样，传说在张居正出生那天的夜晚，他的曾祖父梦见天上一轮明月飘然落在自家那口祖传的水瓮里，照得屋内一片光明堂皇，然后就见一只白龟从水中悠悠然地浮起来。曾祖父认定白龟就是这刚刚降临的小曾孙，于是便给他取了个富有诗意的乳名叫“白圭(龟)”，希望他来日能够富贵荣华，光宗耀祖。

白圭从小就聪颖过人，是荆州府远近闻名的神童。《明史》记载他五岁入学，七岁能通六经大义，十二岁时应府考便以头名得中秀才，一时间成了当地一个知名人物。据说，荆州知府李士翱获悉曾亲自招他面试，出题《南郡神童赋》要他现场作答，结果发现这个名叫张白圭的孩子果然才思敏捷，文才俊逸。

就因此，李士翱对机敏伶俐的小白圭甚是怜爱，他嘱咐小白圭要从小立大志，长大后要尽忠报国，并替他改名叫“居正”。

张居正这个名字便是这么来的。

今天想来，李士翱之所以要为小白圭起“居正”这么个名字，很可能不是取成语“体元居正”之意，因为“体元居正”多指帝王即位，意思是人君以天地之元气为本，常居正道以施政教，而多半是取古人“苟家人之居正，则天下之无邪”之意，乃是希望天资聪颖的小白圭长大后能治国齐家平天下，能够“扶社稷，安苍生”，经天纬地，正身直行，像古人所说的那样“为天地立心，为生民立命，为往圣继绝学，为万世开太平”，做出一番不朽的伟业。

一年后，年仅十三岁却才识超群的张居正来到武昌，参加这年八月举行的乡试。荆楚之地，自古物华天宝，人杰地灵，英才辈出。参加这次秋闱的荆楚士子有千名之多，其中不乏许多经纶满腹的高人，但没想到年龄最小的张居正居然能拔得头筹，成为一名少年举人。

因为只有十三岁，这使湖广巡抚顾璘对他也不禁非常赏识。在看了他的试卷后，看到他在试卷中字里行间流露的真知与灼见，甚是爱才的顾璘竟破例将身为考生的张居正叫来，亲自对他面试，并当面问他：“张居正，你年未弱冠，我且问你，长大以后有何志向？”

虽然是第一次见到大官，但少年张居正并不怯生，毫不拘谨，言行举止虽然谦而有礼却处处显得少年老成。在听了巡抚大人的问话后，略一思索，他便以童声从容不迫地回答道：“学生常听父母言及，昔先曾祖平生急难振乏，常愿以其身为褥荐，而使人寝处其上，使其有知，绝不忍困其乡中父老。学生当以先曾祖为效尤，宏愿济世，不仅以身为褥荐，即有欲割取吾耳鼻，当也乐意施与！”

这真是一篇充满道义与殉难精神的“济世宣言”，其中不仅内涵着一种中国传统士大夫“先天下之忧而忧，后天下之乐而乐”的高尚情操，而且更彰显与凸现出一种舍生取义的宗教情怀。

顾璘大为惊诧，心中暗暗称奇，如果不是亲眼所见，亲耳所闻，他怎么也不会相信这样一番话竟会出自一个十三岁的少年之口。于是，他想进一步面试，考考张居正的才学，便随意用手指着厅外院墙边一丛绿竹说：“好吧，张居正，你能不能以这绿竹为题，即刻给我口占一首五言绝句？”

唇红齿白、眉清目秀且神态自若的张居正望着窗外那丛绿竹，凝神结虑，很快便成诗一首，朗声吟诵道：

绿遍潇湘地，
疏林玉露寒；
凤毛丛劲节，
只上尽头竿。

要知道，在当时，顾璘也是当朝著名才子，一向自视甚高，可现在，他却真心佩服眼前这位殊为少见的少年才子。出于一种为国选才的神圣的使命和责任，他忽然在心中决定暂时不让这位少年才子中举。其中的苦心孤诣一如他在背后跟人所说：“我观此子乃将相才也。他仅十三岁，立时就中举人，原无不妥，但我意为此子着想，倒不妨先冷他一冷，挫他一挫，使其更能发愤，才具老练，他日必将前程无量！”

是的，古往今来，真正优秀的人才就像珍贵的玉石那样是需要不断去打磨与雕琢的。

仅此可见，顾璘在培养和雕琢张居正这块天下难得的“白圭”的良苦用心。

果然，三年后，又是一个金风送爽、丹桂飘香的季节，在经受了一番人生磨砺之后，才具更加老练的张居正再次来到武昌参加秋闱，这次，才华横溢的他几无悬念，在高手云集的科场之中竟又一次蟾宫折桂。

喜讯传来，顾璘很是高兴，当刚长出胡须的张居正特意跑来拜谢他这位恩师时，因为心情激动，他竟然从身上欣然解下犀带相赠，并很是感慨地对时年还只有十六岁的张居正说："古人云大器晚成，此为中才说法罢了，而你并非中才，乃是人中翘楚，大才无疑。三年前你本中举，是我故意将你除名，想以此挫你一挫，不承想这一来竟耽误了你三年功名，你不怪罪老夫吗？"

对于顾巡抚的苦心，张居正当然了然于心，且胸中甚为感激，于是便赶忙说："不，不，大人一番好意，学生永存感激！"说着，竟很是谦恭地一揖下地，"大人乃学生的再生父母，指点之恩没齿不忘！"

见张居正虽然青春年少，尚未弱冠，却如此知书达理，善解人意，实乃难得之才。顾璘甚觉欣慰，益加爱怜，于是便又语重心长地叮嘱道："古人云'有志者事竟成'。我希望你抱负远大，志向高洁，要做伊尹、颜渊，万不可学井底之蛙，鼠目寸光，只做一个年少成名的秀才，一个仅会舞文弄墨、吟风唱月的腐儒！所谓冰冻三尺，非一日之寒，什么时候都要记住你的济世宏愿，任何时候都不能知难而退！"

在人生的路上，能得到荆州知府李士翱以及湖广巡抚顾璘这样两位伯乐的赏识、指点与提携，也真乃是少年张居正的一大幸事。以致到后来成为首辅时，每当想起这些恩人，张居正内心中还充满了无限感激之情。

嘉靖二十六年（公元1547年），二十三岁的张居正参加殿试，中二甲进士，授庶吉士，由此正式踏入仕途。

要说，在我国封建社会，特别是科举时代，有一种风气很值得我们学习，那就是举贤之风。许多封建士大夫都能举贤任能，而国家也为那些优秀的人才开辟了一条特殊的"绿色通道"——科举取士。也正因此，像张居正这样的寒门学子才能够"学而优则仕"，"鲤鱼跳龙门"，完全依靠自己的学识和能力而不是"拼爹"、投机钻营等非正常渠道进入仕途。

就因为"学而优则仕"，张居正这个从小一直生活在江陵乡村的青年有一天竟然一下子走到了紫禁城，进入国家的最高权力机关。

然而，从史书上看，步入仕途后，虽然可以说是少年得志，但在一开始，张居正的官当得其实并不顺畅。

这里，还是来简要介绍一下何谓“庶吉士”。

据史料记载，明洪武初年，选进士于六部诸司及翰林院之下观政。翰林院之下者称庶吉士，六部之下者称观政进士。永乐二年“机构改革”始专属于翰林院。明英宗以后，科举一甲者直接授予翰林修撰、编修。另外从二甲、三甲中选择部分年轻而才华出众者入翰林院任庶吉士，称为“选馆”。庶吉士一般为期三年，三年后，在下次会试前进行考核，称“散馆”。成绩优异者留任翰林，授编修或检讨，正式成为翰林，称“留馆”。其他则被派往六部任主事、御史，也有被派往外地任地方官的。

需要特别指出的是，从英宗朝始，以后竟然形成了惯例：非进士不入翰林，非翰林不入内阁。故此庶吉士在当时有“储相”之称，在朝中绝对不是一个可以小觑的角色。

初入仕途，起点就是“庶吉士”，在政治上成了令人看好的“潜力股”，应该说张居正的官运不差，而且，到了嘉靖二十八年，即所谓的“散馆”后，他又因为成绩优异被“留馆”，被授予正七品的翰林院编修一职。

这一年，张居正虚岁仅二十六岁，如果按周岁算，也就只有二十五岁。二十五岁，就能成为国家最高权力机关的官员，这在历史上虽不能说绝无仅有，却应该说非常少见，即使是现在，恐怕也不多见。

但是，从种种实际情形看，在这期间，张居正的官不仅当得非常寂寞，而且也当得非常郁闷和纠结。

诚如我们所知道的，翰林院是个清水衙门，从某种意义上说，这里完全就是一所修道院，是那些国家后备官员潜心“修道”的地方。所以，翰林院的一个最大特点就是非常清静，而在这里工作的翰林学士们的日子过得几乎都很寂寞。

的确，当官有时是需要熬的，不仅需要熬资历，有时也需要熬机遇，所以，身在官场，需要有许多修炼，其中一项最基础也是最必要的修炼就是要能够耐住寂寞。

在翰林院编修的位子上，张居正一熬就是五年。在这五年内，一开始，由于新来乍到，张居正只是谨言慎行。在那些日子里，他每日只是在故纸堆中潜心于国故典章的钻研，乃至过着青灯黄卷的学者生活，有时也文人雅兴，写些自我抒怀、感慨古今的诗文。对当时的宫廷政治，他却相当克制地自觉保持着一段若即若离的距离，免得牵扯其中，不能自拔。但即便这样，也许是性格使然，他还是时时睁大一只眼睛，默默关注着时事与宫廷政治。

有道是：性格决定命运。以张居正的性格，可想而知，他不可能对现实政治保持长久的冷漠。他心忧天下、宏愿济世的抱负，使他绝对不会面对积弊日深的国事总是保持沉默。

当时，由于嘉靖皇帝朱厚熜是个昏君，常年沉迷道术，终日只以斋醮炼丹为乐，把国家大政几乎全部交给专擅媚上、窃权妄利的奸相严嵩打理，致使严嵩一手遮天，贿风与污迹，污浊公门。正是在这样一种政治背景下，一心想匡时救世的张居正有一天实在按捺不住，很是书生意气地公开发表了自己对于时政的看法。

尽管当时张居正只有二十五岁，而且初涉官场。但是，初出茅庐的他却热血沸腾地给当时世宗皇帝写了一封洋洋数千言的《论时政疏》，全面阐述了自己对时政的看法，并提出了约束宗室、爱惜人才、慎选守令、巩固边防、节省开支等五个方面的改革对策与建议。

由于年轻气盛，也因为其个性使然，在疏文的一开头，他毫不客气地指出："臣窃唯今之事势，血气壅瘀之病一，而臃肿痿痹之病五，失今不治，后虽疗之，恐不易为力矣！"他形象生动地把当时的国家比喻成一个"病人"，且认为这个"病人"的病症有六，根子是血气壅瘀，表现是臃肿痿痹。因为血气壅瘀，所以"臃肿痿痹。"

而在疏文的最后，他言辞急切振聋发聩地写道，"臣闻扁鹊见桓公曰：'君有疾，不治将深。'桓公不悦也。再见又言之，三望之而走矣。人病未深，固宜早治，不然，臣恐扁鹊望而走也。"那意思是说，我的皇帝大人啊，你可千万不能学桓公讳疾忌医啊，不然发展成癌症晚期，到那时说什么都晚啦！

张居正原以为他的这篇充满真知灼见掷地有声的疏文一定会在世宗皇帝的心中产生共鸣，引起震撼，从而会引起嘉靖皇帝的重视，乃至在朝廷上下形成轰动效应，并由此产生强烈的"改革冲击波"。

可是，令他怎么也没想到的是，他的这封奏疏竟然如泥牛入海，并没有引起整天介沉迷于斋醮之中的嘉靖丝毫的注意。在看了这封《论时政疏》之后，几乎看不到嘉靖皇帝对此有任何的意见和批示。这使年轻的张居正感到了莫大的失望。

这之后，他又默默在翰林院编修的位子上苦熬着，眼看严嵩把持朝政，积弊日深，这使张居正益发感到失望。显然，也正是在这政治上的极度痛苦与失望中，嘉靖三十三年(1554年)，时年三十岁的张居正以养病为由向吏部请了三年的长假，然后回到家乡江陵闲居。

史载，张居正归乡后，即在小湖山筑“乐志园”读书，在那里“种竹半亩，养一癯鹤。终日闭关不启，人无所得望见，唯令童子数人，洒扫煮茶洗药”，俨然过着一种隐士般的生活。在家乡的日子里，他虽然表现得很悠闲，每日只是专心研究学术，有时也去体察民情，甚至有一段时间，他竟还想从此专门从事文学创作。但正所谓“身在江湖，心存魏阙”，他的一颗心其实仍还长留在魏阙庙堂之上。

在其《元日望阙》一诗中，他的这种志向与心态表现得可谓一览无余。这首诗是他在“归隐”家乡的第三年春节时写的，诗云：

北阙朝元忆往年，趋承长在日华边。
青阳御跸乘春转，黄道诸星傍斗旋。
镐宴并霑歌湛露，虞庭率舞听钧天。
江湖此日空愁病，独望宸居思渺然。

这说明，张居正并非真的想象当年五柳先生那样“归去来兮”，从此老死江湖，决意归隐。说句老实话，回家养病其实只是一种姿态，是一种怀才不遇、韬光养晦的表达方式，而绝对不是万念俱灰后的真正的归隐。所以，到了嘉靖三十六年，在父亲的劝告下，他终于结束了在家乡的隐居岁月，重又回到了京师，像一只雄鹰，重又翱翔于高远的蓝天。

权力的擂台

说来，明嘉靖、隆庆年间的内阁真的就像是一座擂台，许许多多的内阁大臣在这座擂台上争来斗去，真正是“你方唱罢我登场”，权力斗争的激烈与险恶在这座“权力的擂台”上得到了最为生动最为充分的诠释与展现。

熟悉这一段历史的人都知道，正德十六年（公元 1521 年）三月十四日，明武宗朱厚照这位历史上出了名的“大玩家”在豹房一命呜呼。这位皇帝竟然没有一个儿子。所以，在他死后，由谁来承继大统委实成了一个重大的政治问题。经过皇太后张氏与内阁大臣们反复讨论，最后终于决定由分封在湖北的兴献王长子朱厚熜入继大统，史称世宗。

朱厚熜即位后，改次年年号为嘉靖，所以，历史上也称他为嘉靖皇帝。

由于自觉自己是个“乡巴佬”，而且又是以“小宗”即位，所以，心理上很是有些自卑的嘉靖皇帝一上任就想给自己的父亲兴献王“上尊号”，想追尊自己的生父为兴献皇帝，母亲为兴献皇后，祖母为寿安皇太后，由此遭到朝中大臣特别是以杨廷和为首的内阁大臣的强烈反对，这便是历史上所谓的“大礼仪之争”。

虽然，这场长达十八年之久的“大礼仪之争”最后以性格倔强的嘉靖皇帝的胜利而宣告结束，但是，从此皇帝与内阁之间的关系却闹得很僵。所以，大礼仪之争结束后，嘉靖便开始更换内阁人选，把自己喜欢的人换到内阁。他先是让在“大礼仪之争”中支持自己的张璁任首辅，但是，不久后在看到张璁任首辅“颐指百僚，无敢与抗者”，就又开始提拔重用当初在更定郊祀之制时得到他的青睐的都给事中夏言。

也正是由于得到了嘉靖的青睐，夏言从都给事中职位上不到一年就升为礼部尚书，这在明代历史上是从未有过的事，而且，很快，他又取张璁而代之，升任内阁首辅。

从史书上看，夏言是一位机敏干练、正直敢言很有责任感和正义感的高层官员，曾经在裁汰冗员、清理皇庄等相当棘手的事务中表现不凡，政绩突出，但此人的缺点就是自负，说话有时比较随意且任性，就因此，他把自己的同乡严嵩硬是给得罪了。

的确，夏言与严嵩两人都是江西人。他虽然比严嵩还小两岁，考中进士却比严嵩晚了十二年，但是升迁却比严嵩快了许多。当他入阁为相的时候，年近花甲的严嵩还在陪都南京担任一个几乎没有任何实权的闲差。显然正是因为攀上了夏言这个在京师做高官的同乡，当时已经五十六岁的严嵩才从南京被调到京师，并经由夏言的推荐，继任夏言原来的官职担任礼部尚书。

可是，就因为夏言这个人为人比较耿直，平时说话不大给人留情面，几次驳了严嵩的面子，而且性格直率的他后来也不大看得惯严嵩那种喜欢溜须拍马的奴才相，有意无意地把严嵩给得罪了，致使严嵩不仅不感激夏言这位提携过自己的伯乐与恩人，反而在内心对他恨之入骨，以至于要恩将仇报，一直想方设法在背后害他。

可想而知，以严嵩的阴险与狠毒，若要存心害夏言显然并不是什么很难的事，最后终于设计把夏言给“打下了擂台”，并赶尽杀绝，让嘉靖皇帝把夏言给杀了。

由此，严嵩开始成为首辅，在内阁的“擂台”上暂时站稳了脚跟。

平心而论，《明史》说严嵩“无他才略，唯一意媚上”是不对的。事实上，严嵩这个人很有才学，非常聪明。他二十五岁考中进士，不仅能写一手好文章，在书法方面也颇有造诣。而且，鲜为人知的是，据说他年轻的时候，也曾经是一个正直的人，只是后来在官场尔虞我诈中才渐渐变得心狠手辣起来。

倘若“盖棺论定”，可以说，严嵩这个人贪权、贪财，但不贪色。也许是如他自己所说“一官系籍逢多病，数口携家食旧贫”，早年在落难时给穷怕了，所以发迹后他与他的儿子严世蕃对钱财都表现得贪得无厌，为攫取权力更是昧着良心，不择手段。

事实上，严嵩之所以成为历史上有名的奸相，关键就在于此人心术不正，心地不善，喜欢害人。与他的“恩人＋仇人”夏言的性格完全不同，夏言这个人颇有些恃才傲物，盛气凌人，但心直口快，从不害人。而严嵩却正好相反，他身材高大清瘦，眉目疏淡，声音洪亮，全不似京剧舞台上那种尖嘴猴腮的“白鼻子”奸臣模样，而且，他外表谦和，待人客气，几乎没有官架子，甚至有时表面上表现得还非常仗义，但在实际上却是口是心非，嫉贤妒能，不仅喜欢“窃权罔利”，而且喜欢在暗地里陷害他人。当时，惨遭他陷害被弄得家破人亡的除了夏言，还有一代名士王世贞以及兵部员外郎杨继盛和为人刚直疾恶如仇的锦衣卫沈炼等。

严嵩任首辅时六十九岁，已经到了古稀之年。按说，因为来日不多，到他这个年龄应该完全看淡功名富贵，因为“未来是年轻人的”。到他这种时候怎么说也应该“得饶人处且饶人”，给自己留条后路，多多提携年轻人，尽量显示出长者与伯乐风范。可是，看似精明实则糊涂的严嵩到了自己这一大把年纪却仍然把权位看得很重，不仅不去提携年轻官员，反而与年轻官员争宠，想方设法去陷害他们，这就无异于把自己的后路给堵死了。

严嵩任首辅时，他的次辅名叫徐阶，比他整整小了二十四岁。据史料记载，徐阶是松江华亭人，治下属今天的上海市。还在二十一岁的时候，徐阶即中科举高第，为进士第三人，即“探花”。就因此，徐阶中进士后，没有任庶吉士，而是直接就被授予翰林院编修。因为才华横溢，相传，当年名相杨廷和曾经指着徐阶的背影说：“此少年名位不下我辈。”

的确，据《明史》记载，徐阶这个人虽然个子矮小，却风度翩翩，很有气质，而且性颖敏，有权略。平时为人端庄，不苟言笑，能写得一手好文章，所撰写的青词“深获帝心”，以至于被嘉靖皇帝曾专门召到无逸殿去值班，专门为“首长”写材料。

按说，对于这样一个极具“政治潜力”的后起之秀，严嵩对他应该尽量笼络与示好才对，怎么着也不应该与他为敌，可是，心胸狭隘、嫉贤妒能的严嵩却非要与年轻官员徐阶过不去，硬是在背后害他。据说有一天，严嵩和嘉靖皇帝聊天，故意聊到了徐阶，他先是言不由衷地把徐阶夸奖表扬了一通，然后，忽然叹口气，显得颇为惋惜地说：“唉，徐阶这个人缺的不是才华，而是多了一点二心。”

说徐阶有“二心”，也就是对皇帝不忠，这就不是一般性的问题，而是想要结果徐阶的政治性命了。

要说严嵩的奸恶与阴狠就在这里，什么时候他都不是与人为善，而是与人为恶。

但是，与徐阶斗，严嵩显然找错了对象。

要知道，在政治上，徐阶可不是一个等闲之辈，有史家评论徐阶这位“小个子的政治家”的为人时，说他“外示人以名节，内济之以权术”，绝对是个非常难以战胜的对手。

与严嵩的口蜜腹剑与人为恶不同，徐阶这个人平时礼贤下士，与人为善，而且对一些有才能的年轻官员非常青睐，尽力提携，如高拱、张居正还有名臣海瑞就曾得到了他的识拔与提携。有史料说，徐阶在任吏部侍郎时，几乎对所有朝野官员均“折节下之”，也就是都一律以礼相待，礼贤下士，不摆一点官架子，所以《明史》说他在朝中关系特别好，大家都“愿为用”，都很愿意帮他。

说来，作为一个政治家，一个大丈夫，徐阶真的能屈能伸，尽管明知道严嵩在背后一次次地整他，害他，但他却一直不动声色，有很长时间在严嵩面前都一味示弱，甚至还忍气吞声地巴结讨好严嵩，以致在当时他和另一位内阁大学士被人们称之为“严嵩的两个小妾”。

可是，就是这样，严嵩却仍然仗势欺人，一味地和徐阶过不去，事事都要压着他，陷害他，甚至好几次想置徐阶于死地，这就实在是欺人太甚了，也难怪在当时有许多人在心里对徐阶都很同情。

诚所谓“多行不义必自毙”，由于严嵩父子干的坏事太多了，犯了众怒，朝中有许多大臣都纷纷弹劾他，要求皇帝惩治这个奸贼。一开始，徐阶一直在玩他的“政治太极”，甚至在严嵩被迫致仕也就是退休后还一度故意向他“示好”。但要说徐阶的厉害就在这里，关键时刻，见火候已到，他开始拔剑向严嵩出击了，而且是“一剑封喉”，只一招便让严嵩的儿子——那位极为聪明也极度猖狂的严世蕃命丧黄泉，而年近八十的严嵩则被削籍为民，所有严氏家族有关人等要么处死，要么被发配到边疆充军。

说来真的很有意思，严嵩是个身材清瘦的大个子，而徐阶则是一个身高仅有一米六可谓“五短身材”的小个子，但就是这样一个小个子，后来竟然在权力的“擂台”上忽然“出拳”，只那么一下，竟将奸相严嵩这个大个子给彻底打败，且让他再也没有能够翻身。

关于严嵩的下落，明清野史传说颇多。有说他家破人亡后寄居到一个亲朋家里老病而死，有说他抄家后晚年靠沿街乞讨过活，最后死在一个看守坟墓的草棚里。然而不管怎么说，此人的结局非常糟糕。

一个曾经权倾朝野、炙手可热的内阁首辅，最后竟会落到这样一步田地，仔细想想，也真的是“善有善报，恶有恶报”，害人太多的奸相严嵩实在是活该！

在严嵩被勒令致仕后，徐阶顺利坐上了首辅之位，据说当时的官场莫不拍手称快。而事实证明，成了内阁首辅的徐阶也真的不负众望，虽然做首辅的时间不长，却革故鼎新，被后世称之为一代贤相。

嘉靖四十五年(公元 1567 年)十二月十四日,世宗病危,被搬回大内乾清宫,而且当天就死在那里,享年六十四岁。在他死后的第二天,通政司发布了嘉靖临终前的遗诏,将他在世时的所有弊政全部推翻。很显然,这则不足两百字的“遗诏”乃是徐阶的策划与创作,因为嘉靖皇帝在临终前一直深度昏迷,不可能真的有临终遗嘱。

史载,“遗诏”颁布之日,朝野各界人士听了莫不痛哭感激,拍手叫好。

可是,要说这世上特别是官场做人做事真的很难,你若做一个贪官,自然会招致千夫指,万人恨。然而,你纵是做一个清官,也会有许多人恨你,甚至会不择手段地害你。如徐阶就是这样。

在当时,趁老皇帝世宗刚刚龙御宾天,新皇帝隆庆也即穆宗刚刚即位,徐阶把握时机以极快速度平反嘉靖一朝的冤假错案,可谓大快人心,大得民心,因而使他的威信在朝野一度达到极盛。可是,就是这样一位贤相,竟然也有人对他不满,而且还是他的两位“副手”,也即内阁另外两位辅臣郭朴与高拱。

而郭朴与高拱之所以对徐阶不满,乃至非常恨他,就是因为徐阶在起草“遗诏”时没有同他们商量,而是自己一人擅作主张,只是与张居正商议后,“独自起草诏书”,而把他俩都撇在一边。

所以,郭朴当时很是气愤地对高拱说:“徐阶讪谤先帝,罪可当斩!”而高拱自然也深有同感。

可以想见,徐阶要是知道郭朴与高拱的这番议论一定会非常寒心,气得吐血。因为,高拱与郭朴乃是在世宗皇帝去世前不久,才由徐阶推荐入阁的,可是,不过几个月时间,而且乃是为了这样一件事,这两个人竟然就恩将仇报,由此与徐阶结下了仇隙。

世宗死后,由于太子早夭,排行第二的裕王朱载垕即位,史称穆宗。穆宗年号隆庆,史书上也称其为隆庆皇帝。由于高拱曾是裕王朱载垕的老师,而且这老师一当竟当了九年,所以,裕王登基后,高拱仗着自己是新皇帝的老师,丝毫不念徐阶对自己的提携之恩,竟处处与他作对。即便是徐阶对嘉靖一朝许多冤假错案的平反,他也要故意“重新予以平反”,结果又因此造成了一大堆“冤假错案”。

人说:宰相肚里能撑船。其实,封建官场,在很多时候都并不尽然,古往今来，别看有许多大官表面看起来方头大耳、气宇轩昂，可往往都心胸狭隘、小肚鸡肠。就说高拱吧，虽然身为首辅，但他的性格却极为褊狭，缺少雅量，可谓睚眦必报，即使是与奸相严嵩相比，也有过之而无不及。

就因为高拱的苦苦相逼，仗着有隆庆皇帝这位“学生”为自己撑腰，在内阁的“权力的擂台”上，不断向徐阶发起进攻，致使徐阶满心失望与疲惫，遂于隆庆二年主动上疏要求退休。

历史上，徐阶以隐忍著称，当年，他为了斗倒奸相严嵩，很有些像勾践那样忍辱负重，就因此，“徐阶曲意事严嵩”也成了中国历史上权谋术中的经典案例，可是，好不容易韬光养晦，用了足足十五年时间才把严嵩彻底斗倒，且让他“永世不得翻身”，却没想到，不仅有名相风度而且有贤相气度与才干的他任首辅时间不长，竟然就被高拱给打下了“政治擂台”，被迫致仕回家。

一点也不夸张地说，一代贤相徐阶的被迫致仕无论在政治上还是经济上都是隆庆一朝的巨大损失。而其罪魁祸首显然就是高拱无疑。

从某种意义上说，高拱乃是徐阶一手培养与提携的学生。可是，就是这样一个学生竟然恩将仇报，毫无政治原则性地与自己的这个恩师作对，并将自己的这位恩师彻底赶出了“政治擂台”。

不过，好在徐阶还有一个学生对他一直感恩图报，并且帮他清理门户，很快将高拱这个恩将仇报的学生也打下了“政治擂台”，算是为他这个老师报了仇雪了恨，这才使被迫致仕回到老家的徐阶心里稍稍感到有些安慰，也才使他能够得以安度晚年。

不用说，他的这个感恩图报为他报仇雪恨的学生便是张居正。

“元辅张先生”

在中国几千年的封建官场中，一个人在政治上的成长与进步，除了其自身必备的素质与努力，在很大程度上，应该说，还需要有高人的帮助与指点。

从史书上看，对于张居正来说，徐阶就曾是这样一个帮助他、指点他的高人。

置身官场，徐阶虽然不乏圆滑世故，心机颇深，深谙权术，但难能可贵的是，作为一个政治家，他却始终充满正义，正身直行，胸中总是充盈着一股浩然正气，而且总是喜欢奖掖后进，识拔人才，如前所述，海瑞和张居正这两位历史名臣就曾先后得到了他的赏识与提携。

想当年，年轻气盛的张居正向嘉靖皇帝上《论时政疏》，结果，虽然没有引起昏君嘉靖皇帝的注意，却在当时还只是次辅的徐阶的心中激起了强烈的共鸣。在仔细阅读了这篇疏文后，徐阶感觉到张居正如此年轻就有着宽阔的政治视野和严谨的治国理念，能够切中时弊，对症下药，真的是“人才难得”，于是乎，情不自禁地，有着伯乐情怀的他立即将张居正收至麾下并刻意加以培养和提携。

所以，从某种意义上说，张居正的“官场学徒”生涯就是从这时候才真正开始的，而他的最好最主要的师傅毫无疑问便是徐阶。

嘉靖三十九年（公元1560年），也即张居正三十六岁的时候，由于徐阶的推荐，他由翰林院升右春坊右中允，并兼管国子监司业事。

今天来看，将张居正推荐到这两个职位，徐阶显然是有深意的。因为，表面看来，右春坊乃是专门负责太子学习的教育机构，而国子监也是最高教育机构和最高学府，这些“文职机关”无职无权，几乎没有任何看得见的实惠，完全就是清水衙门。但是，深入一想，事实却全然不是这样。因为，右春坊右中允乃是太子的老师，而司业又是国子监的副长官，因为工作关系，平时能结交许多高级后备官员，这就为张居正后来的“位极人臣”奠定了坚实的政治基础，积累了深厚的官场资源。

所以，搞政治就像炒股票，既要做“短线”，更要做“长线”。显然，徐阶为自己的学生张居正所做的就是“长线”，而升任右春坊右中允，并兼管国子监司业事的张居正从此也无疑真的变成了一支行情看涨的潜力股。

诚如我们所知道的，嘉靖皇帝一生只生有三个儿子，这在古代的皇帝中是很少的。而且即便是这很少的三个儿子，存活率也非常低。所以，到了嘉靖三十九年张居正担任右中允的时候，他所教的皇子只有也仅有朱载垕一个人了。尽管，朱载垕在事实上已成了世宗的独子，成了他百年之后唯一的“政治接班人”，但由于嘉靖这个人超级迷信，对道士所说“二龙不相见”的妖言深信不疑，故而生前一直不立他为太子，而只是封他为裕王。

可是，这丝毫并不影响裕王储君的地位。果然，在世宗皇帝龙驭上宾之后，裕王朱载垕便毫无悬念地于灵柩前即位，是谓穆宗。

穆宗登基后，作为“帝王师”，再加上由时任首辅的徐阶的赏识与提携，张居正很快便被提拔为翰林院侍读学士、掌院事。五个月后，又升任礼部右侍郎；再过一个月，又升为吏部左侍郎兼东阁大学士，进入内阁参与机务；两个月后，又升任礼部尚书兼武英殿大学士，成了一位正二品的高官。

而这时，他才只有四十二岁。

四十二岁就成了朝廷里最为年轻的内阁辅臣，而且排名还非常靠前，这对张居正来说，其意义自不待言。

与张居正同时代的一代名臣、“官场愤青”海瑞在评价张居正时有句名言，说张居正一生“工于谋国，拙于谋身”。仔细想想，海瑞说张居正“工于谋国”是对的，但要说张居正“拙于谋身”却并不尽然。

事实上，张居正这人其实并不“拙于谋身”，在仕途上，他其实很会经营，可谓很有手腕，懂得权谋。在官场，他之所以能够脱颖而出，位极人臣，显然并不单纯只是靠他的才气、他的运气就能做到的，而在很大程度上与他的权谋手腕有关。

从史书上看，张居正这人是深谙官场之道的。作为一个优秀的政治家，他也可谓“长袖善舞”，富有城府。在他的身上，可以说既有正直的细胞，也不乏圆滑乃至邪恶的基因，既有光明崇高的表面，也不乏自私阴暗的背影，可以说，其性格的“二重组合”表现得非常明显。

张居正这人很会处人。史载，他在裕王府邸工作期间，“王甚贤之”，也就是说，裕王朱载垕对他特别赏识与器重。不仅对上关系处得特别好，而且，他的群众关系处得也很不赖，用史书上的话说就是“邸中中官也无不善居正者”，意即王府中的宦官们没有不喜欢张居正的。这说明张居正平时很有心机，很会做人，非常注意经营关系，即使是和那些宦官也相处甚欢，非常融洽。

可是，相比较而言，高拱在群众关系方面就要差多了，他虽然能力很强，很有才干，但由于其耿直高傲的性格，独断专行的作风，以及喜欢整人的恶习，这使他在官场给自己树立了许多或明或暗的政敌。

但即便这样，高拱还是成了隆庆一朝最大的宠臣，无可争议地成为穆宗登基后的最大受益者。而张居正，却只能退居其次，甘拜下风。究其原因，乃是因为虽然同为当年裕王的老师，但高拱却当了裕王朱载垕九年的老师，而且是首席讲臣，其教龄远远超过张居正，特别是在裕王太子之位前途未卜的患难时刻，是高拱一直陪伴在裕王朱载垕的身边，这种患难之情自然也非张居正可比。所以，在徐阶遭到高拱的挤兑被迫下野后，很快，接替首辅之位的便是高拱，而张居正却只能待在次辅的位置上，做高拱的副手。

说来，人这一辈子真的有很多运气的成分。就说张居正吧，如果不是纵欲无度的隆庆皇帝过于短命，在位期间只有短短的六年，只有三十五岁便一命呜呼的话，那么，很有可能他在以后的很长时间内都会一直屈居在首辅高拱之下，长时间地当一个不敢声高盖主的内阁次辅，而如此一来，他是否还能在历史上留下像现在这样的声望与政绩也许会打上一个大大的问号。

众所周知，张居正是在一次突然袭击中打垮首辅高拱，从而取而代之，成为大明的第一内阁辅臣的。而他之所以会“一招制胜”，将高拱从此彻底击倒，史书给出的理由有这样两条：

首先，他是隆庆时的太子后来登基为万历皇帝的朱翊钧的老师。如果说，穆宗皇帝的“首席讲臣”——第一老师乃是高拱的话，那么，万历皇帝朱翊钧的首席讲臣则显然便是张居正了。既然是“第一老师”，所以，朱翊钧在当上皇帝后，便自然而然让张居正坐上了内阁首辅的位子。

其次，是因为有大太监冯保的鼎力相助。

据《酌中志·卷五》记载，深州（今河北深州）人冯保不知何时阉割入宫。虽然是个“刑余之人”，但此人绝对是当时宦官中的大知识分子，琴棋书画无所不能。他在司礼监任上刻了许多书，如《启蒙集》《四书》《书经》《通鉴直解》《帝鉴图说》《经书音释》等，这些书直至崇祯年间，还在宫中流传。他的书法颇佳，通乐理、擅弹琴，并造了不少琴，“世人咸宝爱之”。

但这样说并不意味着冯保只是一个多才多艺的“宦官书生”，实际上，他乃是一位精于执政的政治家，如万历四年（公元 1576 年）五月，他会同三法司进行全国“大热审”，就平反昭雪了全国许多冤狱。

冯保是一位老资格的宦官，在隆庆年间，在众太监中，他已是一位“三朝元老”。所以，无论资历还是能力，他都早就应该当上掌印太监，也即太监中的最高长官。可是，就因为不知因何得罪了高拱，当世宗皇帝时的掌印太监李芳下台后，内廷虽一连换了两个掌印太监，冯保却都与之失之交臂。

仅此可见，“老斗士”高拱是怎样喜欢整人，对冯保又是怎样的恣意排挤，任性打压。

但事实证明，心胸狭隘的高拱这样做绝对不是明智之举，而是一种嫉贤妒能、自绝后路的愚蠢行为。因为冯保绝对不是那种飞扬跋扈的权宦阉竖，而是一个很有思想很有头脑且充满正气、勇于担当的“刑余之人”。对这样的一个正直能干的大宦官不去推荐提携而却一味打压只能说明高拱绝对不是一个与人为善的谦谦君子。

而且，如此不遗余力地打压乃至陷害一个人，公然与一个人为敌，高拱的这种做法也让人很难理解。因为，按理说，以高拱的这种高智商，他应该知道冯保绝对不是那种可以任人宰割、久居人下的懦弱无能之辈，可以让他随意踩在脚下，更何况在隆庆年间，冯保已是行将登皇帝位的太子朱翊钧的贴身太监。对这位博学多才的贴身太监，朱翊钧一直非常信任与尊崇，不仅从来不喊他的名字，而且还亲切地称呼他为“大伴”。除了太子朱翊钧，当时太子的生母李贵妃也对冯保信任有加，极为欣赏。对这样一个极具政治潜力的大太监，真不知道高拱干吗老是要和他过不去？

相比较起来，在对待冯保的态度上，张居正就要明智得多，当然也世故得多。在与冯保的交往中，他对这位太监没有歧视，有的应该说是一种相互尊重与欣赏，当然还有一种相互关心与帮助，甚至可以说还有一种逢迎与讨好，就因此，两人在政治上相互间结成了一种战略联盟。

“与太监相勾结”——这种严格说来并不光明正大的做法尽管一直饱受后人的诟病，即使是在当时也惹人非议，但在张居正自己看来，他这样做完全是行大礼不拘小节，用他自己的话说就是“何暇顾旁人之非议，循匹夫之小节？”

显然，也正是由于张居正与内廷太监冯保的联手，才将当时非常强势的政治强人高拱给一拳击倒，并从此将他给彻底打下了“政治擂台”。

在与高拱的博弈中，史书公开的张居正的制胜秘籍大抵就是上述这么两条。

难道只有这两个理由便足以促成并确保了张居正一招制胜，很轻易地便将时任首辅的高拱打倒在地，让他从此卷铺盖走人吗？仔细想想，恐怕问题没那么简单。

很有可能，在此事件中，张居正的制胜秘籍中还有第三条，那就是他曾得到了小皇帝朱翊钧的母亲，也就是万历皇帝的生母李太后的幕后支持与帮助。

这样说，绝对不是信口雌黄，哗众取宠。

因为，朱翊钧即位时还只有九岁，还是一个不谙世事的儿童。像他这样一个年龄，在波诡云谲、近乎你死我活的宫廷政治斗争中，他又怎么可能慎思明辨，英明决策？所以，比较合乎情理的推测是，在万历刚即位期间，国家的一切重大决策权柄都被其母李太后实际掌控着，至于像内阁辅臣这样的国家重大人事任免权，就更是被隐在幕后“垂帘听政”的李太后牢牢地抓在手里。可以肯定的是，如果事先没有获得李太后的首肯与支持，光是秉笔太监冯保和次辅张居正在那里搞突然袭击，要想扳倒位高权重的首辅高拱绝对不可能，而只有十岁的小皇帝朱翊钧也绝对不敢当场拍板，毅然作出将首辅高拱免职令其“回籍闲住，不许停留”的任免决定。

今天想来，在冯保、张居正与首辅高拱的政治博弈中，当时掌握大明实际权力的李太后之所以会坚定地站在冯保与张居正一边，想必是因为高拱这人太过于霸道与跋扈，不太把小皇帝朱翊钧以及他的生母李太后放在眼里，由此得罪了万历皇帝，当然更主要的是他的母亲李太后；而在另一方面，也许更主要的是冯保与张居正平时与李太后走得比较近，关系非常好。

从史书上看，对张居正这位儿子的老师，无论是其学识还是治国理政的才干，深明大义的李太后都非常欣赏。至于对张居正的为人，她就更是非常敬重。显然，也正是在李太后这位温柔贤惠的母亲的教育与影响下，年少时的朱翊钧平时对张居正一直非常敬重，言必称“张先生”，而从不目无尊长，直呼其名。即使是在当了皇帝以后，万历也总是对张居正尊敬有加，言必称“元辅张先生”。遵照母亲李太后的吩咐，他总是把冯保与张居正作为自己的“皇帝助理”或决策顾问。每逢有重大事项需要决策，少不更事的万历皇帝则把“大伴”冯保的指示先告诉“元辅张先生”，然后再把“元辅张先生”的票拟按照大伴冯保的建议写成朱批。

而万历皇帝之所以会这样做，显然是出自母亲李太后的精心安排与明确规定。

所以，一点也不夸张地说，张居正之所以能够战胜高拱并取而代之，其实在很大程度上是因为获得了自隆庆皇帝死后便一直“垂帘听政”，实际掌控大权的李太后的高度信任与暗中强有力的支持。如果没有李太后的信任与默许，而只是单纯依靠“大伴”冯保的力量，张居正绝对不会这么快就位极人臣，将高拱“拱”回原籍，而由他来接替首辅之位。

而从此以后，万历小皇帝对张居正的称呼也从“张先生”改成了“元辅张先生”。

可千万别小看这一称呼的变化，因为他不仅说明张居正在朝中地位与身份的变化，而且也预示着一个属于张居正的时代已经悄然来临。

张居正改革

在历史上，张居正无疑为我们树立了一个高大伟岸的忠臣形象，但毋庸讳言的是，即便是像他这样一个忠臣，一个君子，在封建官场激烈的权力斗争中，竟也像许多奸臣一样，必要时也会耍一把阴谋诡计，陷害他人。所以，海瑞说张居正“工于谋国，拙于谋身”，这一评价确乎并不完全恰当。

的确，宦海风涛，官场险恶，以张居正的精明，他又怎么可能傻乎乎的“拙于谋身”？

可是，要说张居正就是张居正，在官场中打拼，他虽然也像一般人那样热衷于追名逐利，甚至不择手段地贪恋攫取权力。但是，他的与众不同之处就在于，他并不是为了当官而当官，也绝对不是单纯为了升官发财，谋官图利，蠹政害民，对他而言，当官的目的乃是为了实现儿时的理想也即“宏愿济世”，兴国安邦。套用孙中山先生的话说就是，“做大官”的目的乃是要立志“做大事”，以实现中国古代最优秀知识分子的那种“治国平天下”或曰“扶社稷、安苍生”的宏伟理想和愿望。

应该说，张居正的崇高与伟大之处就在这里。

史载，张居正当上首辅的第三天，即隆庆六年（公元1572年），万历小皇帝在乾清宫前面的平台单独召见张居正。当时，张居正因为去万寿山视察穆宗陵寝工程中暑在家养病。接到皇帝诏令，他不敢怠慢，立即带病入宫觐见皇上。

万历见到张居正，很是亲切地慰问道："先生为父皇陵寝，辛苦受热。"然后又追述先皇之言道："先帝活着的时候多次跟我说，先生您是忠臣"。同时很是真诚地对张居正寄予厚望道："今后，凡事还要请先生不辞辛劳，尽心辅佐！"

一个十岁的孩子能够说出这一番暖人心窝子的话，据说当时把时年已经四十七岁的张居正感动得一塌糊涂。只见他热泪盈眶，当即跪伏在地上奏道："臣承蒙先帝厚恩，不敢不竭忠尽力，以图报效。方今国家要务，唯在遵守祖制，不必纷纷更改。至于讲学亲贤，节用爱民，是为君之道所最首要的，伏请陛下圣明留意。"

这是张居正当首辅后第一次与万历小皇帝谈论国事，陈述己见。

万历听了点点头说："善！"

显然，正是在这次的"平台召见"时被小皇帝朱翊钧的热情点燃，对改革早就胸有成竹的张居正那天心潮难平，夜不能寐。第二天一大早就再次来到宫中，面见圣上，向自己的学生万历小皇帝呈上了自己十年辅政的第一份奏疏，可谓是他就任首辅的一份详细的施政纲领。

在这份奏疏中，张居正希望小皇帝万历应"念念不忘祖宗缔造国家的艰难，念念不忘先帝托付的重任，讲学勤政，亲贤远奸，使官府一体，上下一心，以成悠悠之治"。而他自己，则向万历宣誓道："臣要以区区之身，鞠躬尽瘁，死而后已。"

虽然，在奏疏中，张居正并没有具体阐述何谓"悠悠之治"，并没有明确具体地描绘他的改革的设想与蓝图，但是，在这样的一份施政纲领中，他无疑已经为自己就任首辅一职主动定调，为他即将推行的改革即历史上所谓的"万历新政"吹响了进军的前奏曲。

但由于保守势力在任何朝代任何时候都很强大，所以，一些大大小小的"改革家"为了推行自己的革新措施，往往总是不敢公然提出变法维新的主张，而总是以“托古改制”为借口。我们看西汉末年的王莽以及清朝末年的康有为，在实施改革时，都以“托古改制”为幌子，目的当然是借“古圣”来为自己撑腰打气，以此证明自己变法维新的必要性和合理性。

显然，由于同样的苦衷，与王莽、康有为一样，张居正在筹划与推行自己的改革时也未免有些心虚气短，底气不足，不得已而打出了“托古改制”的招牌。如同历史学家、复旦大学历史系教授樊树志先生在其《万历传》中所说的那样：“这个极力主张对弊政扫除廓清的人，此时只字不提改革，而强调遵守祖制，不必纷纷更改，用心颇为良苦，非不为过，实不能也。”

的确，诚所谓“识时务者为俊杰”，囿于传统的保守的势力太大，在外表和形式上，张居正不能不作出一定形式的妥协与让步。作为政治家，这当然是他的一种政治考量与政治策略。但在实际上，他却铁下心要推行自己的一套政治主张。就像一个治国的中医，虽然在口头上声称要“遵守祖制”，但在事实上他所开列的却并不完全是“祖制的药方”，而是自己在对王朝“望闻问切”后对症下药开出的一张“治国处方”。

今天来看，张居正所实行的政策措施，从严格意义上说，其实并不能完全说是改革，更不能称之为变法，用现在的话说，只能说是一种“整顿”，是对现实的一次拨乱反正。但即便是这样，先不说别的，就说他的“整饬吏治”吧，竟也遭到意想不到的阻力。

事情说起来其实也很简单。高拱被清除出局后，万历根据张居正的推荐，破格将自己原本不认识的吕调阳提升到文渊阁中，担任相当于副宰相这一职位。在一次和吕调阳议及朝中人浮于事、政令不通的现状时，张居正显得慷慨激昂。他对吕调阳说：“你说说，自嘉（靖）、隆（庆）以来，几位首辅如夏（言）、严（嵩）、徐（阶）诸位，未必尽皆庸才？”

吕调阳点点头说：“那倒不是。”

张居正说：“可为何朝政总不见好转，积弱之势又为何越演越烈呢？”

“这……”因为来不及思考，吕调阳一时语塞，不知所云。

张居正显然已对此作过深思熟虑，不等吕调阳回答，他便激动地背着手，来来回回地踱着步说：“就因为力量不能集中！多少才智，全用来你争我夺，左遮右挡，遂使事无所成，相互抵消。久而久之，富真才实学之士不能得进，刁钻逢迎之人却如鱼得水。更有甚者，主钱谷者，不知出纳之数；

司刑名者，未谙律例之文……似此如何侈谈治国安邦？想人臣受国厚恩，坐享利禄，务要强根本，振纪纲，同心效国，怎能不思恩图报，尽在那里效臭腐老儒之余谈，兴无谓争斗之陋习呢？”

的确，用今天的话说，在张居正看来，治国必先“治官”，“治官”务必从严。官不治，大家都在那儿混，那儿贪，而且还在那儿“兴无谓争斗”，又怎么能够奢谈治国？

如此鞭辟入里、入木三分的滔滔宏论，吕调阳生平还是第一次听到，心中不由得激起了强烈的共鸣，益发觉得张居正是个经国济世的干才。受张居正情绪的感染，吕调阳心中也一时升腾起了一种强烈的愿望，渴望与自己一向尊崇的张居正一起同心协力做几件功在国家名垂青史的事情，于是，他便向张居正建议道：“莫若由首辅创议，会商诸大臣，草拟法令，诏告天下，凡不务实事，空发虚论的侈谈之士，皆不得提迁，务使勤勉卓著的贤明之人为国尽才！”

正是在这样一种情势下，万历元年（公元1573年），张居正向皇帝上了《请稽查章奏随事考成以修实政疏》，这是在他先前上了著名的《陈六事疏》之后，所上的又一道奏折。在这道奏疏中，他一针见血地指出：“安民之要，唯在于核吏治”“上泽未能下究，下隐未能上通者，则以吏治欠核。”他认为，“然欲安民，又必加意于牧民之官”，“欲民之安，责在守令”，为此，他向万历皇帝建议实行“考成法”。

一向对“元辅张先生”的话言听计从的万历当然很快就批准了这一建议。

所谓“考成法”，其实就是对官吏进行考核的具体办法，概要说来，其主要内容也就以下四个方面：

第一，“先酌量道里远近，事情缓急，定程限”，也就是首先根据事情的重要性，缓急程度，列出处理的先后顺序和完成的期限，用现在的话说，就是根据不同职位的要求，事先确立一个考核目标。

第二，各衙门分置三本账簿，一本记载一切发文、收文、计划、章程，作为底本。在这许多项目中，把例行公事无须查考的除去，再依此复制两本账簿。其中一本送各科备注，到月终时将实行了的事注销，另一本则送内阁查考。

第三，规定月月查考，半年进行一次总结。在具体操作时，实行层层的督察制度，“抚、按稽迟者，部举之，部、院容隐欺蔽者，六科举之；六科容隐欺蔽者，阁臣举之”。通过内阁控制六科，六科监察部、院（都察院），六部督察各地方官，以此督促政令的执行。

第四，依据考成结果奖惩官员。考成的内容包括贯彻朝廷政令、上缴税收、节约开支、民刑庶务、道路交通、水利事业、督察属员以及完成任务的速度、质量等诸多方面。在对这些内容进行考核评定后，由吏部将考核的成绩与官员的升迁挂钩，以提高官员对考成的重视。

在张居正看来，考核官吏，关系天下人心的向背。因此，他坚持凡京官及外官，必须三六年考满，称职的提升，平常的续任，不称职的罢免。结合考成制度，他又详细制定了官吏的考察制度，一为定期考察，二为随事考察，三为访察告诫。他指示吏部，凡因循守旧，虚报矫饰的官吏，不论地位高低，一律免职。

在今天看来，所谓的“考成法”其实并没有任何新意，对官员进行考核也绝非自万历年间开始，相传，早在尧舜时代就已经实行考绩之法，进能退拙。如舜即位后，设十二牧（舜分政事为十二门，每门的长官称作牧），分二十二人主管，以考绩来奖惩他们，据《书·舜典》记载：“三载考绩，三考黜陟幽明。”也就是根据三年的考绩情况，对官员予以升迁奖惩。到了汉代，更是设有专门的机构负责对官员进行考核，具体由宗正负责，下设宗师，以三年为考绩周期，对官吏进行一次综合的考核。唐代不仅规定由吏部负责对官员进行考绩，而且还具体规定对考核严格实行监督，同时，考核的结果还要当众宣读，张贴公布，广发征求意见，然后再上奏皇帝。有宋一代，把考核称作“磨勘”，意为检查复核，防止申报不实或升降不当。专门设审官院与考课院，具体为审官院负责考察京官，考课院负责考核幕职和州县官。

显然，《考成法》并非张居正的发明，而且也并无新的花样，但就是这样一个严格说来毫无创意的《考成法》，几乎一实行就遇到了很大的阻力，掀起了不小的波澜。

其实，问题倒并不在于考成法本身是否缜密科举，确切合理，问题的关键在于张居正说话做事太过于顶针，太拿自己的考成法当一回事了！据说，当时许多大小官吏出外，往往欺凌下级，欺压百姓，吃拿卡要，盘剥敲诈，张居正对此深恶痛绝，遇上这些人一事稍有不合，便严加痛斥，并指示吏部记录在案，非经长期考察，不得予以重用。

除了《考成法》也即对官吏严加考核，奖优罚劣的具体制度与规定，“张居正改革”的另一项重要内容就是《一条鞭法》。

所谓《一条鞭法》，乃是张居正在经济改革方面的重要内容，也是中国封建社会赋役史上的一次重大变革。

在今天看来，张居正之所以要实行《一条鞭法》，完全是由于当时的形势所决定的。因为，诚如我们所知道的，在这以前，明朝的赋税制度十分复杂，当时的赋税以粮为主，银绢为辅，分夏秋两季征收。此外，还规定农民要服各种徭役，并交纳特殊的土贡等。民众不堪其累。也正是为了简化赋税制度，张居正推出了他的著名的《一条鞭法》，其主要内容为：“总括一县之赋役，量地计丁，一概征银，官为分解，雇役应付。”就是把各州县的田赋、徭役以及其他杂征总为一条，合并征收银两，按亩折算缴纳，大大简化了征收手续，同时使地方官员难于作弊。

实行这种办法，使没有土地的农民可以解除劳役负担，有田的农民能够用较多的时间耕种土地，对于发展农业生产起到了一定作用。同时，把徭役改为征收银两，农民获得了较大的人身自由，比较容易离开土地，这就给城市手工业提供了更多的劳动力来源。没有土地的工商业者可以不纳丁银，这对工商业的发展也有积极作用。

史载，《一条鞭法》的推行，使明政府的岁入也即财政税收有了显著的增加，财政经济状况有了很大的改善。据历史学家研究，当时世界上三分之一的白银在中国流通，山西的票号以及历史上曾盛极一时的“晋商”就是在这一时期产生的。至于国库储备的粮食更是多达一千三百多万石，可供五六年食用，比起嘉靖年间国库存粮不够一年用的情况，委实是一个很大的进步。

可是，就是这样一个功在国家惠及万民泽被后世的“万历新政”，不仅没有得到时人的肯定与赞赏，反而招致了众多反对者们对于这次改革特别是张居正本人的一片嘘声。

一出充满正义与崇高的政治戏剧，一个充满激情与正气的舞台主角，想不到在演出过程中竟然不停地有人喝倒彩，扔“板砖”，以致最终导致了这出“改革戏剧杰作”的彻底流产，以及戏剧主角张居正个人的巨大悲剧。

捅了官场“马蜂窝”

张居正被称为中国历史上六大改革家之一，他所实行的“万历新政”或曰“张居正改革”除了上面所说的《考成法》以及《一条鞭法》，此外还涵盖军事与水利等方面的内容。如在军事方面，为了防御女真入寇边关，他派戚继光守蓟门，李成梁镇辽东，又在东起山海关、西至居庸关的长城上加修了“敌台”三千座。同时，他还与鞑靼俺答之间进行茶马互市交易，采取和平政策，使北方的边防因此更加巩固。

而在水利方面，他则推荐、起用明朝著名水利专家、前总理河道都御史潘季驯治理黄河、淮河，并兼治运河。潘季驯在治河中贯穿了“筑堤束沙，以水攻沙”的原则，很快取得了预期的效果。万历七年二月，河工告成，河、淮分流，从此“田庐皆尽已出，数十年弃地，转为耕桑”。

所以，无论在什么社会什么时代，都不能说“张居正改革”是错误的，不说别的，即便是他当时最受人攻击的《考成法》也几乎无懈可击，他务求实效、铁面无私的精神也义薄云天。但是，没想到他却因此触犯了封建官场长期以来相因承袭的许多大忌，且为此付出了许多惨痛的代价。

仔细想想，这是一点也不奇怪的。因为，如同历史上的任何一次改革一样，“张居正改革”动了当时许多既得利益者的“奶酪”，所以，无论是他本人还是他的“万历新政”自然就会遭到这些人的抵触与攻击。

所以，假若要做自我批评的话，张居正应该承认，他的最大“缺点”就是做事太认真了。用张居正的同年和主要批评者，当时的大名士王世贞在其《嘉靖以来首辅传·张居正传》中的话说就是：“张居正执政时，一道政令发布出去，万里之外，早晨收到，晚上已经奉行开去，如疾雷迅风，无所不披靡。”

的确，从史书上看，张居正是个有言必行的人，他既然在天下人面前声势浩大地推出了自己的“一揽子改革”，他当然就想使这“一揽子改革”在实际执行过程中取得实实在在的效果，用现在的话说，就是不想搞形式，走过场。对此，张居正在其《请稽查章奏随事考成以修实政疏》中说得很清楚，他说:“天下大事,困难之处不在于立法,而在于有法必行;不在于说些什么,而在于说出来就一定要有效果。”

不说别的,就说《考成法》吧,据一些学者统计,《考成法》颁布后,按照这一制度考核并完成任务的一批兵部因而受到了赏银、提级与加薪的奖励,而仅仅半年不到,就有五十四个官员受到停发工资三个月的处分,涉及未能按期完成的工作事项二百七十三件,其中包括一批省级行政官员和监察官员。此后,又有一批批官员受到奖励或扣工资、降级、强迫退休、开除公职等处分。

很显然,那些受到嘉奖与提拔的官员自然眉开眼笑,皆大欢喜;可那些受到处分的官员则会像被捅的“马蜂”一样对他恨之入骨,且不依不饶。

熟悉中国官场的人都知道,那些被《考成法》考核为“不合格”“不称职”的人,从某种意义上说,其实并不都是一些平庸无能之辈,老实懦弱之人,相反,那些“官场老实人”往往都是一些工作最敬业最称职的人。而那些不称职、不合格的人,实际上多半都是一些奸猾刁钻、投机取巧之徒,这些人在平时只是想“混事”却不想干事,他们最大的本事就是会钻营会混事会玩人,而且,许多人往往还都很有法道,很有背景。故而在事实上,古往今来,这些人在官场之中多半都能官运亨通,左右逢源。

可现在,张居正的《考成法》竟然要和这些官场的“混混们”过不去,改革的利剑竟然真的要去刺向他们,“大刀”向这些“混混”头上砍去,可想而知,这些绝非官场善类的“混混们”当然要予以反抗,联手反击。

也正因此,几乎从改革一开始,已渐渐长成少年的万历皇帝就不断接到弹劾张居正的奏折。有人指责张居正擅作威福,升降官员不是以国家的利益而是出于个人的好恶。有人则更为激烈、尖锐,竟公然指责皇帝,说他御宇三年,听信阿谀之臣,为其蒙蔽……而在万历初年,“清流派”大佬、礼部尚书陆树声因看不惯张居正的一系列做法愤然辞职,可以说掀起了“反张”的第一次高潮。

陆树声,别号平泉,在朝中算是个清流首领,向来恃才傲物,天生一副侠骨柔肠,把功名看得很淡。张居正对他一直很崇敬,曾称赞他“朝廷行相平泉矣!”用现在的话说就是:朝廷有德行的宰相要数陆平泉了! 而且,张居正还以“后进之礼”恭而敬之地拜谒过他。可这个陆树声却倚老卖老,对前来拜谒的张居正不冷不热，弄得张居正当时非常尴尬。

陆树声对张居正的所作所为颇有些不以为然，且常常冷嘲热讽，妄加指斥。他指责张居正不行王道，只顾富国强兵。在他看来，当首辅的应行大政，倡王道，举孝贤，清世风，而张居正一会儿节省钱财，一会儿派员巡边，一会儿裁汰冗员，所做的全是些鸡毛蒜皮的小事。他对张居正的《考成法》尤为不满。

有一次，一名负责考成的给事中好心提醒他说，有几件事他还未办，督他抓紧完成任务，不然将据《考成法》如实报呈阁部，到时则会受到惩处。不承想倚老卖老的陆树声听后不仅毫不买账，而且勃然大怒，大发了一顿脾气，然后竟拂袖而去，且当天便上疏请求退休，宁愿辞官。

这期间，最让张居正痛心的是，连他自己的门生辽东巡按御史刘台也向皇帝上书，对他恶意攻击和谩骂："陛下有纳谏之明，而辅臣无容言之量也。高皇帝鉴前代之失，不设丞相，治归部、院。文皇帝始置内阁，参与机务。其时官阶未峻，无专肆之萌。二百年来，即有擅作威福者，尚惴惴然避宰相之名而不敢居。乃大学士张居正，俨然以相自处、自高拱被逐，擅威福者三四年矣……"想不到，这位刘台对自己的老师张居正竟然指名道姓的攻讦和谩骂。

张居正自入阁以来，还从未遇到过这样用心险恶的弹劾之章，直气得头皮发麻，四肢发颤，以致有好几天那怒火都烈焰腾腾地在胸中一直不停地燃烧着。一气之下他上书自请解职。

万历皇帝极力挽留，要求张居正继续回阁，重理国事，并将刘台削职为民，至此事件才算暂时平息。

但没过两年，又因为张居正父亲的去世，围绕着所谓的"夺情"与"反夺情"，朝野内外又掀起了一场更为波澜壮阔的"反张浪潮"，而且有更多的张居正的门生加入到了反对者的行列。

在时隔四百多年之后的今天看来，这件事实在是有些小题大做，可在当时，这次的"夺情"与"反夺情"事件却在国家上下掀起了一场轩然大波，酿成了一次重大的政治事件。

那是万历五年(公元 1577 年)的九月，张居正的父亲老秀才张文明在家乡去世。

虽说生老病死是再正常不过的事情，但对张居正来说，父亲的突然去世却给他出了一道很大的难题。

因为按照明朝的规定，凡父母双亲去世，官员必须在丧报到达之日当天即向吏部打报告请假回家守孝三年，待期满后再回朝廷复职，此举称为守制，也称“丁忧”。在“以孝治天下”的封建社会特别是在以忠孝立国的明朝，守制是天经地义的大事，一般官员都不能违反也不敢违反。

但是，如果遇到每位官员父母去世之时，而朝廷又有紧要之事需要他去处理，皇帝会额外下旨令其留任，这种情况便是所谓的“夺情”，或有的守制未满，而应朝廷之召出来应职者，称为“起复”。

张居正遭遇父丧，按道理必须回家守制。可是，当时他所推行的“万历新政”刚刚有了一点眉目，特别是《考成法》遇到了相当大的阻力，而清丈田亩以及实行《一条鞭法》的攻坚战还未打响，就像一锅水烧了半天还未烧开，如果在这种时候突然离开首辅之位，而且一去三年，那么，这还未烧开的热水就会很快冷却，改革的大业就会半途而废。

不用说，这当然是张居正以及他的改革团队所最不愿意看到的结果。

所以，这年的九月二十五日，当张居正的父亲去世的消息传到北京，第二天，张居正的几位内阁的同僚即上书皇帝，希望援引前朝重臣曾经有过的案例，不许张居正回家守制，要求他“夺情”，继续留在内阁工作。

除了内阁的几位同僚，当时居于内宫中的李太后与掌印太监冯保也不希望张居正回家奔丧，加上神宗朱翊钧当时对“元辅张先生”特别依赖，几乎什么事都先要“元辅张先生”给自己拿主意，也离不开张居正。所以，在与两位皇太后商量之后，万历皇帝以半恳请半命令的语气要求“元辅张先生”在职居丧。

平心而论，张居正是个孝子，当得知父亲去世的噩耗时他五内俱焚，恨不得立即回家为父亲守灵，但作为一个政治家，他清楚地知道自己这一去后果将意味着什么。所以，按照人臣之礼，尽管在表面上他先后三次向皇帝上书申请守制，但在内心中他还是希望能继续留在位上，以便能“将改革进行到底”。

就因此，当皇帝几次驳回他的回家守制的请求，张居正并没有埋怨万历的不近情理，而是接受了皇帝三番五次的慰留，夺情视事，在官守制。

毋庸讳言，既然领导已经拍板定夺，底下人肯定不会再有异议，即便是再有意见也会保留，绝对不会有人糊涂胆大到敢与领导过不去，唱反调。可是，要说明朝还真是“民主”，虽然万历皇帝已经三番五次对张居正下达了夺情圣旨，但想不到他手下的大臣竟然不断有人公然表示反对，对皇帝说不。

这种现象真应该值得我们今天好好深思。

第一个明确反对夺情的人乃是曾被认为是张居正私人的张翰。此人当时的职务是吏部尚书。

张翰曾在南京任一有职无权的闲职，是张居正看他办事认真且非强势人物才把他从南京调来京城担任吏部尚书这一要职的。在此之前，张翰对张居正一直表现得非常忠诚，以致一些官员讥笑他是张居正“夹袋中的人物”，在任内唯张居正马首是瞻，而从不敢自作主张。可是，几乎令所有人意想不到的是，在张居正是否夺情一事上，他却一反常态，竟然公开站到了张居正对立面的立场上，拒不执行皇帝夺情的圣旨，作为吏部尚书，张翰明确要求张居正离职丁忧。

张居正没有想到自己一手提拔的张翰竟会窝里反，关键时刻在背后捅他的刀子，心中的愤怒可想而知，而万历皇帝也非常恼火，当即勒令张翰致仕，也即强迫他提前退休。

但对张翰的处分并没有能够收到杀一儆百的效果，反而起到了火上浇油的作用。

吏部尚书张翰被勒令致仕后，很快，翰林院编修吴中行、检讨赵用贤上书支持张翰，反对夺情。他们向万历皇帝劝谏说，因为父丧而带来的悲痛，使张居正的思想已不能如以前的绵密。强迫他夺情留任，既有悖于人子的天性，国家大事也很难期望再能像从前那样做事有条不紊，所以不如准许张居正回籍丁忧，庶几公私两便。

如果说这两位翰林院官员说话还算客气的话，那么，紧接着，刑部员外郎艾穆、主事沈思孝的上疏话语中则夹枪带棒，火药味十足。这两位刑部官员矛头直指张居正，大骂张居正贪恋禄位，不肯丁忧，置父母之恩于个人名利之下。他们近乎责问地驳斥神宗皇帝说：“陛下以社稷江山的缘故慰留张居正。对于江山社稷来说，最重要的是三纲五常，皇帝的老师，国家的元辅大臣，乃纲常之代表，却置纲常于不顾，难道江山社稷还能够安宁吗？”(《明史·艾穆传》)所以，他们强烈要求皇上勒令张居正回籍，闭门思过，只有这样，才能对人心士气有所挽回。

张居正既被参奏，按照惯例便停止一切公私往来，在家静候处置。而在那些天里，京师舆情汹汹，“张居正事件”街谈巷议，一时也真的成了舆论焦点。

尽管上疏颇多，议论蜂起，但是万历皇帝却丝毫不为群言所惑，在看了以上这四位大臣的疏文后，他龙颜大怒，当即下旨将这四人抓进锦衣卫大狱，分别“判决”将吴中行、赵用贤各廷杖六十，并予以“削籍”，即褫夺了文官的身份而降为庶民；而艾穆、沈思孝则各廷杖八十，打完屁股之后再充军边省，终身不赦。这样的判决不可谓不重。

皇帝的行动如此坚决而且迅速，无疑大大出乎“反张、倒张派”的意料。而且，皇帝还把这一起“夺情风波”上纲上线，认为那些参奏张居正的人乃是假借忠孝之名以此掩盖一个大逆不道的目的，即欺负朕躬年幼，妄图赶走辅弼，使朕躬孤立无援而得遂其私。

如此一来，“夺情风波”就不再是一次单纯的“反张事件”，而变成了一次“藐视朕躬”的欺君行为。问题的性质一下子变得严重起来。

所以，皇帝的圣旨一下，朝野内外一下子变得安静起来，除了一个名叫邹元标的进士继续发扬“硬骨头精神”，不停地上书弹劾以外，从此再没有其他人再提起张居正的不忠不孝。

事件就此似乎已完全告一段落。

但是，表面风平浪静但底下暗流涌动。事实上，经过这次夺情风波后，无论是张居正本人还是大明几乎都留下了一道永难痊愈的精神暗伤。而最严重的似乎还是由此形成了张居正与清流官员的尖锐对立。用当代著名作家、茅盾文学奖获得者熊召政先生在其《明朝帝王师·恩怨尽时方论定》一文中的话说就是：“此前，一些外戚与权贵对他恨之入骨。现在，大量的清流又加入反对他的行列。在当时，清流是士林即读书人的主体。权贵掌握了社会资源，清流掌握了话语权，两厢夹击，张居正的悲剧已是无法挽回的了。”召政先生的话可谓一语中的，入木三分。

的确，“夺情风波”使张居正的形象受到了巨大的伤害，而作为一个改革者，其“领导者的形象”与“个人魅力”是十分重要的，如果没有这些，而只是单纯依靠权力，在缺少法律与制度的刚性约束的国度，其所推进的改革就很难能够得到大多数人的认同与支持。而如此一来，改革者本人不仅会孤立无援，也会饱受指斥，乃至四面楚歌，腹背受敌。

“高位不可以久窃”

从史书上看，张居正显然不是一个得意忘形的人，即便是在他身居高位乃至在实际上成为大明的“最高行政长官”时，他也没有忘乎所以，而是一直心有顾忌，始终“战战兢兢，如履薄冰”。

史载，万历七年(公元 1579 年)，万历皇帝已经十七岁，礼部计划于二月下旬为神宗举行“耕籍礼”。因为，在先秦时，天子的公田称为籍田。每当春季，天子要率群臣到籍田扶犁进行象征性的耕种，叫作耕籍。

所以，所谓“耕籍礼”，其实就是一种成人礼，标志着皇帝已经成年。

可在这年的正月时，神宗发疹，怕遇风寒，一切外出活动都停止了。张居正建议，将耕籍礼推迟到次年举行。万历八年二月，耕籍礼如期举行。三月，神宗陪皇太后到天寿山谒陵，这是他第一次以皇帝身份祭拜祖陵。耕籍礼与谒陵礼的相继举行，标志着皇帝的品格意志均已成熟，可以自己统治国家了。

也正是在这种时候，张居正意识到自己辅佐幼帝的任务可以告一段落了。

所以，在那次陪同神宗皇帝谒陵回来，他向皇帝提交了题为《归政乞休》的奏疏。这年，尽管他还只有五十六岁，但是，在疏文中他却感叹自己“积劳过虑，形神顿惫，血气早衰，逾五之龄，须发变白”，从两年后因为积劳成疾便英年早逝来看，张居正在奏疏中说的绝对不是假话，丝毫没有夸张的成分。的确，九年的“摄政”生涯，表面上风光八面，但在实际上却让他几乎都日理万机，案牍劳形，夙夜忧叹，摩顶放踵。一句话，繁重的脑力劳动已经严重地损害了他的健康，透支了他的生命。以致这些年来他的身心常感到一种说不出的疲惫，昔日的聪明与睿智，昔日的生机与活力已经在不知不觉中逐渐消失，日渐昏蒙。在张居正看来，如果自己不及时离去，恐怕不仅“将使王事不终，前功尽弃”，而且也会折损自己的寿命。

除了身体方面的原因，当然还有心理方面的原因使张居正萌生退意。因为，以张居正的睿智他当然清醒地知道，所谓“伴君如伴虎”，更何况自己在皇权的虎背上已经骑了八年，如今虎已长大，如不见好就收，趁早找个台阶下来，将来很可能会“骑虎难下”，结局堪悲。

也正因此，他在疏文中深感“高位不可以久窃，大权不可以久居”，认为自己在权高位重、功勋卓著的巅峰时期应该功成身退。

的确，从历史上看，“高位不可以久窃，大权不可以久居”，不仅是历代身居高位的政治家的经验之谈，显然也是他们的血的教训。不过，真正能够看淡名利达到这种境界的人，几千年来几乎寥寥无几。屈指算来，也就越国的范蠡、汉初的张良、唐朝的李泌以及明初的刘基等不多的几人，诚所谓“功成身退是良谋”，大多数人像越国的大将文种、秦国的宰相李斯，等等，还是如过江之鲫，争名逐利，以致贪恋权位至死不悟。

收到“元辅张先生”的《归政乞休疏》之后，神宗草草看了一遍，便不假思索地拒绝了张居正的“乞休”，在张居正的奏折上他用朱笔作出了如下批示：“朕垂拱受成，依毗正切，岂得一日离朕！如何遽以归政乞休为请，使朕恻然不宁。”

万历的话说得很真诚也很干脆：“朕现在治理国家正是需要先生的时候，连一天也离不开你，你怎么会突然提出要归政乞休的请求，让朕不能安心呢？”

虽然皇帝竭力挽留，但张居正显然去意已决，两天后，他又再次“打报告”，写了一封《再乞休致疏》向皇帝“乞休”。

在今天看来，张居正这样急不可耐地一再上疏向皇帝“乞休”，绝对不是“作秀”，而千真万确是他真情的流露。正像他在这封《再乞休致疏》中所言，自从隆庆六年(公元 1572 年)担任首辅至今，“惴惴之心无一日不临于渊谷”，意即每一天都惴惴不安，如临深渊，如履薄冰，心理上的压力实在是太大了。这些年来，国事家事，使得他心力交瘁，身心俱疲。在《乞休疏》中，他向神宗吐露说自己由于血气大亏，脾胃虚弱，以致近年来经常“不思饮食，四肢无力，寸步难移”，仅此可见张居正的身体已经耗损衰竭到了什么程度！

也正因此，他害怕自己有一天会支持不住，突然倒下，有负皇上重托，这才再次“乞休”，请皇帝恩准，他很是真诚地说，如果皇帝实在不同意自己“归政乞休”，那么，自己就退而求其次，不再请求辞职，而改为请假，当然是长假，请皇帝“暂停鞭策，少休足力”，让自己能够休长假在家养病，像一匹老马那样待在马厩里休息休息。这期间如果国家有什么大事，只要皇帝一声召唤，自己就会立即赴任，听从驱遣。

既然张居正都已经把话说到这种份上了，万历皇帝在看了他的《再乞休致疏》后，便有些犹豫了。说句心里话，在内心中他也很希望张居正“归政”，使自己能够早一天“亲政”，成为一个名副其实的皇帝。但是，由于这些年来，国家的一切大权事实上都掌握在他的母亲皇太后和“元辅张先生”的手里，他这皇帝不过是一个好看的摆设，因而，对于是否同意张居正“归政乞休”如此重大的人事决定，他委实不敢做主，也不能做主。于是，按照程序，万历皇帝便把“元辅张先生”要求“归政乞休”的事报告给了自己的母后，一切请皇太后裁定。

没有想到，对于张居正的请求，万历的母亲慈圣皇后坚决不同意，她让皇帝转告张居正，一切维持现状，等到儿子朱翊钧三十岁时才可以商量“归政”之事。

仅此看来，慈圣皇后对已经成年的儿子万历皇帝的“亲政”显然不太放心。

依照母亲李太后的“懿旨”，万历皇帝便又再次作出“批示”，把他和皇后商议的结果如实告诉张居正，“朕面奉圣母慈谕云：‘与张先生说，各大典礼虽是修举，内外一切政务，尔尚未能裁决，边事尤为紧要。张先生受先帝付托，岂忍言去！待辅尔到三十岁，那时再作商量。先生今后再不必兴此念。’朕躬录以示先生，务仰体圣母与朕眷眷依毗至意，以终先帝凭几顾命，方全节臣大义。”

就像现在的法院判决一样，既然连皇太后都已经发话，“今后不必再兴此念”，也就等于“二审终审”，不可能再“改判”了。这种时候，倘若张居正若再提“归政乞休”则不仅不可能，也显然是不识相了。

“待辅尔到三十岁，那时再作商量”，对于这样的“圣旨”，如果换成一般人，一定会高兴得要死，可是，当看了神宗的这一手谕后，张居正却痛苦万状。究其原因，乃是因为，一方面，由于健康原因，他自觉已经很难能够担此重任，另一方面，他也确实很想在自己生前急流勇退，见好就收，以便能够生还故乡，保全晚节，免得到时“祸萌骖乘”，后悔莫及。

应该说，以张居正的睿智与深谋远虑，在一定程度上，他还是有着先见之明和忧患意识的。早在万历六年(公元 1578 年)，在他回乡安葬其亡父时，皇帝接连发来三道诏书，催促他速速回京理政，地方官员以为是无上光荣，特意为他建造了一座“三诏亭”，以资纪念。

可张居正得知后，却大泼冷水。他对那些地方官们说：“建造‘三诏亭’，情深谊长，心意我领了。可是，实在没此必要。要知道，宦海风涛，变幻莫测。多年以后形势变化，高台倾覆，曲沼填平，到时我恐怕连个居所都不能拥有，这个‘三诏亭’不过是五里铺上一个迎接普通官员的亭子而已，哪里还能看得见所谓‘三诏’?”

说这话，绝对不是杞人忧天，也不是无病呻吟，而是以史为鉴，有感而发的。因为历史上“威权震主，祸萌骖乘”的事例实在是太多了，其中，最典型的例子莫过于霍光。

诚如我们所知道的，霍光是西汉著名将领霍去病的同父异母之弟，他曾是汉武帝时的权臣，汉武帝逝世后他奉遗诏任大司马大将军，作为顾命大臣辅佐年幼的汉昭帝刘弗陵，由此掌握了大汉的最高权力，用史书上的话说就是：“帝年八岁，政事一决于光。”后来，汉昭帝死，他拥立昌邑王刘贺为帝，不久废黜刘贺，改立刘询为汉宣帝，前后摄政达二十年之久。

司马光评价霍光，认为：“霍光之辅汉室，可谓忠矣”，为了西汉王朝真正是“鞠躬尽瘁死而后已”，可是，想不到由他一手扶立的汉宣帝却把他看作背上的芒刺。他死后，汉宣帝竟然将仇恨发泄到他的家族身上，以致惨遭灭族之祸。所以，有感于斯，《汉书·霍光传》不无感慨地说：“威震主者不畜，霍氏之祸萌于骖乘。”这便是成语“威权震主，祸萌骖乘”的由来。

张居正对历史很有研究，他曾经将历史上的一些值得借鉴的重要人物与重大事件编成一本《帝鉴图说》，作为教育皇帝的历史教材，对霍光故事自然烂熟于心。也正因此，后来，在给湖广巡抚朱琏的信中他曾忧心忡忡，满腹心事地感慨道：“盖骑虎之势自难中下，所以霍光、宇文护终于不免。”

这显然不是空发议论，而是以史为鉴，由霍光、宇文护这些历史上曾经大权在握风光无限的权臣的可悲下场想到自己，心中隐约有了一种不祥的预感。

的确，历史上，权力从来都是一把双刃剑，在伤及别人的同时，弄不好也会伤及自己。也正因此，“前车之辙，后车之鉴”，作为一个对历史极为熟悉的政治家，张居正才一心想着功成身退，保全晚节。

可是，没想到一直对他高度信任的李太后却好心办坏事，一句“今后不必再兴此念”的懿旨无异于在政治上判了他的无期徒刑。从此，他不仅不能“暂停鞭策，少休足力”，而且，也竟因此彻底陷入霍光、宇文护们的“前车之辙”之中，在政治的烂泥潭中再也不能够拔出脚来，全身而退。

但是，不能“归政乞休”仍要工作的张居正显然真的已经体力不支，有心无力了，万历十年(公元1582年)春节刚过，他就感觉身体不适，躺倒在床上。郎中为他诊断，认为他患了痔疾。当代有学者考证，认为他患的是直肠癌，而且已到了晚期。可即便是这样，身为首辅，每天仍有那么多的事在等着他去处理，没有人可以替代他，帮助他。他便只好强忍着疼痛，一边与病魔作斗争，一边坚持着躺在病榻上处理各种复杂的事务。

到了后来，病魔折腾得他已经死去活来，让他再也坚持不住，因为预感到自己已经病入膏肓，不久于人世，于是他便又一次上疏神宗乞求致仕，以便骸骨回乡。在心中，他又一次提到了自己的病情，说自己的病是“因体弱过劳，内伤气血，外感暑热，以致积热伏于肠胃，流为下部热症”(《患病谢医并乞假调理疏》)。可是，与前两次一样，他的“乞休”要求又被神宗不近情理地给彻底否决了。原因当然不仅是神宗不同意，而且，神宗的母亲李太后也坚决不同意。李太后对张居正说：“先生有师保之责，与诸臣异，其为我朝夕那诲，以辅元德，用终先帝凭几之谊。”

李太后对于张居正的高度信任与器重令人感动，但不知道她是否知道张居正的病情此时已经严重到了什么程度？如果知道，她还仍要张居正“生命不息，战斗不止”的话，那就太不人道太不近情理了。

万历十年的六月二十日，因为积劳成疾，太师兼太子太师、吏部尚书、中极殿大学士张居正病死在任上，时年还只有五十八岁。

史载，在临死前，也即这年的六月十八日，万历派司礼监张鲸携手敕慰问张居正，并询问身后国家大计，张居正已近于昏迷，强撑着安排后事，写了一封密奏，推荐礼部尚书潘晟、吏部左侍郎余有丁入阁。稍后，又推荐张学颜、梁梦能、徐学谟、曾省吾，许国、陈经邦、王篆，谓大可用。

次日，万历照准潘晟、余有丁入阁，其余人的名字贴在御屏上，以备召用。并再派太监慰问，以便继续询问身后措置。但张居正已不省人事，无法说话了。就这样又弥留了一天，到了六月二十日，这位“天下第一宰相”终于与世长辞了。

死后被清算

从史书上看，明神宗朱翊钧这个人若说他坏吧，他这一生也真没有干过什么太大的坏事，人也绝对算不上是什么坏人；但若要说他是好人吧，他的心地也真的不那么善良，待人真的也并不那么宽厚，是那种有话喜欢藏在心里专爱打肚皮官司的人。

显然，像这样的人，特别难于相处，非常难以把握。

不说别人，就说张居正吧，还在朱翊钧很小的时候，他就是太子的老师，后来，朱翊钧冲龄即位，张居正一身兼二任，既当首辅，又兼神宗的老师，真的是几十年如一日，君臣两人可谓朝夕相处。可是，对于万历皇帝的为人，从种种情形看，张居正显然也捉摸不透。

今天，从心理学的角度看，明神宗朱翊钧显然是个性格颇有些内向乃至抑郁的人，也许与他的特殊的身份以及成长经历有关，他是个不太善于表达更不喜欢袒露内心的人，由于种种原因，他的许多内心中真实的想法与愿望，即使是与他的母亲李太后在一起，他也不愿表达，不去倾诉，而总是习惯于把自己一层一层地包裹起来。

也正因此，我们看万历皇帝这一生很不阳光，甚至心理还非常阴暗，如他对他的老师张居正生前与死后两种截然不同的态度，可以说，就是他的这种性格的最生动的反映与表现。

诚如我们所知道的，张居正在世时，神宗对他的这位“帝王师”的尊崇几乎可以说是达到了一种无以复加的程度，不仅言必称“元辅张先生”，而且，对于张居正的话更是言听计从，从不违忤。所以，张居正在世时，神宗朱翊钧表面上是皇帝，但其实是有其名而无其实，仅仅只是挂个名而已，而张居正表面上是“首辅”，即宰相，却无其名而有其实，在实际上就是“皇帝”，或者说是“代理皇帝”。

从实际情形看，万历对张居正的感情变化有一根从盛到衰的“情感曲线”。

首先，在初期，不用说，万历皇帝与张居正之间曾有过一段“政治蜜月期”。诚如黄仁宇《万历十五年·万历皇帝》所说：“公元 1578 年前后，年轻的皇帝对张居正的信任达到最高点。这种罕见的情谊在张居正离京以前的一次君臣谈话中表现得最为充分。张先生启奏说，他前番的被攻击，原因在于一心为朝廷办事，不顾其他，以致怨谤交集；万历则表示他非常明白，张先生的忠诚的确义薄云天。说完以后，君臣感激而泣。”

在那期间，他俩的关系不仅亲如师生，而且情同父子。万历因为很小失去父爱，想必有着“恋父情结”的他对亦师亦父的张居正表现得特别依赖。如前所述，在张居正回籍葬父的三个月期间，他竟接连下了三道诏书，催促张居正速速回京赴任，待至“元辅张先生”返京，万历在欣慰之余，益发增加了对张先生的倚重。

而在中期，也即万历皇帝大约到了十五以及十七八岁的时候，君臣两人的“情感曲线”开始呈下降趋势，神宗朱翊钧对他的老师“元辅张先生”的感情已不再像儿时那样真诚，在很多时候都表现得虚情假意。

究其原因，一方面应该说是年轻的皇帝已处于青春期，性格中自觉或不自觉地有了叛逆的成分；而在另一方面，也显然是因为张居正对自己的弟子万历皇帝的管教实在太多、太严，这就使正在发育的万历小皇帝在内心中对他越来越反感。

据说有一次，小皇帝在讲筵时读《论语》，读“色勃如也”一句，将其中的“勃”读成了“背”，身为老师的张居正当即疾言厉色地纠正他说：“非背，当读勃！”万历听了“悚然惊起”，而其他人见此情景也很吃惊。也正因此，史载，年少时的万历皇帝对张居正这位“帝王师”是又敬又怕，很有可能，心中还充满了一种说不出的仇恨。

还有一件事确乎就更能说明这一问题：

史载，万历八年（公元 1580 年）的十一月十二日夜里，已经十八岁的神宗朱翊钧召来两名宫女饮酒作乐，神宗喝得半醉，要宫女唱酸曲儿，也就是要她们像妓院里的妓女那样唱“黄色歌曲”。宫女们觉得有辱自己的身份，坚持不唱，神宗发怒竟然要将两名宫女斩首。内侍孙海、客用害怕事情闹大，于是便一起跪下来恳求神宗以割发代替斩首。要说神宗真的不是一个暴君，听了两个内侍的话，他便让人当场将两位宫女剃了“阴阳头”，总算饶了她们的性命。

但事情到此并没有完，当“大伴”冯保知道这事后，不敢隐瞒，立即禀报给李太后。李太后对儿子神宗一向管束甚严，听说神宗做出这等混账之事，极为气愤，第二天一大早就跑去祭告祖宗，要将神宗废掉，让他的兄弟潞王继位。神宗朱翊钧酒醒后，听说了此事，知道自己闯了大祸，于是赶忙跑过来跪在母亲面前苦苦哀求。

李太后流着泪，半天没有说话，到最后只对他说了一句:“你的去留，还得看看张先生的态度!”

虽然那天张居正闻讯赶来，竭力帮着神宗说话，渐渐平息了李太后的愤怒，使神宗得以保住了自己的皇位，但因为未能保住皇帝的“面子”，所以身为皇帝的朱翊钧并未因此感激张居正，相反，却在内心中对自己的这位老师产生了仇恨。是啊，当了八年皇帝的他，发觉自己的命运竟然掌握在“元辅张先生”的手里，最后能不能保留皇帝之位还得由“元辅张先生”定夺，承张先生的人情，这使他在心中隐隐感到了一种莫大的耻辱与愤恨。

但是，囿于性格的软弱，再加上母后对张居正的高度信任，在张居正生前，万历皇帝对于自己的这位“元辅张先生”一直敢怒不敢言。尽管在后期他对张居正有着许多的不满，乃至有许多的怨恨。但在表面上，他却竭力伪装着，表现得对“元辅张先生”似乎格外依赖，格外尊崇，格外关怀。如在张居正病危期间，神宗曾去探望他，当看到骨瘦如柴整个人都已变了形的张居正时，年轻的万历皇帝说了一句很是动情的话:“先生操劳国事用心尽力，朕无以回报，只是照顾你的子孙。”

尽管这话，神宗在张居正面前已经说过许多次，但临终之际，躺在病床上的张居正又一次听到神宗说这话时还是非常的感动。在张居正觉得所谓“君无戏言”，神宗的这番话，不仅是对他一生的最高评价，最高奖赏，也无异于是在他临终前对他所作出的郑重承诺，是他们君臣两人订立的“最后条约”。

显然，有了这样的“君臣条约”，将不仅能够保证张居正生前他和他的全家的富贵荣华，而且，在他死后也会确保他的子孙的平安幸福，至少能够保证他们的生命安全。

是啊，都说“君无戏言”，皇帝说话从来都是金口玉言，一诺千金，难道从神宗嘴里说出的话还能有假吗？诚如是，那么，因为担心“威权震主，祸萌骖乘”故而一直悬在张居正心口的那块石头就能落地了，如此一来，他也就死能瞑目乃至含笑于九泉了。

很有可能，张居正就是在这样一种心境下与世长辞的。

倘若真能这样，那么，张居正也真的能够称得上是生荣死哀、笑傲古今了。

可是，令张居正怎么也没有想到的是，神宗是个“伪君子”，在他临终前对他所说的话完全就不是发自内心，而纯粹是一种口是心非。结果，在张居正死后还不到半年，这位皇帝便突然“变脸”，露出“原形”，开始了对“元辅张先生”的死后“清算大行动”。

今天看来，万历对张居正的“清算大行动”显然早已深思熟虑，胸有成竹，因而整个“清算大行动”显得很有章法，井然有序，归纳起来，其主要有这么四个步骤。

一是剪除“大伴”。也许，在神宗朱翊钧看来，要想彻底清算张居正，必须要首先推倒“大伴”冯保。因为，司礼监掌印太监冯保是张居正的“政治搭档”，“黄金组合”，他俩一外廷，一内宫，都是“最高行政长官”，而且长期以来两人配合默契，私交甚厚，可以称得上是“张居正改革”的旗手与主将。如果不铲除冯保这个“绊脚石”，就很难能够彻底清算张居正。

诚如我们所知道的，冯保是万历皇帝的“大伴”，万历小时候与他感情很深，乃至对他十分喜爱与敬重。然而，由于冯保与张居正二人在李太后的支持下，对神宗管教甚严。神宗长大以后，对他两人的管束渐渐非常反感以致怨恨，所以，张居正死后，万历皇帝立即采取行动，对已势单力孤的冯保双管齐下，解除了他的职务并抄家，然后将这位陪伴伺候了自己几十年的“老太监”发配到南京去养老。虽然保住了一条性命，但被皇帝认定为“欺君蠹国，奸贪无比、罪恶深重”的冯保到了南京后，很快便上吊自尽了。

二是制造舆论。冯保的倒台与自尽表明张居正的势力已经开始削弱，他生前那种几乎无人能够撼动的政治地位已经开始动摇。这使官场中的一些嗅觉灵敏的投机分子很快就捕捉到了这样一个极其重要的“政治信号”：打倒张居正，立功雪恨的机会来了。

于是，那些长期受到压制的言官如释重负，而那些因持不同政见长期受到打击的官员也开始蠢蠢欲动，很快掀起了一个否定张居正的政治浪潮。

第一个向张居正扔“炸弹”的是御史杨四知。

万历十年十二月十四日，杨四知突然向坟土未干的张居正发难，弹劾张居正生前十四条罪状。当时，已经亲操国柄正想把张居正推倒的万历皇帝正愁找不到把柄。杨四知这一弹劾，无疑正中神宗下怀，未免使他心中窃喜。看了杨四知的“弹劾信”，神宗当即用朱笔御批道：“居正朕虚心委任，宠待甚隆，不思尽忠报国，顾乃怙宠行私，殊负恩眷。念系皇考付托，待朕冲龄，有十年辅佐之功，今已殁，姑贷不究，以全始终。”

这段“批示”显然包含了两层意思：一是在没有任何调查核实的基础上，单凭杨四知的“一面之词”便立即“确认”了张居正的“犯罪事实”，认定张居正“怙宠行私，殊负恩眷”；二是假仁假义，表示自己念及张居正“系皇考付托”，且有“十年辅佐之功”，“姑贷不究，以全始终”，以此显示自己的大仁大义，皇恩浩荡。

但盖棺论定，神宗这人虽不能说是很坏，但他的最大毛病就是常常言不由衷，说话不算话，这不仅表现在对张居正的承诺一次次不兑现，后来在立储问题上也一次次不能信守自己的诺言。

既然表示要“姑贷不究”那就“姑贷不究”吧，可是没想到神宗很快又推翻了自己的承诺。

事情的发展是这样的，杨四知弹劾之后，一看皇帝对张居正就这态度，善于见风使舵的大臣们来了兴致，纷纷落井下石，加入到了“倒张”的行列中。

第二个上疏的是御史孙继先。在奏疏中他不仅大批特批张居正，而且强烈要求为反对张居正而遭到惩处的余懋学、傅应祯、艾穆、邹元标等一大批官员平反昭雪，重新起用。万历皇帝当即接受了这一建议，并不惜“自我检讨”道：“朕一时误听奸恶小人之言，以致降罚失中。”

万历皇帝这样说，表面上是在做“自我批评”，但实际上是在批判张居正，且已经把张居正归入到了“奸恶小人”之列。从“怙宠行私”到“奸恶小人”，表明神宗朱翊钧对自己的老师张居正的否定正在一步步升级。

既然“倒张”成了时髦，于是，云南道御史羊可立便也不甘落后，捕风捉影地揭发张居正霸占辽王财产，把废黜辽王事件与张居正挂钩，指责他是“废辽事件”的最大受益者。一看火候已到，一直伺机翻案的辽王家属也向皇帝控告张居正，说他“丛计谋陷亲王”，“霸夺产业”，以致“金宝万计，悉入居正府”……

常听人说“落井下石”这个成语，什么叫“落井下石”？应该说，对张居正的批判与诬陷便是典型的“落井下石”，或者叫“墙倒众人推”。

按说，神宗绝非“没有头脑”，对这样的无端指责与控告一听便知道是“一派胡言”，因为，当年张居正在老家荆州修建屋舍是经神宗皇帝自己批准的，甚至其新修楼堂也是万历皇帝起名“捧日”“纯忠”并亲笔题写的。至于说到辽王因罪除国之事，它发生于隆庆二年。其时，张居正入阁未到两年，位居其上的尚有首辅徐阶、次辅李春芳以及阁臣陈以勤等。以他这样一个刚刚进入内阁的礼部尚书兼武英殿大学士，想要挟私愤扳倒一个亲王，显然还不具备相应的政治能量。对此，神宗当然心知肚明，一本全知，所以，据朱东润《张居正大传》记载，在后来对张居正的清算告一段落后，连万历自己也曾有“辽府废革，既奉先帝宸断”的说法。既然这样，张居正纵有胆量又怎么能够有能力将查抄的辽王“金宝万计”全部私吞呢？

可是，为了能彻底打倒张居正，消除他“威权震主”的影响，神宗还是昧着良心，故意不辨真伪，硬是将“侵夺王坟府第”的罪名按到张居正的头上，而如此一来，彻底清算张居正便变得理所当然、名正言顺了。

三是实施抄家。在接到羊可立弹劾张居正的奏疏后，神宗不分青红皂白，立即下达了查抄荆州张府的诏令，并且特意挑选了张居正的老对头、司礼太监张诚以及刑部右侍郎邱橓以及锦衣卫指挥曹应魁等立即动身前往荆州，会同湖广巡抚、巡按，对张府财产查抄充公，全部押解朝廷。

要说封建官场真的是“此一时也，彼一时也”，想当年，张居正位居首辅权势显赫时，各部大臣都把他视为“威君严父”，争相阿谀奉承，而他的家乡，那些大大小小的地方官员更是以他为荣，以他为傲，真正是挖空心思、变着法子巴结他、谄媚他，如前面所述的“三诏亭”便是最典型的例子。可是，一旦张居正失势了，倒霉了，那些大大小小的地方官们则“翻脸不认人”，顿时来个一百八十度大转弯，眼睛眨都不眨，立马与张居正彻底划清界限，甚至变本加厉积极加入到了打倒与迫害张居正的行列之中，一个个成了“反张”的积极分子。

由此可见官场的势利与虚伪。

不过，说句公道话，官场之中虽多势利之人，但也并不全都是“小人嘴脸”，最起码，在当年于慎行就是一位顶天立地的大男人，真君子，在官场之中称得上是一个真正出淤泥而不染的“另类”。

于慎行德才兼备，诗文俱佳，为人忠厚老成，熟悉历代典章，张居正在世时曾将他推荐给神宗当老师。可是，尽管张居正很赏识他，但在张居正权势炙手可热，满朝文武都对他卑谄足恭时，于慎行却从不登门拜访，更不巴结。而当张居正死后，神宗要抄“元辅张先生”的家时，于慎行却主动站出来为张居正说话，他给当时负责抄张居正家的刑部右侍郎邱橓公开写信说：当张居正在权力顶峰的时候，满朝没一个人敢说他的坏话。现在他被“打倒”了，竟然又没一个人敢说他的好话。人怎么能这么势利呢？这都是不对的啊！

所以，于慎行认为要肯定张居正执政十年的成就，并希望停止对张居正的清算。

只可惜，古往今来，官场中像于慎行这样充满浩然正气的真君子太少了，更多的都是一些趋炎附势、见利忘义的轻薄小人。

想来真的是官场险恶，人心惟危。想当年，在张居正权高位重时，他的家乡人无不以“荆州出了个张居正”为荣，至于那些家乡的地方官更是上杆子巴结他，想方设法拍他这位首辅的马屁。每逢过年过节，总是有许多大大小小的地方官到他的江陵老家“拜年”“拜节”。可是，当听到朝廷查抄张府的消息后，这些大大小小的地方官们立马“变脸”，在“倒张运动”中竟然一个比一个表现得积极。在朝廷官员还未到时，他们便立即先行一步，又是登记张府人口，又是在张府的门窗上贴上封条，以致张家大小数十口家人来不及出门便被封在屋内。等到朝廷抄家官员十几天后到达时，这些被封在屋内的老小妇孺已饿死十七人，有的尸体竟被同样饥饿难耐的家犬啃食殆尽，甚为凄惨。

抄家开始了。

原来，在查抄了冯保的家产后，贪财的万历皇帝怀疑张居正也有大量财宝。用史书上的话说就是："帝疑居正多蓄，益心艳之"，故而非常渴望查抄张居正的家。而在张居正生前一直力挺他的李太后此时也令人难以理解地突然"变脸"，对万历的"抄家"决定予以默认，深表赞同。在清算张居正的运动中扮演了一个很不光彩的角色。

但是，令神宗朱翊钧以及李皇太后极为失望的是，"专案组"从张居正家查抄的所有财产变卖后总共加起来竟不及严嵩的二十分之一，大约是二十几万两白银。这些财产还并不完全是张居正一人所有，而是他家的祖产以及几个已经做官的儿子的共同财产。

一个权势显赫摄政、长达十年的首辅怎么只有这么点财产？"专案组"显然不信，于是便分头对张居正的六个儿子分别进行"两规"，并严刑拷打。张居正的大儿子、时任礼部主事的张敬修不堪其辱，自缢而死。死前，咬破指头在自己的布衫上写下血书，为其父辩诬，喊冤。而三子张懋修投井自杀未遂，又绝食未果。其他几个儿子也都被罢官、剥夺功名，充军烟瘴边地，贫病交加，最后都死得很惨。

就这样，在抄家过后，张居正的家产尽夺，亲属子孙的官职尽夺，甚至连他们的性命也被剥夺。所以，朱翊钧在张居正临终前的"只是照顾你的子孙"的承诺不仅成了一句空话，而且成了绝妙的讽刺。

但即便这样，神宗朱翊钧对他以前一直恭而敬之的"元辅张先生"的清算还没有完。

四是废除新政。张居正死后，事实上他生前所推行的"万历新政"也已经半途而废，无疾而终。但即便这样，一心想彻底清算张居正的神宗皇帝以及那些张居正的"反对派"依然不依不饶，而是对张居正生前所做的一切来了个"全盘否定"。如张居正在推行《考成法》时曾罢黜了许多能力较低、道德败坏的官员，而现在，神宗及张居正的反对者们竟抱着"凡是张居正反对的我们就要拥护"的政治态度，将这些慵懒贪渎的官员全部"平反"复职。

至于张居正生前强力推行的《一条鞭法》则更是被完全废止。

张居正生前，重用一代名将戚继光，让他镇守蓟辽，以致十余年间，蒙古骑兵在戚继光面前从来不敢擅启兵衅，轻举妄动。可是，张居正死后，神宗却将戚继光放逐到无事可做的广东，使这位名将在几年后抑郁而死。而治水专家潘季驯就因为被认定是“张居正的人”，在清算张居正时又替张居正说了几句公道话，则被勒令回家。

万历十二年（公元1584年），神宗颁布诏书，公布张居正的罪状，算是为“清算张居正事件”画上了一个句号，其所公布的罪状云：

张居正诬蔑亲藩，侵夺王坟府第；钳制言官，蔽塞朕聪；私占废辽地亩；假以丈量，庶希骚动海内；专权乱政，罔上负恩，谋国不忠。本当断棺戮尸，念效劳有年，姑免尽法追论。伊属张居易、张嗣修、张顺、张书都着永戍烟瘴地面，永远充军。

说来，神宗朱翊钧真是一个精明人，即使是把生前一直待他不薄的“元辅张先生”迫害成这样，他也还大言不惭地非要“卖个人情”，说张居正的罪行，“本当断棺戮尸”，只是因为“念效劳有年”，所以自己才高抬贵手，法外开恩，“姑免尽法追论。”倒好像九泉之下的张居正还应该对他感恩戴德才是。

仅此可见，政治斗争真的是很卑鄙，很残酷。

就这样，张居正在死后遭到了最彻底的清算。“世间已无张居正”，一个没有张居正的时代来临了。

可是，令万历朱翊钧没有想到的是，随着“万历新政”的被废止，国家的财政状况很快又陷入到了入不敷出的窘境，而国家的行政机构在不久后也几乎陷入到了瘫痪的境地。

所以，《明史》在神宗本纪的末尾不无感慨地说：“明之亡，实亡于万历。”仔细想想，事实也真的就是这样。

“抹黑”张居正

历史上，张居正一直是个有争议的人物。在他死后数百年，对他的争论始终没有平息。尽管崇祯十三年朝廷为张居正彻底平反，但攻击他的言论仍然和赞誉他的言论一样不绝于史。

的确，和历史上许多改革家一样，张居正一直是个毁誉参半的历史人物。

平心而论，“金无足赤，人无完人”，张居正绝对称不上是一个“完人”，更不能说是一个圣人，他的一生有着许多的缺点，但是，从总体上说，他却绝对称得上是一个伟人。而且，即便是史书上所指称的他的那些所谓的缺点，今天来看，有很多也是历史上一些别有用心的人对他的诬陷不实之词。其目的，自然是出于对他的嫉妒、仇恨与报复，以便在历史上“矮化”张居正，“抹黑”张居正。

这样说，绝对不是主观臆测，信口雌黄。

不说别的，就说回乡葬父坐着三十二人抬的豪华大轿这样一件事吧，只要我们设身处地地想想，就会觉得这绝对是一桩不可能发生的事件。

明万历年间进士焦竑在其《玉堂丛话》卷八中记载有这样一件事，说是万历六年，张居正离京返乡安葬亡父，一路上摆出“我非相，乃摄也”的排场，颇有些小人得志的嘴脸，一路上不仅有尚宝少卿以及锦衣卫指挥等大批官员前呼后拥地护送，而且还有戚继光派来的火铳手与弓箭手作为保镖。更有甚者，才刚刚当上首辅的张居正竟然摆谱到一个人乘坐着三十二人抬的豪华大轿。据说这种“豪华大轿”前半部是起居室，后半部是卧室和盥洗室，而且两旁有走廊，上面还有两个侍从为其挥扇焚香，倒水沏茶，而这样“如同斋阁”的豪华大轿，即使连皇帝也从未坐过！

如果事情真是这样的话，那么，张居正也太张扬，太过分了。

但仔细想想，却不大可能。因为，退一万步说，即使是张居正“小人得志”，在回乡葬父时故意摆谱，招摇过市，他也绝对乘坐不上三十二人（有说三十六人）抬的豪华大轿，理由很简单，那就是，当时从京城到荆州，千里迢迢，而且道阻且险，根本没有现在的高速公路，最好的路况顶多也就是所谓的“官道”，路宽也不过仅够四匹马并辔而行，或两匹马擦身而过。而“三十二人抬的豪华大轿”大致相当于现在一室一厅的住宅那么大。试想，就这么狭窄的“官道”怎么能够让这三十二人抬的豪华大轿一路通行？甭说是在古代，即便是现在的高速公路上，恐怕也很难让这三十二人抬的豪华大轿顺畅通行吧。

而且，既然是“三十二人抬的豪华大轿”，那轿子自然很重，体积很大（据说能容纳三个人乘坐并就餐），那么，那抬轿子的抬杆一定很粗很结实，普通的毛竹肯定不行，即使胳臂粗的树干也显然承受不了，仔细想来，起码要大腿般粗的树干，而且还得要很长，最少也要十五六米长才行，请问这样的轿子即使工匠能做得出来，这么笨重的轿子在路上又怎么能抬得动？纵然抬得动，又怎么能抬得快？

所以，乘坐“三十二人抬的豪华大轿”显然不符合生活逻辑，也不符合当时张居正回乡葬父归心似箭的心境，绝对只是一种传说，是别有用心的诬陷和造谣。

再说张居正的“奢侈”与“糜烂”。对此，无论是《明史》还是焦竑的《玉堂丛话》以及沈德符的《万历野获编》等野史多有记载，如《玉堂丛话》中说张居正在那次回乡葬父时，不仅乘坐“三十二人抬的豪华大轿”，而且吃饭时菜肴过百品，即使这样，“居正犹以为无下箸处。”

仔细想想，这显然又是不折不扣的诬陷与诽谤，是对张居正的恶意与极端丑化。

“吃饭时菜肴过百品”这件事，要知道，当时在回乡葬父的途中，一路风雨兼程，晓行夜宿，旅途中哪有条件每餐都做上百道菜肴？纵然沿途不断有善拍马屁的地方官“超标准接待”，吃些山珍海味每餐吃个十个菜二十个菜也还可能，但要说“菜肴过百品”怎么可能？这是不是太夸张了？而且，张居正乃贫寒出身，又是刚刚当上首辅不久，对饭菜怎么可能如此挑剔，如此张扬？竟然上百道菜肴他都“以为无下箸处”？

可是，对这样一些明显不合乎情理的事，后代的一些学者竟信以为真，因而对张居正颇有微词，乃至大加挞伐。如当代明史学家王曾瑜先生在其《看了明朝就明白·张居正的悲剧》中就大为感慨道：“张居正的这种腐败行为，不但给自己抹黑，更重要的，是给改革事业抹黑。很难设想，一个不能洁身自好的改革家能够把改革事业进行到底。”

王先生的议论无疑精辟而又深刻，但用来论述张居正却显然不太恰当。因为，张居正虽然不能说是像海瑞一样的清官，但也绝对算不上是一个大贪官，退一万步说，即便是“贪”，他的“贪”也还没有到那种贪得无厌的程度，更没有到那种穷奢极欲的境地。

所以，要说“抹黑”，绝对不是张居正自己给自己“抹黑”，而是他的一些“仇家”存了心要给他“抹黑”。其用意，当然是想报复他，把他在历史上搞臭。

揆诸历史，应该说，往张居正脸上“抹黑”最多的人应该说就是王世贞。

诚如我们所知道的，王世贞曾写过一本《嘉靖以来首辅传》，对夏言、严嵩、徐阶、张居正等嘉靖以来的首辅的生平事迹作了较为详尽的描述，其中，光是张居正就占了两卷篇幅。由于是同时代人写的传记，所以，后来的《明史》等史志基本上都以王世贞的这本《首辅传》为蓝本。这就意味着，张居正的生平事迹几乎完全是由王世贞一人说了算。所谓盖棺论定，从某种意义上说，张居正的盖棺论定，其话语权几乎完全掌握在了王世贞一人的手里。

熟悉历史的人都知道，张居正其实是一个工作狂，特别是当上首辅以后，由于处于“冲龄”的万历皇帝少不更事，而把大明的大事小事都推给张居正一人处理，就因此，十多年如一日，无论盛夏还是严冬，张居正每天都早起晚睡，工作十几个钟头。即使是到了病危期间，据当代著名作家熊召政在其《明朝帝王师·记改革家张居正》中的说法：“张居正已经无法坐立或仰卧，每日趴在病床上，靠参汤维持一点力气，用干枯颤抖的手握着笔，仍在艰难地批复各类公文。”

仅此可见，他有多忙、多累！

凭良心说，张居正之所以会英年早逝，完全是因为积劳成疾，试想，每天都那么夜以继日地干活，超负荷地运转，无论什么人，纵然是钢筋铁骨也撑持不住。在这方面，无论是秦始皇也好，还是张居正也罢，都不能例外。的确，即使是再伟大的人物，也都是凡身肉躯，不是“超人”。

所以，张居正的一生，完全称得上是“鞠躬尽瘁，死而后已”，完全可以说是一个“生命不息，工作不止”，最后竟然死在工作岗位上的“大明劳模”“大明烈士”。

可是，对于这样一个“大明劳模”，王世贞竟别有用心地污蔑他，说他是因女色而死，这，究竟是为什么？

说来，这世上真的是“没有无缘无故的爱，也没有无缘无故的恨”，王世贞之所以会如此恶毒地污蔑攻击张居正，原来事出有因，乃是因为他与张居正曾有过一段恩怨情仇。

原来，王世贞与张居正两人曾为同年进士。但因为王世贞“文人气太浓”，亦官亦文，经常与当政者显得不太合作，甚至于格格不入，因而官当得不是很顺畅，仕途很曲折，甚至因为曾得罪过奸相严嵩而一度遭到打击与迫害。

而张居正则因为城府很深，热衷政治，且极有政治才干，故而仕途一直很顺畅，可谓官运亨通。

从史书上看，当了首辅的张居正虽然因为对当时的大清官海瑞存有偏见，对海瑞一直不关心、不重用，但是，对王世贞这位当时的“文人领袖”、自己的老同学却还是一度很有感情，也非常关照。当“文人气很浓”的王世贞与严嵩、高拱等先后发生冲突并被打压乃至迫害时，张居正曾私下写信给这位“同年兄”，劝他暂时忍耐，不要意气用事。后来，张居正一当上宰相，马上便起用一直赋闲在家的王世贞，授予他为湖广按察使，让他到自己的家乡做父母官。

因为湖广远离京城，在政治上明显缺乏情商的王世贞不知道张居正这是在曲线提拔他，很不愿意千里迢迢到湖广赴任。

这时，张居正便又给他写信，耐心解释如此任命的缘由，说让他去湖广，不过是“循资”而已，不日即可升任京官。要知道，在官场有些事是不能说破，而是“只能意会，不可言传”的，只能靠当事人自己去揣摩，去感悟，可张居正竟然把话说到这种程度，想可以见他对自己的这位“同年兄”是多么的真诚，多么的关爱。

既然张居正把话说到这种份上，王世贞便只有去湖广赴任了，而张居正果不食言，在前后不到一年的时间内，就将王世贞的职务连调了三次，由正三品的湖广按察使升为从二品的广西右布政使，然后又调任京城，任正三品的都察院右副都御史。京官正三品以后，就很容易升任尚书和内阁大学士了。

由此可见，为了王世贞的升迁，张居正当初真的是煞费苦心，鼎力相助。

但是，由于王世贞的说话做事过于使气任性，再加上在做湖广按察使时，也不知是有意还是无意，竟然拿张居正的亲属“开刀”，特别是后来“张居正改革”，在推行《一条鞭法》时遇到阻力。身为年兄，他老兄不仅不出手助同学一臂之力，反而站到反对者的行列，甚至于上书皇帝，指斥张居正大权独揽，祸国殃民，从而大大伤害了一直拿他当自己人的张居正。

既然王世贞恩将仇报，“不仁”在先，那么，后来张居正也就对他“不义”了，两人由此交恶。出于报复，张居正此后不断给王世贞“穿小鞋”，而出于“反报复”，因为掌握了“话语权”，王世贞在张居正死后便写了上述的《嘉靖以来首辅传》，虽然对张居正并没有“全盘否定”，对他的“政绩”应该说还多有肯定，但对他的“私生活”却大为泼粪，把个张居正完全“抹黑”成了一个好色成性的“登徒子”。

如此一来，比张居正多活了十年的王世贞算是“笑到了最后”，狠狠地出了胸中一口恶气，对张居正算是实施了最彻底的报复，而此时，张居正早已不在人世，虽然成为“被告”，但他却完全失去了替自己辩护的能力，从此也就只好含冤于九泉之下，任其毁誉了。

当然，对张居正的“抹黑”，也并非王世贞一人所为，而应该说是一种“集体行为”。这种“集体行为”，实际上早在张居正刚死时便开始了。不用说，那些参与这场落井下石的“抹黑运动”的人大多是张居正生前的“反对派”，但也有一些则是张居正生前的崇拜者与“拥护者”，这些人一看张居正死了，“政治风向”变了，为了保护自己，立马见风使舵，向张居正施放毒箭。

而更令人痛心的是，张居正死后，由他所强力推动的整饬吏治运动以及刚刚实行的所谓“一条鞭法”也自此戛然而止，搁浅在历史的河道中，向后人展示着它的残缺悲剧之美。

一个出生于湖北乡间、家里没有任何背景的读书人，只是完全凭借自己的聪明才干，竟然能够迈上人臣所能登上的最高台阶，张居正生前的风光与荣耀委实让后代的读书人惊羡和眼馋，而其身后被抄家且差一点闹到开棺戮尸的境地，以及死后被人“抹黑”的遭遇，却又是那样的让人扼腕和心寒！

细想想，这是张居正的悲哀，也是中国历代改革家共同的悲哀！

的确，张居正的悲剧是从一开始就注定了的。可以说，他的悲剧是封建专制主义时代任何一个改革家都无法避免的悲剧。在一个人治的社会里，单纯依靠人治的手段企图去疗救和根治封建官场久治不愈的顽症，这本身就是一个无法实现的梦想。

但是，到了崇祯年间，明思宗朱由检这位“亡国之君”却独具慧眼，竭力为张居正平反，并大为感慨地说：“抚髀思江陵，而后知得庸相百，不若得救时之相一也。”为了告慰张居正在天之灵，表彰张居正那“慨然以天下为己任，振刷纲纪”的显赫功绩，崇祯皇帝颁旨复还其荫奉及诰命。

因为皇恩浩荡，被“落实政策”的张家子孙陆陆续续从流放地重返故里荆州。也许是认识到官场太过于险恶，太让人心寒了吧？所谓“官场多污秽，富贵皆浮云”，这些回到故土的张家子孙在这一带聚族而居，从此再没有一个人外出做官，而是恪守祖训，农耕传家，繁衍生息，为先人守护墓庐，不忘四时祭祀。如此一来，虽然没有了富贵荣华，没有了赫赫权势，但远离了虚伪，远离了奸恶，远离了是非，远离了灾祸。

仔细想想，有时候，过一种平平淡淡的生活其实也是一种幸福。

“张居正改革”像稍纵即逝的浪花一样，毫无作用地扑打在大明这块岩石上，且迅疾化为飞沫，而作为改革者本人，像历史上的任何一位改革者一样，张居正也只能是以卵击石，其最后的结局可想而知。

第六章
万历“罢工”为立储

在明朝十七帝中，有许多“另类”皇帝，特别是到了明中后期，大致是从正德开始，大明朝的皇帝们几乎一个比一个“另类”，一个比一个怪诞，想必是大明朝的气数将尽，不断散发出腐朽没落的糜烂气息。

明神宗朱翊钧——也就是人们常说的万历皇帝便是其中的一位。

万历的怠政，或者叫“罢工”，在历史上可是出了名的，这位在位长达四十八年的大明天子当皇帝期间“消极怠工”，竟有三十多年不上朝，以致有的辅臣入阁多年竟然没有见过天子一面！

万历“罢工”为哪般？或者，换句话说，究竟是什么原因让万历皇帝许多年不上朝听政？史无所载，无从考证。很有可能，决非某一单方面原因所致，而是各方面原因综合使然，但从种种迹象来看，最主要的原因恐怕还是与册立太子之事即所谓的“立储之议”“国本之争”有着很大的关系。

风流的后患

后代大凡研究这段历史的学者都认为，发生在明神宗万历年间的所谓“立储之议”“国本之争”，无论是对万历皇帝本人还是对整个大明朝来说，都是一场灾难深重的悲剧。

悲剧发端于一件原本很不起眼的小事。具体来说，就是年轻的万历皇帝很偶然地与一个普通的宫女生下了那么一个儿子。

但没想到，就是这么一桩小事，竟然会酿成了那么大的政治风暴，不仅在万历一朝，也在整个大明朝以后的历史上产生了令人始料未及且无法挽回的政治后遗症，由此导致了明朝的衰败。

这个宫女就是后来的孝靖王太后，被万历称之为恭妃王氏。

说来，人世间有许多事后果真是令人难以预料。就是这样一个小小的插曲，竟留下了那样严重的“后遗症”，不仅使他自己，也使整个大明为此付出了惨痛的代价！

要说，生育这事还真是怪异得很，公元1578年，依从母后的愿望，年仅十四岁的万历皇帝与锦衣卫指挥使王伟的长女、比自己小一岁的王氏结婚，并册封她为皇后。可是眼看三四年过去了，皇后王氏却没有孩子，没想到宫女王氏的小腹却很快隆起。到了第二年的八月，刚刚被封为恭妃不久的王氏宫女还真就生下来一个男孩。

这便是明神宗朱翊钧的长子朱常洛。

就像在内心中其实从未爱过出身低贱的恭妃，明神宗朱翊钧也压根就不喜欢这个被命名为常洛的长子。特别是在他不久后一往情深地爱上了先被称为淑妃后来被他封为皇贵妃的郑氏，并与郑氏生下了两人爱情的结晶——皇三子常洵之后，恭妃和她的儿子常洛——这一对可怜的母子，在万历的心中几乎就更没有了地位。

人生难得一知音

人这一生，知音难觅。即便是贵为“九五之尊”的皇帝，也不例外。

身为皇帝，明神宗朱翊钧一生不知道宠幸过多少如花似玉的女人。但是，一生一世，他所最钟爱且终生不渝的女子却只有一个，那便是在万历十年（公元1582年）三月被册封为淑嫔的郑氏。

据一些史书及一些历史小说上说，郑氏生得姿容美丽，闭月羞花，是个美人坯子。但她之所以能赢得万历的欢心，其实并不单纯只是因为她的美貌，更多的显然是由于她的聪明伶俐，她的善解人意以及通晓诗文，是个有着艺术浪漫气质和生活情趣的女人，用通俗一点的话说就是，郑氏不仅是一个美丽的女人，而且也是一个可爱的女人，否则，用黄仁宇先生的话说，“如果专恃色相，则宠爱绝不可能如此历久不衰。”

郑氏并不是万历的第一个女人，却是他一生中最心爱的女人。用一见钟情、一见倾心以及情投意合来形容他俩之间的那种感情恐怕并不为过。的确，两人有着许多的共同兴趣和爱好，比如说都喜欢读书，读李商隐的爱情诗，读白居易的《长恨歌》，读王实甫的《西厢记》，当然也读司马光的《资治通鉴》以及本朝祖宗的“实录”，这使他俩在平时的生活中有着许多的共同爱好与共同语言。

据说，一天夜里，万历住在郑贵妃宫中，由于一时高兴，他便躺在御榻上随口哼了一段《西厢记》的曲词：

青山隔送行，疏林不作美，淡烟暮霭相遮蔽。夕阳古道无人语，禾黍秋风听马嘶。我为甚么懒上车儿内，来时甚急，去后何迟？

谁知，万历刚一唱完，郑贵妃便立即接上了下段，只听她莺语婉转、千娇百媚地唱道：

四周山色中，一鞭残照里。遍人间烦恼填胸臆，量这些大小车儿如何载得起？

可想而知，像这样一个才貌双全且善解人意的女子，万历又怎能不引为至爱，奉为知音？

而且，更为重要的是，别的妃嫔对皇帝从来都是百依百顺，无论情感上还是行动上都始终保持着一种有形或无形的距离与隔阂，让万历的心中总是不爽，感受不到一种酣畅淋漓、自由自在与快乐。而郑氏却不是这样，凭着机智与聪明，她似乎看透了他虽然贵为天子，富有四海，但其实，在内心中，无论是生理还是心理，他都和平常的男人没有什么本质的区别。

作为一个异性伴侣，郑氏清楚地知道自己应该扮演怎样的角色，发挥怎样的作用，才能赢得万岁的欢心。所以，从一开始，她就不把他当作一个至高无上、可以颐指气使、为所欲为的天子，而只把他看作一个普通的男人，因而在他的面前无拘无束，无所顾忌，不仅尽情展示出了一个美丽妖娆的女子的独特魅力，而且也充分表现出了一个美丽女子在男人面前应有的矜持、平等与自尊。这就使得万历和她在一起总有一种不一样的感觉。

与万历有过最亲密的几次接触后，她发觉虽然贵为天子，他的性格既柔且弱，缺少那种真正的男子汉的坚毅与刚强，而且，由于从小在宫廷里长大，常年只和一群太监以及宫女相伴，与他接触的人多半只把他当作神一样尊崇与供奉着，而很少有人能够真正走进他的内心，把他当作一个与常人一样有血有肉、喜怒哀乐的人来对待，这使他的生活特别是精神上异常地单调与寂寞。

所以，在平时的生活中，她尽量以自己的美丽与温柔、青春与热情给他爱抚与关爱，慰藉与开导，在他的面前，她有时像个母亲，对他好言相劝，百般呵护；有时又像个大姐，对他无限疼爱，悉心照顾；有时，则纯然是热恋中的情人，对他满怀依恋，小鸟依人般地依偎在他的身边，含情脉脉地倾听他的诉说；而更多的时候，她更像是一个调皮淘气的小妹，经常和他开一些不大不小的玩笑，做一些恶作剧，故意惹他生气或是拿他开心，有时还会蛮不讲理，跟他耍点小脾气，甚至用拳头轻轻地打他，或是假装生气老半天背对着他，任凭他怎样哄她，愣是不去理他。据说，有一次，她甚至还含娇含嗔地抱怨他说："你呀，怎么让人觉得就像是个老太太?"

没想到，这种"大不敬"的行为，不仅没有惹恼皇帝，反而让年轻的万历皇帝感到了一种从未有过的体验，一种从未有过的幸福和快乐，惬意与满足。

就因此，随着时间的推移，他越来越依恋着她，越来越深爱着她，情不自禁的，有事没事，他总喜欢和她待在一起，在寂寞的深宫中，寒来暑往，总是心甘情愿地让她永远陪伴在自己的身边。据宦官们私下谈论，自从爱上郑氏后，皇上经常与郑娘娘俪影双双，在西内的寺院拜谒神佛，有时还一起作佛前的祈祷。

也正因为深得万历的宠爱，还不到三年，郑氏便由淑嫔升为德妃，很快又再升为贵妃，其地位在后宫仅次于第一夫人皇后。

在我国古代，后妃要想平步青云，安享富贵尊荣，往往第一步先要谋取皇帝对自己的宠爱；第二步则是希望为皇帝留后，即为皇帝生下儿子，而有了儿子之后则又往往处心积虑，乃至不择手段，一心巴望儿子能被立为太子。只有也只有等儿子被立为太子，后妃的地位才能巩固，才能从后宫成千甚至上万的嫔妃中崭露头角，脱颖而出。

而皇帝也往往"爱屋及乌"，因为对某个后妃特别宠爱，由于种种原因，便常常想立自己的爱妃之子为太子，如汉高祖刘邦晚年就曾一度想改立自己的爱妃戚姬的儿子赵王如意为太子；汉光武帝刘秀因为深爱着自己的发妻阴丽华，最终毅然将郭皇后连同皇太子刘强一齐废黜，而改立自己与阴丽华所生之子东海王刘庄为太子。

明神宗朱翊钧当然也不例外。因为深爱着皇贵妃郑氏，他便也一直很想立郑氏为他所生的三儿子常洵为太子。可是，说来也真是烦人，谁知他手下的大臣们却固执地坚持“立嫡以长”，不惜一切地要他立皇长子常洛为皇储。就这样，君臣双方一度互不相让，由此直接引发了一场旷日持久时间长达几十年可谓历史罕见的“国本之争”。

所谓“国本之争”，一言以蔽之，其实也就是接班人之争。因为对于那些生活在皇权之下的明代士大夫们来说，皇储是一个国家长治久安的象征，是一个国家兴衰成败的根本，所以，当时把册立太子也称作“国本”。因而，万历与大臣间因为册立太子之事所引发的这场马拉松似的斗争就被称为“国本之争”。

臣工们的叫板

今天来看，万历皇帝尽管在位时间很长，长达四十八年，不过，他这皇帝当得不仅一点儿也不潇洒，一点儿也不舒服，而且当得还非常地憋气，非常地窝囊。

众所周知，万历的父亲隆庆皇帝在位还只六年便龙驭上宾，驾鹤归西，一撒手把皇位传给了时年还只有九岁的皇太子朱翊钧，也就是后来的万历皇帝。

可是，虽然万历九岁就坐上了龙椅，但一直到他十八岁亲政，在这前后长达十年多的时间内，他都像个木偶，始终被他的两位母亲即嫡母陈太后、生母李太后以及“元辅张先生”牵扯和操控着，朝廷内外的一应大权几乎都掌控在被称为“天下第一宰相”的张居正手里，而万历所起的作用只不过就相当于一个道具、一个木偶，或者，就像是个被攥在别人手里可以随意加盖的橡皮图章而已。

从史书上看，慈圣皇太后对于张居正确实是恭敬有加。张居正溘然长逝后，由于种种原因，慈圣太后也渐渐退守到慈宁宫中安度晚年，五更时分已不再到万历寝宫呼喊“帝起”并携之登辇上朝了。可是，亲政后的万历皇帝不仅没有能够从此乾纲独断，大权在握，一点也不夸张地说，反而遭遇到了比以前更大的谏诤与抵抗。

说也难怪，以前朝中不管发生了什么事情，都有行事干练、性格坚毅的首辅张居正在前面挡着，而张居正也委实表现出了驾驭国政的卓越才能，许多尖锐而又复杂的矛盾都被他这个精明强干的人义无反顾地扛在了自己肩上，这使年幼的万历作为“大明的董事长”因而很少能够感觉到压力。而现在，自公元1585年以后，亲政后的万历皇帝则直接从后台走到了前台，治国理政的重担从此更多地压在了他自己的肩上，如此一来，直接面对群臣的皇帝本人也就首当其冲，无可回避地变成了批评的主要对象。

由于宠爱郑氏，在前后不到三年的时间内，万历将郑氏连升了三级用现在的话说就是“破格提拔”，由淑嫔升为德妃，很快又再升为地位仅次于皇后的贵妃。

按理说，在后宫中，皇帝喜爱哪个女人，不喜爱哪个女人，完全是皇帝的私生活，是皇帝一个人的私事。可是，在皇权时代，由于皇帝的私生活与政治即国家大事总是紧密联系在一起，不能截然分开，所以，大臣们谏诤与批评的焦点从一开始就集中在万历的私生活上。

要说明朝的大臣真是厉害，一个个都嘴不饶人，动辄就会对皇帝说三道四，犯颜直谏。而之所以会是这样，乃是因为有“言官制度”作为保障。可千万别小看这一“言官制度”，他可是开国皇帝朱元璋在《皇明祖训》中特地规定和强调的，用现在的话说，是写进了《大明宪法》的。当年，朱元璋之所以要苦心孤诣创立这一“言官制度”，而且将它写进《皇明祖训》这一《大明宪法》之中，其目的就是要鼓励大臣们直言进谏，以便及时纠正皇帝的错误，保障国家大政方针的正确无误，从而确保朱明江山的万世永固。

也正因为有“言官制度”这一“尚方宝剑”，所以，后世的大臣几乎都很“嘴硬”，动辄“批评”皇帝而不怕有性命之忧。

万历十四年（公元1586年），万历这边刚刚将郑氏加封为贵妃，那边，朝中大臣们便拿他的这一私生活说事，暴风骤雨般地一个个争相抨击皇帝。

第一个站出来公然向皇帝发难的，是户部给事中姜应麟。

就在这年的二月，姜应麟给万历上疏说：“窃闻礼贵别嫌，事当慎始。

贵妃所生陛下第三子，犹亚位中宫，恭妃诞育元嗣，翻令居下，揆之伦理则不顺，质之人心则不安，传之天下万世则不正，非所以重储贰、定众志也。伏请俯察舆情，收还成命。其或情不容已，请先封恭妃为皇贵妃，而后及于郑妃，则礼既不违，情亦不废。然臣所议者末，未及其本也。陛下诚欲正名定分，别嫌明微，莫若俯从阁臣之请，册立元嗣为东宫，以定天下之本，则臣民之望慰，宗社之庆具矣。”

姜应麟在奏疏中对万历将郑氏册封为皇贵妃的做法提出了批评，要求皇帝“俯察舆情，收还成命”，也就是要求万历将“提拔”郑氏为皇贵妃的诏书作废，即便是“情不容已”，也要“论资排辈”，先“提拔”恭妃王氏为皇贵妃，然后再去考虑“提拔重用”宠冠后宫的郑氏！显然，万历对此自然非常恼火，而更让他异常恼火的是，姜应麟在奏疏中竟要求他“俯从阁臣之请，册立元嗣为东宫，以定天下之本”也就是要他顺从大臣们的民意，册立长子朱常洛为东宫太子！

在内心中，万历并不是不想早立太子，而是不想立自己从来就不喜欢的长子朱常洛为太子，既然要立，他当然非常想立自己心爱的儿子，也就是很想让爱妃郑氏所生的三儿子常洵入主东宫，将来做自己的接班人。想不到，在这件事上，大臣们仿佛故意要与他作对，老是哪壶不开提哪壶，一再触犯他心头这一最敏感的禁区，这让明神宗朱翊钧感到非常地恼恨与窝火！

其实，在姜应麟上疏之前，首辅申时行已经向万历提出过册立东宫之事。当时郑贵妃身怀六甲刚刚分娩，因为担心夜长梦多，时间长了将来说不定会出现废长立幼的事情，那天，一向谨言慎行的首辅申时行在觐见皇帝时，竟然一反常态，向万历呈上《请册立东宫以重国本疏》，请求将皇长子常洛立即册立为东宫太子，以早定国本。

万历看罢，当即皱着眉头摇摇头说：“皇子们都还小，最大也只有四岁，等过两三年册立也不迟。”

公元 1574 年，在万历髫龄十岁的时候，据说，他曾经挥笔写下“责难陈善”四个大字送给申时行，意思是希望自己的老师能够敢于直言，规劝自己的过失，提出有益的建议。与自己的前任说话行事锋芒毕露的张居正不同，申时行为人虽然老成甚或可以说有些圆滑，但不失为正直。所以，在立储这种事关国家根本的大事情上，他觉得无论是从职责还是道义来说，自己都义不容辞，应该“责难陈善”。

“四岁还小吗?”申时行不以为然，据理力争，“看看我们的祖宗，当年英宗在两岁时就被立为太子，而武宗被立为太子时只有一岁……”

万历内心有鬼，自知理亏，知道在这种事上说不过自己的老师，于是便装聋作哑，一声不吭，后来干脆躺在龙椅上哈气连天，好像很困倦的样子，索性闭上眼睛打起盹来。

申时行当然也就不好再说什么，不得不起身告辞了。

如果说，申时行要求册立长子为东宫的建议虽然令万历很不愉快，但由于他毕竟是万历的老师，又是内阁首辅，而且，他的话说得也比较委婉，起码言辞并不是那么过激，所以万历不好对他发火，只好憋着气，在他面前装聋作哑的话。那么，现在姜应麟——一个小小的七品言官竟然也来指责自己，对立储之事指手画脚，说三道四，万历终于忍不住了。在看罢姜应麟的上书后，他顿时勃然大怒，愤怒地把那奏疏扔到地上，用手拍着桌子吼道：“册立贵妃，并不是为册立东宫做准备，科道官为什么要诋毁朕?”一气之下，当即要身边的秉笔太监拟旨，将被他认为是“疑君卖直”，意即故意表示公正忠直以此沽名钓誉的姜应麟贬谪到大同府广昌县做典史。

在明朝，知县是正七品，往下是正八品的县丞，再往下是正九品的主簿。典史在主簿之下，不入流，用现在的话说，压根就没有行政级别。姜应麟被贬到大同府广昌县做典史，而且是从京城中央首府被贬到一个偏远省份的小县衙门，仅此可见，姜应麟的“立储之议”如果不是触了皇帝的龙鳞，击中了万历心底的软肋，以万历的仁慈与软弱，绝对不会采取如此高压政策，对一个小小七品言官下如此狠手。

万历原以为如此一来在整个朝廷会起到惩戒吓阻效应，让那些对立储之事喜欢说三道四的大臣从此诚惶诚恐，闭上嘴巴，别再多管闲事。但是，令他事先没有想到的是，就在他严厉惩处姜应麟的第二天，吏部验封司员外郎沈璟便上书声援姜应麟。万历二话没说，立即撤了他的职。但很快，刑部山西司主事孙如法、河南道御史杨绍程等也纷纷上书声援姜应麟，而且言辞更为激烈，万历皇帝一怒之下，自然又将这些人撤职的撤职，发配的发配，一律严惩不贷。

皇帝高挂"免战牌"

历史上,大臣劝诫谏诤帝王的现象是一直存在的,但像万历年间朝中大臣们如此放言无忌、口诛笔伐地抨击皇帝,言辞之激烈,态度之强硬,这样的情形,在整个中国历史上是前所未有的,而在我国古代社会中也是空前绝后的。

万历的高压政策并没有能够及时有效地平息事态,相反,一石激起千层浪,"立储之议"很快从北京波及南京,在全国迅速掀起了一场不可遏制的轩然大波。

越来越多的大臣介入到"立储之议"和"国本之争"的事件中来,而且还竟然都站到了皇帝的对立面,大家众口一词,推波助澜,指责皇帝的不当行为,要求尽快立皇长子为储君。

情知法不责众,众怒难犯。这回,万历没再对一帮上书的大臣予以惩处,而是"惹不起,躲得起",面对臣工们的"叫板",干脆来个置若罔闻,不理不睬。

皇帝有意息事宁人,但大臣们却不达目的,决不罢休。尽管万历在自己的阵前一再高挂"免战牌",但一帮激进的大臣却不依不饶,只要逮住机会便争先恐后地"叫阵"乃至"骂阵",想尽各种办法寻衅滋事,无所顾忌地一次次地激怒万历,逼他"迎战"。

万历十四年(公元 1586 年)的九月,神宗因为龙体欠安,向群臣告假,将近一个月的时间没有上朝。礼部祠祭主事卢洪春便在这年十月上疏劝谏。卢洪春此疏言辞犀利,不仅无所忌讳地指斥皇帝的私生活,而且竟然居高临下地教训皇帝说:"陛下春秋鼎盛,诸症皆非所宜有。不宜有而有之,上伤圣母之心,下骇臣民之听,而又因以废祖宗大典,臣不知陛下何以自安也。……陛下平日遇颂谀必多喜,遇谏诤必多怒,一涉宫闱,严谴立至,……愿陛下以宗社为重,毋务矫托以滋疑。力制此心,慎加防检。勿以深宫燕闲有所恣纵,勿以左右近习有所假借,饬躬践行,明示天下,以章律度,则天下万世,将慕义无穷。……"

如此话语,俨然就是一个严师在严厉批评自己那不争气的学生。

万历十七年(公元 1589 年),腊月将尽,大理寺左评事雒于仁在新春佳节之际,又上了一疏,疏中痛斥皇帝"酗酒""恋色""贪财""尚气",言辞之激烈、情绪之愤慨，简直到了拍案而起破口大骂的地步。

时隔四百多年之后，即使是在今天来看，作为人臣，卢洪春、雒于仁们的话说得也实在很有些过分，用坊间老百姓的话说，简直就是拿皇帝“不吃劲”。可是，虽然遭了卢洪春、雒于仁等接二连三的谩骂，每次都大为震怒，气得吐血，但还算好脾气的万历却并未因此大开杀戒，而是满腹委屈甚至有些可怜巴巴地替自己辩解，即便气急了，顶多也就是把卢洪春、雒于仁等革职了事。

如看罢卢洪春的上疏，神宗虽然气得实在无法忍受，但也只是一面写了一篇一百余言的诏谕传示内阁，替自己辩护，一面只将卢洪春廷杖六十，贬斥为民。而雒于仁上疏简直就是对皇帝进行人身攻击，把万历的私生活说得一塌糊涂。气愤异常的神宗皇帝将首辅申时行、次辅许国、三辅王锡爵、四辅王家屏等人召到毓德宫评理，他一边将雒于仁的奏疏递给辅臣们传阅，一边气愤地替自己辩护说：“他说朕好酒。谁人不饮酒？若酒后持刀舞剑，非帝王举动，岂有是事！又说朕好色，偏宠贵妃郑氏。朕只因郑氏勤劳，朕每至一宫，他必相随，朝夕间他独小心侍奉，委的勤劳。如恭妃王氏，他有长子，朕着他调护照管。母子相依，所以不能朝夕侍奉，何尝有偏？他说朕贪财，因受张鲸贿赂，所以用他。昨年李沂也这等说。朕为天子，富有四海之内，普天之下，莫非王土。天下之财，皆朕之财，朕若贪张鲸之财，何不抄没了他？又说朕尚气。古云，少时戒之在色，壮时戒勇、戒斗。勇即是气。朕岂不知？但人孰无气？且如先生每(们)也有童仆家人。难道更不责治？如今内侍宫人等，或有触犯及失误差使的，也曾杖责。然亦有疾疫死者。如何说都是杖死？……”

由此可见，面对雒于仁们夸大其词“上纲上线”的指责，神宗真的是气得够呛，且非常委屈！

所以，若依神宗当时的火气，真想将雒于仁千刀万剐方才解恨，但在申时行等一帮阁老的劝说下，万历最终也只是将雒于仁革职为民，而并没有对他施以更严厉的惩罚。

有人说：性格决定命运。这句话用在明神宗朱翊钧身上，真是再确切不过。从某种意义上说，万历年间，之所以会引发那么长时间的“国本之争”，乃至后来接二连三会出现那么多的事件，由此导致明朝的衰败和灭亡，刨根究底，其明显的悲剧元素应该说就在于万历皇帝性格的缺陷。

平心而论，万历绝对不是一个坏皇帝。他的缺陷就在于性格过于软弱，在关键时刻总是优柔寡断，首鼠两端。在重大问题特别是在选立接班人问题上既没有当断则断、一言九鼎的魄力和勇气，又没有虚怀若谷、从谏如流的胸襟与气度。所以，穷其一生，明神宗朱翊钧都是一个悲剧式的历史人物。而他的悲剧，很显然，不仅是历史的悲剧，更是其自身性格的悲剧。

不妨想象一下，如果把万历皇帝换成康熙，或者，哪怕就是换成他的祖父嘉靖即世宗皇帝，发生在万历年间的“国本之争”不仅不会拖延那么长时间，而且，也绝对不会是那样一种结果，甚至，所谓的“国本之争”或许根本就不会出现。

众所周知，当年，在立储问题上，清世祖康熙也被折腾得焦头烂额，心力交瘁，可是，无论怎样，他都旗帜鲜明，固执己见，即使是众大臣一致推选八阿哥为皇储，他也断然否决，在重大问题上独断专行，决不让步。而嘉靖皇帝更是刚愎自用，一意孤行，在“大礼仪”事件中尽管遭到群臣的公然反对，他也全然不顾，以致最终酿成了严重的流血冲突事件——即历史上著名的“左顺门事件”，集体跪在皇宫的左顺门前痛苦请愿的二百三十名大臣被他逮捕的逮捕，廷杖的廷杖，结果，竟有一百八十多人被脱下裤子，光着一片白花花的屁股，在朝廷之上惨遭廷杖，血肉横飞之中，有十七人竟被他活活打死！

就这样，蛮横残暴的嘉靖皇帝终于打出了威风，打出了胜利，硬是将自己死去的父亲追尊为皇帝，将自己原本生活在乡下，当时尚还健在的母亲封为皇太后才肯罢休。

可是，万历皇帝既没有康熙皇帝那种一言九鼎、唯我独尊的霸气，又没有他的祖父嘉靖皇帝那种为达目的不计后果的在所不惜的狠劲，在立储问题上，他甚至至死都不敢旗帜鲜明地阐明自己的立场和态度，在母亲和大臣们的一再逼迫下，他老是闪烁其词，言不由衷，或者说是口是心非。其所作所为，甭说不像是个君临天下的天子，甚至，也不像是个敢作敢当顶天立地的血性男儿，也难怪他所宠爱的女人郑氏曾讥讽他像是个患得患失的“老太太”！

万历性格虽然软弱，但是，却很执拗。这就使他在选定接班人问题上一方面总是不敢“亮剑”，大刀阔斧地与一帮反对派大臣进行正面交锋，不惜血战到底，无论如何也要把自己心爱的儿子常洵立为太子；而另一方面，他却又不愿退让和妥协，索性从谏如流，痛痛快快地听从大臣们的意见“立嫡以长”，趁早将长子常洛立为太子，而是设法找出各种借口，竭力推诿，百般拖延，由此导致了一场竟然长达三十多年的“国本之争”。

拖到最后还是输

综观整个“国本之争”，从始至终，万历都像是个拙劣的拳击手，面对对手的频频出击他总是节节败退，却又不肯认输。

从今天来看，在册立太子的问题上，和文官集团的争斗，从一开始，万历就犯了策略性错误。

如前所述，对于立储之事，万历显然自有主张，在内心中他其实很想立郑妃之子常洵为太子，可是，面对大臣的指责与非议，他又不敢公开表明自己的真实想法。不表明也就不表明罢了，可是，不知道为什么他却反其道而行之，偏要口是心非，言不由衷。在户部给事中姜应麟上疏后晓谕群臣说：“立储自有长幼，……我朝立储，自有成宪，若以私意坏公论，朕也不敢出此。”这就无疑自己给自己“挖坑”，结果把自己的路给堵死了。而这，也正好中了文官集团的下怀与圈套，因为，群臣们希望的就正是要皇帝自己作出这样的承诺，表明“立储自有长幼”这样一种政治立场。

所以，“国本之争”还只是第一回合，年轻的万历皇帝就完全陷入了被动，就像一头初生的牛犊一下子就被人轻易牵住了鼻子。万历起初尚未醒悟，后来看到群臣的奏疏动辄引用他晓谕群臣所说的“立储自有长幼”这句话，方知自己犯了大错。因而，在群臣们后来一步步逼他就范时，他虽然心里很不情愿，但又不好自食其言，于是，在无可奈何中，只好采取拖延战术，尽量找借口把册立太子之事往后推迟。

万历十八年(公元 1590 年)，首辅申时行、大学士许国、礼部尚书于慎行等，率群臣合请立储，均被神宗奉旨严斥，且一律夺俸，用现在的话说，也就是全部被扣发了当月的工资。

虽有前车之鉴，但生性刚直的大学士王锡爵并不理会，他认为储君一日未建，国本即一日未定，于是便向神宗上疏，呈请豫教元子，并录用言官姜应麟等。王锡爵的话说得非常恳切，但皇帝看后，并不见答。王锡爵忍耐不住，就又向皇帝上书，这次，他索性把话挑明了说，言辞凿凿地申请建储，谁知奏牍上陈后，万历仍是不理不睬，“留中”不报。

所谓“留中”，就是对朝臣的奏章不做批示，既不说同意也不说不同意，既不褒扬也不批驳，也不出示外廷讨论。总之，就是将群臣的奏折搁在那里，不理不睬，不作回应。

此后几年，万历对来自文官集团要求他遵守祖制按长幼有序立储的奏事者几乎都采取同样的办法，对他们的奏章全部“留中”，但上书奏请者依然有增无减。

迫于压力，万历无奈，最后只好自己定出期限，让首辅传谕诸大臣，说立储一事应到万历二十年(公元 1592 年)也即皇长子十一岁时议行，要诸臣安心等待，不要再为此惊扰圣上。不过，他告诫群臣说：“如果大家能遵守，朕后年即行册立太子；若再有人生事的话，就等皇长子长到十五岁的时候再行大礼。”从而为立储一事预先埋下了一个伏笔，故意留下了一个隐患。

果然，就在万历自定的限期“后年”即将临近的时候，没想到册立之事又节外生枝。原来，由于担心神宗出尔反尔，中途变卦，工部主事张有德上疏请求把册立太子的礼仪议程先行安排确定好。谁知，不上此疏还好，此疏一上，神宗正好抓住了把柄，说是大臣节外生枝，于是赶紧借坡下驴，顺水推舟，乘机把被迫与群臣约定且即将到期的“合同”单方面给撕毁了。

一场册立大礼就这样胎死腹中，化为乌有。万历虽然心中窃喜，但他表面上却装得非常恼怒，异常生气，“我早已有话在先，如若渎扰，便要延期。现在又来渎扰，只有延期，以向天下昭示大信。如再渎扰，还要再延。”那意思是说，不是朕不遵守诺言，而是你们这些做大臣的违反了条约。既然这样，也就不能怪我不客气了。

万历的话说得非常坚决，也非常冠冕堂皇。

册立大礼“泡汤”后，大臣们并不甘心，万历二十年(公元 1592 年)，诸臣又一起上疏，呈请皇上“豫教元子”，教皇长子朱常洛为君之道。

所谓“豫教”，其实是一种为让皇太子正式出阁读书举办的“启蒙典礼”，这种典礼一旦举行，事实上就等于正式确认了朱常洛的太子地位。

这回，万历学精了，他看穿了大臣们暗中给自己设的这一圈套，不再上当，于是便严词拒绝说：“太子还没立呢，教什么为君之道？”

正好，有一个名叫李献可的礼科给事中上疏特请豫教元子，不意忙中出错，疏中误将万历曾叔祖“弘治”年号写成“弘洪”，这显然不过是一个小小的笔误，但没想到神宗却故意借题发挥，小题大做，拿李献可出气。他指斥李献可违旨侮君，贬职外调，其他跟着上疏的言官也都每人扣发半年工资。

这以后，不知是万历自己觉得老是这样被动地拖延着不是个办法，还是郑贵妃在幕后为他出的主意，万历二十一年（公元1593年）正月，神宗皇帝亲笔写诏书给内阁首辅王锡爵，说他“想待嫡子”。万历在手诏中说：“朕虽有今春册立之旨，但昨读皇明祖训，立嫡不立庶，皇后年尚少，倘复有出，如何处置？今将元子与两弟，并封为王，数年后皇后无出，再行册立不迟。”

显然，万历的用意还是不想让皇长子朱常洛入主东宫，不仅如此，而且，他还想出了一个“罩眼法”，企图通过“三王并封”，即将皇长子常洛、皇三子常洵和皇五子常浩都封为王，三个儿子一视同仁，不分尊卑，从而不露痕迹地降低皇长子的地位。

首辅王锡爵一时没有看透此中玄机，立即遵诏拟旨。谁知谕旨颁下后，举朝哗然。廷臣们纷纷上疏反对，而且意见惊人的一致，他们责问皇帝：您同时封三个王，那么，请问三王之间有差别吗？如果没有差别，皇长子的地位何在？皇上您的用意何在？

光禄寺丞（从六品）朱维京的话说得非常尖刻，也非常深刻，他上疏说皇帝“欲愚天下，而实以天下为戏也”。至于邢科给事中王如坚的上疏话说得就更加直白，也更加难听，他历数皇帝从万历十四年开始，如何一次次失信，拖到今天，现在竟然要待嫡，质问皇帝：“陛下言犹在耳，岂忘之耳？”并且讽刺皇帝，说古代帝王后宫没有偏爱，因此皇后多嗣。王如坚的话说得非常刻薄，他说：“我朝以来，有几个皇后生儿子的？”而且，因为万历也是庶出，王如坚接着便拿万历帝本人举例，反问万历帝说：“当年陛下六岁就被册立为太子，为什么没有和潞王（万历的同母弟弟）一起册封为藩王，而等待皇后生子呢？”

由于王锡爵遵诏拟旨，群臣都以为这位内阁首辅与皇帝“合谋共犯”，也参与了这次策划，故而群情激奋，将他包围在朝房里“攘臂瞋目”，彼此争论不休。王锡爵痛悔失算，自知名声大损，百口难辩，于是上疏自劾，请求辞官。神宗自然不肯免去他的职务。

为了证明自己的清白，过了一个月，王锡爵再次上疏请求册立太子，神宗索性下了“俱停封”的诏谕。可是，以气节自负的王锡爵的牛脾气上来了，这一年，他为此事一口气先后一共六次上奏，执意要向神宗讨个“说法”，将“建储”一事进行到底。

就像挤牙膏、压弹簧一样，在大臣们的集体抗争下，皇帝终于一步步退让和妥协，他先是收回“三王并封”的谕旨，但抱着“待嫡”之说不放，他向大臣们保证，如果王皇后在二三年之内还没有生子，那么，就册立皇长子朱常洛为太子。

彗星又叫扫把星。在我国古代，人们总是把彗星和天灾人祸联系在一起，认为彗星的出现一定会给人们带来灾难。万历二十一年（公元1593年）七月，一颗彗星拖着一条长长的尾巴划过大明朝的夜空。史载，获悉此事后，万历很是惶恐，当即“有诏修省”，也就是皇帝表示自己要反躬自省，以敬苍天。

善于审时度势的首辅王锡爵觉得有机可乘，故意将彗星出现与册立太子之事联系到一起，大做文章。他几次向皇帝进言，其中有一次，他劝万历说：“彗已入紫微，非区区用人行政所能消弭，惟建储一事可以禳之。盖天王之象曰帝星，太子之象曰前星。今前星既耀而不早定，故致此灾。诚速行册立，天变自弭。”

从种种迹象判断，万历这时虽然仍坚持“待嫡”之说，但因为彗星扫尾一事心里发毛，心理防线已经开始松弛。

这年的十一月，皇太后生辰。据《明史》记载，“帝御门受贺毕，独召锡爵暖阁”，王锡爵逮住机会，又向万历进谏说：“皇上不要拖了，请立定国本。”

万历心尤不甘，若有所思地说：“万一皇后生子，该当如何？”

王首辅回答：“十年前，皇上您如果这样讲还可以。可如今，皇长子都已经十三岁了，难道你还要他这么等下去吗？再说，从古到今，有哪个朝代太子到十三岁还不上学读书的吗？”

据说，听了首辅王锡爵的一番话，“帝颇感动”，于是便答应让皇长子“明春先行出阁讲学礼”，并在万历二十二年(公元 1594 年)的二月，终于为皇长子朱常洛举行了预教之典。

立储让朕伤透了心

万历二十九年(公元 1601 年)是农历辛丑年。据史料记载，就在这一年的十月，历尽重重磨难，时年已经虚岁二十的皇长子朱常洛被册立为东宫太子。

在与大臣们争执僵持了那么长时间后，为什么万历会突然改变了主意，使原本看不到希望的册立皇长子之事忽然峰回路转，柳暗花明？这，不能不说是一个历史之谜。

由于这是一本历史的死账，无法查核。于是，对这一问题的解读便有了许多种观点或答案。

一种意见认为，万历之所以最后终于将皇长子立为储君，倒并不完全是因为群臣彻底降服了他，而是在这期间所发生的两件小事让他突然改变了主意，情感的天平才出人意料地发生了倾斜。

有野史说，当初，万历曾经在郑贵妃面前信誓旦旦，答应将来要让她的儿子常洵嗣位，而且，在郑贵妃的坚持下，万历还郑重其事地写过立朱常洵为皇太子的字据，字据写好后，被郑贵妃用锦匣密封起来。谁知，若干年后，当那天郑贵妃打开锦匣，要万历兑现字据上的诺言时，令人百思不得其解的是，虽然锦匣外面的封识原封未动，但里面字据上的文字却腐蚀殆尽，只剩下一张白纸了。

相传，万历看后，惊讶万分，不禁感叹道：“此乃天意!”遂不再坚持自己的主张。

还有一件事，据说是在万历二十九年(公元 1601 年)九月，在这期间，已近不惑之年的万历突然生了一场重病，经常高烧不退，昏迷不醒。人在病中特别需要亲人的呵护与关爱。可是，年轻的郑贵妃显然没意识到这一点，在万历病倒在床上的时候，她几乎很少陪伴在他的身边嘘寒问暖。以致万历每次昏沉沉地醒来，在最希望看见她的时候，偏偏看到的却不是她的身影，而是发现自己从不喜爱的王皇后满面愁容地待在自己的身边，没日没夜地服侍着他。就因此，他很不满意郑贵妃的表现。以致有一天，很有可能是在同郑贵妃吵架后，一时感情冲动，正在气头上的万历便决定册封朱常洛为太子。

万历是否真的写过立朱常洵为皇太子的字据？保存在锦匣里的字据是否真的在若干年后字迹全无？正史从无记载，无从考证。十有八九，是野史所载的显然带有迷信色彩的“假语村言”，不足为信。

从心理学的角度来看，倒是万历因与自己心爱的郑贵妃怄气，一时感情冲动，立皇长子常洛为太子这事比较合乎情理，或多或少还有些可能。

另一种意见认为，皇长子常洛之所以最终能当上太子，最关键的还是由于李太后的态度和意见发挥了决定性的作用，是“后权”大于“皇权”，压迫皇权所致。

说来，万历真的是很可怜，在册立太子问题上，他真的就是一个“孤家寡人”，不仅几乎整个文官集团坚持不懈地与他唱对台戏，就连自己的亲生母亲慈圣太后也反对他，不断给他施压。

从史料上看，还在“国本之争”一开始，慈圣太后就几乎旗帜鲜明地表明了自己对选立接班人的态度，在半公开的场合发表了自己的“立储宣言”！

事情的经过大致是这样的，据说，有一天神宗去拜见母后，当时，户部给事中姜应麟、吏部验封司员外郎沈璟、刑部山西司主事孙如法、河南道御史杨绍程等人上疏之事已在宫中传得沸沸扬扬，李太后获悉此事，很不高兴，所以就特意同万历谈话，向他施压。

在母子俩经过一番寒暄之后，慈圣太后不动声色，好像很随意地问万历道：“听说外廷臣子们屡请立储，你为什么不早定长哥为太子？”

神宗不假思索，当即回答说：“常洛乃都人之子，不便册立。”

所谓“都人”，乃是皇宫中对地位卑贱的宫女的一种贱称，言语中含有一种极端的蔑视意味，对人很不尊敬。

据史料记载，万历的生母慈圣太后姓李，出身卑微。当年，在隆庆皇帝朱载垕还是裕王时，万历的母亲曾只是裕王府邸里的一名地位卑贱的宫女，只不过后来由于偶然得到裕王宠幸，生下了儿子，也就是后来的万历皇帝。在隆庆元年（公元 1567 年）被穆宗皇帝封为贵妃。后来又因为陈皇后身体不好没有生育，隆庆皇帝的大儿子与二儿子又先后夭折，她的儿子朱翊钧这才有幸即位成为万历皇帝，而她也即万历的母亲也才母以子贵，顺理成章地成了太后。

说来，神宗这人脑里似乎总缺少根弦，他也不想想，面前的慈圣太后——他的亲生母亲想当年其实也只是个“都人”，他说常洛乃“都人”之子，意思是恭妃王氏出身低贱。可是，物伤其类，这就无异于说自己的母亲慈圣太后也是个出身低贱的“都人”！

刚开始，慈圣太后还很心平气和，可是，经神宗这么一说，老太后的自尊心受到了极大的伤害，顿时变了脸色，勃然大怒说：“别忘了，你也是都人的儿子！”

据说，当时万历吓得赶紧伏地请罪，长久不敢起身。

如果说，在这之前，万历还企图以出身低贱为由不去册立自己压根就不喜爱的长子常洛为太子，而现在，慈圣太后只这么一句话，便把他想“废长立幼”的理由给完全推翻了。

在以孝治天下的封建社会，大臣们的意见万历可以不听，但其母后的懿旨他却万万不敢违抗。所以，这以后，尽管万历处心积虑，想办法拖延，但自始至终，他都不敢越过母亲慈圣皇太后划定的这道“立储红线”。

今天看来，慈圣太后之所以会坚定地站在大臣们一边，而不是站在儿子神宗一边。一方面，固然是因为要固守老祖宗定下的“有嫡立嫡，无嫡立长”的规矩，而另一方面，很有可能，则是感情使然，乃是由于“用人唯亲”或者说是“用人唯情”所致。

众所周知，常洛的母亲王恭妃原本是伺候慈圣太后的宫女，用现在的话说，由于长期在一起“工作”，而且，作为一名“下属”，就相当于生活秘书似的，性格温驯的王恭妃多年来一直把慈圣太后服侍得妥妥帖帖，舒舒服服。时间长了，主仆两人自然会结下深厚的感情，以人划线，恭妃王氏自然也就成了“太后的人”。所以，从心理学的角度来说，慈圣太后之所以一直刻意提携王恭妃，坚决维护自己的“身边人”王恭妃的利益，希望立她的儿子为太子，其中的奥秘，也就不难理解。

而对同样是自己媳妇的郑贵妃，慈圣太后对她似乎有一种本能的反感，言语之间，表现得相当地厌恶和绝情。

在册封皇长子常洛为太子的同时，万历也封常洵为福王，藩国洛阳。按照明朝祖制，所封藩王必须住在自己的封国里，非奉旨不得入京。可是，由于有宠冠六宫的母亲郑贵妃，当然还有皇父万历的娇宠与庇护，福王朱常洵被分封后竟待在皇宫中十多年不赴封国洛阳。

因为担心夜长梦多，生怕万历把常洵留在京城会有什么阴谋，大臣们不停地上疏，要求万历遵照祖制，尽快让福王朱常洵就藩洛阳。

就在皇帝和群臣为常洵就藩一事争执不休难解难分之际，虽然颐养天年的慈圣太后早已“退休在家”，表面上已不问政事，但关键时刻她老人家还是果断出手，又一次“垂帘听政”，站出来发表“重要讲话”，对这一事件作出了最后裁决。

其实，将近古稀之年的慈圣太后其时已经重病缠身，生命危在旦夕，但疾病中的她依然神志清醒。那天，当郑贵妃来到她的寝宫探病请安时，慈圣太后先是半天不理她，而当郑贵妃就要转身离开时，老太后却突然把她叫住，声音冰冷地说：“福王为什么还不去封国?”

郑贵妃听了先是一愣，但很快反应过来，乖巧地说：“太后明年七十寿诞，福王想留下来为您祝寿。”

谁知，慈圣太后听了并不领情，冷笑一声，依旧阴冷地说：“我二儿子潞王就藩卫辉，试问他可以回来祝寿否?”

万历四十二年的冬天，就在这次非同寻常的“谈话”之后，仅仅过了一个月，慈圣太后便溘然长逝，而其时，因为她的临终遗言，福王朱常洵大约还正在前往洛阳就藩的路上。

据说，福王朱常洵临行那天早晨，天空阴沉，时有零星雪花飘然落下，北国的冷风从塞外吹来，使人瑟瑟发抖。宫门前，郑贵妃和儿子依依惜别，泪如泉涌。

出人意料的是，平时深居后宫，已多年不临朝听政，即使是太后去世也借故自己生病不去参加丧礼的万历皇帝这天破天荒地竟也一大早起床为自己的爱子送行。福王乘轿启程的时候，万历皇帝依依不舍，将已走出宫门的福王“召还数四，期以三岁一入朝”，也即反复四次把已经动身离去的福王召回来，特意叮嘱儿子每三年应回京探亲一次。

当福王的背影渐渐远去，已是两鬓斑白、长须飘胸的神宗皇帝百感交集，悲从中来。他竭力想掩饰自己的感情，但浑浊的泪水还是禁不住扑簌簌地流了下来。

此时此刻，也难怪万历会这么伤心，虽然贵为天子，这些年来诸事不顺，总是不能遂心如愿，几乎什么事都受到众大臣和母后的牵制和要挟，乃至欺侮和压迫，争执了那么多年，到最后，不仅辜负了郑贵妃的一片痴情，没能把常洵立为太子，而且，连将爱子常洵留在自己的身边陪伴自己，就这么一件事情自己这个皇帝都不能做主，想想，万历也实在是很伤心很窝囊！

显然，也正是在经过了这样一次次惨痛的打击之后，本就性格内向且孤僻乃至很有可能患了忧郁症的万历皇帝变得更加消沉，对朝政也更加心灰意冷，无所用心了。

在百无聊赖中，万历选择了一种最为消极的反抗方式，即道家的“无为”与佛家的“遁世”。最明显的表现就是：因为明白了自己立常洵的计划不能成功，皇帝越来越喜欢“罢工”。用明清史大家孟森先生的话说，就是万历渐渐“既不视朝政，不御讲筵，不亲郊庙，不批答奏章，中外缺官亦不补”，也即历史上所说的“万历怠政”。其所作所为，已完全就像是一个看破红尘不问世事的出家人了！

这个当初以光明命名的国家，在万历君臣们长此以往的“立储之争”与内耗中，早已丧尽了元气，就像一颗流星，不可逆转地正在向着黑暗的深渊跌落。

第七章
东林党的是与非

说到顾宪成，在今天也许会有人对他不太熟悉，但要说到“风声雨声读书声，声声入耳；家事国事天下事，事事关心”这一著名的对联，恐怕只要稍微有点文化的人都会耳熟能详，烂熟于心。事实上，这副历史上著名的对联就是顾宪成写的。

那是明万历三十二年（公元1604年），在他的家乡常州无锡（今江苏无锡），在那座历史上同样有名的“东林书院”，当时年已经五十四岁的顾宪成因为触景生情，感从中来，脱口吟出这两句对联并把它题写在东林书院的大门前作为“校训”时，他绝对不会想到，就是这样两句近乎大白话似的对联竟然会在以后的晚明政坛掀起了那么大的波澜，生出了那么多的事端。

晚明诸臣爱“吵架”

说真的，读《明史》留给人的一个最大印象就是：在它的前期，时间大致从洪武皇帝到明成祖朱棣，这个时期大明是以“杀戮”为其主要特征的，故而这一时期的整个大明都充满了一股令人不寒而栗的暴戾血腥之气；到了中期，时间大约是从宣宗朱瞻基到正德皇帝朱厚照，这个时期的大明则以“游戏”为主要特征，诚如我们所知道的，明宣宗朱瞻基就是历史上一个有名的“蟋蟀天子”，至于正德皇帝朱厚照就更是中国历史上一个最为著名的“大顽主”或者说是“古惑仔”；而到了后期，也就是大约从嘉靖皇帝开始到崇祯皇帝甚至到南明弘光政权结束，这个时期的大明给人的印象则是纯然以“吵架”为其主要特征，先是大臣和皇帝吵，然后是大臣和大臣吵，后来又是大臣和太监吵……就这样吵来吵去，最后硬是把个大明给“吵”完了。

这样说绝对不是故作惊人之论，只要看看明朝后期的历史，就会深切地感受到，“吵架”在当时的朝廷是怎样的司空见惯，又是怎样构成了一种独特的“政治生态”与“官场景观”。

还是先说说嘉靖皇帝制造的“大礼仪事件”吧，它可以说是开了明朝皇帝与大臣“吵架”的一个坏头。

要说这历史上著名的“大礼仪事件”其实也很简单，朱厚熜也就是嘉靖皇帝，原本是兴献王朱佑杬的儿子，正常情况下，他是与皇位无缘的。但就因为“大玩家”正德皇帝膝下无子，在其死后大臣们一合计，按照所谓的“伦序当立”的原则便把皇位传给了朱厚熜这位明显属于小宗的“亲王之子”。

说来朱厚熜这人也是个孝子，他虽然自己天上掉馅饼似的当了皇帝，却并没有因此忘记自己的爹娘，心里一直想给自己的老爸老妈也弄个皇帝、皇后的“官帽”戴戴。这样一合计，于是在即位的第六天他便迫不及待地要给自己的亲生父母上尊号，追尊自己的父亲兴献王为兴献皇帝，而将母亲则追尊为兴献皇后。但没想到他的这一提议却遭到了以大学士杨廷和为首的许多大臣的强烈反对，这些大臣纷纷上书，要求皇帝遵守礼仪，不得违反祖制。但朱厚熜这人生性固执，心想自己都当皇帝了，还不一个人说了算？于是乎对廷臣的劝谏并不理会，仍然执意要将“上尊号”一事进行到底。

就这样，皇帝与群臣之间的“吵架”便开始了。

要说世宗朱厚熜此人也真的是犟头犟脑，无论群臣怎么反对，他都寸步不让，最后硬是在几个阿谀奉承的大臣的怂恿下强行给自己的父母上了“尊号”。

虽然情知“胳臂拧不过大腿”，但许多被激怒的大臣还是一起聚集到左顺门跪成一片，以示抗议。此举大大激怒了嘉靖皇帝朱厚熜，盛怒之下，他令锦衣卫逮捕了为首的八名官员，不久又将所有跪着请愿的官员全部逮捕。很快，那些挑头的官员被发配戍边，其余的一百八十多名官员则被强行脱光了裤子，令他们集体跪倒在大殿前面，接受所谓“廷杖”的惩罚。当刽子手的杀威棒“噼里啪啦”地击打在那一片白花花的屁股之上时，编修王相等十七人的生命不仅当场被打没了，而且，几乎所有大臣的尊严也因此被彻底给打没了。

这便是历史上有名的“大礼仪事件”，事实上也就是皇帝与大臣们的一次大规模的“吵架事件”。虽然这次的集体吵架事件表面上以嘉靖皇帝的胜利而告终，但在实际上，皇帝的“杀威棒”却在他与大臣们之间打出了一道深深的裂痕，打出了群臣与皇帝之间、大臣与大臣之间严重的对立情绪。

这以后，朝廷的纷争渐渐公开化了，“吵架”竟然由此成了大明政治生活中的一种“非常态”的常态。

嘉靖皇帝朱厚熜“仙逝”后，即位的隆庆皇帝朱载垕以智力迟钝、笨嘴拙舌著称。尽管这位皇帝在朝政方面几乎什么事都不管，一无所为，但如此一来倒也使他与朝臣之间少了许多的纷争。但此消彼长，皇帝与群臣之间的“吵架”少了，群臣与群臣之间的“吵架”却因此多了起来。特别是那些年内阁辅臣之间的斗争给人们留下了深刻的印象。

至于到了神宗也就是万历皇帝登位时，群臣之间的派系之争与“吵架”现象已经非常激烈，非常严重。整个朝廷，简直就像是一个“斗鸡场”，在这里，许多大臣都像是那好斗的公鸡似的，由于种种原因自然分成了两派，以至于有事没事便在那儿“掐架”。

也正因此，有感于当时的风气，神宗朱翊钧在登基的第一年就发布诏书，有的放矢地告诫廷臣说：“近来士人风气不正，官员道德败坏，老实人被诬蔑为无用，调皮捣蛋被认为是有才，以至于朝廷的赏罚沦为臣子打击报复的工具。”

从史书上看，万历皇帝对廷臣动辄喜欢“吵架”的现象显然一直深恶痛疾，很是担忧。如因深受党争之苦，万历十九年(公元 1591 年)九月十二日，五十七岁的首辅申时行执意隐退。当伤心失望的申时行归去后，阁臣许国抱怨说，现在“内外小臣争务攻击，致大臣纷纷求去，谁能再为国家做事!”他提请皇帝严禁小臣动辄像狗吠一样攻击大臣。

对此，万历皇帝也深有同感，满怀忧惧，不禁感叹说：“大臣解体，争欲去官，国无其人，朕与谁共理国事?”

就因此，他一直很想扭转这种不良的“斗鸡”风气，如《明史・神宗本纪》中就有许多这方面的记载：万历十六年“冬十一月辛酉禁章奏浮冗”；十七年“十二月己丑，谕诸臣遇事毋得忿争求胜”；到了万历十九年又晓谕群臣说：“国是纷纭，致大臣争欲乞身，此后有肆行诬蔑者重治。”但是，由于种种原因，所有这些旨令却并不见效，而他对此也始终无可奈何。

诚如我们所知道的，作为“一代权威”的张居正死后，整个朝廷几乎成了一盘散沙，许多大臣各持己见，互相弹劾。就因此，无论是接任的首辅申时行，还是后任的王锡爵都明显感到力不从心，“镇”不住局面，总揽不了百官，因而已经无法实行有效的统治。

“后张居正时代”的政争，主要表现为“阁部之争”。由于张居正死后遭到了彻底的清算，他生前独揽大权的局面引起了广泛的批评，因而亲政的万历皇帝有意对内阁权力进行限制，在这种情势下，各部便趁机揽权，与内阁明里暗里重新切割划分权力这块香喷喷的“蛋糕”，尤其是作为六部之首的吏部更是与内阁展开了权力之争。

然而，由于在其初期万历皇帝正处冲龄，更由于大明到了后期，皇权已经大为削弱，尽管皇帝三令五申，但在现实中却并没有能够做到令行禁止，“诸臣遇事忿争求胜”也即“党争”的现象不仅未能有所收敛，反而愈演愈烈，参与的朝臣也愈来愈多，以致大明的党争乱象纷呈，出现了满朝争讼结党乱政的局面。

当然，在今天看来，之所以会在明末出现这样一种“诸臣遇事忿争求胜”的现象，且这种风气愈演愈烈，显然也与明初朱元璋所制定的“大政方针”有关。

众所周知，在行动上，朱元璋是一个极端专制杀戮成性的封建暴君，但在制度上，或曰在大明所制定的“宪法”上他却规定凡百官布衣皆得“上书言事”，设若用清朝著名历史学家赵翼在其《二十二史札记》卷三十五之《明言路习气先后不同》一文中的话说就是：“太祖开基，广开言路，中外臣僚建言，不拘职掌，草野微贱也得上书。”也正是因为有这样的“法律”作保障，所以，明朝的大臣上至一品大员下至一个甚至只有九品的学政都动辄喜欢向皇帝上书，直陈其事。

不用说，“广开言路”的明朝到了后期便渐渐陷入到了这样一种近乎“无政府主义”的泥潭之中而无力自拔。所以，在对这一段历史进行回顾与总结时，赵翼极其深刻却不无沉痛地指出：“然统观有明一代建言者，先后风气也不同。自洪武以致成化、弘治间，朝廷风气淳实，建言者多出好恶之公，辨是非之正，不尽以矫激相尚也。正德、嘉靖之间，渐多以意气用事。”

正是在这样一种政治气候的影响下，在这样一种政治土壤的培育下，“爱吵架”的东林党应运而生也就不足为怪了。

打不死的邹元标

揆诸历史，应该说，从一开始，东林党就是以“政治的反对派”的面目出现在政治舞台上的。其早期的代表人物、东林党的“政治大佬”显然应该首推邹元标。

邹元标是江西吉水人。在我国古代，特别是在宋朝和明朝，江西这地方经常出名人，出大官。像东晋的陶渊明；北宋的王安石、欧阳修、黄庭坚、曾巩；南宋的朱熹、文天祥以及明朝的汤显祖等，都是江西籍的历史名人。邹元标虽不能同上述这些“重量级”的江西老乡相提并论，但也是个青史留名的人物。就其性格而言，他颇有些像南宋与秦桧同时代的江西名士胡铨。想当年，奸相秦桧权倾朝野，炙手可热，但庐陵（今江西吉安）人胡铨却上疏乞斩秦桧，刚直忠义名昭史册，因而在前两年被江西媒体评为江西历史上“脖子最硬的人”。

与胡铨相比，邹元标的脖子也实在是够硬的。万历年间，民间流传有这样一句谚语叫作：“割不尽的韭菜苑，打不死的邹元标”，仅此可见邹元标是怎样的一个官场中的“硬骨头”，政坛上的“角斗士”。

从某种意义上说，邹元标最早显然是“借助”万历首辅张居正才出名的。

诚如我们所知道的，万历五年（公元 1577 年）秋，张居正的父亲去世，按明朝礼制，父母去世，儿子必须守孝三年，当了官的也应立即辞官回家守孝，称为“丁忧”。但是，鉴于当时的“张居正改革”正在方兴未艾之时，如果这时候张居正回家“丁忧”，这项改革必然如同釜底抽薪，半途而废。所以，权衡再三，无论是万历小皇帝还是他的母亲李太后都不愿张居正辞官守制，至于张居正本人就更是不愿在这节骨眼上回家守孝三年。

不回家守孝也就不回家守孝吧，按说，这其实只是张居正个人的私事，但没想到这一“夺情事件”竟然在朝中掀起轩然大波，许多大臣都纷纷上书反对“夺情”，一些清流官员认为，张居正此举乃是贪恋禄位而不肯尽人子之情。

当时，时年二十六岁的邹元标刚刚考中进士，入刑部观察政务。所谓“观政”，是指明朝考中进士的读书人在正式任官之前，被派往各衙门去实习，练习政务，期限一般定为三年，期满后再补京官。但就是在这“实习”期间，还没有正式“转正”的时候，他这个小小的“实习生”，竟然斗胆加入到了弹劾首辅张居正的行列。

在此期间，年轻气盛的邹元标因为先后三次上疏反对张居正“夺情”，而且一次比一次言辞激烈，大骂张居正“以奔丧为常事而不屑为”，简直与禽兽无异，因而被廷杖八十，并被发配到贵州戍边，直到万历十一年（公元1583年），才被召回到朝中任吏部给事中。

平心而论，邹元标这人虽然生性好斗，年轻时整个儿就是一个“愤青”，但他却是一个忠直正义之士。虽然，在反对张居正“夺情”一事上，他简直就像是个“造反派”。对张居正口诛笔伐，甚至于破口大骂，并因此遭受廷杖，被打断了一条腿，落了个终身残疾。然后被流放贵州，但在后来，在张居正死后遭到万历皇帝的彻底清算后，以致许多大臣几乎都“谈张色变”，且为了表明自己的立场，都对张居正“愤怒声讨”的时候，没想到这位昔日的“反张英雄”拖着一条残腿从贵州回到朝廷，非但没有加入“批判张居正”的行列，反而公然为张居正辩护，这着实使很多人不解。所以，有一天，曾负责抄张居正家的礼部侍郎邱橓很是疑惑地问他为什么不揭发张居正的罪行？

邹元标回答说：“我当年批张居正，是公愤而不是私怨，更不为投机。”然后，也不管邱橓听了他的话脸色有多么难看，接着又替张居正辩护说：“江陵（张居正）功在社稷，过在身家，国家之议，死而后已，谓之社稷之臣，奚愧焉？”意思是说，张居正有功于社稷。国家现在弄成这个样子，就是因为把张居正的改革成果推翻了。现在应该为他平反，为有志报国者树立楷模。

仅此可见，邹元标绝对是个实事求是、勇于改过的人。

而且，更为难能可贵的是，虽然自己的一条腿是因张居正被打断的，但他却不仅不记恨张居正，反而在晚年拖着一条残腿到处为张居正喊冤，要求为张居正平反，执意要为“社稷之臣”张居正讨个说法。

对他这种明显不合常理的言行，不仅他的政敌们不理解，即便是他的同党——即后来被称为“东林党”的同僚们也很不理解，比如左光斗就曾问他：“你当年骂张居正骂得那样狠，如今又那么拼命地为张居正说话，这不是出尔反尔、首鼠两端吗？”

邹元标摇摇头，叹口气，感慨地说：“沉浮半生，方知江陵之艰辛也。”

是啊，“试玉要烧三日满，辨材须待七年期”。要真正认识一个人，是需要有足够的时间的，更何况是像张居正这样一个人。如果说，当初因为年轻，对张居正有所误解的话，而现在，在经过了许多年的风雨与沧桑之后，邹元标才渐渐读懂与理解了张居正这个人！充分认识到了无论是张居正本人还是他所推行的“万历新政”的不同寻常，并进而感受到了“张居正改革”的意义与价值，苦心与艰难。

的确，邹元标不是胡铨，而张居正更不是秦桧。也正因此，想到当年自己对张居正的误解以及无端谩骂与攻讦，他在心中不止一次地感到愧疚，感到脸红，与此同时，对张居正的理解、同情与尊崇则潜滋暗长，与日俱增。

所以，尽管历史上把邹元标称之为明代东林党的首领之一，将他与赵南星、顾宪成合称为“东林党三君”，可是，在实际上，应该说邹元标乃是一个虽结党却并不营私的人。在这方面，无论是与那些非东林党人抑或还是与他的那些东林党相比，他都要正直得多，坦荡得多，高尚得多。

从贵州归来后，他被任用为吏部给事中，用现在的话说就是担任人事官员，虽然级别不高，多半也就是七品或从七品，但因为“乡试充考试官，会试充同考官，殿试充受卷官”，因而权力却很大。可是，说来真是“江山易改本性难移”，才刚回到京城，他“老毛病未改”，竟又多次上疏，言辞激烈地抨击朝政，要求改革吏治，医治民瘼，因而触怒了皇帝，被万历视为“讪君卖直”，故而于万历十五年被贬南京，降职为南京吏部员外郎。

这，应该说是邹元标的第二次被贬。虽然比第一次的贬谪明显要好多了，但才华横溢、满腔热情的邹元标却因此又坐上了政治的“冷板凳”。

就这样，在南京无所事事地当了三年吏部员外郎后，因为母亲去世，邹元标回到故里“丁忧”。谁承想这一去不是三年，而竟然是整整三十年。在江西吉水老家，据《明史·邹元标列传》记载：“（邹元标）里居讲学，从游者日众，名高天下。中外疏荐遗佚，凡数十百上，莫不以元标为首。”

虽然在这三十年里，邹元标一直“里居讲学”，未涉官场，但他却收获很大。一方面，三十年的聚徒讲学，使他自己的学业大长，成果颇丰。现在史学界称邹元标是明朝学者、教育家，其根据就是他在这三十年中所作出的突出贡献。三十年的教书生涯中，他培养了大批的人才，写作了大量的作品，更丰富了他的政治理念。另一方面，在讲学过程中，他的理学思想受到众儒的崇拜，因而“名高天下”，以致许多大臣“莫不以元标为首”，且纷纷向皇帝上书，要求让元标出来做官，以此报效国家，匡扶社稷。

虽然天下有许多有识之士都纷纷上书，要求让邹元标出来做官，但外表憨厚、内心固执的万历皇帝即使到死也没有再重用邹元标。一直到光宗皇帝朱常洛死后，皇位由其时年十六岁的长子朱由校接任，即那位以做木匠活著称于世的熹宗皇帝，邹元标才又重新回到京师，拜为左都御史。而这时，邹元标已是满头银发、年过花甲的七十岁的老人了。

从某种意义上说，邹元标真的可以称得上是一个“大写的人”。虽然在一生中他遭受了许多的打击，朝廷待他是如此不公，但是，他并没有抱怨，更没有记恨。在他第三次回朝时表现的仍然是那样无怨无悔，心忧天下。在他的晚年，他几乎整天拖着一条残腿，一方面为张居正平反奔波，一方面则为重振朝纲操劳。

明朝晚期，“阉寺之祸”与“朋党之乱”已经把国家搞得乌烟瘴气。邹元标逐渐认识到了这种现象的严重危害，故而对这种拉帮结派、相互倾轧的“官场斗鸡”行为非常厌恶，甚为痛心，他对朝中大臣说：“方今上在冲岁，乱在门庭，只有同心共济。倘复党同伐异，在国则不忠，在家则不孝。世自无偏无党之路，奈何从室内起戈矛耶？”

有感于朝内党派纷争，大臣各怀偏见，他向天启皇帝进谏“和衷”之议。他情辞恳切地指出：今日国事，皆二十年诸臣酝酿所成。过去没有做到进贤让能，而是锢贤逐能，朝廷大臣不降心平气，专务分门立户。当务之急，是朝臣“和衷而已”。以前“各怀偏见，偏生迷，迷生执，执而为我，不复知有人，祸且移于国”。今后评价一个人，“当惟公惟平，毋轻摇笔端”评论一事“当惩前虑后，毋轻试耳食”。这样才能做到“以天下万世之心，衡天下万世之人与事”，从而也才能使“国家自享安静和平之福”。

这些话，即使是在今天听来，也是那么的深刻，那么的振聋发聩，发人深省。

用现在的话说，邹元标不仅是这样说的，也是这样做的。在此期间，在负责对官员“外察”“京察”的考核中，他秉公论断，“去留惟公”。同时，以举贤荐能为己任，出以公心，为国举贤，上疏天启皇帝，“荐涂宗浚、李邦华等十人”，“请功召用叶茂才、赵南星、高攀龙、刘宗周、丁元荐，而恤罗大纮、雒于仁等十五人”，均被皇帝采纳。

所以，在东林党中，最著名的人物如果说是顾宪成的话，那么，最正派、最高尚、最理智而不是始终“意气用事”的人则毫无疑问，应该说是邹元标。

而如果东林党人都能做到像邹元标这样“坚持真理、修正错误”，勇于“自以为非”、知错就改的话，那么，历史上的东林党就一定会是一个“正确的党”“英明的党”，就一定不会在晚明的历史上产生那么多的错误，给大明带来那么多的灾难。

东林起于顾宪成

和邹元标一样，顾宪成无疑也是一个官场“角斗士”，可是，在人格上，与邹元标相比，实事求是地说，他明显要矮一头，要低一个“重量级”。这样说，绝对没有故意要“尊邹贬顾”的意思，而是史书给人的印象大抵就是这样。

的确，从某种意义上说，在历史上，顾宪成完全可以说是一个有争议的人，是一个“小臣攻击大臣”的典型。尽管他在明朝晚期产生过很大的影响，但是，倘若客观公正地来看，他在当时所起的作用有很多“负面”的成分，在客观上曾产生过许多历史的副作用。明朝末年出现的激烈的党争，以致因党争而出现的乱象，以及因旷日持久的党争所导致的亡国，倘若追根溯源，真要实施“责任追究”的话，那么，在很大程度上，不客气地说，顾宪成难逃干系，难辞其咎。

据史书记载，顾宪成是无锡泾里(今江苏无锡张泾)人。他的父亲开了个小豆腐店为营生，以此养活全家。小本生意，挣钱很难，生活很苦，也正因此，顾宪成很小时就懂得发奋学习。当时，他在自己所居陋室的墙壁上题了两句话："读得孔书才是乐，纵居颜巷不为贫。"决心要像孔子的学生颜回那样安贫乐道，用功读书，奋发向上。万历八年(公元1580年)也即在他三十岁时，他赴京赶考，考中二甲第二名，被赐进士出身，授户部主事，后又历任吏部主事、桂阳判官、处州推官、吏部文选司郎中等职。

想必是性格使然，顾宪成初入仕途，就不顾自己人微言轻，几次上书直谏，希望神宗能励精图治，用人唯贤。不用说，他的这些主张从大道理方面来说，无论在什么时候无疑都是正确的。

然而，从史书上看，顾宪成虽说绝对是个刚正不阿的人，但他的性格中却颇有些偏激的成分，甚至从某种意义上说，他的性格中似乎天生就有一种"抗上"的元素，脑袋后面好像真的长有一块"反骨"，以致他什么时候都像是一只"好斗的公鸡"，自觉或不自觉地总喜欢和当权者唱对台戏。

有这样一个例子就颇能说明问题。

据《明史·顾宪成传》记载，万历十年(公元1582年)六月，被当时的大名士李贽称为"宰相之杰"的张居正生命垂危，一时间，由于种种原因，官员们都联名出钱到东岳庙为其祈福消灾，用赵翼在其《二十二史札记》卷三十五之《张居正久病百官斋祷之多》一文中的话说就是："张居正卧病，京朝官建醮祷祀，延及外省，靡然成风。"

可是，顾宪成却看不惯官员们这种一味巴结权贵的举动，因而表现得特立独行，不愿从众，并拒绝参加这样的活动。有好心的同僚担心他日后会因此遭到打击，便主动代他签名出钱，谁知道顾宪成得知后竟然毫不客气地立即将自己的名字删去。

今天看来，这一事例虽然确乎能足以证明顾宪成不阿权贵的"硬骨头精神"，但同时，却也反映出顾宪成的缺乏人情味以及那种知识分子的迂执。要知道，张居正在当时不仅是内阁首辅，同时也兼任吏部尚书，在他病重的情况下，作为吏部的一名下属，一名职工，不管以前和张居正的关系怎样，于情于理，顾宪成都应该去看望一下自己的这位生命垂危的"老领导"。可是，顾宪成却偏偏表现得那么清高，那么绝情，即使有好心的同事代他签名，他也硬是要把自己的名字删去，这就显得太不通人情了！

所以，倘若套用当代著名政治家李瑞环先生在其《学哲学，用哲学》一书中的话说就是，顾宪成当然也包括东林党的最主要缺点就在这里，几乎在任何时候都表现得极端“自以为是”，而很少甚至从来没有一次表现出“自以为非”。这种“书生气的固执己见”，有时固然表现得很崇高很悲壮，但仔细想想，在某些时候也实在是误事害人。

的确，尽管顾宪成的气节与人品毋庸置喙，而且，在历史上也一直为人称道，但是，他的自以为是与固执己见也是出了名的。

万历十五年(公元1587年)的京察史称“丁亥大计”。考察由吏部和都察院共同主持。五品以下由有司考察，不称职的降罚有差；四品以上的自己述职，去留由圣意决定。当时，首辅申时行将这项任务交给都御使辛自修。

在今天看来，辛自修虽素有刚正廉洁之名，但在负责这次京察时，也确有借机整人的嫌疑。他将许多官员列入“京察不合格”名单之中，准备予以裁汰。首辅申时行虽说是个好官，但此人的缺点就是遇事怕担责任，喜欢做和事佬，再说汲取自己的前任张居正的教训，他也害怕得罪人。一看辛自修将那么多京官列入“京察不合格”名单之中，他怎么想都觉得不妥。

于是，在他的干预下，辛自修不得不将许多原本定为“不合格官员”升格为“合格官员”，但即便这样，还是有三十三名进士出身的官员被认定为“不合格官员”，将要接受“组织处理”，予以降级或免职。其中，有一位名叫何起鸣的官员时任工部尚书，但就因为他与已故的万历首辅张居正关系密切，辛自修坚持将他列在了去职官员的黑名单中。

且不论辛自修是否有公报私仇之嫌，但他这样做显然得罪了一个人，而且这个人不是别人，乃是皇帝。

原来，神宗刚委任何起鸣为工部尚书只有一个多月，这边辛自修就给他出示“红牌”，要万历皇帝将他“淘汰出局”。在万历皇帝看来，这就很有些“打狗欺主”、指斥自己“用人失察”且与自己作对的意味了。

故此，神宗当时很气愤，怒斥道：“朝廷每用一人，言官辄纷纷排击。”于是，他立即将辛自修罢免官职，并严厉斥责曾经弹劾何起鸣的四位御史。

当时，顾宪成不过是吏部的一个小办事员，按说，这事与他沾不上一点关系，所谓“事不关己，高高挂起”，他完全可以置身事外，袖手旁观。但是，他却偏偏挺身而出，与皇帝抬杠，公然上书皇帝为辛自修和御史们“打抱不平”。由于疏文“语侵执政，被旨切责”，冒犯了神宗，神宗大怒，下旨严责顾宪成，将他贬谪到桂阳（今属湖南）任判官，过了一段时间，又迁处州（今浙江丽水）推官。

要说我国古代的用官制度真的是非常弹性，非常灵活，官员不仅“能上能下”，而且“能下能上”，顾宪成虽然因得罪了皇帝遭到贬谪，但“政治生命”并没有就此结束。不久，在三年一次的对地方官员的“外察”中，他因为公正廉明，被评为公廉第一，得以升任吏部考功主事，故而重又调回到吏部，成了吏部的一名中层官员。

时间过得真快，转眼就到了万历二十一年（公元 1593 年），每六年一次的“京察”又开始了。与六年前的那次“京察”相比，这次的“京察”场面更壮观，斗争更激烈，因而被认为是明末门户之争形成的一个标志性事件，用史书上的话说就是：“门户之祸固而不可拔，自此始也。”

如果说，在万历十五年的那一次“京察”中，顾宪成还只是一个“板凳队员”，还捞不到上场机会的话，那么，万历二十一年的“京察”，他则已成了“绝对主力”，而且在场上表现得也确实很突出、很卖力，很抢眼。如据《明史》记载：“二十一年京察，吏部尚书孙籥、考功郎中赵南星尽黜执政私人，宪成实左右之。”顾宪成当时只不过是吏部的一个小小的考功主事，官职并不高，但是，他却像是一个“幕僚”，一个“军师”，竟然能够左右指挥他的上级按照他的意见“尽黜执政私人”，仅此可见他绝对很有手腕，很有能量，绝对不是一个喜欢安分守己、息事宁人的“小角色”。

万历二十二年（公元 1594 年），顾宪成升任吏部文选司郎中，掌管官吏班秩升迁、改调等事务，其手中的实权可想而知。

也确实，明代的官场有一种说法，叫作“堂官口，司官手”，那意思是说那些动嘴的长官还不如那些具体动手办事的“司官”的权力大。用坊间老百姓的话说就是“阎王好见，小鬼难缠”。很多时候到衙门办事，那些衙门长官这一关还比较好过，卡壳往往就“卡”在那些经办人的手里。究其原因，多半是因为这些“小鬼”很会用权，手中哪怕是只有一丁点儿的权力，他也会把它用足用活，用到极致。

从种种情形看，顾宪成显然就是这样一个很会用权的人。在这个极为重要的岗位上，事实证明，他不仅充分用足用活了自己所掌控的权力，而且还越职越权，竟然把手伸到了本不属于自己管，按理说他也无权管的“部长”任命上。

事情原来是这样的：当时吏部尚书缺位，首辅王锡爵想任用罗万化，但顾宪成却认为不行，竟然自作主张改任了陈有年。为此，首辅王锡爵等人都愤愤不平。但尽管这样，身为首辅的他，竟然拿顾宪成也没办法。而且即便是有次私下里冲顾宪成发几句牢骚，顾宪成也不买他的账，对他反唇相讥，没给他半点“面子”。

事情的经过大致是这样的，一次，王锡爵偶尔遇到顾宪成。因为都是南直隶太仓（今属江苏）人，属于正儿八经的“老乡”，两人见了面，略略寒暄了几句，王锡爵便愤愤不平地向自己的这位“小老乡”感慨道：“当今所最怪者，朝廷认为对的，外人一定认为不对；朝廷认为不对的，外人一定认为是对的。”

没想到顾宪成一听王锡爵说这话，顿时板着脸，很不客气地反驳他道：“我看应该这样说，外人认为对的，朝廷一定认为是错的；外人认为是错的，朝廷一定认为是对的。”说罢，一扭头径自扬长而去，只让首辅王锡爵一人僵僵地戳在了那里。

顾宪成不仅敢于和首辅对着干，拿王锡爵这个首辅根本不当回事，而且，对万历皇帝他也不大买账。

那年，首辅王锡爵年老引退，神宗便命吏部根据品望推选六七位能够胜任首辅之职的官员听候任用。顾宪成与被他“一手提拔”起来的吏部尚书陈有年等人自作主张，所推选出来的人选竟然都是他自己的党羽，也就是说，都是一些东林党人。神宗对此很不满意，几次要求打回重选，可顾宪成固执己见，几次“推选”提名的人仍然还是他自己的党羽，这让万历皇帝非常生气。

“吏部怎么会这样呢？吏部那个文选司郎中顾宪成怎么能这样呢？”

那天，想到吏部竟然抗旨不遵，万历皇帝禁不住十分恼火，并认为“具体经办人”顾宪成无疑是在“徇私”，于是一生气便御笔一挥，在吏部的奏疏上愤然批示了“司官降杂职”五个大字，决定对“司官”顾宪成作出降职处分。

平心而论，万历对顾宪成作出“降杂职”的处分即使是在今天看来也并不过分。因为，顾宪成的做法也实在是太嚣张了。他不就是一个“小臣”——吏部的一个小小的文选司郎中，在选人用人问题上竟然狂妄到“自己说了算”。结果，首辅王锡爵提名的官员他不用，万历皇帝不满意的官员他偏提。试想，对这样一个“不听话的下属”，而且还不是一般的“不听话的下属”，谁能受得了？说句不客气的话，还多亏万历皇帝老实，这事要是换成明太祖朱元璋或是明成祖朱棣来处理，纵然顾宪成有十个脑袋也早被砍光了，哪里还会仁慈到只给他一个小小的处分，只是将他“降为杂职”?

可是，要说万历年间的大臣真的是特别喜欢“吵架”，而且还是经常与皇帝“对着干”。当这边万历皇帝刚对顾宪成作出“组织处理”决定，那边，立刻便有大臣上疏申救，帮顾宪成说话。

第一个上疏为顾宪成说话的是经由顾宪成一手“提拔”的吏部尚书陈有年。在疏文中，陈有年先向皇帝做自省，认为即使有责任也在自己身上，不能追究下属，所以，他恳请恢复顾宪成的文选司郎中职务。很快，其他大臣也纷纷上书申救顾宪成，仅几天时间，奏疏竟然多达几百封。

不知是因为老实人多半倔脾气，还是因为实在是气极了，对于众多大臣为顾宪成求情这一事件，万历皇帝表现得非常坚决，非常强硬，他不仅没有因此收回成命，反而加大了处罚的力度，一气之下，索性将一些上疏申救的官员外放、调任、削职，而将顾宪成则干脆以“忤旨”罪革职为民。

对于这桩历史“公案”，后人大多以为对于顾宪成来说，是一桩历史的“冤案”，而这冤案的制造者无疑就是神宗朱翊钧。

但其实，如果站在相对公平的立场上来看，实际上这事也不能完全怪罪万历皇帝。不错，在处理这件事时，万历皇帝的确有报复顾宪成的嫌疑，因为在万历二十一年(公元 1593 年)的正月，神宗因迟迟不立太子遭众臣非议。为了搪塞舆论，内阁首辅王锡爵承神宗旨意提出了“三王并封”作为权宜之计。对此，顾宪成立即上疏反对，他认为:“太子，天下本。预定太子，所以固本。是故有嫡立嫡，无嫡立长。”对于神宗提出的种种借口，顾宪成在疏奏中也一一加以驳斥。同时他又写信给王锡爵，指责他“排群议而顺上旨”，是负国误君。神宗和王锡爵看后都十分恼火。

虽然迫于舆论的压力，神宗最后只好放弃了“三王并封”的打算，但对于此事，万历皇帝或许一直耿耿于怀，借此机会，如今对顾宪成报复一下也是可能的。

可是，要说万历皇帝纯粹只是出于打击报复也不尽然，因为顾宪成的做法也实在是太狂妄，“太无组织、无纪律”了。

有人说，顾宪成当时这样做完全是孜孜国事，为国选贤，是不徇私情，“不畏权贵”，在官员任用问题上敢于抵制歪风邪气，是公道正派，出于公心。但仔细想想，这一说法未免有些牵强，有些强词夺理，多少有些拼命要往他的脸上“贴金”的嫌疑。

是啊，凭什么说顾宪成就是慧眼识英才，出以公心，为国选贤，而万历皇帝和首辅王锡爵就是出以“私心”，为国选“奸”呢？这样的说法显然不合乎实情。

这里，且不说万历皇帝，就说首辅王锡爵吧，如果拿王锡爵与顾宪成作比较，在人品方面，王锡爵绝对不比顾宪成差。因为，自打进入朝廷，王锡爵就一向以硬骨头闻名。想当年张居正在位时，为“夺情”一事他跑到人家首辅张居正府上大闹，差点逼得张居正自杀；张居正病逝后，大臣们开始反攻倒算，墙倒众人推，都去落井下石。这种时候，他却站出来说张居正是国家功臣。他的学生李植整倒申时行，扶他上台，他却痛斥李植，自请辞职。他的儿子乡试第一，有人怀疑他以权谋私，营私作弊，为证清白，他索性让儿子回家，不去科考，直到十三年后他下台，才让儿子应试，结果其子会试第二，殿试第二。

仅此可见，王锡爵的为人一点也不输于顾宪成乃至东林党中的任何人。所以，说王锡爵用人“出于私心”，任用私人，而与他同乡的顾宪成则“出以公心”，这样的话实在很难令人信服。说句不客气的话，说这种话的人自己就显然不是“出于公心”。

而且，退一万步说，即使顾宪成真的是出于公心，唯才是举，不徇私情，所选的官员真的都很优秀，但他那种明显违反“组织原则”和“组织程序”的“越权行为”即使是放在今天，恐怕无论什么领导也都会接受不了。

要知道，即便是做正确的事，也还有个讲究“组织原则”以及方式方法的问题。

的确，我们评价历史人物时，真的需要一分为二，实事求是。是就是，非就非，在评价万历皇帝与顾宪成的这一桩历史公案时，不能一说到万历皇帝就说他一意孤行，一无是处；而论及顾宪成则充分肯定，大加称赞。这，绝对不是历史唯物主义的正确立场和态度。

话说被万历皇帝这么一处分，顾宪成不仅在吏部的文选司郎中做不成了，而且，想必是“京城米贵，居大不易”，革职为民的他连在京城也待不住了。与首辅、皇帝“对着干”的结果使他失去了工作，于是乎没过多久，他便只好回到老家无锡。

但顾宪成显然是个有影响力的人物。封建官场，有许多人甭说“人一走，茶就凉”，纵然是“人未走，茶都凉”。然而，顾宪成却不是这样，由于他这人很有交际能力，再加上在吏部工作期间利用工作之便广结善缘，关系很广，关系网结得很大，所以，在他离开京城回到家乡前，实际上在朝中已经形成了一个“东林党”。当他回到家乡后，这些“东林党”人，并没有因此与他断绝来往，而是继续与他遥相呼应。

虽然，在顾宪成刚回到家乡前东林党还只是一个雏形，从某种意义上说，一直要等到他创办东林学院后，东林党才可以说是正式成立，并迅速壮大，但追根溯源，应该说，东林党的基础主要还是他在吏部任文选司郎中时期打下的。

东林党的“俱乐部”

诚如我们所知道的，中国有着几千年的文化和教育的历史，而书院在我国古代的文化教育中无疑一直占有十分重要的地位。

据英年早逝的当代年轻学者江堤在其《书院中国》一书中考证：书院最早起源于汉代，但“书院”这个名称，正式见称于唐代的官牍之中。从历史上看，具有“民办性质”的书院虽然作为官办学校的补充，在历史上曾发挥过不可或缺乃至极为重要的作用，如在北宋就曾产生过历史上著名的“四大书院”——即岳麓书院、白鹿洞书院、嵩阳书院、睢阳书院，但在实际上，书院就像是个“私生子”，一直受到历代统治者的歧视与打压。用江堤先生的话说就是:“书院教育的自由之路在每一个朝代都受到了不同程度的扼杀。书院在文化史上流浪,其道路无比艰辛”。

说来真是“山不在高,有仙则名;水不在深,有龙则灵”,就像岳麓书院的出名在很大程度上与南宋的理学大师朱熹有着很大的关系一样,毫无疑问,明代东林书院的出名则显然与顾宪成以及高攀龙等一批东林党人曾在这里上演的一幕幕人生与时代的历史大悲剧有关。

据史料记载,东林书院并非顾宪成首创。它的历史最早应该上溯到北宋,据说北宋政和元年即公元 1111 年,这里就是北宋理学家程颢、程颐嫡传高徒、知名学者杨时长期讲学的地方,只是到后来,由于种种原因这所书院才逐渐荒废乃至坍塌了。

就这样一直到了明万历三十二年,也就是公元 1604 年,当被革职为民,回到家乡的顾宪成经过多方努力,终于在这片废墟上重新建起了一座新的书院,并重新题写了“东林书院”的牌匾挂在新修葺的书院的大门头上,严格说来,这所书院才真正有了生命,并在历史上长期存活了下来,且逐渐走进了当时以及后代人的视野与心中。

史载,革职为民,回到乡梓的顾宪成先是大病了一场,在家休息了将近两年,整日与书为伴,累了就坐上一叶小舟在太湖的河道里漫无目的地畅游。比起京城的烦累,家乡无锡的生活无疑要清闲得多了。但顾宪成显然是个难耐清静的人,如他在这期间给京城的朋友信中所说:“生平颇怀热肠,何能耕闲钓寂?”是啊,在京城官场待惯了,一下子闲下来去“孤舟蓑笠翁,独钓寒江雪”,偶尔一次散散心可以,若要长期这样他是肯定耐不住的。

然而,不这样又能怎样呢?京城他是一时半会儿很难能再回得去了,因为,“革职为民”与单纯的贬官性质还不完全一样,是一种最重的行政处分。既然这样,他总要找点事做做,这样自己的后半生才会有所寄托。可是,做什么事情好呢?思来想去,他觉得还是在家乡读书讲学为宜:“从今以后,惟应收拾精神,并归一路,只以讲学一事为日用饮食。学非讲不可了,而切磨淘洗,实赖于此。”在给朋友的信中,他这样说道。

顾宪成是个不甘寂寞且有着强烈济世情怀的人,虽然被逐出京城,黯然离开了朝廷这一方政治的大舞台,回到家乡,但他却仍然想振作起精神,希望通过讲学来为国家培养栋梁之材。

平心而论，顾宪成回到家乡创办东林书院实在是不得已而为之。一个昔日的朝廷官员——虽然不是什么大官，突然一下子离开京城，跑到山高皇帝远的家乡江苏无锡当一所书院的“山长”，怎么说都是一种政治上的失意，是人生的一种很大的失落与无奈。

所以，东林书院从顾宪成开始创办那天起，就绝对不是一所只单纯讲习学问的书院，而是一个关心议论朝政的政治讲坛，到后来，则完全变成了一座东林党人聚会与谈论国家大事的“东林党俱乐部”。

如此一来，这就注定了这所书院从它重新创办的那天起就势必将成为一座极不安宁的“政治中心”，而许多不可预测的政治风暴必然会在这里兴起。

东林书院重新建起来以后，顾宪成聘请了许多教师，其中最著名的要数高攀龙。有意思的是，这位高攀龙也是无锡人，不仅与顾宪成是同乡，而且，与顾宪成一样也是一位“贬官”。万历十七年（公元 1589 年）中进士的他，曾经也在朝廷做官，后因上书言事得罪了内阁而被贬，回到了故里。如今应顾宪成之邀，他与钱一本以及顾宪成的弟弟顾允成等几个志同道合的人一起成了东林书院的“教师”，或者说是“教职工”，经常形影不离地聚在一起纵论国事。

就因此，这些人后来在天启年间都被一股脑儿地打成了“东林党人”，遭到了魏忠贤的迫害。此乃后话，姑且不说。

万历三十二年的十月，也即在东林书院正式建成后，顾宪成会同顾允成、高攀龙、安希范、刘元珍、钱一本、薛敷教、叶茂才等人即当时人所称的“东林八君子”发起召开了东林大会，并一致协商通过了《东林会约》。

很显然，以此为标志，所谓的“东林党”便正式宣告成立了。

今天，如果单纯只是从书院制定的“会约”看，东林书院似乎与历史上的许多书院并没有多大的区别，看起来好像就是一个读书人聚在一起教学相互研习学问的处所。如《东林会约》规定每年一大会，每月一小会，除了严寒酷暑之外，定期会讲；又规定：“每会推一人为主，说‘四书’一章，此外，有问则问，有商量则商量，凡在会中，各虚怀以听，即有所见，须俟两下讲论已毕，更端呈请，不必搀乱。”

此外，对书院师生的伙食标准“会约”也作了较为详细的规定：“各郡人员临会，午饭四位一席，二荤二素。晚饭荤素共六色，酒数行。第三日之晚，每席加果四色、汤点一道。也四位一席，酒不拘，意浃而止。”

从这些规定中，根本就嗅不到一丝一毫的政治气息。

但从事情发展的整个过程来看，应该说，从始至终，东林书院都不是一个单纯的书院，由于在书院开办之初，顾宪成等人就广结天下同仁，当时一大批“抱道忤时”“退处林野”的有志之士或曰“持不同政见者”皆闻风而起，纷纷前来。他们在此一面研习程朱理学，一面讨论救国济世之道，言语之间，不免“讽议朝政，裁量人物”，因而，在实际上，它纯然就是一个讽议朝政、针砭时弊对政治非常热衷、非常关注的“东林党”人的政治俱乐部，或曰东林党人的“党校训练营”。

民间有句谚语叫作：“是金子到哪儿都会发光。”要说顾宪成这人从某种意义上说还真是一块到哪儿都闪闪发光的“金子”，你看他在京城，虽然工作了将近二十年顶多也就是个五品官，但他的能量却不小，知名度却非常高，完全称得上是个“明星大臣”，以致朝廷中从皇帝到大臣只要提起他几乎都无人不知，无人不晓。而且，不知道为什么，许多官比他大的朝臣也都听从他的调遣与摆布，跟在他的屁股后面转悠。

就因此，能量很大的他经常把个朝廷搅得沸反盈天，鸡犬不宁。

而如今，他回到了故乡。很快，以前一直风平浪静的无锡也开始变得热闹了起来，且渐渐惹人注目，成为令朝廷与全国关注的舆论中心。于是乎，顾宪成也自然成了一颗闪闪发光的“在野明星”。

说来，顾宪成真的是一个在政治上很不安分的人。一般来说，无论多高的职位，多大的能耐，一旦被削职，慢慢就会自行淡出历史舞台。但顾宪成却是一个例外。

被革职为民后，他不仅没有因此灰心丧气，对政治失去热情，相反，却越挫越勇，反而对政治更加热情澎湃。之所以会对政治那么狂热，原来是因为在他看来：“官辇毂，志不在君父，官封疆，志不在民生，居水边林下，志不在世道，君子无取焉。”也正因此，他所创办的东林书院，始终把关注时政、纵论国事作为必修课。

在那期间，顾宪成完全以讲学为名，广交朋友，四处活动，那种中国传统知识分子的“忧国忧民”且“是进也忧退也忧”的政治情怀在他的身上可以说得到了最淋漓尽致的体现。

据史料记载，南宋乾道三年(公元 1167 年)，理学大师朱熹自闽来湘，前往岳麓书院，与另一位理学大师、湖湘学派的创立者及掌门人张栻论《中庸》之义，三昼夜不辍，前来听讲者不知其数，很有点像当下一些著名歌星到一些地方演出时的盛况，以致出现了“饮马池水立涸”的现象。

讲学之后，朱熹书“忠孝廉节”四个大字于讲堂壁间。

过了二十七年，也即到了绍熙五年(公元 1194 年)，朱熹出任湖南安抚使，再度到岳麓书院讲学，整饬秩序，肃整学风，重修岳麓书院，使岳麓书院焕然一新。书院办学再次进入鼎盛时期，民谣称“道林三百众，书院一千徒”，其盛况空前可见一斑。

论学问，顾宪成当然不能与一代理学大师朱熹相比，但若论在当时的影响力与号召力、吸引力，他却一点儿也不逊色。由于过去在朝廷他曾是一个“明星”，所以，当他在家乡创办了东林学院后，立即吸引了天下人的眼球，用包瑞先生在其《明月几时有——大明帝国的叹息》一书中的话说就是:“明代官场各种复杂关系不断在东林书院交汇凝结，东林书院很快就发展成为各种关系的清议中枢，编织了一个隐秘而庞大的关系网，每年一次的大会有时多达千人，积聚了很大的政治能量，并逐渐由在野拓展到朝堂，吸引越来越多的官员加入其中，逐渐形成了势力庞大的东林党。”

据说，顾宪成在东林书院聚徒讲学期间，赢得了朝野内外许多人的掌声，有许多学生当官后，都纷纷上书推荐，请求朝廷重新起用顾宪成。在这些顾宪成的“粉丝”们的鼓噪下，万历三十六年(公元 1608 年)，神宗皇帝很不情愿地任命顾宪成为南京光禄寺少卿，给他安排了个闲差，算是给他发了个“精神安慰奖”。

接到圣旨后，顾宪成打点行李去南京赴任，但走到半路，也许觉得不对劲，他就借故头痛弃官折回，重又回到家乡继续讲学议政。

在今天看来，东林党的实力之所以会迅速壮大，一方面，固然是由于顾宪成与高攀龙们非常具有凝聚力和号召力;但在另一方面，显然也是由于当时的万历皇帝长期怠政的结果。诚如我们所知道的，由于在与大臣们没完没了的争吵中越来越感到身心疲惫。渐渐，外表荏弱但内心却很倔强的万历皇帝便以一种无言的沉默来表示自己的反抗，宣泄自己内心的不满。

这样一来，他便几十年如一日，经常在臣工们眼巴巴的等待中不去上朝，对他们的奏疏也多半“留中”不发，不作任何表示。

显然，万历皇帝的“罢工”使整个国家长时间处于一种非正常运转乃至停转的状态，而这样的一种“无政府状态”正好给了东林党一个千载难逢的发展壮大的机会，也给了顾宪成和高攀龙们一个集会、聚徒讲学的良机。

可以说，如果换成其他任何一个勤于政事思想专制的皇帝，绝对不会任由东林党这么自由自在地生长，任其随意发布与政府意见相左、对大明的政权统治有害的思想与言论，至于东林书院无疑早就会被列入当局查禁的黑名单中，且皇帝早就会下诏将其禁毁。

可是，就因为万历皇帝的长期怠政，竟然三十多年不踏出皇宫一步，在政治上严重不作为，因而给了顾宪成们一个发展壮大东林党的机会，美丽富饶的长江三角洲地区也因此一度成了一块让东林党繁衍生长的湿地，至于东林书院，就更是成了东林党徒议论国事且放言无忌的“俱乐部”“大本营”。

在东林书院，为了引导生徒们勤奋学习，关心政治，顾宪成还特意题写了一副对联，这便是那副流传后世的名联：

风声、雨声、读书声，声声入耳；
家事、国事、天下事，事事关心。

这副对联，抒发了东林党人怎样的一种抱负、一种情怀呀！所以，倘若单纯从这副对联来看，让人情不自禁地就会对顾宪成、对东林党油然生出一种钦佩之情。

但是，在后面，我们将会谈：书生爱国很容易纸上谈兵，爱国的结果往往会有违初衷，适得其反，到最后有时甚至会“空谈误国”。

“党争”的背后

党争并非明朝的专利，几乎很多朝代都有。

譬如东汉的“党锢之祸”，唐朝的“牛李党争”，北宋以王安石和司马光为首的“新旧党争”，等等，都是历史上很有名的朋党之争。

毫无疑问，这些特定历史条件下产生的朋党之争都给当时的大明产生了不同程度的危害，乃至造成了亡国的灾难。

和以前的封建王朝一样，不用说，明朝的朋党之争也是灾难性的。虽然，追根溯源，党争的序幕并不是由东林党拉开的，但是，整个党争的剧情几乎都是围绕东林党来展开，其台前幕后总是少不了东林党人活跃的身影，而且也主要是由东林党一些“主要演员”逐步将其推向高潮的。

从史书上看，东林党与非东林党之间的斗争是长期性的，博弈的双方针锋相对，锱铢必较。在这期间，东林与反东林的政治势力进行了一系列激烈的斗争，发生过许许多多的拉锯战。

这里，不妨略说一二。

首先来说说“王元翰案”。

王元翰是万历二十九年进士，此人以敢言闻名。史书上称他“生而疑伟，目光炯然如严电，为人磥砢著节，敦尚伦义，自童时已然”。在为官后，《明史本传》称其“力持清仪”，“锐意搏击，毛举鹰鸷”，敢于“摩主阙（缺），拉贵近，世服其敢言”，“举朝咸畏其口”。确乎天生就是一个斗士，天生一张“铁嘴”，不折不扣是个“造反派”骁将。甭说是一般大臣，就是面对九五之尊的天子他也照样敢于大胆指斥。如他曾上疏批评万历皇帝道：“陛下三十年培养之人才，半扫除于申时行、王锡爵，半禁锢于沈一贯、朱赓。”几乎将万历皇帝大半生的吏制一笔抹杀殆尽。

可是，王元翰虽然经常拿一些冠冕堂皇的辞藻对皇上进行规谏，然而，就像当时的其他许多言官一样，在其忧国忧民、愤世嫉俗的议题背后，有时也常常免不了包藏有自己的私心。

原来，王元翰曾上疏要求起用顾宪成等被罢免的十多名东林党人，由此得罪了非东林党人，所以，万历三十七年的二月，非东林党人、云南道御史郑继芳弹劾时任户部给事中工科右给事中的王元翰侵占公私财产，说他

"盗窃巡厂库银无数,夋剥商人,贪赃数十万"。

在以前,一直都是王元翰弹劾别人,没想到,这次他竟然也遭到别人的弹劾,这使他大为恼火,非常愤怒,禁不住大骂郑继芳为"北鄙小贼"。郑继芳于是进一步纠集同党刘文炳、王绍徽、刘国缙等一帮人马连上十余道奏疏继续对他弹劾。

王元翰被弹劾就像是引爆了火药桶,于是,朝中许多大臣都纷纷加入到了声讨东林党的行列。东林党人、大学士叶向高为此忧虑不安,请神宗发言官章奏,以便部、院大臣评其是非曲直,扶正去邪,以警其余。神宗厌恶言官互相攻击,章奏悉留中不发。郑继芳未得神宗诏令,即遣人围守王元翰家。王元翰愤怒万分,将衣物图书掷于都门,上疏痛哭离开京城。于是,吏部便以"撤离职守"罪,将王元翰贬官。

今天看来,负责管理仓库的王元翰是否真的监守自盗,鲸吞巨款?查无实据,不得而知。很有可能,这只是政敌们对他的诬陷,其目的就是要对东林党发难,而王元翰不过是这次党争的一个可怜的政治牺牲品而已。

再来说一说"李朴案"。

与王元翰一样,李朴也是东林党的一个小人物,而且到最后也一样陷入党争的漩涡之中而无力自拔,不可避免地成了党争的又一牺牲品。

事情的大致经过是这样的,由于东林党成立以后,党同伐异,在朝野内外不断扩张自己的势力,这样势必要威胁到其他非东林党人的利益,于是乎,许多非东林党的官员为求自保也多半以地域为单位、以高官为领袖,成立朋党,结成帮派。

一时间朝中宣党、浙党、楚党、齐党等应运而生。他们联合起来共同对抗东林党。斗争渐渐由原来的阁部之争和门户之争演变成为"党派之争",以致从万历中期开始到明朝亡国为止,在长达半个多世纪的岁月里,大明一直党争不断,恶斗不止。官场人际关系的复杂,政治生态的恶劣,完全进入了一个世所罕见的时代。

万历三十九年(公元 1611 年)五月,掌京畿道御史徐兆魁弹劾东林党人以及东林党党魁顾宪成说:"臣观今日天下之大势尽趋附东林……顾宪成自贬官归乡,假讲学以结党营私,而道德性命与功名利达混为一途。"

徐兆魁这人为官正直,多有政绩,在做地方官期间明辨忠奸,坚守正义，为民除害，深受百姓爱戴，一些穷苦百姓曾为其建生祠，可见此人绝对是个好官。有感于东林党人结党营私，党同伐异，为人老实厚道的他愤而上书，对东林党与顾宪成进行弹劾，应该说，这绝对是一种正义之举。但是，徐兆魁的上疏却理所当然地遭到了东林党人的迎头痛击。很快，东林党人、光禄寺丞吴炯便上疏对他予以反击。

吴炯认为："顾宪成被诬，天下将以讲学为戒，绝口不谈孔孟之道，国家正气从此而损，并非细事。"

显然，在吴炯看来，自己所在的东林党才是正义的化身，其所作所为才是正义的，如果顾宪成被诬，则绝对不是一件小事，因为如此一来"国家的正气"将不复存在。

在今天看来，实事求是地说，吴炯的这番话绝对是夸大之词，拿东林党与顾宪成的讲学也实在是太当一回事了。

也正是在这样一种党争的大背景下，一个名叫李朴的东林党人有一天突然从党争的台下自告奋勇地走上了为人瞩目的党争舞台，兀自表演起了自己的节目。

那是万历四十一年，时任户部郎中的李朴上疏愤然揭露齐、楚、浙党"深结戚畹近侍，威制大僚；日事请寄、广纳赂遗；亵衣小车，遨游市肆，狎比娼优；或就饮商贾之家，流连山人之室；身则鬼蜮，反诬他人"；"百人合为一心，以挤排善类"并为东林党人辩护说："乃攻东林者，今日指为乱政，明日目为擅权，不知东林居何室？操何柄？在朝列言路者，反谓无权，而林下投闲杜门乐道者，反谓有权，此不可欺三尺竖子，而乃以欺陛下哉！"

李朴显然是个性情中人，在疏文的最后，他无疑早已义愤填膺，怒不可遏，因而向皇帝大声疾呼道："望俯察臣言，立赐威断，先斩臣以谢诸奸，然后斩诸奸以谢天下。"

李朴把话竟然说到了这种份上，可见他说话做事非常容易冲动，也非常容易过激，走极端。

所以，李朴的所作所为理所当然地招致齐、楚、浙党的一致反对与批判，即便是神宗朱翊钧看了他的疏文也觉得他"出位妄言"，因而将他降了三级并调离京城，贬为州同知。

就这样，东林党的又一个"小卒子"在党争中"被吃"，成了继王元翰之后又一可怜的牺牲品。

如果说，以上两个案例只是极小的个案，还只是东林党人与非东林党“擦枪走火”，牺牲的也只是一些“小角色”的话，那么，在此前后，东林党与非东林党之间也爆发了好几次大的战役，其中，“中枪”的也有好几条“大鱼”。

其中，最著名的应该要数浙党领袖沈一贯，东林党的党魁李三才。

这里，先来说一说浙党领袖沈一贯。

要说沈一贯，就必须要说发生在万历三十三年(公元1605年)的“乙巳京察”。

万历三十三年，东林党人时任吏部侍郎杨时乔与左都御史温纯主持京察。由于温纯早就与时任首辅的沈一贯有所冲突，他曾弹劾沈一贯的心腹陕西巡按御史于永清及都给事中姚文蔚贪赃之事，故而在京察开始前，沈一贯试图不让杨时乔主持，然而由于遭“老对头”、次辅沈鲤的反对，未能实现。

借此次京察之机，杨时乔和温纯欲打击浙党，大力打击沈一贯的心腹。因而在关于京察结果的奏疏中，他们将沈一贯的心腹给事中钱梦皋、钟兆斗及御史张似渠、于永清等人都作为“考核不合格对象”，列入了被察、被转之列。

沈一贯不甘心失败，极力抵制，上书神宗皇帝，为钱梦皋等人喊冤。他历陈考察不公，请求降旨让钱梦皋等人官复原职。对此，东林党人当然深表反对。这年的五月，候补南京兵部职方司郎中刘元珍上疏批评沈一贯假皇帝之权以售其私。六月，南京御史朱吾弼又上疏弹劾沈一贯。七月，兵部主事庞时雍直接攻击沈一贯有十条欺罔之罪和十条误国之罪。

神宗根本听不进去，于是将这些人纷纷罢黜。

但沈一贯既然已被东林党盯上了，当然就很难轻易脱身，而他自己也自知难容于朝，于是便主动向神宗皇帝递交辞呈，闭门求去。万历皇帝当然不准。

可是，好景不长，到了万历三十四年(公元1606年)的六月，因为雷电击倒了天坛的旗杆，被视为不祥。这种时候，东林党人南京吏部给事中陈良训、御史孙居相趁机再次上疏弹劾沈一贯。接着许多京官提出他们的辞呈，使大明的行政几乎陷于瘫痪。经过激烈的争论，在东林党咄咄逼人的轮番攻势下，钱梦皋、钟兆斗等浙党分子终于被贬官，而沈一贯也被迫去职。

就这样，浙党领袖、首辅沈一贯硬是给东林党人用铺天盖地的舆论之网给“网”住，然后再一顿乱棍，活活将他“缠死”“打死”了。

这是东林党在党争中常用的战术，也即先是用枪口瞄准一个“政敌”，并由一个人先朝他“放枪”，然后乱箭齐发，群起而攻之，直到将政敌彻底打倒。

很显然，沈一贯就是这样被东林党给撂倒的。

由此可见，很多时候，“党争”最先都是由东林党人仗势欺人、无事生非，最先挑起来的。而东林党人在整非东林党人时也真的不遗余力，且很在行、很聪明。

可是，话又说回来，东林党人固然很聪明，但非东林党人也不是傻瓜。东林党人所采用的“攻敌战术”，非东林党人当然也会采取“拿来主义”，如法炮制。

既然浙党损一主帅，他们当然不会善罢甘休，便也想以眼还眼，以牙还牙，决心让东林党也付出相同的代价。于是，在不久之后，他们便决定拿李三才为靶子，开始向东林党发起了反攻。

这是一场真正的决战。由于李三才非同小可，乃是东林党内的一条“大鱼”，故而在决战中，无论是东林党还是非东林党，双方几乎所有的“政治大佬”都出手了。

就因此，这场东林党与非东林党的斗争被认为是明末党争形成的一个标志性事件。

据史书记载，李三才是明代万历二年进士，曾任“右佥都御史”“凤阳巡抚”“户部尚书”等官职。无论担任什么职务，他都表现得很能干，而且也非常有权谋，有魄力。也正因此，《明史·李三才传》说：“三才才大而好用机权，善笼络朝士，抚淮十三年，结交遍天下。性不能持廉，以故为众所毁。”对他可谓有褒有贬。

李三才虽是陕西临潼人，但他却是一个正宗的东林党人。他曾几次上疏神宗要求擢用东林党人，与在野的顾宪成可谓同声相应，同气相求。就因此，万历三十二年，老资格的顾宪成竟破例专程赴淮安去拜访他这个年轻后生，与他“商谈国事”。商谈的结果是，“英雄惜英雄”，顾宪成对李三才大为满意，而李三才对顾宪成也甚为信服，用史书上的话说就是“三才与（顾宪成）神相结，宪成亦深信之”，而且，因为发现李三才果然是个“大才”，于是，顾宪成便想把他培养成为继自己之后的东林党的“第二代接班人”。

万历三十七年（公元 1609 年），内阁缺人，“处江湖之远”的顾宪成便向“居庙堂之高”同为东林党人的大学士叶向高举荐，想让李三才入阁。

如果被任命，李三才将是长时期以来第一个非翰林成员的大学士。对此，李三才本人自然也梦寐以求，四处活动。

可是，对于东林党的这一企图，非东林党人当然不会坐视不管，因为他们知道，李三才这人很有才干，也很有手腕，作为东林党的骨干，一旦入阁，对于非东林党人将会产生致命性的威胁，到那时，后果将不堪设想。所以，为了防患于未然，非东林党人立即采取应对措施，将李三才列入了黑名单中，作为必须要清除打倒的对象。

在围攻李三才的“战役”中，非东林党人也运用了东林党的“群狼战术”，对李三才群起而攻之。

万历三十七年的十二月，工部郎中邵辅忠最先出手，向李三才打响了“第一枪”。他上书弹劾李三才大奸似忠、大诈以直，实际上是一个贪婪、虚伪、阴险、霸道的小人。

与东林党交上火之后，宣党（首领为宣城人汤宾尹）、昆党（首领为昆山人顾天峻）以及齐党、楚党、浙党一起及时跟进，很快便形成立体交叉“火力网”，朝李三才发起猛攻。

东林党人不知是计，不知道此乃是非东林党人故意“引蛇出洞”，给事中马从龙、御史董兆舒、彭端吾以及南京给事中金士衡等党羽纷纷跳出来“交章论救”，就连待在无锡老家的顾宪成一时也沉不住气亲自披挂上阵，遥控指挥。他写信给大学士叶向高、吏部尚书孙丕杨等东林党大佬，要求他们出手援救李三才。

这边顾宪成一出手，一看东林党的“大鱼”都上钩了，那边早就以逸待劳的御史徐兆魁立即上疏，指斥朝廷中有许多官员与革职为民的顾宪成狼狈为奸，组成东林党，以至于顾宪成“讲学东林，遥执朝政”。

如此一来，东林党的问题被公开化了，一时间弄得顾宪成、李三才极为狼狈。

在李三才是否廉政问题上东林党与非东林党之间展开了激烈的交火。李三才向以廉洁刚正著称，但非东林党人显然是有备而来，他们突然提出了十二条奸诈和贪污的罪状来控告他，其中还证据确凿地具体指明了李三才曾接受的贵重财物，并具体指出了“行贿人”的名字。

事情弄到这种地步，无法抵赖的李三才显然已经撑不住了，因为做贼心虚，于是乎便赶快递上辞呈，自请辞职。

对此，被吵烦了的万历皇帝自然又是不置可否，可是，既然已经声名狼藉，难以立足，李三才未经皇帝批准便愤而离职。

经此一役，东林党也损失惨重，白白折损了李三才这员大将。

但是，非东林党并没有就此罢休，而是趁热打铁，乘胜追击，万历四十五年（公元 1617 年），神宗下令考察京官，当时处于“执政党”地位的齐、楚、浙党联起手来，进一步驱逐东林党人，甚至连退休在家者也不轻易放过。

东林党由此遭受重创，元气大伤。

当时，东林党的“三大巨头”顾宪成已死，邹元标居家讲学，赵南星被贬，其两员大将叶向高已提前致仕，李三才逃离官场。

尽管这样，东林党人仍苦苦支撑残局，绝不推枰认输。

就因此，党争仍在继续，就像围棋中的黑白两条大龙时而天上时而地下，时而公开时而隐蔽，东林党与非东林党不断缠斗着，撕咬着，劫杀着。党争至此走向乱象纷呈。

在今天看来，东林党与非东林党这样两条黑白大龙在一起之所以会如此死缠烂打，互不相让，说穿了，党争的实质其实就是权力之争，利益之争，用我们现在的话说，多半都是为了维护自己所代表的那个阶级那个集团的利益而进行的针锋相对的斗争。

也正因此，党争中的任何一方——无论是东林党还是非东林党，严格说来，其实都没有善恶之别，正邪之分。他们之间的“党争”，用我们老百姓较为形象的话说，双方其实都是“狗咬狗，一嘴毛”。

毋庸讳言，东林党里也不都是好人。

东林不识“魏忠贤”

打一个不一定恰当的比方，自明朝万历年间开始的党争，就像是一场惊险激烈的“垒球比赛”。比赛的双方，一方显然为人多势众的“东林党队”，而另一方则是由几个“小党”——浙党、齐党、楚党以及昆党、宣党等组成的“联队”。在比赛过程中，时而是“东林党队”进攻，“联队”防守，时而又攻防转换，变成联队进攻，东林党防守。

而倘若用“执政党”与“在野党”来形容的话，那么，有时东林党是“在野党”，非东林党则是“执政党”；有时，非东林党是“在野党”，而东林党则变成了“执政党”。

从史书上看，东林党在神宗朱翊钧时代大多数时候是受排挤遭打压的，在极为短命的明光宗朱常洛时代曾有过短暂的“复兴”，而到了明熹宗朱由校执政的天启年间则遭到了惨无人道的迫害。可是到了明思宗朱由检也即崇祯皇帝时代，却又“咸鱼翻身”，再次得势。

而由浙党、齐党、楚党等组成的非东林党的“运势曲线”却正好与东林党截然相反。

中国有句古话，叫作：“听其言而观其行”，尽管在言论上，东林党竭力要把自己标榜成正身直行的“有道之君子”，但在实际上，他们比非东林党人表现得还要世俗和势利，不客气地说，为了争夺权利，简直可以说是不择手段，挖空心思，乃至厚颜无耻的程度，而且，在政治上，这些东林党人也确乎更加善于投机，喜欢“押宝”，如在万历年间，由于种种原因，神宗皇帝对东林党人普遍比较反感，比较排斥，于是，东林党人便暗中结交太子朱常洛，不惜在太子朱常洛身上“投资”，把自己“翻身”复兴的“宝”完全押到这位万历皇帝最不喜欢的“接班人”身上。

万历四十八年(公元 1620 年)，明神宗去世。为了在拥立天子中抢得头功，早在明神宗病重期间，东林党人给事中杨涟、御史左光斗便把皇位继承问题作为东林党和自己的“第一要务”紧抓不放，同时暗中与太子的亲信太监联起手来，一俟万历咽气，便迫不及待地将太子朱常洛扶坐上了龙椅，是谓明光宗，年号泰昌。

因为杨涟、左光斗等人在皇位传承期间表现得那么“忠心耿耿”，积极异常，这使以前一直受压抑的朱常洛大为感动，故而一继位便对杨涟与左光斗等东林党人予以重用。种种迹象表明，一个属于东林党的时代很快就要来临了！

然而，说来真是“人算不如天算”，这边东林党人刚刚觉得扬眉吐气，雄心勃勃准备大干一场，来几个漂亮的“本垒打”以便将那些非东林党人一个个淘汰出局时，没想到才刚刚即位仅仅一个多月的朱常洛却忽然“翘辫子”了。这使东林党人感到非常的失望和郁闷！

但失望归失望，郁闷归郁闷，最重要的还是要面对现实，面向未来。于是，在极为短暂的纠结过后，东林党人很快便调整好心态，立即又以高度的“政治责任感”投身到了新皇帝的拥立这一重大政治事件当中。

要说东林党人真的是反应灵敏，出手很快，就在明光宗朱常洛驾崩当天，杨涟等人便强行闯入乾清宫，要求见皇长子朱由校。当时企图“挟皇长子自重”的李选侍将朱由校藏在暖阁。为了再次抢夺“拥立”头功，东林党人便想方设法，与朱由校的亲信太监、与东林党交好的王安取得联系，并让他暗中作为“内应”，将朱由校骗出暖阁。

待大太监王安将朱由校骗出来后，杨涟等东林党人一见到朱由校，不由分说立刻就拉着他的手往外跑。来到文华殿，杨涟等东林党人不容分说，立即就为朱由校举行了册立太子之礼。没过几天，这些东林党人又让朱由校正式即了皇帝位，改次年年号为天启。

就这样，在这次的皇帝加冕过程中，东林党人又当仁不让，想方设法抢夺了头功。

不过，极具讽刺意义的是，就是这位被他们处心积虑、千方百计抢着拥立的“天启皇帝”，到最后竟然“恩将仇报”，对他们施以了最为无情的打击和血腥的镇压。

这里，还是说一说事情的来龙去脉。

原来，由于东林党人在朱常洛与朱由校父子两人的即位过程中都“表现积极”，非常抢眼，因而不仅得到了好色短命的朱常洛的赏识，而且，也赢得了天启皇帝朱由校的好感。所以，朱由校一继位，便感恩图报，立即予以“政治分红”，将左光斗、刘一燝、周嘉谟等东林党人予以重用，而杨涟因为在“移宫案”中表现得过于“积极”，其动机和目的遭到大臣们的普遍质疑，有人弹劾他“结王安，图封拜”，因而被迫下台，但不久等风头一过，天启皇帝还是将他重新起用。

东林党获胜了。于是乎，天启初年，除了顾宪成已死，没被重用，其他当年被万历处理过的东林党人如邹元标、赵南星、高攀龙、王之寀、叶向高等人均“一荣俱荣”，被朝廷重用。以致当时整个朝廷从内阁到吏部、都察院乃至六科、十三道等大大小小的衙门内几乎清一色都是东林党的人。

平心而论，东林党做人做事也实在是太咄咄逼人了。有道是：得饶人处且饶人。为人处世，有时候真的不需要太强势，太欺人，即使是对自己的冤家仇人也不能睚眦必报，非要把人逼到死胡同里。可是，东林党人似乎并不懂得这一做人做事的道理，在他们当权以后，便立即开始对非东林党人进行报复，以“梃击案”“红丸案”“移宫案”为事端，不断陷害、排挤驱逐非东林党人。

俗话说：“兔子逼急了还咬人”，在这种情境下，明显处于政治弱势的非东林党人被“逼上梁山”，在走投无路时便只好去卖身投靠一个人。

不用说，这个人便是朝廷最新崛起的“政治暴发户”——宦官魏忠贤。

诚如我们所知道的，魏忠贤原本不叫魏忠贤，而叫魏四。他虽然出身于河北肃宁一个贫苦人家，但年少时却是一个喜欢吃喝嫖赌的小混混，小泼皮，就因为有次赌博不仅输光了全部家当，而且背上了一屁股债，于是在情急之下他便自卖自身到宫里做了一名太监。由此开始了他人生的一次更大的赌博。

要说魏四这个人虽然大字识不了几个，但头脑灵光，很有心计。进宫后，他先是找到了一份倒马桶的职业，也即每天负责把宫女们的大小便给倒掉，再把马桶洗净。

这样的“职业”不用说很不体面，而且，也没出息。但是很快魏四便因为巴结上了一位“贵妇人”，也即朱常洛在世时最宠爱的女人李选侍并成了李选侍的心腹宦官。

在当时，李选侍无疑是大明后宫也是整个大明的“第一夫人”，魏四能巴结上她，其意义自然不言而喻。也正因此，成了李选侍的心腹宦官后，魏四立即将自己改名叫“李进忠”。他之所以要改名“李进忠”，其弦外之音其实很清楚，就是以此宣示自己要向李选侍效忠。

但是，不幸的是，由于东林党人一手制造的“移宫案”的出现，将李选侍从权力中心乾清宫一下子扫地出门，魏忠贤的这次改名与宣誓效忠不仅没有能够得到预期的效果，而且还差一点因为这次的政治投机断送了自己的前程。

要说魏忠贤就是魏忠贤，天生就是当官的料。一看李选侍不行了，再抱她的大腿已经没有任何用处，于是，他又急忙勾搭上了宫中的另一位不是贵妇人的“贵妇人”客氏。

要说这客氏，她原本是京郊保定府一个农民的妻子，后来进宫做了刚刚出生的朱由校的乳母，也就是奶娘。

朱由校即位不过十天，就名不正言不顺地封自己的“奶娘”客氏为“奉圣夫人”，并经常与她成双成对，形影不离。

一看客氏竟然与天启皇帝有着这种特殊的关系，“李进忠”于是便向客氏发起猛烈的“爱情进攻”。当时，客氏正与另一个名叫魏朝的太监结成“对食”关系。所谓“对食”，也就是当时太监与自己相好的宫女结成“夫妻”，组成“家庭”。

有了客氏这位“老祖太太千岁”的关照，魏忠贤很快便时来运转。这时再叫“李进忠”已经毫无意义了，于是，他便又恢复“魏”姓，而且皇帝还特地为他赐名“忠贤”，也就是从这时候开始，“魏忠贤”才真正叫“魏忠贤”，并从一位在宫内负责薪炭的小太监一跃而提升为宫内的最高太监，也就是司礼秉笔太监。

魏忠贤大字不识几个，按道理不能担任秉笔太监，但封建官场从来都是事在人为。由于客氏与魏忠贤相好，经由她在熹宗朱由校面前一推荐，所以，天启皇帝很爽快地便答应了。就这样，魏忠贤很轻易地便成为掌管奏章文书、照内阁的票拟批朱的司礼秉笔太监。

话说回来，非东林党人之所以要“卖身投靠”魏忠贤，一方面固然是由于在当时得势的东林党人欺人太甚，对他们这些非东林党人发动了全面进攻，在走投无路之下的无奈选择，完全是“不得已而为之”；另一方面，也是由于这些非东林党人看到了魏忠贤与东林党人之间存在着过节，因而便与魏忠贤“结盟”，以此“借刀杀人”，共同对付东林党。

说来，最好是什么人都不要得罪，即便是一个很不起眼的小人物你也不要小瞧他（她），怠慢他（她），更不要侮辱他（她），否则，说不定哪一天你就会为此追悔莫及，付出代价。

显然，在这方面，东林党就犯了这样的错误，以致为此付出了最为惨痛的血的代价。

从史书上看，东林党与魏忠贤的“交恶”，起因大约是为这么两件事：

第一件事不妨叫作“东林不识魏忠贤”。

原来，东林党与魏忠贤积怨很深。当初，在“移宫案”中，以杨涟、左光斗为首的东林党人几乎是赤膊上阵，硬是逼迫李选侍“移宫”，退出权力舞台。当时，魏忠贤是李选侍身边的心腹太监，可以说与“干娘”李选侍是“一荣俱荣，一损俱损”，东林党对李选侍的逼迫与打击其实就是对魏忠贤的逼迫与打击，李选侍的失势自然也就意味着他魏忠贤的失势。所以，在内心中，魏忠贤自然对东林党人充满了刻骨仇恨，这也正是后来左光斗与杨涟被投入监狱惨遭迫害的最主要原因。但在当时，颇识时务的魏忠贤还是忍气吞声，在李选侍被“移宫”后，他立即向东林党人示好，与东林党人套近乎，却遭到了东林党人的冷眼相对。东林党人当时对他爱理不理，几乎连正眼也不看他。

在今天看来，之所以会对魏忠贤就这态度，并不是东林党人自命清高，耻于与太监结交，而是因为，当时东林党已与“大太监”王安结成同盟，关系深厚，因而对还只是太监中的“小角色”且又大老粗一个的魏忠贤根本看不上眼，以为就他这样一个“一丁不识”的“文盲太监”绝对不会有什么大出息，压根就没拿他当回事。

也正因为“门缝里看人”——把魏忠贤给看扁了，对魏忠贤不重视，瞧不起，故而东林党人将曾经主动投靠自己的魏忠贤毫不客气地拒之于东林门外，结结实实地给他吃了一个“闭门羹”。

魏忠贤无疑不是一个豁达大度的人，东林党对他的轻慢与羞辱，这笔账，他当然会牢牢记在心里。

第二件事则姑且名之曰“东林合力驱瘟神”。

这里所说的“瘟神”显然是指客氏和她的相好也即与她的“对食”魏忠贤。

说来真的是令人啼笑皆非，熹宗朱由校平时对木匠活非常着迷，至于对当皇帝则提不起一点儿兴趣。也正因此，从始至终，他这个皇帝都是有其名而无其实，充其量只能说是一个“名誉皇帝”，而真正的皇帝，则应该说是一直被他宠信的魏忠贤，当然还有她的奶娘客氏。所以，天启年间，皇帝这面“鼓”，基本上是被魏忠贤和客氏这一对奸夫淫妇“敲”的，而熹宗朱由校则只是稀里糊涂地捧着皇帝这面鼓任由魏忠贤在上面敲打。

由于熹宗朱由校过分宠信客氏与魏忠贤，因而引起了当时的“执政党”东林党的强烈反感与激烈反对。

的确，有着“拥立之功”的东林党人原本是想讨熹宗欢心，图熹宗回报的，可现在，熹宗朱由校却一心向着客氏和魏忠贤，根本不去感恩图报，甚至不把东林党人放在眼里，那么，“你不仁，我不义”，东林党人便只有“愤”起抗争了！

天启元年(公元1621年)，熹宗下诏赐给客氏香火田二十顷，神宗陵修建完毕时，又爱屋及乌，称赞客氏的“对食”魏忠贤治理有功，欲行重赏。如此一来，东林党人实在有些看不惯、忍不住了，于是，便都纷纷上书发难。

东林党人、内阁首辅刘一燝认为熹宗这样做不合旧制，御史王心一也上疏抨击客氏与魏忠贤说：“陛下眷念客、魏二人，赏赐土地、增加待遇，恐怕在前线与敌拼杀的将士闻之心寒。况且神宗皇帝梓宫未殡，就先给保姆香火钱，陵工未成，就给宦官重赏，与理不顺，与情失宜。”

不久，熹宗行将大婚，朝臣们以为驱逐客氏的时机到来了，纷纷上书请求遣返客氏。御史毕佐周、刘兰上疏切谏，六部、十三道连署争奏。老太监王安也加入到了驱逐客氏的行列中。

当时上书请求遣返客氏的大臣几乎清一色都是东林党人。他们以为，在他们的一致反对下，客氏结果也会像“移宫案”中的李选侍那样灰溜溜地从宫中被“请”出去。而客氏一旦被驱逐出宫，宦官魏忠贤也就失去了靠山，自然就会倒台。

可是，这回，东林党人失算了。因为，客氏不是李选侍，尽管她表面上只是一个奶娘，一个保姆，论身份论地位根本不能和先帝宠妃李选侍相比，但在实际上，她在天启皇帝的心目中却有着非常重要的地位。就因此，无论东林党的大臣们怎样一起呐喊，天启皇帝就是不给客氏出示红牌，甚至连黄牌也不出示一下。相反，客氏与魏忠贤的地位却与日俱增，日渐得宠。

后来，因为东林党大臣反对的火力太猛，熹宗不得不做做样子，让客氏暂时“遣返”，但由于他实在是“太想客氏了”，没有客氏在身边的日子终日失魂落魄，茶饭不思，所以，很快熹宗便又把客氏“请”回到宫中。

对此，以东林党为首的大臣们当然不依不饶，于是，又一波反对的浪潮掀起了。

说来，有明一代，真的是一个“臣”言无忌的朝代。因为洪武皇帝的大力提倡，真的可谓是“言者无罪，闻者足戒”，故而大臣和皇帝说话经常犯颜直谏，很少忌讳。与其他封建王朝形成鲜明对比的是，在许多时候，大臣并不在皇帝面前卑躬屈膝，唯唯诺诺，而是经常在疏文中对皇帝指手画脚，甚至嬉笑怒骂。如当年海瑞就曾直言不讳地对嘉靖皇帝说：“天下人不直陛下久矣！”那意思是说，天下人已经很长时间不拿皇帝你当回事了！万历年间，大臣雒于仁更是上书破口大骂神宗朱翊钧纵酒贪财好色尚气，是个“好色之徒”。

而在现在，大臣们对天启这位“木匠皇帝”也毫不客气，如御史周宗建就上疏指斥皇帝说：“天子说话，如同儿戏，皇宫禁地，犹如民家，这怎么能行得通呢？”而侍郎陈邦瞻上疏更是一针见血，直奔主题，指出：“客氏既出复入，乃是陛下的错误之举。”至于给事中侯震旸说的话就更难听、更露骨，他说：“客氏与宦官魏忠贤相勾结，势焰张甚。在宫闱禁地，奸珰群小为所欲为，其罪恶用语言都难以形容。……乡里村妇，怎么能长期亲昵至尊呢？”

不妨仔细掂量掂量这些话的分量。试问，在中国，有哪个朝代的大臣能对君主敢于放言无忌到这样一种程度？

在今天看来，这些东林党的大臣在这次上疏事件中，斗争的矛头显然是指向秽乱宫廷的客氏，但是，不知道他们事先想过没有？与客氏过不去，事实上就是与熹宗朱由校过不去，更是与宦官魏忠贤过不去。

所以，东林党得罪了客氏，也就等同于得罪了皇帝与魏忠贤，如此一来，自然也就“摊上大事了”！

得罪小人的代价

有道是:宁可得罪君子,也不可得罪小人。

可东林党人却偏偏得罪了魏忠贤这个小人。

如果说,在一开始,东林党并不是存了心故意要得罪魏忠贤这个小人,只是没有想到一丁不识的魏忠贤日后会有那么大的“出息”,因而没有太把他放在眼里的话,那么,到了后来,他们则是“一不做二不休”,既然已经得罪了魏忠贤,于是乎干脆旗帜鲜明目的明确,铁了心要将魏忠贤扳倒,因而掀起了一场“打倒魏忠贤”的运动。

可是,令东林党人事先怎么也没有想到的是,不是“东风压倒西风”,而是“西风压倒东风”,“打倒”的结果,不是东林党把魏忠贤打倒,而是魏忠贤将一大群东林党人给彻底“打倒”了。

从史书上看,“打倒魏忠贤”的运动虽然由来已久,潜流涌动,但真正把它推向高潮的却是“状元秀”文震孟。

那是天启二年(公元 1622 年),新科状元文震孟“初生牛犊不怕虎”,刚刚步入官场便上了一道奏折,结结实实打了天启皇帝一个“窝心拳”。在奏折中,他指责皇帝道:“皇上昧爽临朝,寒暑靡辍,于政非不勤矣,而勤政之实未见也。鸿胪引奏,跪拜起立,第如傀儡之登场,了无生意。”

在古代,“状元郎”通常被称为“天子门生”。可是,第一次见面,文震孟这位“天子门生”就毫不客气地指着天启皇帝的鼻子骂他是“了无生意”的傀儡!

仅此可见,新科状元文震孟也真的是一个厉害角色,他的嘴简直比刀子还厉害。这封奏疏天启皇帝当然没看到,而是被魏忠贤看到了,没有上报,否则,这位“木匠皇帝”一定会气得吐血。

魏忠贤看了文震孟的奏疏,严格说大字不识的他是“听了”这封奏疏,顿时勃然大怒,立刻“下旨”要对文震孟廷杖八十。可是,朝臣们坚决反对,大力救护,结果文震孟被免除了廷杖,仅被贬秩调外而已。

文震孟的上疏无异于是“一石激起千层浪”,一场声势浩大的“打倒魏忠贤”的运动在朝中很快便完全浮出了水面,蔚然掀起了高潮。

那是天启三年,御史、东林党人周宗建愤然上书痛斥魏忠贤“千人所指，一丁不识”，并将他比作是前朝太监刘瑾，说他祸国殃民，作恶多端，要求将他立即罢免。紧接着，给事中刘化弘、陈良训，御史方大任、黄尊素等人也都一起拉弓放箭，上疏攻击魏忠贤。到了天启四年，东林党的一位“知名人物”、左副都御使杨涟更是将打倒魏忠贤推向了高潮，他上书弹劾魏忠贤，历数魏忠贤犯有二十四条大罪。

杨涟的上疏，不啻是朝魏忠贤扔了一颗“重磅炸弹”，虽然最终没伤及魏忠贤的皮毛，但一开始却着实把魏忠贤给吓了一跳，且几乎把他给震晕了过去，使这位文盲宦官由此真切地感受到文化人的“笔杆子”果然端的厉害。

在杨涟的示范与带动下，“一时东林势盛，众正盈朝”，讨伐魏忠贤的奏章蜂拥而至，数日之内，竟然多达一百多章。从大学士、尚书，到普通的京官，一时间都纷纷加入到了“打倒魏忠贤”运动的行列。

在那些日子里，宦官魏忠贤真正成了“过街的老鼠”。

面对这铺天盖地的弹劾奏折，一向被认为是“担当能断”的魏忠贤渐渐有些沉不住气了。

仔细想想也是，他原本只是一个市井无赖，虽然平时很会虚张声势，耍横摆阔，但毕竟没有见过这么大的阵势，一看那么多的大臣都反对他，特别是东林党人杨涟甚至上疏要求将他“刑部严讯，以正国法”，这使他未免有些心里发怵，胆战心惊。

要说魏忠贤毕竟是个小人，小人的最大特点就是能屈能伸，“跌得倒爬得起”。一看苗头不对，他又一次想去向东林党“求情”，与东林党“结交”。

可是，当他跑去向内阁大学士、东林党人韩爌求情，想请这位内阁大臣、东林党的领导人出面为自己说情，平息事态，绕他一回，没想到一直对他十分反感的韩爌想都未想便很不客气地断然拒绝了。魏忠贤又想把杨涟奏书扣押下来，但内阁首辅、东林党人叶向高却坚持认为这个事情重大，要求发给内阁讨论。发给内阁前皇帝要朱批，魏忠贤压不住，便叫魏广微代皇帝草拟圣旨，谴责杨涟“寻端沽直”，但很多人都支持杨涟弹劾魏忠贤。

这一来，魏忠贤着实没辙了。

“第二次求和”又遭拒绝，应该说，魏忠贤对东林党人已经彻底绝望了。无奈之下，于是乎他便只好去求自己的“姘头”客氏，拉着她一起到皇帝那儿去求情。

在天启皇帝朱由校面前，很会表演的魏忠贤痛哭流涕，显得非常委屈，非常可怜，他哭诉自己这些年来尽管一直尽心尽力为大明朝做事，一心一意为皇上效劳，到头来换来的却是这样的结果。在哽咽中，他提出要辞去东厂的职务，免得这样老是得罪人，以致很多人都那么恨他。

客氏在一旁自然也免不了伤心落泪，不时地替他鸣屈喊冤。

和历代皇帝一样，熹宗朱由校原本就对那些动辄上疏“吵架”的大臣不大喜欢，对那些言辞犀利、咄咄逼人的东林党人很是讨厌，而对情同母子的客氏以及这些年来一直对自己忠心耿耿为仆为奴的魏忠贤情深谊长，所以，在听了魏忠贤“字字血、声声泪”的哭诉后，顿时对那些喜欢小题大做、仗势欺人的东林党“仇恨怒火满胸膛”，自觉或不自觉地便站到了魏忠贤的一边，并从此始终“用人不疑”，成了魏忠贤的坚定支持者。

既然在魏忠贤与东林党的争斗中“选边站”，于是，天启皇帝便指责杨涟捕风捉影，大胆妄言，批评他这样做的动机是要“屏逐左右，使朕孤立”，以便控制皇上。这应该说是在东林党弹劾魏忠贤一事上天启皇帝的一次公开表态。

就像得罪了客氏就等同于得罪了天启皇帝与魏忠贤一样，得罪了杨涟，天启皇帝也形同得罪了东林党。

如此一来，东林党便又实行起了他那“马蜂战术”，杨涟遭谴后，东林党人不约而同地开始一窝蜂地向天启皇帝发动进攻，接二连三地叮咬这位“木匠皇帝”。短短几天内，雪片般的疏文就有几百封飞到了宫内。许多东林党大臣都强烈呼吁将魏忠贤逐出朝廷，至于杨涟本人则更是准备将弹劾魏忠贤的战斗进行到底，在此期间，他又写好奏疏，打算再次上奏。

就这样，东林党与魏忠贤的战斗持续升温，很快便达到了白热化的程度。

如果说，在一开始，与东林党这群文化人斗，魏忠贤心中还多少有所忌惮的话，那么，自从在熹宗朱由校面前哭诉得到了这位“木匠皇帝”的暗中默许甚或公开支持后，魏忠贤便逐渐变得有恃无恐，不仅态度变得非常强硬。

东林党的灾难来临了。

天启四年(公元 1624 年)三月,给事中傅櫆和魏忠贤的外甥傅应星结拜为兄弟,向皇帝诬告汪文言,并牵连到左光斗、魏大中,企图将左光斗与魏大中这两位东林党的“急先锋”驱逐出朝。

魏忠贤之所以要先拿汪文言开刀,乃是因为汪文言虽然只是一个小卒,但他在东林党内的地位却非常重要,是继顾宪成、李三才之后东林党内又一位著名的“政治活动家”。他虽然既非官员,也无功名,但他杰出的活动能力却使他不仅成了东林党的组织者与灵魂人物,而且成了加剧浙、齐、楚、昆、宣各党分裂与内斗的杀手,所以,无论是魏忠贤还是这些非东林党人都对汪文言恨之入骨,必欲除之而后快。

也正因此,当看到傅櫆弹劾汪文言、左光斗、魏大中的疏文,魏忠贤欣喜异常,立即下令将汪文言逮捕,并准备以此为由,罗织罪名,陷害更多的东林党人。

在狱中,汪文言饱受折磨,魏忠贤一心想置他于死地,但苦于找不到借口,后经东林党的集体营救,没办法只好将他放了。

但既然东林党人与魏忠贤结下了梁子,把魏忠贤给狠狠地得罪了,以魏忠贤的小人性格,这口恶气他是一定要出的。也正因此,当这年六月,杨涟上疏弹劾他二十四大罪,东林党与魏忠贤的关系已经闹到水火不容的程度之后,魏忠贤便开始杀气腾腾地对东林党人实施了“定向清除”。

是年七月,这边,杨涟的上疏事件尚未完全平息,那边,工部郎中万燝又来上疏,控告魏忠贤不肯花钱为泰昌皇帝修建陵墓,但在香山为他自己建造的坟墓却很宏大,竟然与皇陵差不多。在疏文中,万燝责问皇帝:“人主应有自己的权力,不可委于臣下,况且是委于刑余之人呢?”

看了这封奏疏,魏忠贤气得要死,他立即派宦官把万燝抓来,在午门前对他予以廷杖一百,然后将他罚为平民。由于受刑过重,万燝当场就被打昏死了过去,抬到家里仅仅过了四天便死了。

既然要嘴皮子要不过那些东林党人,那就只好用“拳头”来说话了,于是乎,魏忠贤对那些伶牙俐齿、喜欢闹事的东林党便起了杀心,决意要将这场斗争扩大。

万燝死后不久,内阁大学士、东林党的大佬叶向高被逼去职。这年的十月,赵南星、高攀龙、魏大中被罢黜,同月,杨涟、左光斗、陈于廷被削籍,且永不录用。这些人，都是东林党的重要人物，他们的被贬黜，意味着东林党在政治上已经遭受了沉重的打击。

如果事情到此为止，说明魏忠贤对一直羞辱他、反对他的东林党人还算仁慈，还算手下留情。但事实显然不是这样，以魏忠贤的“小人之心”，他当然会把事情做得很绝，会让那些得罪过他的东林党人为此付出惨痛的血的代价。

天启五年，反对东林党的运动进一步升级，许多曾受东林党排挤的非东林党人或主动或被动地投入到魏忠贤的麾下，加入到了“阉党”的行列，与魏忠贤联手对东林党实施“政治清剿”。

为了防止出现“漏网之鱼”，魏忠贤的“养子”崔呈秀编了本《东林同志录》，将东林党人的名单按姓氏笔画排列其中，作为礼物呈给魏忠贤，让其依照名单逐一剿杀。由魏忠贤一手扶植起来的内阁大学士魏广微与顾秉谦也不甘落后，马屁十足地编了一本《缙绅便览》，其中将叶向高、赵南星、高攀龙、左光斗、杨涟等一百多名东林党人列为“邪党”，而将贾继春、霍维华、徐大化等六十多名曾反对过东林党的人列为“正党”。

其中，最具有创造性或曰“创新精神”的要数王绍徽编的《东林点将录》，这位老牌的东林党反对者想必是位研究《水浒传》的“水学专家”，此公竟然将东林党的“一百零八将”与梁山泊中的“一八零八将”一一对应，分别起了个绰号，如李三才的绰号就与晁盖对应，叫作“托塔天王”，把一项很严肃的政治运动竟然“文学化”“戏谑化”了，说来也真的是很有意思。

名单出来了，魏忠贤很高兴，很快便按图索骥，开始了“拉网清剿行动”。这次，魏忠贤仍将突破口放在了汪文言身上，希望从他这里“牵一发而动全冠”，彻底击溃东林党。

于是乎，被廷杖除名的汪文言又被锦衣卫逮进狱中，成了“二进宫”。魏忠贤的亲信许显纯对他进行刑讯逼供，让他老实交代杨涟、左光斗等人受熊廷弼贿赂的罪行，汪文言至死不招。但在他被活活打死后，魏忠贤还是拿着据说是伪造的汪文言的供词将杨涟、左光斗、魏大中、袁化中、周朝瑞、顾大章六人逮捕入狱。这六名东林党人都曾是“反魏斗士”，当年在上书反对魏忠贤时都特别卖力。所以，进到监狱后，魏忠贤交代下属对他们“特别关照”，尤其是对“反魏急先锋”杨涟更是“重点对待”，在用刑时不仅给他吃“大锅饭”，而且还给他“吃小灶”，几乎所有当时最重的刑罚都作为“点心”让他一一“品尝”，所以最后无论杨涟是交代还是不交代，都只有死路一条。

据说杨涟最后是被土囊压身、铁钉贯耳而死，死得极为凄惨。至于左光斗等其他五位东林党人也都被判处死刑，在狱中被残酷迫害而死。

这便是历史上所谓的“六君子之狱”。

史载，杨涟等“六君子”死后，魏忠贤觉得还不解气，仍让人将他们的喉骨给挖了下来，一一密封在一个小盒内，并贴上写着各自姓名的标签，送给自己过目。

看到这些喉骨，魏忠贤发出一丝狞笑，不无得意地打趣道：“诸公别来无恙，还能上书否？”

小人得志的他，此时此刻自然活脱脱是一副小人嘴脸。

“六君子”死后，到了天启六年（1626 年）的二月，春节刚过，魏忠贤又制造了“七君子之狱”，将东林党人高攀龙、周宗建、缪昌期、李应昇、周顺昌、黄尊素（也就是黄宗羲的父亲）以及周起元害死。

据张溥的《五人墓碑记》记载，当魏忠贤派缇骑去苏州抓捕周顺昌时，苏州市民群情激奋，奋起反抗，发生暴动。事后，阉党人士大范围搜捕暴动市民，商人颜佩韦等五人为了保护百姓，挺身投案，英勇就义。

而当魏忠贤派锦衣卫去抓已罢官居家的高攀龙时，据说高攀龙当时正在和两个学生在后院里喝酒。其时，昔日学人云集、文风腾蔚的东林书院已被夷为一片废墟。听说缇骑要来抓他，老先生捋着胡须，笑着对学生说：“我向来视死如归，如今机会果然到了”，然后从容向家人交代了后事，等到了半夜，穿上朝服在自家的后花园里投水自杀。

据不完全统计，自天启四年十月到天启七年八月，东林党人被杀于狱中的有十多人，被发配充军的有几十人，被削夺官职的有三百多人，至于其他革职降级的就更是数不胜数。

就因为反对魏忠贤，东林党遭到了毁灭性的打击。得罪小人的结果让东林党付出了最为惨痛的代价。

不过，话说回来，其实冷静一想，觉得迫害东林党、让东林党付出那么大代价的显然并非只有魏忠贤一人，而应该说是整个“反东林党的集团”集体所为。而且，这个“反东林党的集团”的头领表面上看好像是魏忠贤，但在实际上，应该说还是天启皇帝朱由校自己。因为，如果没有这位“木匠皇帝”的默许与支持，魏忠贤绝对不敢也显然没有那么大的能量对那么多东林党人施以毒手。要知道，在当时，东林党在朝中的势力也很大，倘若没有天启皇帝在后面撑腰，区区一个魏忠贤恐怕绝对搞不定东林党。

所以，严格说来，决心对东林党“动大手术”的人是皇帝而不是魏忠贤，魏忠贤只不过是个执行者，也正因此，现代有学者说，所谓的“阉党”其实就是“帝党”，把迫害东林党的罪行都归到魏忠贤一个人的头上，其实是让魏忠贤给“木匠皇帝”朱由校背黑锅。

然而，不管怎么说，一向喜欢“参政议政”、动辄干预朝政的东林党经由宦官魏忠贤之手还是遭到了惨重的打击。直到崇祯皇帝即位后，东林党人所受的这种迫害才告结束。

争议背后的迷局

论及明末东林党与魏忠贤为代表的“阉党”，在一般人的印象里，似乎东林党人都是一些正人君子，其所代表的乃是正义的一方，而“阉党”则都是一些卑鄙小人，他们所代表的则无疑是邪恶的一方。

其实，不仅是一般人，即便是一些历史学家也认为，天启年间，正是由于熹宗朱由校的昏庸，才使得魏忠贤独揽大权，出现了宦官专权的不正常局面。而东林党正是为了忧国忧民匡扶社稷才与作恶多端蠹国害民的“阉党”势不两立水火不容，才与大宦官魏忠贤展开了不屈不挠的斗争，并因此招致了魏忠贤集团的残酷迫害。

但倘若我们对这一段历史进行一次深入系统的研究，就会发现，事实并不尽然。甚至，从某种意义上说，真正给国家、给人民产生破坏性作用并最终导致明朝亡国的，其始作俑者其实并不是以魏忠贤为首的“阉党”，而应该说是“家事国事天下事，事事关心”的东林党。而如果只用一句话来概述的话，则是“明朝亡于东林党”。

得出这样的结论并不是故意要标新立异，哗众取宠，存心要作“翻案文章”，而是当时的历史真实情况就是这样。

的确，假如对东林党所走过的将近半个多世纪的风雨历程进行一次全面回顾的话，那么，我们就会发现，它所走的虽然是一条“自以为是”的道路，却不是一条正确的道路。在此期间，应该说，自觉或不自觉地，东林党曾犯下了许多错误，其中，最主要的有四大错误，这里，不妨称之为“东林党的四宗罪”：

其一，东林党是“京察”制度的破坏者，一项原本非常好的人事管理制度，结果硬是被结党营私的东林党变成了党同伐异、排斥异己的工具。

诚如我们所知道的，早在明太祖时期，就建立了官员考核制度，最初为三年一考，后改为十年一考。到了明孝宗弘治十四年(公元 1501 年)，又改为六年一考。明武宗正德四年(1509 年)，则规定“巳年”以及“亥年”为考察之年。其中，对朝廷官员即所谓的“京官”的考察称为“京察”，又称“内计”，而对地方官的考察则称为“外察”，也称“外计”。

从史书上看，作为一项官员考察制度，无论是“京察”还是“外察”都曾发挥了非常好的作用，对于择优汰劣、奖勤罚懒，提高官员的整体素质，改进整个官员队伍的作风都可谓功莫大焉。也正因此，想当年，每当在“京察”中有官员被认定为“不合格”遭到罢黜，则无论是该官员本人还是其亲友都觉得是一件非常可耻的事情。

可是，自从东林党的创始人顾宪成进入吏部，在“京察”中做手脚，搞暗箱操作，以个人情感公报私怨，排斥异己后，“京察”制度便渐渐失去了它应有的公正性和严肃性，从此，“京察”变成了“狼牙棒”，无论是东林党还是非东林党，谁上台谁就用它去狠狠打击对方，一项好的制度就这样被东林党最先给玷污了，糟蹋了。

这以后，朝廷的官员们对“京察”不再敬畏，即使“京察”被认定为“不合格”也毫无愧色，甚至还不以为耻，反以为荣。整个官场，渐渐不再有正确的是非观和荣辱观。

所以，明朝后期士风败坏，官员散漫，究其原因，与“京察”制度的被破坏有着很大关系。而其始作俑者，毫无疑问便是东林党。对此，东林党难辞其咎。

其二，东林党竭力反对和阻挠开征矿税，其实质就是反对“向富人征税”，结果造成了国家财政的严重匮乏以及贫困弱势群体的严重被剥夺，从而最终引发了大规模的农民起义，彻底瓦解了大明王朝。

明朝在万历之前，国家的财政收入一直以农业税为主。到了万历年间，国家财政已经越来越入不敷出，濒于崩溃，正是在这种情势下，张居正改革重在税收，在征收农业税的基础上开征了工商税。

可是，就因为这一税收政策触动和损害了江南工商集团的利益，而东林党人又多半是这些工商集团的子弟，也即是一些“富家子弟”，如高攀龙祖上世居无锡，从他的高祖起家中就有田三百亩，而其祖父高材则是亦官亦商，其父高梦龙则经营放贷行业。而李三才的家族本就是北京通州张家湾的商人。至于顾宪成，虽然其家产业不大，只是开豆腐店的，但也还算家庭殷实，小康有余。因而，东林党人从自身与家族利益出发，便坚决反对开征工商税。

很显然，这其实也是像顾宪成等东林党人十分反对和仇视张居正的最主要原因。就因此，张居正一死，他们便立即鼓动万历皇帝废除了这一税收制度。

当然，东林党反对和废除这一制度的理由绝对不会实话实说，而是找出种种漂亮的借口，以所谓的“不与民争利，藏富于民”以及“不言利，只言义”等为幌子。其实，东林党人在这里确乎故意偷换了一个概念，也就是他们所说的“民”实际上并不是广大的“贫民”，那些“贫民”显然没有被征收工商税的资格。他们所说的“民”无疑是那些开店办厂的“富民”，是那些“有钱人”。他们要皇帝“不与民争利，藏富于民”，其实就是要皇帝不与那些富人也即东林党自身所代表的那些富人阶层争利，让他们这些富人阶层腰包更鼓，富上加富。

仔细想想，东林党的这些理论显然不是“愚民”，而是“愚君”，完全是强词夺理，忽悠皇帝。

既然工商税不能征收，原有的农业税又无法满足日益庞大的国家机器的正常运转，国家财力日渐匮乏，这可怎么办？思来想去，万历皇帝决定征收矿税。

据历史记载，万历二十四年（公元 1596 年）六月，府军前卫副千户仲春等奏请开矿，“上言：方今国家多艰，官民两竭，且开采先年已经科道屡请，请照嘉靖年间例，差户部锦衣卫宫各一员押同原奏官，赴彼开采，陆续解进”。

于是，就在这一年的六月，神宗派出了第一拨采矿的太监，御马监的鲁坤带着户部郎中戴绍科、锦衣卫杨金吾前往河南开矿，又派承运库太监王亮同锦衣卫官员张懋中前往北直隶的真定、保定、蓟州、永平开矿，从此皇帝从皇宫大内陆续向全国各地派出矿监，征收矿税。

平心而论，神宗派出的那些充任矿税监的太监中，狐假虎威、中饱私囊、为非作歹者的确不乏其人，但若说开征矿税本身却绝对没错。可是，没想到神宗刚一出台这项制度，就立即招来东林党人的激烈反对。如东林党大佬高攀龙在《上罢商税揭》中说道："商税非困商也，困民也。商也贵买，绝不贱卖，民间物物皆贵，皆由商算税钱。夺民之财，非生财之道也；生财之道，生之，节之，两端而已。"

不难看出，高攀龙的话完全是自欺欺人的诡辩。按照他的说法，官府根本就不应该征收商业税，让商人都将钱赚走，官府的职责就是节约，而压根就不应该征税，只要节约钱便来了。想想真是荒唐至极，岂有此理？

被称为东林党中的"托塔天王"，时任凤阳巡抚的李三才就更是以激烈反对矿税而闻名。李三才一再上疏，痛陈矿税之害，他在万历二十八年（公元 1600 年）上的《请停矿税疏》中说道："陛下为斯民主，不惟不衣之，且并其衣而夺之；不惟不食之，且并其食而夺之。皇上爱珠玉，人亦爱温饱；皇上爱万世，人亦恋妻帑。奈何皇上欲黄金高于北斗，而不使百姓有糠粃升斗之储？皇上欲为子孙千万年，而不使百姓有一朝一夕？"同时，还责备神宗派遣太监为矿税监使，说他们就像一群群虎狼，鱼肉危害百姓。

与此同时，李三才甚至还暗中策划与组织"暴力抗税"，他买通死囚，让他们去暗杀那些皇帝派到他的辖区的矿监，甚至公然将一些矿监税使逮捕并处死。

这，实在是太过分了！

就在李三才做这些事的时候，以顾宪成为首的东林党人当然也在一旁呐喊助威，拍手称快，且不断向皇帝上书予以责难，认为万历皇帝这是"以向百姓劫夺财富为乐"，说万历皇帝掠夺百姓钱财以供自己奢侈享乐。

试问，以顾宪成、李三才为首的东林党人为什么会那么激烈地反对矿税？仔细想想，无非是出于这样一种原因：即万历皇帝开征矿税，把太监派往各地特别是富庶的江南作为矿税监使，用现在的话说，实际上就等同于把“矿山国有化”，且把矿税纳入到了“国家税”的盘子里。而在这之前，却是“矿山私有化”，这些矿山都大多掌握在各地一些地主与官僚以及一些地方官的私人手里，现在就因为万历开征了矿税，就等于一下子把矿山“收归国有”，从这些各地的地主与官僚手中叼走了这么一大块“肥肉”，这些地主与官僚包括他们的“代言人”——东林党人理所当然会心不甘情不愿，拼命加以反对。

说句公道话，东林党人指斥万历贪财，说皇上有这个“嗜好”，并且将掠夺来的钱财供自己享乐，显然有对万历皇帝污蔑和诽谤的成分。因为当时大明正处于多事之秋，社会动乱和边境危机纷至沓来，在这个时期，有几省发生了农民起义，最严重的起义中有白莲一弥勒教所支持的山东的起义。而所谓的“万历三大征”也即西南的播州战役、鄂尔多斯战役以及朝鲜战役也先后发生在万历朝晚期。在处理这些社会动乱与边境危机，以及修建一些必要的军事防御设施，如加固长城以及兴修一些水利设施，如改进大运河网时，都需要消耗巨大的人力、物力与财力，都需要有雄厚的物质基础，也即大量的真金白银做后盾。那么多的真金白银从哪儿来？当然要从税收中来，而单纯依靠有限的农业税很难能满足如此巨大的开支。对此，应该说万历皇帝还是清醒的，如万历二十七年，在跟首辅沈一贯讨论矿监税使的时候，神宗就忧心忡忡地说道：“朕以连年征讨，库藏匮竭，且殿工典礼方殷，若非设处财用，安忍加派小民。”

也正因此，为了不过分“加重农民负担”，万历皇帝当然还有那些非东林党的执政大臣才会想到开征新的税种，派太监去全国但主要是江南富庶地区去征收工商税或矿税。

“天下兴亡，匹夫有责”，在国家的多事之秋，日子过得相对富足的东林党人理当深明大义，以国家的大局为重，为国分忧，为民解难，勇于担当，解囊相助，主动向国家纳税。然而，也不知东林党人是“不当家不知道柴米贵”，还是故意要混淆视听，误导民众，竟然把征收矿税说成纯粹是为了皇帝个人的享受，因而想方设法带头拼命加以阻挠，从而直接掐断了税收这一国家的命脉。

从史书上看，由于东林党激烈反对征收矿税，并在江南一些富庶地区煽动一些不明真相的民众闹事或抗税，到了万历三十年，在李三才等东林党人的竭力劝谏下，神宗不得不“叫停”矿税。

既然东林党坚决反对征收工商税和矿税，而国家的开支又不断出现赤字，于是，便只好不断加征农业税，把原本应由富人承担的“国家责任”转嫁到穷人头上。要说东林党真的是极端自私，由于“工商税”与“矿税”是“富人税”，是面向以东林党为代表的富人“既得利益集团”征收的，所以他们便拼命加以反对，而农业税是“穷人税”，即使不断加征，征得再多，他们也从不反对。

但是，加征农业税的结果是加重了贫苦农民的负担。如陕西、甘肃一带本来就气候寒冷、土地瘠薄，自然环境恶劣，百姓生活较之于中原一带差了许多，至于和江南相比就更是差距很大，现在这么一加税，那里的农民无异于雪上加霜，更加承受不住了，生活不下去了，于是乎便纷纷揭竿而起。先还是小规模的，到最后越闹越大，越来越成气候，终于酿成了像高仙芝、李自成这样的大规模的农民起义。……

至于后来辽东战事吃紧，国库空虚，明军的将领天天写奏折要钱，崇祯皇帝一筹莫展，即使是到了这种时候，东林党人还是反对“向富人征税”，一个个把自己的口袋捂得紧紧的，谁都不愿为岌岌可危的大明“买单”。

这里，我们不妨看一看著名历史学家黄仁宇先生在其《明代财政管理》一书中所作的形象而又生动的描述：

公元1644年初，军饷欠款已经达数百万两，而从南方来的税款只有几万两。国家的粮仓现在实际上已经空了。没有足够的大米充军粮，户部就买杂米凑数。当北京被围时，驻军已有五个月没有发饷。执行任务的军队没有炊事用具。每个士兵领到一百枚铜钱，由他们自己买吃的。士气和纪律涣散到这种地步，一个将军报告说：“你鞭打一个士兵，他站起来，但与此同时，另一个又躺下了。”王朝快完了，这是不令人惊奇的……

你看，即使国家已经到了最危险的时候，那些当时在台上执政且家多半在南方的东林党人以及那些生活在江南的富人们依然无动于衷，不愿多掏一文钱纳税，“从南方来的税款”竟然“只有几万两”！

仅此可见，东林党绝对不是一个大公无私的党，不是一个顾全大局的党，更不是一个以国家利益为重的党。他们不停地“党争”，但“党争”的目的，却并不是为了“真理之争”，并不是为了“富国安邦之争”，“匡扶社稷之争”，他们关心“家事、国事、天下事”的目的说白了，纯然只是为了权力之争，为了利益之争。争来争去，只是为了争得自己的权力，维护自己的利益，至于国家与百姓的死活，他们则一概不管！对此，就连一向偏袒东林党的崇祯皇帝也禁不住喟然长叹：“诸臣但知党同伐异，便己肥家！”

这，或许可以称之为就是东林党的奋斗目标与奋斗纲领。而这样的奋斗目标与奋斗纲领，在今天看来，是多么的狭隘，又是多么的自私与卑劣！

所以，不客气地说，在本质上，东林党与所谓的“阉党”并没有什么高下之分，正邪之别。至于在人格上，那些东林党人也确乎不比那些“阉党”分子正派与高尚多少。

其三，东林党人几乎在所有事情上都与皇帝或官府对着干，唱反调，严重损害了官府的公信力，大大削弱了国家与政府的行政力。

如前所述，首辅王锡爵当年曾感慨万端地和他的“同乡”顾宪成说过这样一句话：“当今所最怪者，庙堂之是非，天下必反之”。没想到顾宪成这位东林党的元老竟然针锋相对，毫不客气地回敬他说：“吾见天下之是非，庙堂必欲反之耳。”

说出这样的话，充分说明顾宪成以及他的那些东林党的“伙伴”在思想上已经完全站到了“反庙堂”的立场上。

社会学中有一个观点叫作“思想决定行动”，东林党人既然有这样的思想，则必然会有这样的行动。事实也正是这样，东林党在晚明历史上，在大多数时候几乎都一直高举“反对庙堂”的旗帜，与国家的现行政策总是针锋相对，格格不入。

用《剑桥中国明代史》第九章《隆庆和万历时期·衰落期中的思想状况》一文中的话说就是：“行政机关的自信被动摇了，它的管理观念消失了，变成了难以管理的机构。怀疑和不信任逐渐地并不可逆转地蔓延到了底层行政机构。”

如此一来，朝廷完全变成了一个“斗鸡场”，除了没完没了地“斗鸡”与“吵架”，几乎什么事也干不成。朝廷的威信没有了，各级行政机构无所适从，自行其是，其行政力与执行力无疑会受到很大的削弱。

所以，从万历后期开始，整个明朝晚期严重缺少干事兴业的环境。东林党人不断挑起“党争”，制造“政治内讧”，整个士大夫阶层人心涣散，进而导致了政治涣散、行政涣散，并形成了恶性循环。

这样的环境、这样的风气，以及这样的上层建筑，必然会导致整个国家的衰败以至灭亡。也正因此，有历史学家说：“明朝亡于党争。”而之所以会产生党争，在很大程度上应该归罪于东林党这一始作俑者。或者，换句话说，东林党应该承担主要过错。

这，应该说是无可争辩的历史事实。

其四，几乎从崇祯皇帝一上台，东林党人便占据了朝廷的各个要害部门，在崇祯对以魏忠贤为首的“阉党”进行了一次“血腥大清洗”之后，从某种意义上完全可以说天下已经变成了东林党的天下，可是，执政的东林党在崇祯年间并没有显示出力挽狂澜的治国才干，更没有取得起死回生的治国业绩。

相反，由于他们过分地强调党派利益，总是把党派利益置于国家利益之上，甚至为了东林党的利益不惜牺牲国家的利益，因而在客观上反而加速了大明王朝的衰败与灭亡。

从史书上看，东林党既没有超强的治国才干，也没有过硬的军事本领，他们所最擅长的显然就是“党同伐异”，排斥异己，如身为“楚党”、经略辽东卓有成效、曾让努尔哈赤一度不敢妄动的熊廷弼就因为为人狷介，行事不苟，由此得罪了东林党内阁，因而被东林党内阁撤换，而改由东林党人袁应泰取代。平心而论，袁应泰是个好官，也是个杰出的水利专家，但就是对军事十分外行，结果外行领导内行，沈阳、辽阳相继失陷，使努尔哈赤获得了在军事上进退自如的战略要地。

说来，东林党人真的是冥顽不化，尤好党争，即使是在公元 1644 年以后，崇祯皇帝吊死煤山（即现在的北京景山），在四面楚歌声中南明弘光政权像一个早产儿一样半死不活地在南京诞生，他们依然不忘党争，对党争乐此不疲，坚持要“将党争进行到底”，大敌当前竟然不思抵抗，而是不惜大搞权力斗争，乃至妄立太子，挑起内讧，以致最终两败俱伤，为清军所灭。倘若用黄宗羲《汰存录纪辨》一书中的话说就是：党争的结果便是最后“君子尽去，而小人独存，是毅宗之所以亡国”。

的确，纷乱不断的党争，是晚明朝政紊乱且无法遏止的痼疾，也是其走向衰败并最终走向灭亡的罪魁祸首。

也正因此，清代著名学者、曾任《四库全书》总纂官的纪晓岚有一句断语“明朝亡于东林党”，尽管他的观点后来遭到了众多史学家的批评，但仔细想想，觉得他的话还是很有道理。

其实，不仅仅是纪晓岚，与纪晓岚同时代的清朝著名历史学家赵翼在明亡一事上，也与纪晓岚持大致相同的观点，或可谓英雄所见略同。在《二十二史札记校证》之《明末书生误国》一文中，赵翼一针见血，出语惊人，他说：

书生徒讲文理，不揣时势，未有不误人家国者。……有明末造亦然，外有我朝（作者身在清朝故有此称）之兵，内有流贼之扰，南讨则虑北，北拒则虑南，使早与我朝通和，得以全力办贼，尚可扫除；且是时我太宗文皇帝，未尝必欲取中原，崇祯帝亦未尝不欲与我朝通好。……及陈新甲为兵部尚书，以南北交困，遣使与我朝议和，傅宗龙奏之，大学士谢陞在帝前曰：倘肯议和，和亦可恃。帝遂以和事谕新甲密图之，而戒其勿泄。是帝更明知时势之不可不和矣。言官方士亮、倪仁祯、朱徽等谒陞，陞告以上在奉先殿祈签，和意已决，诸君幸勿多言。士亮等辄群起劾陞去。新甲所遣求和之马绍愉，以密语报新甲，新甲家人误发抄。于是言者大哗，交章劾奏。帝迫于群议，且恶新甲之彰主过，遂弃新甲于市。自是帝不复敢言和，且亦无人能办和事者，而束手待亡矣。统当日事势观之，我太宗既有许和意，崇祯帝亦未尝不愿议和，徒以朝论纷呶，是非蜂起，遂不敢定和，以致国力困极，宗社沦亡，岂非书生纸上空谈，误人家国之明验哉！

赵翼这里所说的“言官”与“书生”，在当时基本上清一色都是东林党徒，这些人，千真万确是一些成事不足败事有余的书生！

当然，这样说并不是要把明朝灭亡的全部责任都推到东林党人的头上，也不是说东林党就真的是一无是处。

可是，实事求是地说，在明朝末年，东林党所发挥的作用几乎很少有建设性的成分，有的纯然都是于国无益、于事无补的破坏性的因子。

的确，我们看晚明的历史，不得不承认这样一个不争的事实，在当时，有很多的事情都是由东林党人“搅局”，最先挑起争端以致到最后把许多国事弄得难以挽回无法收拾的。

也正是在这个意义上，清朝乾隆年间大学士纪晓岚才会禁不住伏案长叹，说：“明朝亡于东林党。”

这，不仅是纪晓岚的结论，应该说也是历史的结论。

故而，作为后代人，我们对于东林党以及那些东林党人在历史上的所作所为，真的不应该老是一味地称赞，而应该好好地全面深刻地进行反省与反思，尽量站在一个冷静客观的角度，对其全面深刻地进行反思与总结。

第八章

崇祯：一个“亡国之君”的悲剧人生

如果说，想当年，不可一世的楚霸王项羽兵败垓下，因自觉无颜见江东父老而自刎乌江，多少还有些悲壮的话，那么，明朝的最后一个皇帝崇祯，当惊悉闯王李自成的大军已攻破北京，痛不欲生，最后选择将自己吊死在北京煤山（今景山公园）的一棵树上，则很是有些悲凉。

关于崇祯的死，历来众说纷纭，有许多版本。

据清代史学家计六奇《明季北略》卷二十记载：“丁未五鼓，上御前殿，与二人手自鸣钟集百官，无一至者。遂散遣内员，手携王承恩，入内苑，人皆莫知，上登万岁山之寿皇亭，即煤山之红阁也。亭新成，先帝为阅内操特建者……遂自尽于亭下海棠树下，太监王承恩对面缢死。”

对此，清朝康熙年间的名相张廷玉在《明史·流贼传》中也有大致相同的记载：“十九日丁未，天未明，皇城不守，鸣钟集百官，无至者。乃复登煤山，书衣襟为遗诏，以帛自缢于山亭，帝遂崩。”

而在明末亲历甲申之变的钱粤所著的《甲申传信录》中则记载得非常简单，只有短短的那么一句：“（崇祯）易袍履与（太监王）承恩走万岁山，至巾帽局自缢。”

比较起来，清代锁绿山人、李之芳在《明亡述略》中却记载得很是详细：“是夜，帝登煤山，遥望烽火烛天，徘徊逾时，回乾清宫，命召太子及永、定二王至，易冠服，藏於外戚周奎、田宏遇家。皇后入坤宁宫而崩。贵妃袁氏自缢，未绝，苏，帝手剑斫其肩。又斫长平、昭仁二公主。天明，出御前殿，百官无至者矣。丁未，内城陷，帝崩於煤山。”

而宋起凤《稗说》卷四则说：“万岁山又名煤山，距禁城之北，……建亭于山麓之中，名曰万寿。……上宾天日即在万寿亭中。”

至于俞平伯先生在其《崇祯吊死在哪里》一文中则考证说，“西方作家邓尼在《一代的伟人》书中，如此记载明崇祯一事（即崇祯砍伤长平公主事）：‘她那精神错乱的父亲就北出宫廷爬上煤山，在那里又查看外国来的大炮，他又给李自成写了血书，要求他不要压迫老百姓，不要再用那些不忠的官僚。然后他就在管园人所住的小屋里的椽子上吊死了。’”

…………

由此可见，关于崇祯的死，虽然史家记载的大致情节相同，但具体细节却存在诸多差异。然而，不管崇祯是怎么死的，又是在哪里死的，结果都还是死了。大明江山从洪武元年（公元 1368 年）至崇祯十七年（公元 1644 年），在前后经历了不过二百七十六年或顶多只有二百七十七年后，从此，就这样没了！一个受命于危难之际，自十七岁登基，在位十七年间夙兴夜寐，连做梦都想“挽狂澜于既倒，扶大厦之将倾”，时年还只有三十四岁的年轻帝王，在刚过而立之年不久，从此，就这样没了！

史载，崇祯死前，“书衣襟为遗诏”，给后人留下了自己的绝笔遗书，查阅《明史·庄烈帝本纪》得知，那遗书是这样写的：“朕凉德藐躬，上干天咎，然皆诸臣误朕。朕死无面目见祖宗，自去冠冕，以发覆面。任贼分裂，无伤百姓一人。”

写罢，他仰天长叹一声，将一支秃笔掷到地上，走过去将悬于树上的丝巾套到自己的脖子上，正要准备自缢，忽然想想，觉得还有话要说，于是便把丝巾从脖子上解下来，走过来，将那支秃笔重拾起来，在那衣襟上重重写下两句这样的话“朕非亡国之君，臣皆亡国之臣”。然后，一跺脚，一仰脖子，一副怨天尤人的样子，把自己吊到那棵歪脖子树上死了。

朕非亡国之君？

臣皆亡国之臣？

…………

看来，到死崇祯都心犹未甘，死不瞑目；到死，都觉得是“诸臣误朕”，那些没用的大臣毁了自己的江山社稷，也毁了自己，因而难解心头之恨，决意要将那些“乱臣贼子”钉在历史的耻辱柱上，对他们一个都不饶恕。

可是，三百多年过去了，一切都已尘埃落定，今天，当我们翻开明末这一段血迹斑斑的历史，当我们尽量以一种平和的心态，对崇祯皇帝的千秋功过予以较为客观的评说，便会感到，“朕非亡国之君，臣皆亡国之臣”，其实只是崇祯的一面之词，事实上，真实情况却并不完全是这样。

皇帝是“劳模”

如果只是单纯就个人的品德而言，崇祯皇帝真的不能说是一个昏君，甚至，从某种意义上说，还能称得上是一个“贤君”，一个皇帝中的“劳模”。

的确，我们在他的身上能看到许多其先祖朱元璋的影子：自律、节俭、勤勉，假若只是以这些个人的优秀品质来论定的话，那么，这些“皇帝的美德”完全能够使他跻身到中国古代贤君的行列。

诚如我们所知道的，尽管贵为皇子皇孙，但崇祯朱由检童年却极为不幸，还在他五岁的时候，他的母亲便死了。到他十岁的时候，他那不幸的、只当了一个月皇帝的父亲即明光宗朱常洛也一命呜呼，这使崇祯很小就成了孤儿。

平心而论，在个人品质上，崇祯朱由检还真的称得上是一个非常优秀的孩子，虽然“不幸生在帝王家”，从小没有了双亲的怙恃，在势利冷漠的宫廷里几乎完全就是自由生长，自生自灭。但是，他却并没有因此自暴自弃，自甘堕落，在不自觉中沾染上一些宫廷恶习，而是从小就自律甚严，非常节俭。

据明史记载，崇祯儿时非常节俭。他小时候用仿影的方式练习书法，如果纸张较大而范本的字较小的话，他一定会先将纸的一边对齐范本，写完后再把剩下的地方都写满，舍不得有一点点浪费。

这种节俭的习惯，即使是在他当了皇帝后也一如既往，没有改变。史载，坐上龙椅的崇祯生活依然非常简朴，从不铺张。就像一个苦行僧一样，他经常不吃荤菜，只吃几碟蔬菜下饭，有时甚至只是像穷苦人一样喝点稀粥、吃点咸菜但求填饱肚子而已。

作为皇帝，而且是一个守成之君，能做到这一点，委实是难能可贵。要知道中国历代的皇帝，多半都生活奢华得离谱。光是在吃的方面，就非常考究，一餐饭吃个几十道甚至上百道菜实在是习以为常，所以古代皇宫中专为皇帝一个人烧菜做饭的“厨司”通常就有好几百人。

在这方面，明朝当然也不例外。如史料记载，明代自正德以来，皇帝的膳食费每天要花上万两银子，但崇祯为了节省，却下令减少到每天只用一百多两。

而在穿的方面，崇祯就更是节俭得离谱。史载，有一次在御座讲筵时，在那儿专心致志“听讲座”的崇祯不小心将内衣袖子给露了出来，露出了衣袖上的补丁。看到皇帝衣袖上打的补丁，大臣们未免都很好奇，也很惊奇。于是，都情不自禁地在底下交头接耳，窃窃私语，且不时地朝他指指点点。

崇祯先还纳闷，不知道发生了什么事。但很快他便反应过来，发现大臣们是在拿自己衣袖上的补丁说事，于是便不好意思地把破衣袖往里塞。据说，有一位大臣深受感动，站起来朝崇祯拜了一拜，然后很是感动地流着泪说：

“皇帝瘦而天下肥乃千古美谈，皇上您大可不必不好意思，您是在为天下人做表率啊！”

的确，在节俭方面，崇祯真的可以说是古代皇帝中的一个样板。史载，明代自万历以来，按宫中惯例，皇帝的衣服鞋帽应每天一换。可是为了节省，崇祯却改成每月一换。此外，他还把宫中金银之器尽皆撤去，都换成陶器，以厉行节约。

所以，有大臣说他是“为天下人做表率”，想来，真的是一点儿也不夸张。

在历史上，崇祯皇帝的勤勉是出了名的。有许多的例子足以证明他是一个非常敬业、勤业的好皇帝。这在明中后期的皇帝中，委实是一个另类。因为，在明中后期，皇帝“怠政之风”盛行，几乎成了一个传统。这方面的例子可谓比比皆是，随手拈来，如正德皇帝视国家政务为儿戏，今日出口外，明天下苏杭，寻花问柳。嘉靖帝和万历帝都在位四十余年，他们笃信道教，整日在宫中做斋醮，曾一连数年不上朝理事。天启帝好斧斤之事，经常“木匠活”不离手，却把国家政务尽委于大宦官魏忠贤。

然而，崇祯帝却一反过去诸帝的怠政之风，“日理平台”，像开国皇帝朱元璋那样“忧勤不怠”。

所以，如果仅就勤奋而言，崇祯完全可以和秦始皇嬴政、唐太宗李世民以及他的老祖宗明太祖朱元璋相提并论，端的称得上是一个“皇帝中的劳模”。

据史书记载，自登基之日起，崇祯就坚持随时召见大臣，决断国政，白天黑夜，废寝忘食。“凡下科疏，类朱批日时，以防壅遏，多有子、丑时者，盖批阅至丙夜不休也。勤哉！”

就这样，在位十七年，崇祯皇帝一直勤理政事，许多年如一日，一直都是鸡一叫就起床，到很晚才睡觉，用现在的话说，他一直都是“5+2”，“白+黑”，夜以继日地为国家大事辛勤操劳，辛苦劳作，一年到头几乎从来没有过“星期天”和“节假日”。

其中，最有说服力的例子就是：崇祯十五年七月初九，他因“偶感微恙”大约也就是头疼发热之类的小病而临时传免了早朝。这要是在他的祖父万历皇帝那里，甭说是一次早朝，即便是十次早朝、百次早朝“传免”，大臣们也会习以为常，而万历自己显然也会不当回事儿。可是，就因为崇祯一直早朝惯了，因而即便是那一次早朝未能“出席”，竟也遭到了内阁辅臣的批评，而崇祯本人也既感激又羞愧，特亲笔写了手敕，对辅臣的“批评”予以褒奖，同时对自己的错误自我批评，并真心向大臣们道歉。

有一个故事说来似乎特别感人，于此可见皇帝平时工作是多么辛苦，有多么操劳。

说是有一次崇祯去看望他的一个祖母，也就是他祖父神宗朱翊钧在世时宠爱的一个刘氏妃子。在崇祯小的时候，这个祖母辈的刘太妃一直待他很好，没少给他关爱，所以，崇祯一直与她的关系非常好。那天，祖孙俩见了面相谈甚欢，周围还有一些宫女和太监陪伴。可是谈着谈着，刘太妃忽然听到崇祯的鼾声，仔细一看，她发现崇祯不知什么时候居然已经睡着了。

“皇上实在是太累了！”见此情景，刘太妃忽然一阵心酸，禁不住感叹着说。于是，她吩咐宫女赶快找来被子替崇祯盖上，想让他在这里睡个好觉，并吩咐大家不要吵醒他。

可是，才一会儿，崇祯似乎就被自己的鼾声吵醒了，睁眼一看，见大家都在那儿悄无声息地陪他，未免有些不好意思，于是便站起身向刘太妃表示歉意，同时也准备就此告辞。

刘太妃请他再休息一会儿，他摇摇头，说还有许多要紧的事等着他回去处理。

“皇上，您可千万要保重身子！”望着一脸憔悴的崇祯，刘太妃很是心疼地说，话没说完，便早已热泪盈眶。

崇祯微笑表示感谢，同时不无歉疚地叹口气说："祖父在时，没那么多事。如今天下多灾多难，我又没本事，即使是这么夜以继日地劳累，也总是有那么多处理不完的事!"

此时此刻，真是颇令人感动。听了崇祯的话，以致所有在场的人都感慨唏嘘，情不自禁地流下了热泪。

也正是因为崇祯皇帝的私德不仅无可挑剔，甚至可以说是"可钦可佩，可圈可点"，所以，崇祯当年在后宫中很得人心，很有威信。就因此，相传后来李自成进京后，俘虏了崇祯后宫的一大批宫女。作为"战利品"，李自成将一位非常秀美的宫女赏赐给了自己的一位爱将做妻子。能得到这么一位仙女似的女子做妻子，这位爱将自然喜悦万分。

可是，令这位爱将怎么也没想到的是，新婚之夜，洞房花烛之后，这位美貌的妻子竟然拔出宝剑，把早已呼呼大睡的"新郎"给杀死了，然后自己也自刎而死。结果，喜事变丧事，两个人竟然同去了黄泉。

据说，这位美丽的宫女就是当年亲手给崇祯皇帝盖被子的人。这些年来，她一直为崇祯的宵衣旰食、忧劳国事所感动，因而在国破家亡时发誓要誓死效忠皇上，并立誓要凭借自己的美貌，伺机接近并杀掉李自成，替崇祯皇帝报仇。

一生中能得到这样一个以死相报的"红颜知己"，说来真是崇祯不幸中的万幸，当获悉这位宫女如此哀感顽艳惨烈而又悲壮的故事之后，想必，早已命赴黄泉的他也一定会禁不住内心的感动，那异常痛苦的心田从此也许多少会增添一丝丝的欣慰。

是的，从某种意义上说，崇祯真的不是一个坏皇帝，对于他的私德，即便是他的那些"敌人"也禁不住由衷地钦佩，并真心表示赞美。

如真正置崇祯于死地的"大明第一杀手"李自成在向全国发布的彻底摧毁明王朝的檄文中认为"君非甚暗"。而在由清朝人所修的《明史》中也近乎破天荒地对他这位前朝的"亡国之君"给予了很高的评价，认为："帝承神、熹之后，慨然有为。即位之初，沉机独断，刈除奸逆，天下想望治平。"

诚如我们所知道的，后朝推翻前朝，实现了改朝换代，通常后朝人所修的史书因为政治的原因对前朝几乎都全盘否定，大加责难，至于对前朝的“亡国之君”更是口诛笔伐，不遗余力，竭尽丑化之能事，不惜将其臭得一塌糊涂。

其中的道理不言自明。

可是，对于崇祯，无论是李自成还是后来的那些清朝统治者，却一反历史常态，忍不住对他予以赞美。翻阅整部史书，这在整个中国的末代皇帝中，应该说都极为罕见。

由此，也足以说明在人品与私德方面，崇祯也真的能够担当得起“可钦可佩，可圈可点”这八个大字。

然而，就是这样一位夙兴夜寐励精图治的皇帝，其结果不仅不是大明的中兴，反而是大明的覆亡。至于他本人则更是不仅没有戴上“中兴之主”的桂冠，反而戴上了“亡国之君”的枷锁。这样的前因与后果，让人乍看起来，觉得真是咄咄怪事，委实觉得这究竟是不是历史老人故意执导的“恶作剧”?

不过，仔细想想，就会觉得怪事不怪。倘若仔细检视崇祯皇帝的整个执政历程，我们就会发现，这位“君非甚暗”的皇帝身上其实有着许多“致命的缺点”，不自觉地携带着许多足以使整个大明“主机瘫痪”的“木马病毒”。

得饶人处不饶人

有道是：得饶人处且饶人。

可是，我们看崇祯皇帝却不是这样，在很多时候，他却是“得饶人处不饶人”。而之所以会是这样，很显然与他的性格有关。

诚如我们所知道的，在一般情况下，一个人的命运往往与他(她)的性格有着很大的关系。而他(她)的性格又与他(她)的基因以及他(她)年少时的成长环境有关。

从基因来说，崇祯的祖父神宗朱翊钧以及父亲明光宗朱常洛甚至他的曾祖父隆庆皇帝朱载垕等人，性格都颇多内向、忧郁以及狭隘的成分，所以，囿于遗传的关系，崇祯的性格颇为内向，很不活泼，很不宽厚。

当然，崇祯的性格之所以会不那么阳光，存在许多性格缺陷，更主要的恐怕还是与他童年时的成长环境有着很大的关系。

据史书记载，思宗朱由检生于公元1610年(万历三十八年)正月，系太子朱常洛(也即后来的明光宗)之子，五岁时他的母亲便去世了。当时，虽然经过一段漫长的马拉松似的“国本之争”之后，他的祖父万历皇帝终于被迫册立了他的父亲朱常洛为太子，但心不甘情不愿的万历皇帝却依然想着有一天能够废立太子，将他与他的爱妃郑氏所生之子朱常洵立为太子。就因此，崇祯的父亲朱常洛始终面临着被废黜太子之位的危险。在如此巨大的阴影中生活，朱常洛连自己都泥菩萨过江——自身难保，更不会有心思去照管子女。所以，严格说来，崇祯不仅从小就失去了母爱，也几乎没有得到任何父爱。等到他的父亲明光宗朱常洛去世后，时年还只有十岁的崇祯朱由检从此更是成了一个“宫廷孤儿”。

也正因此，崇祯年少时虽然贵为皇子，但其实他的成长环境却非常糟糕，他所受的教育也很不健全，这固然不会影响他的生理的正常发育，可是却在很大程度上影响了他的心理发育，对他的性格产生了非常大的影响。

在这方面，我们看崇祯很有些像秦始皇嬴政，由于嬴政的童年也很不幸，父亲常年在赵国充当人质，且性格柔弱；母亲赵姬又是个舞女，所以，嬴政的性格非常畸形。用现代心理学的观点来看，其实就是一种所谓的人格分裂似的双重性格：一方面特别自尊而敏感，另一方面又表现得极为刻薄和寡情，因为童年有太多的伤心与失望，因而性格中有着太多的阴郁与冷漠，犹豫与多疑。

这里，还是先来说说崇祯的性格中的刻薄与阴狠吧。

应该说，崇祯是个爱憎分明的人，但是，在爱憎特别是在“憎”的方面，他却常常表现得过分强烈。不说别的，就说他在惩治“阉党”一事上吧，就未免有点儿“得饶人处不饶人”，把事情做得实在是太过了。

想当年，曹操在破了袁绍之后，曾经搜出手下之人先前暗中与袁绍互通的书信。这些书信中，不仅有讨好献媚袁绍之词，而且也多咒骂背叛曹操之语。但曹孟德缴获这些书信后，既不深究，也不生气，而是一笑了之。且为了打消这些写“叛变信”的将士们的疑虑，以示自己既往不咎，宽容大度，他竟公开将这些“叛变投敌 ”的书信付之一炬，且很是通情达理地说：“当日袁绍得势之时，我尚不能自保，况诸君乎。”

不咎既往，宽以待下，这才是明主应有的大心胸和大气魄。

这也正是乱世之中，曹操最终能够做大做强的最主要原因。

其实，不仅仅是雄才大略的曹操，即便是被史家公认为是“平庸守成”的清朝嘉庆皇帝在处理和珅一事时也表现得不枉不纵，分寸拿捏得恰到好处。

诚如我们所知道的，大贪官和珅乃是乾隆皇帝的宠臣，在乾隆后期，招权纳贿，植党营私。嘉庆登位后，立即对和珅采取断然措施，将其革职，逮捕入狱，并很快赐其在狱中自尽。

和珅被诛后，其党羽皆惶恐不安，有的朝臣上疏，要求除恶务尽，严惩和珅余党。可在，嘉庆帝却宣谕：“凡为和珅荐举及奔走其门者，悉不探究。勉其悛改，咸与自新。”

你看，嘉庆帝在处理和珅一案时宽严适度，恰如其分，既惩治了元凶，同时，又杀一儆百，起到了凝聚人心的效果。

可是，我们看崇祯皇帝却不是这样，在查处阉党魏忠贤案中，由于搜出大臣们与魏忠贤的书信，他却不依不饶，揪住不放，整个显出一副小家子气。

据史料记载，崇祯在处理完“阉党”领袖魏忠贤并逼他上吊自杀后，又趁热打铁，严惩不贷。很快便将当初拍魏忠贤马屁的所谓“五虎”和“五彪”全部送上了断头台，判处了他们的死刑，且全部处以没收全部家产。在当时，尽管“五虎”之一的魏忠贤的养子崔呈秀已畏罪自杀，崇祯在判决时依然没放过他，而是责令将他从棺材里挖出来，戮尸！

按说，一批罪大恶极的“阉党”分子得到了应有的惩罚，既大快人心，对其他犯罪分子也起到了震慑作用，事情到此也应该结束了。可是，想不到崇祯“戏”演到这里，意犹未尽，仍然不愿收场，对所谓的“阉党分子”仍然深挖细查，穷追猛打，竟然一个都不放过，这就太苛刻了！

据说，在查办“阉党”一案时，崇祯有意让刑部尚书乔允升以及大学士韩爌、钱龙锡三人负责组成“专案小组”，并特意叮嘱三人对此案要一查到底，绝不姑息，宁可抓错，不可放过。

之所以要让乔、韩、钱三人负责查办此案，崇祯对此显然经过深思熟虑，因为乔允升当初在任刑部侍郎时与东林党领袖赵南星关系很深，因而遭到魏忠贤的贬逐，而韩爌、钱龙锡更是资深的铁杆东林党人，让他们去查办“阉党”，崇祯显然是严惩这些大大小小的“阉党”。

从实际来看，同为“东林党人”的乔、韩、钱“三人专案组”在处理“阉党”一案时，也确实下手很狠。在很短的时间内，不仅将“阉党”中的“五虎”“五彪”全部送上了断头台，而且，对“阉党”中的其他重要分子共计五十多人也一一整理好材料，列举了罪状，然后按程序报批，由内阁上报给了皇帝，请求皇帝对这些阉党分子予以严惩。

没想到崇祯看了“专案组”上报的这些材料不仅很不满意，而且非常恼火，他严厉训斥内阁说：怎么能这样不负责任？难道“阉党”党羽就这么少吗？再去查仔细一点！

既然皇帝不满意，于是三人“专案组”便只好再去查办。这次，他们进一步扩大了惩治的范围，除了将“阉党”中的大鱼全部网罗其中，一个不落，而且也把一些不那么大的“鱼”打进“网”中。

可是，材料再次上报后，崇祯数了数列入严惩的“阉党”分子名单，发现比上次只多了十来个人，依然不满意，仍然觉得“专案组”不负责任，没有一查到底。

于是乎，他朱笔一挥，当即批示说：人数不对。责令再去严查，若再敷衍塞责，以抗旨论处！

这回，弄得内阁和“三人专案组”着实为难了。因为，在查办这一案件时，身为东林党人，凭良心说，他们对那些昔日迫害过东林党人的“阉党”分子已经够凶够狠的了，对于那些“阉党”中的“大鱼”甚至不那么大的“大鱼”他们都已严惩不贷，罗入网中了，剩下来的都只是一些“小鱼小虾”，还怎么查呢？再说，所谓“法不责众”，对于这些人，真的已经没必要再去追查。

可是，崇祯却不依不饶，坚持要将“阉党”分子追查到底，一个都不轻饶。

这使“三人专案组”感到了老大的为难，没办法，他们只好找借口搪塞崇祯：“皇上，我们是外臣，对宫内的事不是那么清楚。”

崇祯显然猜到了“专案组”成员的心思，很不客气地说：

“我看不是不知道，而是怕得罪人吧？”

说句心里话，崇祯说的话也对。“三人专案组”之所以不愿再深查下去，最主要的原因也确实是怕得罪人太多。要知道，在魏忠贤及其党羽得势期间，朝野内外敢于和“阉党”硬对着干的人毕竟是极少数，绝大多数的人对他还是表现得非常听话甚至是非常巴结的。不客气地说，在那些曾经暗中写信给魏忠贤的人中，不仅有许多“非东林党人”，其中，也有极少数脚踏两只船的“东林党人”。

想当年，魏忠贤权倾朝野，一手遮天，作为下属，在当时有多少人能会那么“有骨气”，专门跟魏忠贤过不去？有多少人明里暗里没拍过魏忠贤马屁，讨好甚至行贿过这位“九千岁”？而如果把这些人都抓起来法办，这将要抓多少人啊？又会得罪多少人啊？

如此一想，“三人专案组”确实为难了，抓不下去了！毕竟，他们还是有良心的，而且，他们也真的不想得罪那么多人。

然而，“三人专案组”不愿去做的事，崇祯却帮他们做到了，而且，做得还是那么轻易，几乎不费吹灰之力。

那天，他把几个阁臣以及“三人专案组”召来，然后叫人抬来了几个包裹。在场的人先还不知道什么事，但很快，崇祯便替他们揭开了谜底。

原来，那包裹里装的全都是当年一些朝野官员巴结讨好甚至向魏忠贤宣誓的“马屁信”“效忠信”。这些信，白纸黑字，是谁写的，谁干了什么见不得人的事自然都一清二楚。

既然有这么多信作为“犯罪证据”，看来不查下去是不行了。于是，“专案组”立即顺藤摸瓜，按信抓人。就这样整整忙活了四个多月，结果一共抓捕了二百六十多人，不仅把“阉党”中的几乎所有小鱼小虾全部都给捕进了监狱，而且也把极少数曾暗中巴结魏忠贤的“东林党人”给逮捕法办。

对这些案犯，崇祯斩首的斩首，处决的处决，流放的流放，充军的充军，判得最轻的也是革职为民。

这便是史书上所称的“钦定逆案”。

表面上看，这次的“钦定逆案”皇帝严惩不贷，既没有放过一个坏人，也没有冤枉一个好人，完全可以说是伸张了正义，惩治了恶人。但在实际上，如此一来，朝中的大小官员将近有三分之一受到了惩罚，这样的打击面实在是太大了。

因为，当时的所谓“阉党分子”并不全是太监，有许多人乃是非东林党的朝中文臣，他们当初只是在遭受到东林党的排挤与迫害时不得已才投靠魏忠贤的，在“阉党”中不过是一些“跟风派”，或曰“群众演员”，并不是什么骨干分子与主要角色，而且，这些人中有许多都是“学而优则仕”的进士、文豪，无论是学问还是才干抑或还是人品，一点儿都不比东林党人差。对这些人，其实完全应该采取既往不咎或是“惩前毖后、治病救人”的办法，适当“教育”一下就行了，根本不应该把那么多人“一棍子打死”。而如今，崇祯不分青红皂白，一律给他们扣上“阉党”的帽子，然后将他们一网打尽，一个也不放过。

“得饶人处不饶人”，这就显得崇祯太不仁慈、太不宽厚了，而且，诚所谓“法不责众”，把那么多人都处理了，也很不利于安定局面，稳定人心。

所以，尽管崇祯一上台就除掉了魏忠贤，收回了皇帝的大权，这无疑是对的，但是，在“钦定逆案”时，他却对“阉党”集团采取“大清洗”政策，整个给“一锅端”，这就犯了错误。

而之所以会犯这样的错误，究其原因，无疑与崇祯的性格有着很大的关系。在性格上，应该说，崇祯缺少一个人君应有的胸襟与气度，更缺少那种善于化敌为友、凝聚人心的政治智慧与政治器量。

不仅仅是在“钦定逆案”时表现得严厉刻薄，缺少气量，在后来处理许多棘手的政治大事上，他也始终不能够“雅量待下”，表现得极为缺乏人君气度。

身为一国之君，这不能不说是崇祯的一大致命伤。

在这方面，有很多的例子可以为证。譬如说，邵捷春、王洽的死，就是比较典型的例子。

据《明史》记载：“邵捷春，字肇复，侯官人。万历四十七年进士。崇祯二年，出为四川右参政，分守川南。”当时，张献忠、罗汝才的起义军由秦入川，一时人心惶惶。这种时候，邵捷春一边尽力保护民众，一边伺机出击，多次打退叛贼，取得胜利，因而几次因战功得到升迁，被提拔为右佥都御史。

然而，就因为后来在平叛方略上与杨嗣昌意见不合，特别是在崇祯十二年“捷春提弱卒二万守重庆，所倚惟秦良玉、张令军。十月，献忠突净壁，遂陷大昌”。也就是打了一次败仗，结果遭到杨嗣昌的弹劾。按说，胜败乃兵家常事，战场上将领们的一两次失败完全不需要太多地计较，更不能因此以军法论处。可是，崇祯却不然，他太在乎战场上的胜败了，对将领们在战场上哪怕只是一次小小的失利他也要严查细究，严惩不贷，动不动就要砍掉将领们的脑袋！

就因为邵捷春在与张献忠交战时打了一次败仗，薄情寡恩的崇祯竟然要将他逮捕法办，捉拿到京。这年的“十一月，逮捷春使者至。捷春为人清谨，治蜀有惠政。士民哭送者载道，舟不得行。……蜀王为疏救，不听。敕巡按御史遣官送京师，下狱论死。捷春知不可脱，明年八月仰药死狱中”。

你看，在处理邵捷春一案时，崇祯表现得有多绝情，有多固执，那么多“士民哭送者载道”感动不了他，蜀王上疏为邵捷春求情，他依然置若罔闻，而且，全不念邵捷春当初“治蜀有惠政”，且多次立有战功，竟然要将邵捷春“下狱论死”，崇祯待下也真的是太刻薄太残忍了。

显然，也正是觉得崇祯这人做人做事太绝情，没有一点儿人情味，被逮捕入狱的邵捷春才会陷入绝望，并因此服毒自杀。

与邵捷春一样，“总理军务”的熊文灿也是被崇祯杀死的。

那是崇祯十一年五月，熊文灿招安了张献忠。没想到张献忠阳奉阴违，仅仅“归顺”了一年，到了崇祯十二年(公元1639年)的五月，他竟又再次起兵，打得明王朝心惊胆战。

如此一来算是把熊文灿彻底给害了。崇祯怪罪于熊文灿招降不力，立马派人将他押到北京，等到第二年便将他“明正典刑”，砍了他颈上的人头。

此外还有兵部尚书王洽其实也是罪不该死，但最后却被刻薄寡恩的崇祯给杀了。

熟悉这一段历史的人都知道，王洽的死很大程度上是由袁崇焕造成的。

说来，王洽的运气也真是差到不能再差的地步。没想到他还才当兵部尚书不久，就发生了历史上有名的“己巳之变”，出了那么大的责任事故。

所谓的“己巳之变”，诚如我们所知道的，也即由于袁崇焕的错误，致使后金军队绕道蓟门一带，竟然长驱直入关内。而明朝方面，竟然一直到后金军兵临距北京仅三百里的遵化城下才知道消息，于仓促间做出反应。

对于这次事件，实事求是地说，作为辽东总督，处在抗金第一线的袁崇焕竟然耳目不灵，马虎大意到这种程度，实在是难辞其咎。

然而，如果追究这次后金军兵临京师的责任，身为兵部尚书的王洽固然难逃干系，但他也只能负领导责任，而绝非主要责任，或者，换句话说，即使是有罪，他也罪不该死。可是，没想到一气之下，崇祯不仅将负有直接领导责任的袁崇焕凌迟处死，而且也将负间接领导责任的王洽逮捕入狱，用史书上的话说就是“帝怒其侦探不明，用重典不少贷，”并因此置王洽于死地。

按理说，在国家处于严重的内忧外患之际，身为皇上，应该广纳贤才，且需要倍加优渥，不断激励将士，笼络大臣，收买人心，即使臣下有什么过失，也应该宽大为怀，以此使臣子感恩戴德，效命疆场，拱卫朝廷，精忠报国才是。

可是，反观崇祯却不是这样，就因为心胸狭窄，薄情寡义，他竟容不得臣下有一点错失，一遇到挫折就拿人撒气，甚至竟擅杀大将。特别是到了崇祯朝后期，随着局势的日益严峻，朱由检的滥杀也日趋严重。一个城市沦陷，就把守城的将领杀掉，一个地方沦陷，就把守地的首长杀掉。如华亭县县令徐兆麟，到任只七天，照样依法处斩。

所以，在论及此事时，清朝光绪年间一代名臣张之洞曾深有感触地说：“明崇祯帝勤政爱民，徒以御下操切，轻杀大臣，遂致亡国。”而当代已故台湾著名学者柏杨先生在其《中国人史纲》第三十章之《朱由检的下场》一文中则不无愤怒地认为：“朱由检最勇敢的一件事是杀人，在发脾气时，像一头挣脱了锁链的疯狗，人性和理性全失。”

可想而知，在这样一个戾气十足的皇帝手下，谁还能放心大胆地替他干？谁又会心甘情愿地替他卖命呢？

所以说，真的是“性格决定命运”，明朝会在崇祯手里亡国，是由他的这种“得饶人处不饶人”的性格决定的。

一个没有一点心胸、没有一点雅量，既不能容事，又不能容言，更不能容人的人，又怎么可能经时济世，坐稳江山？

不善用人是“顽症”

历史上，从来都是君明臣贤，君暗臣庸，君昏臣奸。今天，总结明朝灭亡的教训，其原因固然很多，而其最主要的原因恐怕还在于崇祯不善用人，就因为不善用人，结果白白断送了大明的江山。

记得《吕氏春秋·求人》中有句话说得非常好:“得贤人,国无不安,名无不荣;失贤人,国无不危,名无不辱。”的确,自古以来,国家的兴亡与人才的得失就好似一对孪生兄弟,相生相伴,如影随形。综观明末清初,崇祯皇帝之所以失天下而皇太极之所以得天下,其关键的关键,唯在用人之得当与否。

平心而论,崇祯绝对不是一个庸才。公元1627年,他的皇兄——那位虽贵为皇帝却只喜欢整天在宫里做木匠活而把生杀予夺大权轻易交给太监魏忠贤的熹宗朱由校,在临去阎王地府的前几日,将他叫到自己的跟前,有气无力地托付后事,说:“来,五弟当为尧舜也。”从此将一个内忧外患、危机四伏的国家,交给了他。然后,没过几天,这位“木匠皇帝”便两眼一闭,撒手人寰。

虽然时年只有十七岁,可是,一旦黄袍加身,崇祯便闪亮登场,以一个出其不意而又干净利落的漂亮动作剪除了权倾朝野的阉党魏忠贤及其党羽,从而赢得了朝野上下一个满堂彩。

“神明自运”四字,是明末清初松江(今属上海市)名士夏允彝对思宗朱由检除去太监魏忠贤一事的评价。稍后的历史学家对于思宗在除魏忠贤一事上所表现出来的沉稳、魄力与谋略,也都叹赏不已。

今天看来,尽管这些评价未免有些夸张,但是,他在接替自己的长兄朱由校的皇位之后,能够很快便进入角色,也真的是出手不凡,开局良好。

可是,也许正是因为以一己之力智除魏忠贤一事,使他对于自己的政治才能产生了过高的估计。在此后十余年的统治中,他事事独断,事事亲为,过度迷信自己的能力,过分的自信,让他日益变得刚愎自用,极为自负。

不善用人是“顽症”。从史书上看,崇祯最致命的缺点,或者说,导致崇祯亡国的最主要原因就在于他不善用人。其突出表现在两个方面:一是用人不专;二是用人多疑。

首先说他用人不专。

用人不专,是崇祯的不愈症。明自朱元璋杀了宰相胡惟庸后再无宰相。至成祖时,以官品较低的翰林院编修、检讨等官入午门内的文渊阁当值,参预机务,称为内阁。仁宗以后,内阁权位渐高,入阁者多为尚书、侍郎,且不限于入值文渊阁,凡为四殿(中级、建极、文华、武英),二阁(文渊、东阁）之大学士，均为入阁，地位接近于宰相。据有人统计，在崇祯朝的十七年里，崇祯一共任用过五十位内阁大学士，平均每年换三位，不论是在明代还是其他朝代，这恐怕都是前无古人后无来者的最高纪录。而六部和都察院的首长更换也同样频繁，许多官员屁股这边还没坐热，那边皇帝的圣旨便已让他卷铺盖走人。十七年里，他不停地把众大臣拨来动去，先后共用过吏部尚书十三人，户部尚书八人，兵部尚书十七人，刑部尚书十六人，工部尚书十三人，都察院左都御史一百三十二人。

结果换来换去，竟然始终没有换出一个让崇祯满意的官员来。

究竟是当时朝中的大臣皆是庸臣，放眼中国之大，已是无人可用？还是崇祯用人太过于吹毛求疵，求全责备？

答案显然是后者。

在后代，历史学家们普遍认为，大明虽多庸臣、惰臣和善于内耗的“乱臣”，但还不至于无人可用。崇祯频繁换人，多半是他自己的头脑出了问题。

究其原因，乃是他用人多疑。

的确，用人多疑是崇祯的致命伤。他之所以用人不专，原因盖出于其用人多疑。

如前所述，从心理学的角度来看，崇祯这人心胸狭窄，不够豁达，不够大度，作为一个御宇天下的人君，他明显缺少兼容并包的心胸与气度。几乎从即位那天起，他便疑神疑鬼，要么不相信臣下的能力，要么怀疑臣下的忠心。

关于崇祯的多疑，有这样一件事可以窥斑全豹，看出端倪。据曾任明朝刑、吏、工科给事中的李清在其《三垣笔记》中记载：“崇祯有一天在宫里无意中听到自己最宠爱的田贵妃在独自抚琴，心中十分怀疑，便询问贵妃的琴艺师从何处？贵妃说是母亲自幼教授的。崇祯且信且疑。为了弄清虚实，第二天，他立马将贵妃的母亲召入宫中，等到亲眼看到田母与贵妃对弹，他才释然作罢。”

身为皇帝，崇祯对于自己的宠妃尚且如此猜疑，对于手下的朝廷重臣、封疆大吏的不信任也就可想而知了。

也正是因为对大臣们的从政能力和品德人格都持怀疑态度，因而在用人上崇祯总是怀着一种深刻的怀疑与猜忌。尤其是在他当皇帝后期更为明显。这种近乎病态的怀疑与猜忌所造成的后果，便是使朝臣们长期处于一种无所适从的尴尬境地：平时，大臣太能干了，抢了他的风头不行；但如果过分表现的平庸无能，则又会被他看不起，得不到他的重用；至于无所事事，不负责任，在那多事之秋，一旦出了问题，被崇祯追究起来，则后果将更为严重。

如果只是对朝中的文臣不信任，问题都不大，但崇祯对前线领兵打仗的高级将领也同样怀疑加猜忌，这就犯了兵家大忌，问题严重了。

据历史记载，崇祯曾先后任用过袁崇焕、杨嗣昌、孙传庭、孙承宗、卢象昇、洪承畴、熊文灿、陈新甲等人为主帅，指挥明军同后金军队以及高迎祥、李自成的起义军作战，而这些人大多有过不俗的表现，可是，这些大将到最后却没有一个得到善终，不是孤军被困无人救援，只好坐守孤城被敌生俘，就是被逼仓促上阵兵败身亡，即使侥幸逃生，也会被崇祯问罪处死，结局堪悲。

所以，做崇祯年间的大臣，无论文臣还是武将，都是一件非常痛苦的事情。在他手下当官，风险实在是高，其难度系数和危险系数几乎比在朱元璋时期还要大。

因为害怕大臣结党营私，崇祯不停地把大臣走马灯似的换，而且还派锦衣卫暗中监视，弄得人人自危，君臣猜忌，朝野上下鸡犬不宁。

诚如我们所知道的，明朝自明成祖朱棣之后，如同唐朝中后期一样，曾一度对太监极度宠信，为了监视军事长官，每支派出去打仗的军队，往往都要由皇帝钦点一位自己信得过的太监去当监军。这些太监虽然不懂军事，却喜欢狐假虎威，依仗自己是皇帝的“亲信”而颐指气使，凌驾于将领之上，“外行领导内行”的结果往往是把局面搞得一团糟。就因此，太监监军制在嘉靖时代曾一度被废除，可到了天启时期因为魏忠贤得势又被恢复。崇祯即位之初，太监监军制再度被废，以致当时许多人都认为：太监监军这样的事情在本朝绝不会再有了。

可是仅仅过了四年，由于老是疑神疑鬼，用人多疑，崇祯竟又开始重用起了这些“刑余之人”，大量的派出这些“天子家奴”到各都司卫所、各总兵府、各重要城市，去监视那些带兵的将领与地方长官，看他们是不是效忠于他。

对于崇祯的这种倒行逆施，朝中许多大臣都深表反对。可是，当吏部尚书率全体朝官联名上疏反对太监监军时，一向刚愎自用的崇祯却执意不从，他生气地批评大臣说:"如果你们都能殚精竭虑为国效命，朕又何必用那些内臣呢?"

就因为用人多疑，崇祯在位期间，曾三次大规模地招募太监，以致宫中太监到后来多达一万多人，其人数甚至超过了魏忠贤时代。

很显然，崇祯重用太监是出于对朝中文武大臣的极端不信任，在他以为，那些没有妻室的"天子家奴"一定比那些文臣武将忠诚可靠多了。

但是，令他怎么也没想到的是，他的这种做法，非但没有收到预期的效果，到最后反而南辕北辙，适得其反。

据说，刚开始，几乎所有的军事将领和地方长官都对这些皇帝派来的宦官具有"排异反应"，非常反感，可到后来，却又发生了一百八十度的大转弯，全都对这些宦官"间谍"热烈欢迎。

究其原因，乃是因为以前那些军事将领以及地方长官都很想干点儿事情，做出番政绩，因而讨厌那些狗仗人势瞎指挥的宦官待在自己身边碍手碍脚，然而，到了后来，他们感到:既然皇帝不相信自己，而且越干事越容易出事，不干事反倒没事，于是，大家便都躺倒不干了。

而且，说来令人难以置信也极具讽刺意义的是，就是这些被崇祯所信任与倚重的"宦官特派员"，对崇祯却最不忠诚。平时，别看他们喜欢拿腔拿调，到处找碴儿，可只要满足他们的私欲，像对待狗一样把他们喂饱了，随便扔几根骨头，他们便会不再像疯狗一样没事找事地瞎叫唤，而是会变成一条哈巴狗。这种时候，即便你再怎么胡作非为，贪赃枉法，他们也会睁一只眼闭一只眼，甚至还会设法在皇帝面前拼命替你遮掩。

更有甚者，这些一直被崇祯所信任所倚重的宦官，到了国家生死存亡的时候，不是感恩图报，而是恩将仇报，竟然还带头叛变他。

公元 1644 年，当李自成在西安建立顺政权后，即出发北伐，穿过山西省，直抵京师北京城下。所到之处，明朝官兵不思抵抗，纷纷投降。其中，各地投降最多的，就是那些被认为是最忠诚于皇帝的"宦官特派员"。

史载，李自成于当年三月十九日到达北京，崇祯调集十万军队保卫都城。"北京保卫战"一触即发，随时都会打响。

可以想见，真要硬碰硬地打起来，李自成的部队还真很难能占到多大便宜，起码不会很快攻陷北京。可是，就在这个节骨眼上，奇迹发生了。当初在宣府（今河北宣化）投降的“宦官特派员”杜勋竟然主动跑到北京城下，做起了劝降工作，他对城上的宦官同僚说：“我们的富贵，另有地方，不要太死心眼了。”

仿佛一枚原子弹，宦官杜勋的话一时间起到了巨大的爆炸性的作用。第二天，监视城防的“宦官特派员”打开城门，迎接李自成的部队进城。就这样，原本“固若金汤”的北京城不攻自破，很轻易地便陷落了。

说来，崇祯这人真的是一个悲剧，而之所以会是一个悲剧，究其原因就在于他不仅用人多疑，甚至也“用人自疑”。或者，换句话说就是，他不仅严重不信任大臣，也极度缺乏自信，因而导致了他一方面多次诛杀、惩治大臣，另一方面竟然六下“罪己诏”，这在古代的皇帝中，无疑是刷新了一个“吉尼斯世界纪录”。

诚所谓“屋漏偏逢连夜雨”，由于明朝末年内忧外患，多重灾难纷至沓来，这使崇祯的神经渐渐出了问题，在不自觉中形成了一种典型的人格分裂式的双重性格。在他执政的最后一两年里，崇祯一直处在对朝臣的刻毒怨恨和对自己怀疑、自责两种情绪中。两种情绪交替在他身上起作用，因而使他的言行经常表现的自相矛盾：有时他表现得极为“苛刻寡恩”，动辄对朝臣痛下毒手，可有时态度却又相当温和谦逊，不断地宣布“避殿”“减膳”“撤乐”，以示对自己的惩罚，同时还不断下令政府官员自我检讨（修省）。

有一次，他甚至还把宰相们请到金銮殿上，向他们作揖行礼，显得很是真诚很是谦卑地说：“谢谢各位先生，帮我治理国家！”此情此景，着实令人感动。可是没过多久，却又依然故我，旧态复萌，不仅龙颜大怒，而且还“杀”心大发，毫不留情地便砍掉了那些几天前还被他千恩万谢的“各位先生”的脑袋。

有学者认为：这种人格分裂式的双重人格交替呈现的情况不但使得群臣摸不着头脑，也加深了崇祯本人的心理苦痛。刻毒的报复引起进一步的自责，没完没了的自责又严重刺伤了他的本就非常脆弱的自尊心，从而导致他更刻毒的泄愤与报复。

如此恶性循环，他的心中便永无宁日。

不会用人，甚至也不会做人，所以终其一生，他都没有真正信任过一个大臣，而反过来说，也几乎从来就没有一个大臣真正在内心中信任忠诚过他。更甭说对他感恩戴德，誓死效忠。

也正因此，从某种意义上说，崇祯绝对称得上是一个真正意义上的“孤家寡人”。

这样说是有充分的事实作为根据的。

据《明史》及计六奇《明季北略》等记载，当李自成的起义军攻进北京内城，崇祯万般无奈，深夜撞钟，想召集文武大臣商量应对之策，却无人应召前来，结果钟撞了三次，只召来了将领李国桢一人。最后，李国祯大战棋盘街，寡不敌众，直至阵亡。此时，崇祯已知山穷水尽，走投无路，身处绝境，只得自缢于景山。死前，竟然没有一个大臣跟随，只有太监王承恩一人相伴。

应该说，崇祯在临终前的这一惨兮兮的历史镜头，很有寓意，很能突显出他的那种“孤家寡人”的形象。

崇祯是个急脾气

记得老子在《道德经》中说过一句很有名的话，叫作：“治大国若烹小鲜。”意思是说，治理一个国家就像煎小鱼那样，不能随意“翻动”，应该小心翼翼，耐住性子，就像俗话说的那样应该“小火炖骨头——慢慢熬”，千万千万不能乱折腾，把小鱼给翻烂了。可是，我们看崇祯朱由检却不是这样，在他治国的十七年间，却像是一个不会治病的“庸医”，面对一个早已重病在身的“病人”，他却乱下“猛药”，结果，大明这位重病缠身的“病人”非但没有被他治好，反而在服了他的“猛药”后加速了死亡的步伐……

所以，一点也不夸张地说，大明这位“病人”在很大程度上是被他自己这位“庸医”给治死的。

而之所以会是这样，除了前面所说的几大原因外，还有一个最主要的原因就是，崇祯这个人是个急脾气，在治国理政方面老是急功近利，急于求成，什么事都想立竿见影，一蹴而就。其结果，往往适得其反，事与愿违。

在这方面，可以说有许多非常惨痛的教训，只可惜，一生刚愎自用的崇祯总是屡教不改，执迷不悟。

据说，崇祯朱由检经常叹息自己无缘得到像岳飞这样的一代名将，但其实，在他统治期间，明朝不是没有涌现过像岳飞这样优秀的军事将领，而是由于他的急脾气和瞎指挥，结果不仅把这些良将的功名给毁了，而且，也多半把他们的命给送了。

其中，一代名将孙传庭，还有那位被《明史》列入奸贼贰臣之列的洪承畴便是很典型的例子。

这里，还是先来说一说有关孙传庭的故事。

熟悉明末这一段历史的人都知道，孙传庭乃是崇祯年间真正的名将，在当时风雨飘摇危若累卵的大明中，虽然不能说是一柱擎天，但是，在支撑大明的梁柱间，他也真的可以说是一根极为重要的梁柱。

孙传庭是进士出身，从史书上看，此人不仅有真本事，而且还很有政治血性，不是那种厚颜无耻拼了命做官的人。如天启年间，他由商丘知县调任吏部主事，当时魏忠贤乱政，朝廷一片乌烟瘴气，生性耿介一辈子不愿屈膝弯腰的他如同当年陶渊明那样，毅然“归去来兮”，辞官归乡。直到崇祯九年（公元 1636 年），中原大乱，从陕西爆发的大规模农民起义大有席卷全国危及社稷之势，“身在江湖，心存魏阙”的他才结束了自己的隐居生涯，立志要出来“扶社稷，安苍生”，在乱世之中干出一番事业。他先是出任验封郎中，后又越级升为顺天府（今北京市）府丞，很快又被提拔为右佥都御史，巡抚陕西。

虽说是一介书生，但孙传庭却文韬武略。史书上说他“性沉毅，多筹略”，很有军事天才。在他巡抚陕西前，明朝已有许多大将如曹文诏、杨鹤、王承恩、贺虎臣、卢象升等“军事达人”都先后败在了闯王高迎祥以及李自成、张献忠等为首的农民起义军的手里。可是，令人始料未及的是，从未上过战场指挥过打仗的他竟然“不鸣则已，一鸣惊人”。第一次打仗，就击毙横行商洛的民军首领齐王。之后，他立刻投入到指挥追剿高迎祥的战斗中，四个月之后，传奇般的竟然生擒首任闯王高迎祥！并把高闯王押送到京城的皇帝面前，剐了。之后，他又与洪承畴合剿李自成，用伏兵将李自成的起义军打得几乎全军覆没，最后，硬是逼得李自成只带领十八名骑兵突出重围，落荒而逃，一度悄无声息地躲进了商洛山中。

一时间，关中地区的农民起义的“大火”几乎被他完全扑灭了。

可是，就是这样一位“国之良将”，一个乱世之中不可多得的“镇国之宝”，因为与兵部尚书的杨嗣昌意见不合，闹了点矛盾，结果杨嗣昌一“告御状”，气量狭小、刻薄寡恩的崇祯小题大做，竟然不辨是非，不念旧情，不顾大局，当即翻脸不认人，将他投进了监狱。

可以说，也正是由于孙传庭被抓进监狱，逃跑隐藏在商洛山区的李自成与刘宗敏等起义军首领才不仅由此得到了喘息的机会，而且也因此获得了从头再来、东山再起的良机。

而这样的良机，从某种意义上说，完全是由崇祯朱由检“钦赐”的。

要说孙传庭真的是很够意思，虽然崇祯“很不够意思”，平白无故地关了他几年的冤狱。可是，当李自成的势力重又死灰复燃东山再起，而杨嗣昌因为几次战败畏罪自杀后，心急如焚的朱由检不得不重又起用他，把他放出监狱，让他立即驰援开封的时候，想不到他竟毫无怨言，从监狱里一出来，像个没事人似的，立即就奔赴战场，与自己的老对手李自成又开始真刀真枪地玩起命来。

说来真是“此一时也，彼一时也”。由于崇祯的“悉心培养”，在监狱里待了三年后一出来，孙传庭就发现闯王李自成已经今非昔比。在驰援开封期间，由于襄城之战中陕西总督汪乔年被李自成所杀，孙传庭遂奉命赴山西代行其职。

崇祯十五年(公元 1642 年)五月，李自成第三次包围了开封，崇祯连催孙传庭火速出关入豫，增援开封。孙传庭上疏回复崇祯说:“兵新募，不堪用。”意思是说，我的队伍中大多是一些新招募来的士兵，还没有经过一定的训练，暂时还不能打仗。

可是，崇祯是个急脾气，这种时候他才不管孙传庭新招募的军队能不能打仗，硬是逼着他立即驰援开封。被崇祯逼得没办法，孙传庭只好起兵驰援，还在途中，就遭到李自成与罗汝才的合击，招致惨败。

败回陕西后，有感于当时李自成兵锋甚锐，孙传庭决定死守潼关。在此期间，孙传庭继续大量招募新军，训练部队，同时开垦屯田，修缮兵器，储存粮食，以备于和李自成打持久战。

可是，如同当年一代名将哥舒翰死守潼关，唐玄宗硬逼着他出关与安禄山的叛军速战速决，结果招致潼关失守哥舒翰惨败一样，在敌强我弱的情况下，对军事不懂的崇祯竟然“遥控指挥”，硬是逼着孙传庭迅速兵出潼关，与李自成的悍将劲旅“死磕”。

孙传庭知道，如此仓促出战，无异于是去送死，但不出战又不行，因为，已经有好心人在提醒他说：“督师要是再不出战，按兵不动，锦衣卫的人就要到了。”意思是皇帝又要派人把他抓进监狱。情知“胳臂拧不过大腿”，被崇祯这么“硬逼着”，孙传庭只好“服从命令听指挥”，硬着头皮兵出潼关，与李自成交战。

由于深知此去必定凶多吉少，在出师前，孙传庭泪流满面，仰天长叹说：“奈何乎！吾固知往而不返也，然大丈夫岂能再度对狱吏乎！”表达了自己宁可战死疆场也绝不愿因为抗旨不遵再度被捕入狱的决心。

可想而知，孙传庭当时的心情是多么复杂，有多么痛苦！

果然，后来发生的事情一如孙传庭所料，当他的尚未训练有素的军队出了潼关，立即遭到李自成军队如狼似虎的重重包围。

就这样，潼关很快失守，而孙传庭也死于乱军之中。

所以，崇祯就像是个“催命鬼”似的，孙传庭的死，完全是由他的“急脾气”造成的。

孙传庭战死后，明廷从此再也没有可以同李自成相抗衡的悍将劲旅了。

故此，一点也不夸张地说，孙传庭的死，对于风雨飘摇的大明来说，简直就像是天塌一角，也难怪《明史》有“传庭死而明亡矣”的说法。

无独有偶。如果说，一代名将孙传庭是被崇祯“逼死”的话，那么，明末另一位大将洪承畴则完全是被崇祯“逼降”的。

一个逼死，一个逼降，由此可见崇祯真的就是一个自己给自己拼命“挖坑”的“催命鬼”。

对于洪承畴，我们显然并不陌生。就因为他在松锦之战后被俘投降了努尔哈赤，因而在历史上一直是一位有争议的人物。据一些野史记载，还在他生前就有许多人存了心故意当面羞辱他，如据全祖望的《梅花岭记》记载，“吴中孙公兆奎以兵不克，执至白下。经略洪承畴与之有旧，问曰：‘先生在兵间，审知故扬州阁部史公果死邪，抑未死邪？’孙公答曰：‘经略从北来，审知故松山殉难督师洪公果死邪，抑未死邪？’承畴大恚，急呼麾下驱出斩之。”

又据张岱《石匮书后集》卷三十七《黄道周金声列传》记载，金声兵败被擒，洪承畴特意跑去看他。见了面，洪承畴自我介绍道：“我便是洪亨九。”金声喝曰：“咄，亨九受先帝厚恩，官至阁部，办卤阵亡，先帝恸哭辍朝，御制祝版，赐祭九坛，予谥荫子，此是我大明忠臣，尔是何人，敢相冒乎？”一席话把洪承畴羞辱得面红耳赤，无地自容。

还有更过分的，说是洪承畴为明朝大臣时，深受崇祯皇帝宠幸，他自己也得意扬扬，曾在厅堂挂出一副对联：“君恩深似海，臣节重如山。”后来洪承畴在松山战役失败后降清，于是有汉族士人将他这副对联各加一字，由此变成了：“君恩深似海矣！臣节重如山乎？”

这是其一。

而其二则是，有传说在顺治十年，洪承畴在云贵五省经略任上，眼疾突然发作，只好辞官回京，住在北京东城南锣鼓巷方砖厂东口一座一品大员的豪宅中。这年的春节，大年除夕，他在自家的大门外欢天喜地地贴了副红纸对联“诗书传家久，礼义继世长”。可到了大年初一开门一看，红纸对联竟然被人偷偷换成了黄纸对联，而且那对联的内容也全换了，只见那上联写的是：“孝悌忠信礼义廉”，而下联则是：“一二三四五六七”，洪承畴一看顿时气得暴跳如雷，一口气冲入了胸中，霎时口吐鲜血不省人事。

原来，黄纸对联是有丧事的人家才贴的，因而贴这样的对联分明是诅咒洪承畴，而更让他生气的是，这副对联的上联“孝悌忠信礼义廉”什么都有，就是“廉”的后面没有“耻”，意为“无耻”，而下联“一二三四五六七”，“七”的后面又少了一个“八”字，这上下联结合起来实际上就是骂洪承畴“无耻”，是个“王(忘)八”。

洪承畴何等聪明。所以，一看这对联，顿时气得吐血，昏死过去。大过年的，家人赶忙请来医生抢救，怎奈是气急攻心，纵然是神医华佗再世也难使其再生，不久，这位历史上最受争议的人物便忧郁而死。

平心而论，在今天看来，洪承畴“降清”，实在有许多情非得已万般无奈的苦衷，有许多令人同情的成分，也正因此，在他身后不断有人竭力为他做“翻案文章”。但是，实事求是地说，无论怎么替他“翻案”，都翻不了他“降清”的事实，都洗刷不了他在降清后为虎作伥的罪恶，都掩盖不了他那丑恶的嘴脸。

然而，如果撇开洪承畴降清那段历史不说，在他没降清时，他却是大明的一位名将，因为治军有方，且多次打败李自成，因而一度声名鹊起，深孚众望，而他所统领的军队也一度被称为“洪军”。可是，就因为松锦之战的惨败，不仅毁了他一世的英名，也彻底毁掉了他一生的清白。

今天，当我们冷静下来仔细想想，就会发现：其实毁掉洪承畴的固然应该说是他自己，但从某种意义上，确乎也应该说是崇祯。

的确，如果不是崇祯的急脾气，如果不是崇祯瞎指挥，很有可能松锦之战就会是另一种结局，而洪承畴甚至整个大明晚期的历史或许也会是另一种情形。

还是来简要说说那场无论对洪承畴本人还是对大明来说都糟糕透顶的“松锦之战”吧。

诚如我们所知道的，崇祯十三年（公元 1640 年）五月，为挽救辽东危局，崇祯派洪承畴率宣府总兵杨国柱、大同总兵王朴、密云总兵唐通、蓟州总兵白广恩、玉田总兵曹变蛟、山海关总兵马科、前屯卫总兵王廷臣、宁远总兵吴三桂等所谓八总兵兵马，领精锐十三万、马四万展开救援行动，明朝大军集结宁远，与清兵会战。

明崇祯十四年（清崇德六年，公元 1641 年）三月，皇太极发大兵围攻锦州，采取长期围困方针，势在必克。面对清兵的重重围困，明锦州守将祖大寿告急。对明朝来说，锦州乃是明朝关内出入东北的重要门户，是拱卫明朝国门的生命线，所以必须不惜一切代价守住。

要说洪承畴真的是一位富有实战经验的统帅，他到山海关巡视后，立即抽练兵卒且排兵布阵，置精兵于山海关之外的前屯卫和中后所，以能将吴三桂为总兵官，在锦州、松山、杏山、塔山、宁远、前屯卫、中后所、中前所等八城屯精兵近八万人，大大加强了宁锦防线的实力。

但是，洪承畴深知，他所率领的明军，是分别由八个边镇临时调集起来的。兵虽是精兵，然明末的将帅是骄横出了名的，临阵能否服从他的统一号令，这是自己能否充分发挥指挥才能的最大障碍。也正因此，洪承畴主张徐徐逼近锦州，步步立营，且战且守，不可恋战。且以精兵驻守上述八城，以切实加强宁锦防线，并实际控制了松山至锦州的制高点，以凌厉攻势重挫清军，锦州局势因而开始好转。

就因此，明、清两军很快便在松山、杏山与锦州之间形成了战略相持阶段。

按说，对于像洪承畴这样身经百战的一代名将，崇祯皇帝对他应该完全放心。更何况战场形势千变万化，至于仗怎么打，完全应该让洪承畴根据具体情况自己拿主意，作决策。可是关键时刻，崇祯一看洪承畴到了关外很长时间按兵不动，他沉不住气了，于是生性多疑的他片面听信新任兵部尚书陈新甲的促战意见，又一次旧病复发，密敕洪承畴克期进兵。与此同时，陈新甲还派兵部职方郎中张若骐作监军，到前线督促洪承畴速战速决。

就这样，洪承畴以守为战企图把清军拖疲拖垮的作战方略很快便“泡汤”了，在崇祯与陈新甲的催促下，迫不得已，他只好立即进师松山，近乎赌博似的，突然间向清军发动攻击，企图速战速决，一战制胜。

但崇祯的想法显然太天真了，以当时清军与明军实力几乎旗鼓相当甚至在战斗力方面还明显超过明军的实际情况，即便是洪承畴再能，他又怎么能一战制胜，将清军彻底打垮？所以，崇祯的急脾气与瞎指挥完全就是要洪承畴率领明军实施“自杀性爆炸”，结果，没有把人家清军炸死，反倒把自己给“炸死”了。

事实也正是这样，松锦之战，由于洪承畴不按规则出牌，突然出击，一度把清军给打蒙了，但皇太极所率领的清军毕竟训练有素，能打善战，很快便稳住阵脚，予以反击。

由于军中缺粮，当时明军各路总兵各怀异志，无心恋战。大同总兵王朴乘天黑率部遁走，马科、吴三桂两镇兵也争相率军逃奔杏山。清军趁势掩杀，前堵后追，结果，明兵两镇六总兵败溃，十数万人土崩瓦解，先后被斩杀者五万三千多人，自相践踏死者及赴海死者更是不计其数。

大胜之后，清军在进围杏山的同时，也把松山围成铁桶一般。

这年的九月，皇太极回盛京，留多铎攻城。洪承畴突围失败。

十月，清军豪格部驻松山。洪承畴战败。后被暗中降清的守城的松山副将夏承德活捉，献给清军。被俘后的洪承畴一度表现得非常勇敢，但最终叛变降清，从而永远被钉在了历史的“十字架上”。

所以，松锦之战的惨败，乃至洪承畴降清，追根溯源，应该说，崇祯都难辞其咎。

此外，还有很多事情，结果都坏在了崇祯的急脾气上。

有道是："每逢大事有静气。"身为一国之统治者，不能临危不乱，沉着应对，关键时刻总是瞎指挥，乱弹琴，这实在是最有害最致命的。

一"失策"成千古恨

从史书上看，十七岁即位的崇祯皇帝严重缺乏治国理政的经验，在应对突发性重大问题时，总是显得捉襟见肘，应对失措。很多事情其实在一开始并不是没有扭转的余地，但结果都因为他的决策失误，硬是被他给弄砸了。

所以，与不善用人一样，崇祯在重大问题决策上的一再失误乃是导致明朝在他手里灭亡的又一重要原因。

诚如我们所知道的，明朝到了崇祯手里，虽然已是百孔千疮，但还远远没到病入膏肓、不可救药的程度。一点也不夸张地说，天启朱由校死后，如果即位的不是崇祯朱由检，而是换成明成祖朱棣，即便是明宣宗朱瞻基，大明也绝对不会气数已尽，走到山穷水尽的地步。

不说别的，就说同样处理极为复杂头疼的外患吧，明宣宗朱瞻基就明显要比明思宗朱由检老练高明得多，而处理的结果则更是有着天壤之别。

熟悉明史的人都知道，明朝是在推翻残暴的元朝统治的基础上建立的，从它诞生的那天起，就一直处在较为深重的外患之中。为了防止逃至漠北的元朝残余势力卷土重来，一代雄主朱棣下令将都城从金陵（今南京）迁往北京。为了维护北部边境安宁，他曾五出漠北，御驾亲征，且最终死在了出征的途中。

这便是历史学家所说的"天子守国门"。

除了五出漠北，朱棣还曾兴兵八万征伐安南，然而在他生前安南并未臣服明廷的统治。成祖死后，安南的情势更加不稳定，起兵反对明朝的战争时有发生。仁宗时期，朝廷改变了成祖单纯用兵征伐的政策，转而以招抚为主，但效果却并不理想。

所以，宣宗即位后便主张实行剿抚并用的策略。

据《明史》记载，宣德元年（公元 1426 年）四月，鉴于明朝连年派兵攻打安南，消耗了大量的人力、物力和财力，宣宗“反复思之，只欲如洪武中、永乐初，使（安南）自为一体，岁奉常贡，以全一方民命，亦以休息中土之人”。用今天的话说，宣宗的想法就是想改变明廷直接统治安南的做法，恢复安南附属国的地位，让安南实行“自治”。当他把自己的想法和盘托出后，朝中的大臣既有赞成者，也有反对者，如反对者就担心“若以二十年之勤力，一旦弃之，岂不上损威望，愿更思之。”

尽管有大臣深表反对，但宣宗并没有因此犹豫不决，更没有改弦易辙，宣德二年，当明军击败了黎利，斩首万余人，获得了一场重大胜利后，宣宗没有趁热打铁，继续征伐安南，而是见好就收。

当黎利上书朝廷，请求明朝罢兵，虽然当时朝中有很多大臣“持不同政见”，反对罢兵，主张对安南采取剿灭镇压政策。但是，很有主见的宣宗朱瞻基硬是顶住压力，最终不仅同意罢兵，而且还册封黎利为国王，同意安南自治。

想来，真是后退一步天地宽，后来的事实证明，放弃安南，不仅免除了连年战争给人民带来的痛苦，也为明朝节省了大量开支，卸掉了一个沉重的包袱。自此以后，一直到明朝灭亡，明朝和安南都没有再发生过大规模的军事战争。

可是，比较起来，崇祯在处理辽东边患问题上就显得非常糊涂，缺乏韬略。在当初清朝方面一心想“议和”而明军在东北战场上又一败再败始终占不了上风的情况下，他竟始终硬挺着，老是以天朝上国的天子自居，硬是不同意“议和”，非要逞强好胜，要和人家到战场上对决，且决意要分个胜败。

这就不是一般的不明智，而应该说是相当的不明智了。

据史料记载，当年，清人想方设法一直想与明朝“议和”，用曾与明朝谈判的一位清朝使者的话说就是：“南关（指叶赫部）负婚，天朝（指明朝）助彼侵我地，故有抚顺、清河之役；又增兵杀戮我，我乃取辽阳、广宁；我犹未尝忘和，屡致书袁崇焕不报，是以入永平、遵化；又不远千里至张家口求成于巡抚沈启时，俾我候命半载，又不报；复移书方一藻，又不报，乃入密云、攻山东；宁远治兵不已，我是以下松锦。”

虽然，这位清朝谈判使者的话未免含有水分，但大致还是可信的，那就是，在当初清朝还很弱小时，曾一直害“单相思”，老是厚着脸皮一门心思想和“天朝上邦”明朝“议和”。

可是，面对人家清军的求和，一向以老大自居的明朝却居高临下，傲气十足，无论是袁崇焕还是沈启时，抑或还是辽东总监方一藻，都对人家清军的议和要求爱理不理，一直不当回事。

也正因此，女真人才一次次发动战争，以战促和。

这里，需要指出的是，女真人求和固然是一贯的、真诚的，但其动机和出发点显然并不是为了和平，而是为了自身的利益，即通过议和获得明朝的赏赐并进行贸易，从而解决女真人物资极度缺乏的问题。这是可以理解的，也是非常正常的，因为古往今来，无论是个人还是集体乃至国家，在一些重大问题上其所作所为都是有明确目的且无一例外都是为自身利益着想的。

既然女真人从当时的形势出发，一心想和明朝求和，那么，按理说，对于如此重大的问题，明朝也应该综合考量，深入研究，采取有效的应对措施。在当时国内农民起义此起彼伏的情况下，正好借坡下驴，签订一纸和议，从此相安无事，互不侵犯。

可是，不知道为什么，崇祯却对女真人三番五次的求和置若罔闻，不屑一顾，而总是想用战争说话，想在战场上把人家女真人给彻底摆平。

今天想想，做出这样的决策真的是颇欠斟酌，胸无韬略！

如果说，一开始，起码在表面上还处于强势，且一向以“天朝上国”自居的大明不愿自贬身价和人家后金这样的蛮夷小国对等谈判、洽谈议和也还可以理解情有可原的话，那么，在后来与女真人的对决中一败再败，无论是辽沈战役还是松锦战役，而且是在先发制人的情况下，大明的军队都无一例外被人家打得稀里哗啦，想不到崇祯皇帝当然还有朝中的一批大臣却仍然谈“和”色变，不愿议和，这就实在是榆木脑袋，让人无法理解了。

据明史记载，松锦之战，皇太极一举歼灭明军十多万人。明军主将洪承畴被俘投降，取得重大胜利的皇太极并没有想一鼓作气，策马长驱，问鼎中原，而是仍旧想与明朝讲和。

也正因此，松锦之战后，清军想挟战胜之威，迫使明朝同意议和。当时，皇太极派蒙古人出使宁远，向明军辽东宁前道副使石凤台表达了议和的愿望。

当时，大明国内的形势已非常糟糕，李自成在汝宁（今河南汝南）击杀杨文岳，打跑左良玉，占据河南，控制湖广，并在襄阳初步建立了政权。明朝政权已经分崩离析，岌岌可危。

按说，诚所谓“识时务者为俊杰”，在这样的情势下，无论怎么说，崇祯皇帝都应该“走到弯腰树，不得不低头”，哪怕是为了缓兵之计，也要暂时忍气吞声和人家清人坐下来谈一谈了。

可是，想不到心胸狭隘的崇祯仍然死要面子硬撑着，不愿有辱自己的人格和“国格”同女真人议和，在接到石凤台的报告后，他竟然以“私遣辱国”的罪名将石凤台逮捕入狱。在狱中，石凤台差点被整死，后经人营救才侥幸保住了一条小命。

崇祯不议和，应该说更主要的还是崇祯性格方面的原因。

我们看崇祯之所以那么不愿意与女真人以及再后来不愿与李自成“议和”，最主要的恐怕还是他的那种极端自卑而又极其好胜的性格造成的。

的确，几乎从一开始，在他的潜意识当中，崇祯有意无意地就一直以“明君”自居，像他这种内心其实极端自卑而在外表上却又偏要显得极为自负的人，又怎么可能会“抹开面子”，不仅让自己的敌人——皇太极、李自成，也让自己的大臣看自己的笑话，认为自己软弱无能呢？

这是死要面子的崇祯皇帝宁死也不愿去干的。

当然，究竟是要脸还是要命？在两难选择中，崇祯皇帝也曾有过犹豫，有过动摇，在内心中很想委曲求全，厚着脸皮和女真人讲和。

那是崇祯十五年（公元 1642 年）的正月初一，兵部尚书陈新甲在新年朝贺仪式结束后的一次小范围会议上向崇祯进言道：“（松、锦）两城久困，兵不足援，非用间不可。”所谓“用间”其实就是“议和”。

虽然陈新甲说得很含蓄，但崇祯还是立即明白了他的意思。事已至此，“国将不国”，崇祯这次倒是很爽快，当即把话挑明了说：“是啊，（松、锦）城被围半年了，一点办法也没有，有什么计策可用的？可议和就议和，不妨便宜行事。”

从史书上看，这是崇祯一生中所说的一句最直接最爽快的话，也是他当皇帝所作出的一项最正确的决策。如果按此决策一直执行下去，明朝或许还有救，起码不会死得太快。可是，想不到“议和一念间”，很快他竟又变卦，重又滑向了错误的轨道，以致堕入到了万劫不复的深渊。

原来，就在这年新年刚过，遵照他的“可议和就议和，不妨便宜行事”的最高指示，兵部尚书陈新甲派职方郎中马绍愉等人出关与皇太极议和。

以马绍愉为首的明朝“议和团”在出关时虽然因身份问题曾为清军质疑，费了点周折，但在到达沈阳后，还是受到了皇太极的热情接待。且为了表示诚意，皇太极还高抬贵手，命令清军暂时停止对宁远的进攻，并退兵三十里。

平心而论，在这次谈判中，清军“明码标价”，开出的讲和条件的确有点儿苛刻，如要求经济上明方每年给清方黄金万两、白银百万两，清方则每年给明方人参千斤、貂皮千张；边界上，明方以宁远和双树堡中间的土岭为边界，清方以塔山为边界，双方边界之间的连山一带则作为双方互市的场所。至于双方的政治地位问题，清方则要求与明方平起平坐，指出“尊卑之别何必较哉”，只要求双方使者面见皇帝，以保证“情不致壅蔽”，两国如遇“吉凶大事，当遣使交相庆吊”。

这要是在以前，一向以老大自居的大明王朝实在是无法接受，可现在，所谓“弱国无外交”，既然打不过人家，谈判桌上也就只好服软，即使咽不下这口气也要咽。而且，退一步想想，其实皇太极的胃口还不算太大，他开出的这一价码虽然有点高，但也还并没有高到离谱，让人无法接受的程度。所以，如果当时崇祯忍气吞声把这条约签订下来，就会让清军放下干戈，暂时消停下来，从而把清军这只“东北虎”暂时关在关外，不让它那么快入关，危及明廷的统治。而明廷得到这一至关紧要的喘息机会，重整旗鼓，卧薪尝胆，等过个十年、二十年，那是时过境迁，说不定就会是另一番局面。

然而，令人没想到的是，关键时刻，竟然节外生枝，因为一点“小节”，崇祯皇帝竟然“反悔”，由此犯下了致命的错误。

说来，这真的是一点儿小事，事情的缘起是“明朝议和团”团长马绍愉将与清廷议和的详情“密报”给远在北京的兵部尚书陈新甲。没想到陈新甲仔细阅读后，竟将如此重要的“绝密文件”随手置于案上，自己随后入书房写条陈。同样没想到的是，这封密件被陈新甲的家童看到了，这位“勤快的”家童以为是日常必需对外公布的“塘报”，于是也不等“领导批示”，便擅自做主叫人马上送出去传抄散发。

一封极为重要的“机密件”就这样泄密了。这一下可不得了，朝廷顿时就炸了锅。诚如我们所知道的，明朝的朝廷本就“无风三尺浪”，许多大臣特别是那些东林党人向以好讼争斗为能事，以持“不同政见”为荣耀，如今发生了这么重大的事，他们自然更加不会放过，于是立即两眼放光，怒火万分地一起上书弹劾陈新甲的“议和卖国”。

按说，事情既然到了这一步，崇祯还不如将计就计，索性和大臣们就这样彻底摊牌。因为“纸包不住火”，既然要“议和”，还不如正大光明堂堂正正地去谈，同时和大臣们讲明利害关系，让大臣们知道：在国与国之间的博弈冲突中，其实并不是什么时候都要逞凶斗狠，动辄开战。正确的策略是宜战则战，宜和则和，就像人一样，要能屈能伸。而究竟是选择“战”还是选择“和”？其实关键要看当时的具体情况与具体情势，要从实际出发，从国家的利益出发，因势利导，趋利避害，而不能意气用事，单纯地以为“战”就是对的，就是勇敢的，爱国的，而“和”就是错的，就是耻辱的，卖国的。

当然，崇祯在当时绝对不会有这样的思想高度，也不会有这样的理论水平，但既然当时形势的发展已经到了非“议和”不可的程度，而且，非常难得的是就连崇祯本人也已深刻地认识到了这一点，那么，作为皇帝，这种时候就要勇于担当，力排众议，敢于拍板，将“议和”进行到底。

然而，令人万分遗憾的是，崇祯虽然平时非常刚愎自用，我行我素，但到关键时刻却又畏首畏尾，优柔寡断，因为害怕承担“议和”的责任，最后竟然迁怒于陈新甲，拿陈新甲当替罪羊，将“议和”的罪责完全推到陈新甲的头上，以“私款辱国”“失陷城寨”之罪将陈新甲给斩了。

所以，有学者说，崇祯杀陈新甲无异于把自己以及大明的活路全部给堵死了，因为，陈新甲以“议和”之罪被杀，这以后，朝中再也没有人敢提“议和”二字，而好面子的崇祯自己当然更不好重提“议和”之事，如此一来，也就剩下“战”这一条路了。

而这一条路，在当时，对于已经奄奄一息的大明来说，显然已经是一条绝路，一条死路。

但死要面子、糊涂透顶却自作聪明的崇祯却偏偏死到临头仍执迷不悟。

从某种意义上说，崇祯真的是一个“死战派”，宁死不“和”，不仅不与女真人“议和”，而且，宁死也不与兵临城下的李自成讲和。

原来，就在崇祯十七年(公元 1644 年)初春，李自成的军队早已将北京城围得水泄不通，而崇祯事实上早已经成了瓮中之鳖时，三月十八日的上午，也不知是李自成一时动了恻隐之心还是出于其他目的，他竟派一个名叫杜勋的人和崇祯帝谈判。而李自成之所以要让杜勋代表他入城，乃是因为这杜勋原本是崇祯重用的心腹太监，不久前才投降了李自成。

李自成要杜勋代自己与崇祯谈判所提的条件并不高，他的要价是让崇祯割西北一带给自己，立自己为王，并犒劳自己的军队白银百万。同时，李自成甚至还提出，如果崇祯帝答应他这些条件，他不仅立即退军河南，而且他还保证为明朝内灭群贼，外遏清兵，拱卫国门。

可想而知，在当时的情况下，对于李自成来说，早已不需要谈判，一切皆已木已成舟，水到渠成，需要的只是改朝换代，问鼎神器，将龙椅赶快坐到自己的屁股底下就是了。这种时候，还去和崇祯谈判讲和简直就是多此一举。

但就是在这种情况下，李自成竟然还要和崇祯谈判，仅此可见，一向并不厚道的闯王李自成此时也许“良心发现”，一下子突然“厚道”起来，对崇祯帝可谓仁至义尽。

据说，对李自成提出的这些“议和”条件，崇祯一开始也很是怦然心动，且喜出望外。可是，此时，他竟然还是念念不忘自己的面子，不想由自己主动答应“议和”，而希望由大学士魏藻德来“面折廷争”，劝谏自己“议和”，然后自己再假装迫不得已答应“议和”。

可是，此时此刻，因为有陈新甲“前车之辙”，这个魏藻德偏不善解“朕意”，主动把崇祯想要他说的话说出来，而只是假装糊涂，在那里一个劲地“鞠躬俯首而已”，最后气得崇祯挥袖把他赶了出去。

就这样，死要面子的崇祯又一次显然也是最后一次做出了错误的决策:拒绝谈判，从而将最后一线“议和”的希望最后一根“救命稻草”给彻底抛弃了。

显而，崇祯这样做的结果，不仅把他自己给扼杀了，也把整个大明给扼杀了。

所以，一点也不夸张地说，由于一次又一次的决策失误，有意无意地，是崇祯自己极其错误地为自己设计并选择了一条亡国的路线，并一步步地将大明引领上亡国的道路。

“臣皆亡国之臣”，虽然不能说崇祯在临终前所说的这句话纯属瞎话，没有一点根据，但是，应该说，他其实也是不折不扣的“亡国之君”，明朝的灭亡在很大程度上其实是由他一手造成的。

有道是：性格决定命运，而对于一国之君崇祯来说，则应该说是性格决定“国运”。的确，在亡国一事上，作为一国之君，怎么说他都应该负最为主要的责任。

事实胜于雄辩，对此，无论崇祯怎么想不通，也无论他怎么替自己辩护都没有用。

亡国之君哀以思

公元 1644 年 4 月 24 日，即崇祯十七年三月十八日，在李自成攻陷北京城的前一夜，崇祯皇帝朱由检在煤山（景山）上的一棵槐树上上吊自杀。

史载，就在自杀之前，这位年轻的可能患有抑郁症的皇帝刚刚完成了一次充满血腥的堪称空前绝后的“他杀仪式”。

而之所以要举行这样一场特殊的“他杀仪式”，显然并不是出于“恨”，而完全是因为“爱”，因为在这一“他杀仪式”中，“杀人凶手”崇祯所杀的，不是那些攻陷北京要来抢夺他的政权的“民贼”，也不是那些被他称之为“臣皆亡国臣”的大臣，而是那些他一向疼爱的亲人！

原来，就在那天深夜，当他预感到败局已定，一切已经无法挽回。好几个夜晚彻夜未眠的他红肿着双眼，在宫中又不无留恋地转了一圈，然后默然回到后宫，吩咐太监准备了一桌丰盛的夜宴，又召来那些与自己朝夕相处的后妃们，与她们共进这“最后的晚餐”。

宴会开始后，气氛一直像死一般的静寂。酒过三巡，崇祯咳嗽了一声，然后显得很艰难地对周皇后说：“大势去矣，尔为天下母，宜死。”

周皇后伤心恸哭着说：“我跟随陛下十八年，可你一句劝告也听不进去。妾今天跟随社稷江山一起死，也没有什么可恨的了。”说罢，这位一向温柔贤淑的皇后呜咽着独自回到她居住的坤宁宫自尽。

这时，同坐的袁贵妃不想死，突然站起身想逃，崇祯从腰间拔出剑来追过去，一剑正捅到娇小玲珑的袁贵妃后背，将她捅死。然后，回过身来，又当场杀死了其他几个自己心爱的嫔妃。这些人都曾与他有过事实上的夫妻关系，他不想把她们留在世上被那些“民贼”侮辱与糟蹋。随后，又命宫人传旨给他的皇嫂懿安皇后等人，要求她们悉数自尽。

随后，他又把自己仅有的三个儿子叫到身边，亲自为他们穿上旧衣服，要他们赶快逃跑。

说来，也真如鲁迅先生有句诗所说的那样：“无情未必真豪杰，怜子如何不丈夫？”在与自己的儿子生离死别时，崇祯显露出了一个慈祥的父亲全部的父爱与真情。

他将三个还少不更事的儿子一起拥抱着，显得很是有些唠叨地对儿子们千叮咛万嘱咐说：“你们今天是皇子，明天就是平民了，今晚趁着黑夜还是各自逃生去吧。……不要舍不得离开我，我若逃生，不为社稷死，日后有何面目见祖宗于地下？……你们一定要小心谨慎，千万不要暴露了你们的身份。见到做官的，年纪大的要尊称人家一声老爷，年轻的要称相公；见到普通百姓，年老的要叫老爹，年轻的要叫大哥。……要是侥幸逃脱，孩子们，将来有机会可不要忘记为我为大明王朝报仇啊！”说到这里，崇祯已是泣不成声，再也说不下去了。

看到三个儿子哭哭啼啼，不知所措，停了一会儿，崇祯长叹一声说：“尔三人何不幸而生我家也？”然后一狠心，将三个儿子一起赶到门外，“放生”去了。顺便说一句，最后这三位皇子均未能“放生”，史书记载说，太子兄弟被送出皇宫后，来到自己的外公也即周皇后的父亲家，因为害怕引火烧身，这位外祖父此时已经不敢收留自己的三个外孙，而是狠心将他们拒之门外，最后，这三人全部落入李自成手中，而等李自成兵败离京后，可怜这三位崇祯之子又先后不明不白地被清军秘密杀害。

“赶走”三个儿子后，崇祯来到坤宁宫，想与自己最心爱的妻子见上最后一面。这时，周皇后已经以一束白绫悬梁自尽。崇祯抱着她，挥剑割断系在她颈上的白绫，然后把她安放到床上，用头抵着她的脸默默流了一会儿眼泪。

其时，他的两个女儿昭仁公主和长平公主也伏在母亲的尸体旁痛哭。

崇祯这时走过来，满怀爱怜地抱住了自己的小女儿昭仁公主，一边用手轻轻地抚摸着她的脸蛋，一边对她说："你母后死得其所。你也要死，陪你母后一起死吧。"然后，突然从腰中拔出剑来，一剑将昭仁公主砍死。

可当他挥剑去砍长平公主时，长平公主却本能地伸手去挡，一声惨叫之后，长平公主的右臂被父亲的利剑砍断，而长平公主也顿时倒在了血泊中，抽搐着，很快昏厥了过去。

看着两个躺在血泊中的女儿，刚才好像已经发疯发狂的崇祯这时仿佛突然清醒过来，长叹一声道："汝奈何生我家？"然后再也不忍心将长平公主杀死，而是提着滴血的剑踉跄着独自离开了。

到此为止，崇祯所举行的这场特殊的"他杀仪式"已经全部完成了。而这时，李自成的军队攻城的炮声已经震耳欲聋，整个内城也已是硝烟弥漫。宫殿内的窗户纸不停地"沙沙沙"地颤抖着。

既然已经无力回天，既然已经大势已去，那么，身为一国之君，崇祯到这时也只有一死了之，以死谢罪了。于是，在极其艰难极为痛苦地举行完那场"他杀仪式"，与自己的亲人分别作了彻底的了断之后，紧接着他便又开始为自己举行"自杀仪式"——用上吊的方式从此结束了自己那极其苦命充满悲剧的一生。

死时，也许是觉得自己无颜面对列祖列宗，这位心犹未甘死不瞑目的皇帝留下遗言，希望人们去掉他的皇冠，用头发盖住他的脸。

就这样，大明最后一位帝王死了！

一位到死都不愿承认自己是"亡国之君"的"亡国之君"在奋力打拼了十七年后，最终就这样自缢而死，竟落得如此凄惨的结局。

盖棺论定，崇祯的一生怎么说都是一个悲剧，而这悲剧，平心而论，虽然有一半是客观形势即所谓的时代造成的，但另一半，则完全是由其个人性格造成的。的确，性格决定命运，而对于一国之统治者来说，其性格也在很大程度上决定着国运。

所以，明朝的灭亡，在很大程度上是由崇祯个人造成的，崇祯彻头彻尾都是一个"亡国之君"。其国破家亡的悲剧，只能由自己买单。

不过，话又说回来，崇祯尽管是一个"亡国之君"，尽管是一个浑身充满缺点的人，但从某种意义上说，他却不仅是一个值得同情的人，而且也是一个值得人乃至他的敌人尊敬的人。

是的，揆诸历史，在我国封建社会，自杀的皇帝虽然不乏其人，但是，毫无疑问，崇祯皇帝乃是死得最为惨烈、最为悲情而且也是死得最有血性的一个，如果仅仅就“死”而论，在中国的皇帝中，恐怕还没有哪个人能够与他相提并论，也没有哪个人能够像他那样死得撼人心魄，死得惹人哀怜！

所以，尽管说了崇祯皇帝的许多性格缺点与致命错误，可对这位历史上的“亡国之君”，一般人却怎么也恨不起来，相反，在内心中多半都对他抱有深深的同情。而且，“盖棺论定”，人们在对崇祯予以评价时，往往还会自觉或不自觉地陷入一种自相矛盾之中。

仔细想想，这是可以理解的。

究其原因，崇祯虽然是一个有着诸多性格缺点的人，但他却是一个很有道德很有正气而且还是一个很有血性的人。

在当代，有学者说，崇祯是一位励精图治的亡国之君。表面看来，这话说得有点自相矛盾，不合逻辑，但在事实上，对崇祯一生的评价与概括却非常精准，非常形象而且生动。

不错，崇祯虽说是一位“亡国之君”，明朝最后正是亡在他的手里，可是，与历史上的许多亡国之君迥然有别截然不同的是，他并不是一位荒淫无道、骄奢淫逸的“亡国之君”，而是一位励精图治、奋发向上的“亡国之君”。

从史书上看，崇祯的亡国，应该说是亡在他的治国的能力与治国的经验不足上，而绝对不是像历史上的那些“亡国之君”诸如隋炀帝、宋徽宗等，亡在他们极其糟糕低劣的私德与人品上。倘若仅就私德与人品而言，在中国的历史上恐怕还很少有哪一位皇帝能够与他媲美。

从史书上看，崇祯显然是个心气极高、自尊心极强的人，在接过天启皇帝临终前交给他的大明“接力棒”后，他很想把自己这一棒跑好，为此他不惜宵衣旰食，呕心沥血，可悲的是，生在宫中长在宫中的他就像温室里的幼苗，太缺少阳光的照耀，风雨的吹打，酷暑严霜的磨砺与煎熬。因为太缺少艰难困苦的历练，用现在的话说就是太缺少“社会经验”，缺少治国理政必备的能力、素质、见识与素养，这使他在执掌大明这家特大型公司时难免会心有余而力不足，在遭遇各种纷繁复杂的局面时总是捉襟见肘，难以应对。

说来，崇祯这人的运势真的很不好，相传，在他还刚即位时就确乎有一种不祥之兆。据明冯梦龙《清鳞肩》记载：明思宗朱由检即位初年，在五凤楼前发现一个黄色包袱，里面有一幅小画。画上有这样的题字："天启七，崇祯十七，还有福王一！"当时有宫中内侍拾得，献于思宗。思宗下令传讯皇城各官，追究其责任。袁槐眉上书思宗说："这件事实在很荒诞，在内殿中怎么会有这种东西？况且我们在皇城各地巡视都没有发现，而偏偏为内侍发现？怎么知道不是坏人故意造伪传谣呢？如果追究起来，必有人借机造谣生事，惑乱圣上之心了。"

思宗觉得他说得有理，于是，便命人立即将此画焚毁了。

这是在他刚登上大宝时所发生的事情。而在他登位十七年后，也即在他自杀前，相传也出现了不祥之兆。

据计六奇《明季北略》记载，崇祯十七年的春节从夜里三四点钟开始，北京城里忽然刮起了大风霾，也就相当于现在所说的"沙尘暴"。古人迷信，以为"大风霾"乃是边事刀兵大起的征兆，乃大凶之兆。新春佳节就出现这样的"大风霾"，据说相当迷信的崇祯心里很是发毛，于是他便找来星相术士为此占卦，卦辞曰："风从乾起，主暴兵至，城破，臣民无福。"崇祯不信，又占一卦，这回，卦辞更糟，曰："月入星中，国破君亡。"

还有一则传说，说崇祯皇帝曾经做过一个梦，梦见一位长者给他写了一个字，那个字乃是"有"字。崇祯说给大家听，许多大臣都说这是好梦，乃是大吉大利之兆，主"大有""富有天下"之意。但有一个会拆字解梦的人却告诉他，说这个字很不详，因为"有"字拆开，就是"大不成大，明不成明"，表示大明江山残破不堪之意。崇祯听了，当时神情黯然，心情极度沮丧。

当然，传说只能说是传说，并不能当真。但是，平心而论，从某种意义上说，崇祯皇帝也确实是时运不济，生不逢时。可以想见，如果是在太平年间，或许，以崇祯的节俭与勤勉，他或许会成为一个很不错的"太平天子"，说不定，国家在他的手里，还会出现一个"崇祯之治"或曰"崇祯盛世"。

这种概率不仅有，而且还很大。

可是，说来也真该崇祯倒霉，在他当皇帝的那些年，几乎什么不幸的事都一股脑儿纷至沓来，接踵而至。

据有学者考证，16世纪和17世纪初，全球经济、人口增长很快，可是到了17世纪中叶，全球却出现了气候异常，导致农作物大量减产，由此出现了世界性的粮食危机。而粮食危机所产生的连锁反应则是无可避免地引发了饥荒、瘟疫以及政治与社会的强烈动荡。

就像自然界中存在着相互依存相互制约的生态圈一样，其实在人类社会也一直存在着一种“社会圈”或曰“社会链”，其中任何一个社会链条的断裂都会产生“社会危机”，引发“社会动荡”，乃至出现“社会休克”或“王朝灭亡”。

揆诸历史，就会很容易发现，古往今来，在“社会链”中，最薄弱最容易断裂的就是所谓的“社会弱势群体”，特别是农民以及社会无业游民这节链条。

我们看17世纪中叶，看明朝末年，显然也正是全球气候的变迁导致我国大西北一度出现了连年灾荒，而连年的灾荒则导致饿殍遍野，产生民变，并进而演变成为声势浩大的农民起义。

如此一来，那本就很脆弱的曾经勉强维持大明王朝运转的“社会链”便断裂了，而整个大明从此便再也难以正常运转。

而几乎是在同时，那崛起于东北白山黑水之间的后金由于生存资源一直匮乏，当然也由于全球气候的变迁而出现的饥荒变得越来越穷兵黩武，很不安分，原本就对中原垂涎欲滴、觊觎已久的女真人便也开始不断制造摩擦，挑衅明朝，像强盗一样打劫明朝……

很显然，无论是肇始于西北的大规模农民起义，抑或还是后金（清）人的入侵，都绝对不是崇祯皇帝造成的，可是，非常不幸的是，这样两大灾难却不约而同，接踵而至，仿佛井喷似的，不早不迟，偏偏选择发生在他登基后的那些年里。

诚如当代历史学家、中国台湾历史学家许倬云教授在其《大国霸业的兴衰》一书中所说：“中国王朝的覆灭，不是经过内乱就是经过外患。王朝掌握的资源与管理的方式，在治世和乱世其实并无大的差别，治世可以抵抗得了外患，也不发生内乱，乱世却是外患内乱相寻而至。”所以，生于乱世，苦命的崇祯皇帝几乎从即位一开始，就不得不面对农民起义与后金入侵这样两大政治与军事问题，不得不同时腹背受敌，奋力与这两大“杀手”作殊死搏斗。

很显然，这样两大“杀手”，无论是李自成还是皇太极，比较起来，其社会阅历、政治手腕、御人之术乃至内心的险恶与卑鄙程度，都要比崇祯高出许多。因而，如果仅就单个人而言，崇祯与李自成及其皇太极的决斗显然是“不对称较量”。而崇祯与大明王朝也正是被这两大“杀手”步步紧逼，联手攻击才渐渐被拖疲拖垮，以致最后陷入绝境的。

说来，明朝的皇帝虽然很少有贤明天子、能干之君，但是他们的一个共同特点就是无论国势多么危急，这些明朝的皇帝都断然不会用女人去换“和平”，也绝不割地赔款，称臣纳贡，这在我国的封建王朝中可以说是绝无仅有。

这，无疑也正是明朝最值得后人崇敬与赞美的地方。

是的，同样是京师被围，皇城告急，唐朝的皇帝，譬如像唐玄宗、唐代宗、唐德宗等人能够一次又一次选择出逃，所谓“天子蒙尘”，“出外狩猎”，而宋朝的皇帝如高宗赵构则干脆一逃再逃，整个儿就是一个“逃跑皇帝”，最后选择偏安一隅，划江而治，并且终其一生都卑躬屈膝，不惜向自己的仇敌金朝称侄称臣。

可是，我们看明朝的皇帝无论是“土木之变”后的景泰帝还是崇祯皇帝朱由检，在大敌当前、兵临城下之际，都绝不后退半步，而是宁死不屈，誓死保卫京师，誓死捍卫自己以及大明的荣誉和尊严。

今天想来，你或许觉得景泰帝，特别是崇祯帝朱由检的这种做法未免有些傻，有些迂，因为在当时无论“议和”还是迁都“留都”南京都未尝不是一种权宜之计，可以让大明政权像南宋那样暂时存活下来，然后再从长计议。但仔细想想，你也许就会觉得，其实崇祯皇帝在他生命的最后时刻那种“宁为玉碎，不为瓦全”的所谓“君王死社稷”的气节与血性却是许多封建统治者一直所或缺的。

崇祯死了，这位“亡国之君”最后终于以自杀这种很无奈却很体面的方式了却了自己的悲剧人生，且在最后时刻，依然用自己的生命诠释了大明祖训——天子守国门，君王死社稷！

所以，梁启超说：郑和之后，再无郑和。而在当代，则有学者说：崇祯之后，再无崇祯。

说来，也不知道是不是因为巧合，熟悉中国历史的人都知道，在我国古代，有许多载入史册意义非常的大事都与“猴年”有关。最典型的例子莫过于公元960年的猴年，赵匡胤发动兵变，建立了宋朝。

至于明朝则更是与猴年有关：公元1368年的猴年，朱元璋率部下推翻元朝统治，建立了明朝。而到了1644年猴年，李自成的农民起义军攻占北京，推翻了明朝。整个明朝完全可以说是“于猴年立，于猴年亡”，猴年对于大明王朝来说真是一言难尽，有着太多的意味。

屈指算来，自朱元璋1368年在南京建立大明王朝，到1644年崇祯在煤山绝望自杀，明朝共两百七十六年。

到此为止，历史完成了它的又一个“轮回”，在经过了短暂的停顿之后，又一个其实并不比明朝先进与开明反而更加专制的封建王朝——清朝正式“开张营业”了。而原本属于明朝的一切，在经过了一场血雨腥风之后，就这样彻底结束了。

诚所谓亡国之君哀以思，生命不能承受亡国之痛，虽然当年那段历史早已定格，但“亡国”（按顾炎武的说法则是“亡天下”）却成为死不瞑目的崇祯皇帝和明朝乃至后代许多中国人心头永远的痛。